Otto Thissen

Beiträge zur Geschichte des Handwerkes in Preussen

Otto Thissen

Beiträge zur Geschichte des Handwerkes in Preussen

ISBN/EAN: 9783741171307

Hergestellt in Europa, USA, Kanada, Australien, Japan

Cover: Foto ©Lupo / pixelio.de

Manufactured and distributed by brebook publishing software
(www.brebook.com)

Otto Thissen

Beiträge zur Geschichte des Handwerkes in Preussen

BEITRÄGE

ZUR

GESCHICHTE DES HANDWERKS

IN PREUSSEN

UNTER MITWIRKUNG DES HERAUSGEBERS

BEARBEITET

VON

Dr. OTTO THISSEN

TÜBINGEN 1901
VERLAG DER H. LAUPP'SCHEN BUCHHANDLUNG

Seinem lieben Vater

Josef Thissen
in Köln a. Rh.

widmet seinen Anteil an dieser Arbeit

in Dankbarkeit

Otto Thissen.

VII

INHALT.

Seite

IX

VORREDE DES HERAUSGEBERS.

Wenn unsern Historikern zur Geschichte der industriellen Gewerbe im Altertum oder Mittelalter auch nur der hundertste Teil solcher Nachrichten zur Verfügung stände, wie sie dem Nationalökonomen für den Lauf des neunzehnten Jahrhunderts vorliegen, so würden grosse Schränke nicht ausreichen, die an Nachrichten solcher Art sich knüpfende Litteratur zu bergen.

Bei uns geht es anders.

Man ist zufrieden, wenn ausserhalb des Kreises der Statistiker auch nur die neuesten Aufnahmen Beachtung finden. Andere erscheinen, wenn nicht als unvollkommen, so doch »veraltet«. Und sie gar mit den neuesten zu vergleichen, erscheint Vielen schon deshalb verkehrt, weil mit den inzwischen stattgehabten Wandelungen innerhalb der Gewerbe selber natürlich auch die Objekte der Aufnahme gewechselt haben.

Somit überlässt man denn, was schon von vornherein Manchen vorzugsweise für Papierlieferanten, Setzer und Buchbinder bestimmt erschien, im Allgemeinen ruhig dem Staube, dem es bald verfällt. Und ob der Resultatlosigkeit aller jener unendlichen Mühen und Beschwerden, die man nunmehr bald ein Jahrhundert lang vielen Tausenden fleissiger Beamten bei den periodischen Zählungen zugemutet, tröstet man sich mit dem Bewusstsein, wenigstens der Gegenwart genügt und im Uebrigen keinen Vergleich von Dingen gewagt zu haben, deren »Vergleichungsfähigkeit« bezweifelt werden könnte.

Ist das aber ganz und gar richtig?

Schätzen wir nicht auf andern Gebieten neben den begünstigten Forschern, die es mit zweifellos sicheren Nachrichten zu thun hatten, auch jene Anderen, die z. B. über »Besitz und Erwerb« im Altertum Schlüsse aus einem Materiale wagten, das abgrundtief unter dem uns zu Gebot stehenden liegt, ja denen als Stützen

hiebei oft nur Bruchstücke dieser oder jener Inschriften zur Hand
waren, während uns B ä n d e s p e z i e l l f ü r u n s e r e Z w e c k e
e r h o b e n e r Nachrichten vorliegen? Und hat man nicht gerade in
der Gegenwart, da z. B. die Frage nach dem bisherigen Ergehen
des Handwerks und den hierauf zu stützenden Erwartungen zu
den wichtigsten des Tages gehört — allen Anlass, diesen Dingen
ganz besondere Aufmerksamkeit zuzuwenden und alle und jede
Nachricht hoch zu stellen, aus deren Beachtung sich irgend eine Be-
reicherung unseres Wissens auf diesem Gebiete ergeben könnte?!
Herr Dr. Thissen und der Herausgeber haben Fragen dieser
Art eher in b e j a h e n d e m Sinn beantworten zu sollen gemeint
und haben sich hiemit jenem kleinen Kreise angeschlossen, aus
dem heraus gerade in letzter Zeit, wie bekannt, wieder begonnen
ist, den Wert gewerbepolitischer Untersuchungen wenigstens mit
Bezug auf e i n z e l n e O r t e oder e i n z e l n e G e w e r b e dadurch zu steigern, dass auch der früheren Zählungen gedacht wird.
Sie haben also versucht, unter Benützung nicht nur der Aufnahmen
von 1895 und 1882, sondern auch der weiter zurückliegenden von
1861 und 1849, ja, wo dies thunlich erschien, selbst der von 1822
wenigstens für Preussens ältere Provinzen die Entwicklung der
wichtigeren Handwerke in ihrer Gesamtheit zu verfolgen und das
auf die einzelne Gewerbe und einzelnen Regierungsbezirke bezügliche Material in summarischer Kritik zur Darstellung zu bringen.
Dass ihre Mühe hiebei eine kleine sein würde, haben sie
ebensowenig angenommen, als dass es ihnen gelingen könnte, erhebliche Fehler zu vermeiden. Im Gegenteil: Obwohl sie die
hiebei aufgewandte Arbeit wohl zu den mühsamsten ihres Lebens
zählen dürfen, wissen sie, dass sowohl wegen der Unsicherheit der
zu Gebot stehenden Nachrichten als wegen grosser Schwierigkeiten bezüglichen Vergleichs Vieles, was sie gesagt, nur Hypothese,
Vieles im besten Falle nur annähernd der wirklichen Gestaltung
der Dinge entsprechend ist. Aber sie trösten sich mit dem Gedanken, dass sie das Richtigste zu sagen bemüht waren, dass in
Fällen solcher Art auch Annäherungen an das Richtige der Erkenntnis zu dienen vermögen, und dass, wo selbst solche nicht gelungen
sind, hie und da wenigstens Anregungen zu jenen auf e i n z e l n e
Gewerbe bezüglichen S p e z i a l untersuchungen gegeben sein könnten, von denen nachhaltige Erweiterungen unseres Wissens in diesen
schwierigen Dingen vor Allem zu erwarten sein möchten. —

Sind dem Herausgeber als solchem schliesslich noch einige
Sonderbemerkungen gestattet, so mögen sich diese einerseits auf
die D u r c h f ü h r u n g der gestellten Aufgabe, andrerseits und
namentlich aber noch auf die am Schlusse des Textes berührte
Frage nach dem Verhältnis zwischen Handwerk und M i t t e l -
s t a n d beziehen.

Bei jener Durchführung hat sich Herr Dr. Thissen als um-
sichtiger kritischer Forscher, aber auch als besonders zuverlässiger
Rechner erwiesen. Und deshalb mögen, wo sich gegen das Folgende, insbesondere gegen die am Schlusse des Textes gegebenen
allgemeinen Zusammenstellungen rechnerische Bedenken ergeben,
Anstände dieser Art weniger ihm als dem Herausgeber selber zur
Last gelegt werden. Nur beachte man auch, dass in manchen
Fällen anscheinende Disharmonien eben nur scheinbare sein könnten — hervorgegangen namentlich aus wechselnder Gruppierung
der verschiedenen Berufe bei Berechnung der einzelnen Relativzahlen. So mussten — um dies nur an einigen speziellen Fällen hier
zu erläutern — z. B. Zimmerer und Schiffbauer aus zwingenden
Gründen bald vereint, bald getrennt betrachtet werden, und Aehnliches geschah aus ähnlichen Ursachen mit den Maurern und
Dachdeckern, den Tischlern und Glasern, den Tischlern und Verfertigern grober Holzwaren u. s. w., o h n e dass immer von Neuem
hervorgehoben wurde, ob im einzelnen Falle der Isolierung oder
der Verbindung in dieser oder jener Art der Vorzug gegeben ist.
Geleugnet soll aber nicht werden, dass gerade die Frage nach
der b e s t e n W a h l solcher Zusammenfügungen auch grosse
Schwierigkeiten bereitet hat, und in vielen Fällen der Gedanke
trösten musste, dass das Richtigste in diesen Dingen zu finden
eben Aufgabe jener S p e z i a l untersuchungen bleiben müsste, die
sich auf die Entwicklung dieses oder jenes einzelnen Gewerbes zu
beziehen haben. Nur von solchen Arbeiten darf z. B. ausreichende
Prüfung der Frage erwartet werden, ob und wie weit zur Erkenntnis der Lage der B a u gewerbe, ausser den soeben genannten
Handwerkern auch auf jene »Baugeschäfte« zu achten ist, bei
denen man nach neuerer Zählung leider eine Trennung von
Hoch- und S t r a s s e n bau oder Hoch- und W a s s e r bau u. s. w.
nicht für nötig oder doch nicht für durchführbar gehalten hat.
Nur dort wird auch der Frage näher zu treten sein, in welchem

Umfang und welchen Schranken ausser der Beschäftigung im
Hauptberuf auch die gerade im Bauhandwerke besonders
ausgedehnte Thätigkeit im »Nebenberufe« der Betrachtung zu un-
terziehen ist. Und nur dort wird namentlich der Platz sein, neben
der Berufsstatistik auch jene Gewerbebetriebsstatistik zu
Rate zu ziehen, die nach den Zählungen von 1882 und 1895 die
erstere zu ergänzen hat.

Mit dem in den älteren »Handwerkertabellen« Gebotenen
schien gerade jene Berufsstatistik vorzugsweise vergleich-
bar zu sein, und eben bei ihrer Benützung hat man es deshalb
auch hier im Allgemeinen bewenden lassen, damit der Umfang der
vorliegenden, sich nicht auf einzelne Gewerbe beschränkenden Arbeit kein gar zu grosser werde. —

Was aber endlich jene Frage nach dem Verhältnis von Handwerk und Mittelstand betrifft, so ist im Text zu zeigen versucht, dass sich die Zahl der dem ersteren angehörigen Personen
(soweit sie hier in Betracht gezogen werden konnten) in den Zeit-
räumen von 1822 bis 1849 und nach 1849 weder absolut noch relativ vermindert, sondern im Gegenteil sowohl im Durchschnitt des
ganzen Gebietes, als auch in allen einzelnen Regierungs-
Bezirken, mit Ausnahme allein des Arnsberger, noch gesteigert hat.

Anderes ergibt sich freilich, wenn man allein die Meister
oder Selbständigen ins Auge fasst: Die Zahl dieser, die sich früher
ebenfalls gehoben hatte, ist seit 1849 im Verhältnis zur Grösse
der Bevölkerung nur in den östlichen und einigen mittleren Bezirken gestiegen, in anderen etwa gleichgeblieben oder gesunken.

Sie betrug zwar für die Gesamtheit jener Handwerker auf je
10000 Köpfe berechnet z. B.

im Königsberger Bez.	1849 etwa	162,	dagegen	1895 etwa	184
» Gumbinnener »	»	»	125,	»	»	»	169
» Danziger »	»	»	148,	»	»	»	166
in Marienwerder	»	»	157,	»	»	»	162

und ähnlich

im Bezirk Frankfurt	»	»	197,	»	»	»	204
in Berlin	»	»	274,	»	»	»	300
ähnlich auch im Stettiner Bezirk »	»	198,	»	»	»	217
» Breslauer »	»	»	211,	»	»	»	245
» Liegnitzer »	»	»	225,	»	»	»	235 u. s. w.

Dagegen zeigte sich in den schon mehr der Mitte der Mo-

narchie angehörigen Bezirken von Potsdam, Köslin, Stralsund,
ebenso wie in Oppeln und Minden Stagnation, und in sämtlichen
Bezirken der Provinzen Sachsen, Rheinland und Westfalen (ausser
Minden) sogar ein Rückgang der Art, dass auch für den Durchschnitt des Staates alten Umfangs eher Ab- als Zunahme zu konstatieren war.

Wieder auf je 10000 Köpfe berechnet, sanken die bezüglichen
Zahlen nämlich in derselben Zeit

im Magdeburger Bezirk von 266 auf 234 (wie 100 zu 88)
> Erfurter   »   » 267 » 229 (» 100 » 86)
> Merseburger   »   » 270 » 213 (» 100 » 79)
und noch stärker in den westlichen Provinzen, z. B.

im Bezirk von Münster   von 270 auf 205 d. h. wie 100 zu 76
»   »   » Düsseldorf » 308 » 220 » » » 100 » 71
»   »   » Koblenz » 313 » 215 » » » 100 » 69
»   »   » Trier   » 250 » 166 » » » 100 » 66
»   »   » Köln   » 294 » 190 » » » 100 » 65
»   »   » Arnsberg » 306 » 163 » » » 100 » 53,
für die Gesamtheit der Monarchie aber von 219 auf 199.

Indessen ist aus alledem — wie schon bemerkt — noch keineswegs auf analoge Vorgänge in der Kleinindustrie überhaupt
zu schliessen. Denn manche Gewerbe, wie z. B. die in neuerer
Zeit so lebhaft entwickelte Metallindustrie konnten hier überhaupt
nicht berücksichtigt werden (vgl. S. 10). Und neben den in Betracht gezogenen sind, worauf ebenfalls verwiesen ist, in steigender
Zahl inzwischen neue und immer neue entstanden.

Noch weniger aber — und gerade das sollte hier noch besonders hervorgehoben werden — ist aus dem Gesagten auf einen Rückgang des Mittelstands zu schliessen. Ja, es scheint vom
letzteren sogar nachweisbar, dass er an Umfang gerade auf dem
in Rede stehenden Gebiet in der zweiten Hälfte des vorigen Jahrhunderts noch gewonnen und sich sogar in eben jenem Westen
besonders kräftig entfaltet hat. Wenigstens ergibt sich aus
den im Text hier wiederholt in Bezug genommenen Rechnungen,
dass, wenn man, im Anschluss an die Einkommenssteuerstatistik,
zu diesem Stand sowohl die Klassen mit ca. 1500—3000 als auch
jene mit 3000—7200 M. Einkünfte rechnet, im Durchschnitt der
Jahre 1894 bis 1896 hiezu gehörten: im ganzen hier in Rede
stehenden Gebiete etwa 6,9 resp. 2,6, zusammen 9,5 Proz. der

Bevölkerung, und diese Prozentsätze sich besonders hoch stellten, a u s s e r in Berlin (mit 9,2 und 5,0 = 14,2 Proz.) und im benachbarten Reg.-Bez. Potsdam (mit 9,0 und 3,4 = 12,4 Proz.) namentlich in den Bezirken

Köln mit $8,9 + 3,4 = 12,3$ Proz.,
Magdeburg » $8,7 + 3,3 = 12,0$ »
Münster » $8,6 + 3,4 = 12,0$ »
Düsseldorf » $8,4 + 3,4 = 11,9$ »
Minden » $8,7 + 2,8 = 11,5$ »
Erfurt » $7,8 + 2,9 = 10,7$ »
Merseburg » $7,6 + 2,9 = 10,5$ »
Arnsberg » $7,5 + 2,8 = 10,3$ » u. s. w.

dagegen n i e d r i g namentlich im Osten, z. B. in den Bezirken

Bromberg auf $5,5$ und $1,9 = 7,4$ Proz.
Oppeln » $5,5$ » $1,6 = 7,1$ »
Köslin » $5,5$ » $1,6 = 7,1$ »
Gumbinnen » $4,7$ » $1,5 = 6,2$ »
Königsberg » $4,5$ » $1,5 = 6,1$ »
Marienwerder » $4,3$ » $1,4 = 5,7$ »
Posen » $4,3$ » $1,3 = 5,7$ »

so dass es heute also keineswegs die industriearmen oder doch von der Grossindustrie am w e n i g s t e n b e d r o h t e n Bezirke sind, die sich der g r ö s s t e n Ausdehnung des Mittelstandes erfreuen, sondern im Gegenteil hieher vorzugsweise solche Bezirke gehören, in denen die Grossindustrie die allergrössten Erfolge zu verzeichnen hat.

Dem entspricht es dann aber auch, dass gerade in diesen Bezirken der Mittelstand zugleich vorzugsweise im S t e i g e n begriffen scheint. Denn soweit man dies bei summarischer Schätzung dieser Entwicklung auf Grund jener Steuereinschätzungen zu erfassen vermag, s c h e i n t sich zu ergeben, dass die Grösse der jenen beiden Einkommensklassen von 1500 bis 3000 resp. 3000 bis 7200 M. angehörigen Bevölkerung betragen hat z. B. im Regierungs-Bezirk K ö l n im Durchschnitt

von 1852/54 etwa $2,8 + 1,7 = 4,5$ Proz.
» 1864/66 » $3,3 + 2,7 = 6,0$ »
» 1876/78 » $7,3 + 3,3 = 10,6$ »
» 1894/96 » $8,9 + 3,4 = 12,3$ »

und ähnlich:

im Bezirk D ü s s e l d o r f	im Bezirk A a c h e n
1852/54: $5,1 + 1,9 = 7,0$ Proz.	1852/54: $4,0 + 1,5 = 5,5$ Proz.
1864/66: $6,5 + 2,3 = 8,8$ »	1864/66: $4,5 + 1,7 = 6,2$ »
1876/78: $7,5 + 3,0 = 10,5$ »	1876/78: $6,2 + 2,0 = 8,2$ »
1894/96: $8,4 + 3,4 = 11,8$ »	1894/96: $7,3 + 2,4 = 9,7$ »
im Bezirk M ü n s t e r	im Bezirk A r n s b e r g
1852/54: $4,8 + 1,0 = 5,8$ Proz.	1852/54: $4,2 + 1,0 = 5,2$ Proz.
1864/66: $7,0 + 1,6 = 8,6$ »	1864/66: $5,7 + 1,6 = 7,3$ »
1876/78: $8,2 + 2,8 = 11,0$ »	1876/78: $6,1 + 2,2 = 8,3$ »
1894/96: $8,6 + 3,4 = 12,0$ »	1894/96: $7,5 + 2,8 = 10,3$ »

u. s. w. — während sich der Umfang der denselben Einkommens-
kategorien Angehörigen zwischen 1852/54 einerseits und 1894/96
andrerseits nur steigerte z. B. im Reg.-Bezirk

Bromberg	von $2,3 + 0,9 (= 3,1)$	auf $5,5 + 1,9 (= 7,4)$
Köslin	» $3,2 + 0,9 (= 4,1)$	» $5,5 + 1,6 (= 7,2)$
Gumbinnen	» $2,6 + 0,7 (= 3,2)$	» $4,7 + 1,5 (= 6,2)$
Königsberg	» $1,9 + 0,8 (= 2,7)$	» $4,5 + 1,5 (= 6,0)$
Posen	» $1,5 + 0,1 (= 2,6)$	» $4,3 + 1,5 (= 5,7)$ etc.

Uebrigens sind ja auch die U r s a c h e n, aus denen sich derartiges ergeben musste, nicht besonders schwer zu finden.

Denn obwohl nicht selten noch an der alten Annahme festgehalten wird, dass mit dem Uebergang zur Fabrik der früher
selbständige Meister zu den unteren Klassen hinabsinke, so entspricht das doch der Wirklichkeit jetzt nur sehr wenig.

Gerade in den Räumen grosser Fabriken scheinen nicht kleine
Teile eines M i t t e l standes zu erstehen, der sich dem alten an-
schliesst. Und es fällt auch gar nicht schwer, in Beispielen und statistischen Berechnungen hiefür Belege zu geben.

An dieser Stelle von solchen B e i s p i e l e n nur eines, aber
ein zuverlässiges und nicht ad hoc gesuchtes!

In einer dem Herausgeber wohl bekannten, ca. 2 300 Personen
beschäftigenden Fabrik, deren Leiter die grosse Liebenswürdigkeit
hatten, dem Unterzeichneten auf sein Ersuchen nach ihren Büchern
genaue Auskunft hierüber zu geben, waren im Jahre 1899 neben
ca. 1420 technisch n i c h t ausgebildeten Arbeitern (Lehrlingen,
Taglöhnern, Handlangern, jugendlichen und erwachsenen Arbeiterinnen etc.) noch durchschnittlich thätig:

1. ca. 720 »gelernte Handwerker« mit Jahreslöhnen
von ca. 720 bis 2050, im Durchschnitt 1260 M.;

2. 25 Meister-Stellvertreter und Vorarbeiter
mit Löhnen von 1150 bis 1860, im Durchschnitt 1420 M.;

3. 40 wirkliche Werkstattsmeister mit Löhnen von
1400 bis 3100, im Durchschnitt 2200 M. und

4. 110 Personen, die teils kaufmännisch, teils technisch, teils
künstlerisch ausgebildet, noch höhere Löhne, Tantièmen etc.
bezogen.

Im Ganzen würden hienach — wenn man z. B. daran fest-
hielte, dass, wer ein Einkommen von mehr als 1500 M. bezieht,
im Allgemeinen nicht mehr zu den untersten Klassen, sondern
schon zu jenen des unteren Mittelstandes gehört — zu eben diesem letzteren innerhalb jener Fabrik zu zählen sein: etwa die
Hälfte der Klasse 1), sodann die Hälfte bis zwei Drittel der
Klassen 2) und 3) und endlich noch die ganze Klasse 4), d. h.
zusammen etwa 380 Personen oder etwa 16 bis 17 Proz. (!) aller
in der Fabrik überhaupt beschäftigten Personen. Mit anderen
Worten also: Von den Angehörigen jener Fabrik fielen
auf diesen Mittelstand relativ mehr als von der Bevölkerung
überhaupt selbst in denjenigen Bezirken Preussens, in welchen
jener die grösste Verbreitung hat.

Und für Verhältnisse derselben Art liessen sich noch manche
Beispiele geben: Zwar die Selbständigkeit im alten Sinn verliert
der zur Fabrik übergehende Handwerker natürlich, ähnlich allen
Staats- und Gemeindebeamten, nicht aber die Zugehörigkeit zum
Mittelstande im jetzigen Sinne. Ja, dieser dürfte in vielen Fällen,
gerade in Folge der Grossindustrie an Umfang nicht ganz unerheblich gewonnen haben.

Aber damit nicht genug: In derselben Richtung wirken noch
manche andere Vorgänge. Und diese haben zum Teil sogar den
Vorzug, einigermassen statistisch erfassbar zu sein.

Man gedenke nur jener Steigerung, die inzwischen sowohl die
Zahl unserer Staats- und Gemeinde-Beamten als die der in
Verkehrsgewerben beschäftigten Personen erfahren hat.

Fassen wir zu ungefährer Erfassung der in Rede stehenden
Dinge allein diese beiden Klassen nach den Zählungen von 1849
und 1895 in's Auge und versuchen im Anschluss an die dort
gewählten Klassifizierungen z. B. festzustellen, wie viele in

diesen beiden Jahren thätig waren einerseits als Civilbeamte
in Staat und Gemeinde ausserhalb des »geistlichen, Lehr- und
ärztlichen Berufs«, und andererseits im »See-, Küsten- und Binnen-
schiffahrtsverkehr«, bei dem Bahn-, Post-, Telegraphenbetriebe und
im Fracht- oder Personenfuhrwesen, so stellten sich die bezüglichen
Zahlen innerhalb des preussischen Staates im Jahre 1849 natürlich besonders g e r i n g für jene Gebiete heraus, die dünn bevöl-
kert, ohne grosse Städte oder vom Meere oder anderen grossen
Wasserstrassen besonders weit entfernt waren, so z. B. im Reg.-
Bezirke Oppeln nur auf 1484, d. h. auf 35,2 für je 10000 Köpfe,
sodann in den Bezirken

Bromberg	auf 1749 =	38,5
Posen	» 3530 =	39,3
Liegnitz	» 4011 =	43,6
Marienwerder	» 2821 =	45,4
Gumbinnen	» 3068 =	50,0 —

niedrig aber auch z. B. im Bezirk Köslin und sogar in einigen industriell zu jener Zeit noch wenig entwickelten w e s t l i c h e n Gebieten wie Münster, Minden und Trier — dagegen h o c h schon
damals einerseits in den meisten Ostseegebieten, andererseits in
Bezirken mit grossen Städten und besonders wichtigen Industrie-
plätzen, so z. B.

im Bezirk Düsseldorf auf	6669 =	73,5
» » Magdeburg »	6650 =	96,2
» » Danzig »	4013 =	99,2
» » Potsdam »	8429 =	99,7
» » Stettin »	7073 =	125,8
in der Stadt Berlin »	7756 =	183,0
im Bezirk Stralsund »	3878 =	207,3
im ganzen Staate endlich auf	107100 =	65,8

auf je 10000 Köpfe.

Aus diesen 65,8 waren nun aber auf demselben Gebiete der
alten Provinzen für thunlichst dieselben Klassen berechnet, schon
1895: 160,9 auf je 10000 Köpfe geworden (absolut 418177). Und
zwar standen an unterster Stelle wieder solche Gebiete wie die
im Bezirke

Gumbinnen	mit	6800 =	85,6
Köslin	»	5035 =	88,3
Marienwerder	»	7945 =	92,5
Posen	»	11790 =	104,4
Münster	»	7279 =	124,5

und an oberster die Bezirke

Düsseldorf	mit	37526 =	173,4
Magdeburg	»	30445 =	180,6
Stettin	»	15276 =	194,2
Köln	»	19630 =	219,7
Potsdam	»	36722 =	222,9
Berlin	»	54881 =	339,7

auf je 10000 Köpfe. Wir sehen also — wie leicht erklärlich — gerade in industriell entwickelten Gegenden wieder einen besonders grossen Aufschwung dieser Zahlen.

Auch haben sich diese Steigerungen im Einzelnen nicht nur auf die »Verkehrsgewerbe«, sondern auch auf die Staats- und Gemeindebeamten im Uebrigen erstreckt, sodass z. B. im Durchschnitt des ganzen Gebiets zwischen 1849 und 1895 die bezüglichen Relativzahlen fortschritten

1) mit Bezug auf im Verkehr thätige Personen von 31,8 auf 107,4 und

2) mit Bezug auf Staats- und Gemeindebeamte anderen Charakters (und ausserhalb der geistlichen, Lehr- und ärztlichen Berufe) von 34,0 auf 53,5 für je 10000 Köpfe.

Aber das eben nur im Durchschnitt. Im Einzelnen haben sich z. B. die auf diese letztere Klasse bezüglichen Relativzahlen im Osten wie im Westen in einigen Bezirken fast verdoppelt, indem sie stiegen im Osten z. B. im Bezirk

Posen	von	27,6	auf	46,9
Bromberg	»	27,2	»	46,5
Stralsund	»	25,2	»	48,0 u. s. w.

und im Westen z. B. im Bezirk Düsseldorf von 27,3 auf 45,1 und im Bezirk Köln » 33,1 » 61,9. —

Dass es sich bei alledem aber auch um ein Hinaufrücken in mittlere Klassen der hier in Rede stehenden Art gehandelt hat — dafür lassen sich manche Belege geben. Ich erinnere nur daran, dass z. B. bei der preussischen Post um die Mitte des vorigen Jahrhunderts, die Gehälter der Postsekretäre nur von 350

auf 600 Thaler aufstiegen, d. h. jene Obergrenze von 1 500 M. nur
selten überschritten, und erinnere andererseits an die statistisch
nicht minder zu erweisende Thatsache, dass noch 1849 Leute von
akademischer Bildung unter allen Kommunalbeamten nur sehr wenig
zu finden waren.

Gemeindebeamte, deren Stellung akademische Bildung voraus-
setzte, gab es nach der Zählung von 1849 z. B. in den Bezirken
Marienwerder, Posen und Bromberg überhaupt nur je 5, und im
Westen z. B. im Reg.-Bezirk Aachen nur 3, im Bezirke Koblenz
nur 1 (!) und in beiden Bezirken Trier und Minden: k e i n e n !! —
Offenbar sind da, wie der Zahl so auch der S t e l l u n g nach in
neuerer Zeit sehr weit greifende Verschiebungen eingetreten.
Und fassen wir Alles zusammen, so sind also auch die Gründe,
aus denen der heute sog. »Mittelstand« n i c h t bedroht erscheint,
ganz abgesehen von der Zunahme mittleren und kleinen Besitzes
auf dem L a n d e — nicht schwer zu finden.

Mag dieser Mittelstand sich immerhin weniger als früher aus
»Selbständigen« im alten Sinn zusammensetzen — an sich dürfte
er auch für die Folge eher in Zu- als in Abnahme begriffen sein.
Und Aehnliches scheint innerhalb desselben speziell auch von den
h i e r behandelten Berufen im Allgemeinen zu gelten. Trotz aller
Wandelungen wird, was man H a n d w e r k nennt, sich erhalten
in dieser oder jener Gestalt. Und eben dieses H a n d w e r k thunlichst zu festigen und zu fördern bleibt eine hohe, herrliche Aufgabe.

TÜBINGEN, Mitte Juli 1901.

FR. J. NEUMANN.

VORWORT VON Dr. THISSEN.

Vorliegende Arbeit ist in ihren Grundzügen als Doktordissertation der staatswissenschaftlichen Fakultät der Universität Tübingen überreicht und als solche von derselben genehmigt worden. Wenn dieselbe nunmehr in erweiterter Form und noch durch manches treffliche Material ergänzt der Oeffentlichkeit übergeben werden kann, so ist es dem Unterzeichneten ein Bedürfnis, dankbar hervorzuheben, dass das Hauptverdienst hieran seinem hochverehrten Lehrer, dem Herausgeber dieser »Beiträge zur Geschichte der Bevölkerung«, zukommt. Zugleich möchte er auch diese Gelegenheit benutzen, um Herrn Professor F. J. von Neumann herzlichen Dank auszusprechen für die wertvollen Anregungen und die liebenswürdige Unterstützung durch reichhaltiges, zum Teil handschriftliches Material, welche die Entstehung dieser Arbeit gefördert haben.

In den letzten Jahren ist die Litteratur über das deutsche Handwerk durch manche sehr beachtenswerten Spezialuntersuchungen bereichert worden. Möchte auch die vorliegende Arbeit, welche jene in gewisser Hinsicht zu ergänzen bezweckt, namentlich allen denjenigen, welche an der Erhaltung und Neukräftigung eines konkurrenzfähigen Handwerks mitzuwirken berufen sind, von einigem Nutzen sein. Wenn sie diesen zur Beurteilung der Entwicklung, Lage und Zukunftsaussichten des Handwerks wie seiner einzelnen Zweige eine kleine Handhabe bieten und hierdurch das Ihrige beitragen könnte zur Klärung und allseitigen Förderung jener dem tüchtigen und strebsamen Handwerk dienlichen Reformbestrebungen, so würde die auf sie verwandte Mühe, insbesondere auch diejenige des Herrn Herausgebers, nicht vergeblich gewesen sein.

M.-Gladbach, im Juli 1901.

O. THISSEN.

Erster Teil.

Einleitung. Aufgabe des Folgenden. Preussische und deutsche Gewerbestatistik. Das Wesen des Handwerks nach früherer und jetziger Auffassung und das Verhältnis desselben zur Entwickelung des allgemeinen Wohlstandes, zur Steigerung städtischer Konzentration und zur Teilung des Grundeigentums.

Unzweifelhaft hat in neuester Zeit eine Fülle tüchtiger Spezialuntersuchungen, wie sie namentlich den Bemühungen des Vereins für Sozialpolitik zu danken sind, viel dazu beigetragen, dass man sowohl die jetzige Lage des deutschen Handwerks als auch die Entwicklung desselben in den letzten Jahrzehnten besser als früher zu überblicken vermag. Ob jedoch diese, im allgemeinen sich nur auf einzelne Gewerbe oder einzelne örtliche Gebiete beschränkenden Untersuchungen die in jener Entwicklung zu Tage getretenen Tendenzen bereits so vollständig überblicken lassen, wie dies die Fülle des seit fast hundert Jahren auf diesem Gebiete mit grosser Mühe gesammelten statistischen Materials gestattet, oder ob dieses letztere sich in jener Beziehung nicht vielleicht noch vollständiger verwerten liesse — das sind Fragen, die nicht mit gleicher Bestimmtheit zu beantworten sein möchten. Ja, es scheint beinahe, als ob eine in manchen Kreisen heute mehr als früher verbreitete Abneigung gegen statistische Forschung, verbunden mit leicht erklärlicher Ueberschätzung der mit solcher verbundenen Schwierigkeiten, auch auf dem hier in Rede stehenden Gebiete zu einer Missachtung vorhandener älterer Nachrichten geführt hat, welche die Erkenntnis der wirklichen Vorgänge beeinträchtigt und namentlich dazu beigetragen hat, die Zukunft des Handwerks in etwas

b e d e n k l i c h e r e m L i c h t e erscheinen zu lassen, als es an sich
gerechtfertigt sein möchte.

Geht man wirklich darauf aus, soweit dies nur überhaupt möglich ist, zu erforschen und zu begründen, in welchem Umfange und
welchem Masse die herkömmlich als Handwerk bezeichneten Gewerbe im Laufe des neunzehnten Jahrhunderts Fortschritt, Stagnation oder Rückgang gezeigt haben, wie sich hiebei das Verhältnis
zwischen der Zahl der Abhängigen und der Meister verschoben,
und wie sich diese Dinge namentlich innerhalb der einzelnen G e-
b i e t e Preussens und ganz Deutschlands in grösseren und kleineren
Orten, auf dem Lande und in den Städten verändert haben, so
möchte es sich wohl empfehlen, gerade jetzt, gestützt auf jene trefflichen S p e z i a l untersuchungen des genannten Vereins und gestützt
namentlich auch auf die ausgezeichneten Bearbeitungen, welche
den neuesten Berufs- und Gewerbezählungen von 1882 und 1895
seitens unseres reichsstatistischen Amts zu teil geworden sind, wieder einmal einer auch auf ältere Zeiten zurückgreifenden h i s t o-
r i s c h - s t a t i s t i s c h e n Forschung Raum zu geben. Und ein
Versuch d i e s e r Art wird nun im Folgenden gewagt werden.

Doch soll sich derselbe, da ausserhalb Preussens die bezüglichen älteren Nachrichten zum Vergleich mit neueren weniger ge-
eignet erscheinen, im allgemeinen auf Preussen und zwar auf das
preussische Gebiet von 1815 beschränken. Auch soll im wesentlichen nur der Entwickelung des Handwerks seit der M i t t e des
neunzehnten Jahrhunderts gerecht zu werden versucht werden, zumal für die erste Hälfte des letzteren das bekannte Werk S c h m o l-
l e r 's vorliegt, das auch dieser Arbeit eine treffliche Stütze war.
Nur hie und da, insbesondere soweit dem Verfasser auch nicht gedrucktes, den Akten des kgl. preussischen Statistischen Bureaus ent-
nommenes Material insbesondere bezüglich der Zählungen vor dem
Jahre 1849 zu gut kam, ist auch auf diese ältere Zeit, bis 1822
zurückgegangen [1]).

---

1) Was andere Hilfsmittel betrifft, so werden die meisten derselben erst
unten zu erwähnen sein. Hier sei nur vorweg bemerkt, dass Versuche ähnlich
den hier unternommenen z. B. mit Bezug auf die Zählungen von 1861 und 1875
schon früher, namentlich von E n g e l gemacht worden sind. Vgl. E n g e l:
Industrielle Enquete und Gewerbezählung von 1875 (Berlin 1878), und E n g e l:
Statistische Darstellung der deutschen Industrie 1875 und 1861 (Berlin 1880).
Von anderen Hilfsmitteln kommen jetzt natürlich vorzugsweise jene Vereins-

Bei alledem soll aber, wie leicht erklärlich, weniger die Geschichte einzelner Handwerke, die sich mehr zu monographischer Behandlung eignet, als die des Handwerks im allgemeinen Gegenstand der Untersuchung sein. Und da sich gerade der so beschränkten Aufgabe manche Schwierigkeiten hinsichtlich des Begriffs des »Handwerks« und der Vergleichbarkeit des auf dieses bezüglichen Materials entgegenstellten, muss bei eben diesen Dingen hier noch mit einigen Worten verweilt werden.

Auf Gewerbe bezügliche T a b e l l e n hat man im preussischen Staate, wie bekannt, schon in der zweiten Hälfte des achtzehnten Jahrhunderts aufzustellen versucht[1]). Jedoch wurden diese vor

---

schriften in Betracht, in denen übrigens die Notwendigkeit einer Ergänzung durch Untersuchungen a l l g e m e i n e n Charakters keineswegs verkannt ist. Vgl. z. B. was P. V o i g t in der die Forschungen jenes Vereins abschliessenden Abhandlung »Das deutsche Handwerk nach den Berufszählungen von 1882 und 1895« (Schriften des Vereins, Band 70, S. 629 ff.) von der Notwendigkeit einer Kontrolle der Ergebnisse solcher Spezialforschungen durch Erforschung der »Entwicklungstendenzen der einzelnen Gewerbe und des gesammten Handwerks« bereits ausgeführt hat. Aehnliche Gedanken lagen ja auch den vom Kaiserl. statistischen Amt selber im Sommer 1895 angestellten allgemeinen Untersuchungen über die Lage des Handwerks zu Grunde, die in drei Sonderheften (»Erhebung über Verhältnisse im Handwerk, Heft 1—3, 1895/1896«) erschienen, von Voigt ebenfalls benutzt und bearbeitet worden sind (Hauptergebnisse der Handwerkerstatistik von 1895, in Schmollers Jahrbüchern N. F. Band XXI Heft 3.). Dem Verfasser dieser Arbeit waren jene — nicht im Buchhandel käuflichen — Erhebungen leider erst dann zugänglich, als grosse Teile dieser Arbeit bereits vollendet waren.

2) Den Versuch einer Verwertung der damals gewonnenen R e s u l t a t e haben wir namentlich K r u g zu danken (Nationalreichtum des preussischen Staates. 2 Bände, 1805.). Ueber die weitere Geschichte der Gewerbestatistik selbst sind ausser den Darlegungen H o f f m a n n s , (ersten Direktors des reorganisierten stat. Bureaus) insbesondere in dem grösseren Werke: Die Bevölkerung des preussischen Staates, 1839, namentlich zu vergleichen: D i e t e r i c i , der Volkswohlstand im preussischen Staate in Vergleichungen, 1846, und S c h u b e r t , Handbuch der allgemeinen Staatskunde des preussischen Staats Band I, Königsberg 1846; auch B l e n k : Geschichte des kgl. preuss. statist. Bureaus 1885, und für die neueste Zeit, ausser Engel, namentlich K o l l m a n n in den unten noch zu nennenden Aufsätzen und die trefflichen ausführlichen Einleitungen zu den amtlichen Publikationen des Deutschen Reichsstatistischen Amtes über die Zählungen von 1882 und 1895, dazu auch v. S c h e e l : Ergebnisse der deutschen Berufszählung von 1895, in dem Handbuch der politischen Oekonomie, 4. Auflage 1898, Bd. III Th. 2. p. 231 ff.

4

dem Jahre 1806 vorzugsweise vom merkantilistischen Standpunkt, d. h. also namentlich in der Absicht angeordnet, die Handelsbilanz und zu diesem Behuf den Wert der im Lande hergestellten und exportierten Waren zu erfassen. Auf die hiebei beteiligten Personen legte man weniger Gewicht. Und deshalb stellte man auch von den Handwerkern, die infolge jener Merkantilpolitik übrigens fast ganz auf städtische Gebiete beschränkt waren [1]), im allgemeinen nur die Zahl der Meister fest. Ja, es geschah selbst das nicht einmal vollständig. Und seit 1810 wurden sogar diese an sich schon sehr beschränkten Aufnahmen um ihrer Unzuverlässigkeit willen noch mehr gekürzt, so dass in den Jahren 1810—16 die ganze Gewerbetabelle auf einen kleinen Teil jener einzigen statistischen Tabelle herabgesunken war, die herzustellen man damals überhaupt noch für erspriesslich hielt. Was man damals zu ermitteln suchte, war im Grunde nur die Zahl der Meister oder der Meister und Gehilfen in einigen besonders wichtigen Gewerben, während der fabrizierten Waren nun überhaupt nicht mehr gedacht wurde.

Nach dem Jahre 1816 hat sich das dann freilich schrittweise wieder geändert [2]). Zunächst wurde nämlich bestimmt, dass aus

---

1) Eine Ausnahme machte (worauf schon Hoffmann verwies) innerhalb des Gebiets der alten preussischen Monarchie im Umfange von 1805 namentlich Schlesien, wo man es bei der aus österreichischer Zeit hergebrachten milderen Handhabung jener Politik beliess (Die Bevölkerung des preussischen Staates nach den Nachrichten von 1837, Berlin 1839, p. 184 ff.). Es ist das insofern wichtig, als gerade um dieser grösseren Freiheit willen Schlesien, ähnlich wie die erst 1815 von Preussen erworbenen Gebiete und ähnlich auch wie manche süddeutsche Gebiete, im Verhältnis zur Zahl und Wohlhabenheit der Bewohner ein besonders zahlreiches Handwerkerpersonal aufzuweisen hatte, das dann in der Folge natürlich weniger Entwicklungsfähigkeit zeigte, als das aus Gründen der Merkantilpolitik bisher beschränkte Handwerk der alten Provinzen Preussens.

2) Vom statistischen Bureau publicierte Nachrichten über die Gewerbe sind in einiger Vollständigkeit erst mit Bezug auf das Jahr 1837 im schon erwähnten Werke »Die Bevölkerung des preussischen Staates« von 1839 zu finden. Mit Bezug auf frühere Zeit sind die Angaben in Dietericis »Statistische Uebersicht über Verkehr und Verbrauch im preussischen Staat und deutschen Zollverein« von 1838 zu beachten. Daneben aber ergaben sich dem Verfasser Nachrichten für 1822 nicht nur in den Mitteilungen des preussischen statistischen Bureaus Bd. II p. 1 ff., sondern in grösserer Vollständigkeit namentlich in den schon erwähnten, von Fr. J. Neumann den Akten des stat. Bureaus entnommenen Abschriften. Ergänzendes boten ausserdem Ferbers Beiträge zur Kennt-

5

jener einzigen statistischen Tabelle wieder mehrere und darunter auch wieder eine besondere G e w e r b e t a b e l l e gemacht würde. Indessen bezog sich diese, wie sie nunmehr bis 1834 fast unverändert fortbestand, doch immer nur auf die w i c h t i g s t e n Gewerbe, und zwar einerseits auf die sog. mechanischen Künstler und Handwerker (von denen aber zum Teil wieder nur die Zahl der Meister ermittelt wurde)[1]), andererseits aber auch auf einige Gattungen von Fabriken. Und später, im Jahre 1837, hat man diese Aufnahmen zwar etwas erweitert, indem man namentlich für eine grössere Zahl von Gewerben auch die Zahl der Gehilfen und Lehrlinge ermittelte. Indessen eine wesentliche A e n d e r u n g trat doch erst dann ein, als im Jahre 1843 die Bevollmächtigten des deutschen Zollvereins allgemeine Vereinbarungen hierüber getroffen hatten. Nach diesen wurde nämlich, zunächst in Verbindung mit der Volkszählung von 1846, neben der Tabelle der »mechanischen Künstler und Handwerker« auch eine umfassende Aufstellung über F a b r i k a t i o n s a n s t a l t e n und F a b r i k u n t e r n e h m u n g e n aller Art versucht, und jene erstere Tabelle zugleich durch Aufnahme früher übergangener Gewerbe vervollständigt[2]). Diesen Reformen entsprachen dann auch die Aufnahmen von 1849, von denen hier vorzugsweise ausgegangen werden soll, und ebenso alle späteren bis 1861, dieselben waren aber, wie hier schon be-

nis des gewerblichen Zustandes nach amtlichen Quellen, 1829 und Neue Beiträge, 1832, sodann bezüglich der Jahre 1825 und 1831: K r a u s e , Handbuch z. Atlas von Preussen, Teil I 1833, p. 474 ff., und endlich bezüglich der Jahre 1819, 1825, 1828 und 1837 zum Teil auch W e b e r , Handbuch der staatswissenschaftlichen Statistik, 1840.

1) Gezählt wurden damals: Bäcker, Kuchenbäcker, Schlächter, Gerber, Schuhmacher, Handschuhmacher, Kürschner, Riemer und Sattler, Seiler, Schneider, Posamentierer, Putzmacher, Hutmacher, Zimmerleute, Tischler, Rad- und Stellmacher, Böttcher, Drechsler, Kammmacher, Bürstenbinder, Korbmacher, Maurer, Töpfer, Glaser, Zimmer- und Schildermaler, Schmiede, Schlosser, Gürtler, Kupferschmiede, Rot-, Gelb- und Glockengiesser, Zinngiesser, Klempner, Mechanici, Uhrmacher, Gold- und Silberarbeiter, Steinschneider, Buchdruckereien, Buchbinder, Tuchscherer, Tuchbereiter, Färber. Die vollständigste Publikation für die Zeit v o r der Reform, die 1846 ins Leben trat, bieten für Preussen »Die statistischen Tabellen des preussischen Staats nach den Aufnahmen von 1843 von Dieterici 1845, p. 129 ff.

2) Bezüglich des Geschichtlichen vgl. auch das Vorwort zu Tabellen und amtliche Nachrichten über den preussischen Staat für das Jahr 1849 (Berlin 1854).

rührt werden muss, immerhin noch manchem Einwande ausgesetzt[1]).
»Musste eine solche Aufnahme«, so urteilte Kollmann z. B.
von jener des Jahres 1861, »allerdings als ein anerkennens-
werter Erfolg betrachtet werden«, so barg dieselbe doch schon »in
der bedenklichen Trennung von Fabrik und Handwerk den Keim
zu vielen Unrichtigkeiten«. Insbesondere habe es dem Verfahren
bei der Herstellung beider Tabellen insofern an Einheitlichkeit ge-
fehlt, als man bei den Fabriken die Betriebsstätten oder Anstalten,
also die Gewerbebetriebe, dagegen bei den »Handwerkern« die
Gewerbetreibenden selber, also die Personen ins Auge fasste[2]).

Je fühlbarer nun solche Mängel waren, um so mehr musste
sich, nachdem durch die Ereignisse von 1866 und 1870 ein besserer Boden auch für diese Aufnahmen gewonnen war, das Bedürfnis nach durchgreifender Umgestaltung derselben geltend machen. Doch verzögerten sich die hierauf bezüglichen Vorberei-
tungen leider noch bis zum Jahre 1875. Und auch die Erfolge
dieses Jahres liessen nach späterer Erkenntnis noch Manches zu
wünschen übrig. Allerdings brachte diese nochmals in Verbindung
mit der allgemeinen Volkszählung durchgeführte »allgemeine« Ge-
werbeaufnahme manche Verbesserungen. Denn zunächst wurde
Gegenstand der Ermittlung mehr als bisher etwas Einheitliches:
die Zahl und der Umfang der Gewerbebetriebe als solcher,
ohne Rücksicht z. B. darauf, ob die bez. Inhaber physische oder
moralische Personen waren. Auch die Trennung in Handwerker-
und Fabriktabellen war endlich überwunden. Und unter den in
den einzelnen Gewerbebetrieben Beschäftigten unterschied man
jetzt bereits einerseits Geschäftsleiter und andererseits mehrere
Klassen von Abhängigen: Gehilfen, Arbeiter und Lehrlinge. Indessen wurden gerade durch diese Verbesserungen andererseits
wieder die Schwierigkeiten des Vergleichs mit früheren Aufnahmen
gesteigert, insofern z. B. die jetzt gewählte Bezeichnung »Geschäftsleiter« sich nicht ganz und gar mit den früher üblichen Ausdrücken

---

1) Hierüber vgl. namentlich Paul Kollmann, die deutsche Gewerbeauf-
nahme vom 1. Dezember 1875, in Schmollers Jahrb. f. Gesetzgeb. etc. VI (1882)
S. 444.

2) Mit Bezug auf diese Verschiedenheit sei hier schon vorweg bemerkt,
dass, wo im Folgenden die Fabriktabellen von 1849 und 1861 neben den auf
die Handwerker bezüglichen Zahlen benützt werden mussten, die »Zahl der Anstalten« der Zahl der »Meister« etc. zugerechnet wurde.

wie »Meister« oder »auf eigene Rechnung arbeitende Personen«
u. s. w. deckte. Und noch viel mehr fiel ins Gewicht, dass die
früheren Erhebungen gewissermassen bereits die Anfänge einer B e -
r u f s statistik enthalten hatten, da bei ihnen nach den g e w ö h n -
l i c h o d e r b e r u f s m ä s s i g ausgeübten Beschäftigungen gefragt
worden war, während die Aufnahmen von 1875 nur die gerade am
E r h e b u n g s t a g e in den einzelnen Betrieben thatsächlich beschäftigten Personeu betrafen [1]). Ja, dieser Gegensatz war bei
vielen Gewerben wie namentlich den sog. S a i s o n industrien und
den B a u gewerben von grosser Bedeutung, zumal jene Zählung
eben im Anschluss an die allgemeine Volkszählung, also im W i n t e r
stattfand, wo natürlich relativ wenig gebaut wird, und manche
»Saisonarbeit« vollständig eingestellt ist.

Später hat man dann an der im Jahre 1875 erweiterten K l a s -
s i f i z i e r u n g der Gewerbe in engere und weitere Gruppen[2]) im
Wesentlichen festgehalten, ist aber im übrigen wieder in mancher
Beziehung zu Früherem zurückgekehrt, indem sowohl 1882 als 1895
wieder der B e r u f s statistik der Vorzug gegeben wurde. Und das
hat den Vergleich gerade dieser neuesten Erhebungen mit den
Handwerkertabellen von 1849 und 1861 erleichtert, dagegen den
mit der Gewerbezählung von 1875 natürlich erschwert[3]). Zugleich
fanden aber in beiden Jahren, und namentlich 1895, z. T. infolge sorgfältigerer Ausführungsvorschriften auch genauere Aufnahmen und
insbesondere eingehendere Berücksichtigungen der bis dahin wenig
beachteten H a u s industrie[4]) statt. Desgleichen trat eine abermalige

---

1) Vgl. Kollmann und Zeitschrift des Kgl. sächs. stat. Bureaus 25. Jahrg.,
S. 185. — In vorliegender Arbeit werden aus eben diesen Gründen die auf 1875
bez. Angaben auch nur selten und regelmässig nur in Parenthese beigefügt sein.

2) Vgl. Dr. Engel, Die deutsche Industrie 1875 und 1861 S. VIII. Diese
Differenzen werden unten noch zu berühren sein.

3) Vgl. auch die Beschreibung des Königreichs Württemberg (herausg. vom
Kgl. stat. topographischen Bureau, 1884, II 1. S. 666.

4) Vgl. P a u l K o l l m a n n , Die gewerbliche Entfaltung im Deutschen
Reich nach der Aufnahme vom 5. Juni 1882, in Schmollers Jahrbuch für Gesetzgebung u. s. w. Jahrgang XII, 1888, S. 509, und bez. der Durchführung
der Zählungen von 1882 und 1895 den Aufsatz von Scheel a. a. O., dazu Statistik des Deutschen Reichs. Neue Folge. Bd. II (1884) und bezüglich der
Zählung von 1895 namentlich das besonders reichhaltige grosse Quellenwerk:
Statistik des Deutschen Reiches. Neue Folge. Bd. 102—III (Berufs- und Gewerbezählung), desgl. (n a c h Vollendung dieser Arbeit erschienen): K o l l -

8

Aenderung in der Gliederung der Erwerbsthätigen ein. Denn von dem höheren und niederen H i l f s p e r s o n a l unterschied man nunmehr einerseits die »selbständigen, zu Haus für fremde Rechnung arbeitenden Personen« und andererseits andere »Selbständige, leitende Beamte und sonstige Geschäftsführer«. Und diese beiden Gruppen z u s a m m e n sind also als Klasse der Selbständigen den »Geschäftsleitern« von 1875 und den »Meistern oder für eigene Rechnung arbeitenden Personen« von 1849 und 1861 gegenüberzustellen [1]), wenn auch daneben natürlich zu beachten ist, dass infolge sorgfältigerer Berücksichtigung der Heimarbeiter der Kreis der als selbständig gezählten Personen 1882 und 1895 ein erheblich weiterer geworden ist. Schliesslich ist nicht zu übersehen, dass die beiden Erhebungen von 1882 und 1895 im S o m m e r stattfanden, was nach dem Gesagten vor allem der Gewerbestatistik von 1875 gegenüber ins Gewicht fällt, indessen, wie unten noch zu berühren sein wird, auch den Vergleich mit jenen früheren Aufnahmen erschwert, die zwar eher »berufsstatistischer« Art waren, aber gleich der Zählung von 1875 im Winter, also zu einer Zeit stattgefunden hatten, da die Zugehörigkeit zu diesem oder jenem gewerblichen Berufe vielfach in den Hintergrund tritt [2]). — Blicken wir danach zurück, so ergiebt sich erstens, dass zu besserer Vergleichung mit der Gegenwart die den alten Handwerkertabellen entnommenen Daten zum Teil noch durch solche aus den früheren Fabriktabellen zu ergänzen sind, worüber im Einzelnen

m a n n im Jahrbuch für Gesetzg. u. s. w. 1899, p. 1011 ff., und R a u c h b e r g : Archiv für soz. Gesetzgebung 1899.

1) Sowohl 1882 als 1895 zählte man: unter a) »Selbständige, auch leitende Beamte und sonstige Geschäftsleiter«, daneben aber 1895 noch ausgesondert, (unter der Aufschrift a. fr.): solche Selbständige (a), die z u H a u s f ü r f r e m d e R e c h n u n g (fr.) arbeiten. Ebenso war den Zählungen von 1882 wie 1895 gemeinsam, dass unter b) das »höhere Verwaltungs-, Aufsichts-, sowie Rechnungs- und Bureaupersonal«, und unter c) das sonstige abhängige Personal, d. h. Gesellen, Lehrlinge, Fabrik-, Lohn-, Tagearbeiter u. s. w. gezählt wurden. Ausgesondert wurden aber hievon im Jahre 1895 (unter der Aufschrift c. fr.) solche Arbeiter (c), die bei auf fremde Rechnung (fr.) in eigener Wohnung thätigen Meistern beschäftigt wurden.

2) Hierauf und auf den Einwand, dass das Fortschreiten der H a u s i n - d u s t r i e auf Gebieten des Handwerks den Vergleich zwischen den Ergebnissen der früheren und neuesten Aufnahmen erschweren, wird unten näher einzugehen sein.

hier später weitere Mitteilung gemacht werden wird. Noch wichtiger aber ist, dass es auch bei solcher Ergänzung, wie zu beachten bleibt, keineswegs möglich ist, den ganzen Kreis dessen, was man heute etwa als Handwerk bezeichnet, von der Mitte des neunzehnten Jahrhunderts ab bis zur Gegenwart genau zu verfolgen. Denn der Begriff des Handwerks, der von jeher schwankend gewesen, ist inzwischen auch ein anderer geworden. Und es wird notwendig sein, zwischen an sich unsicheren älteren und neueren Vorstellungen zu vermitteln.

Um dessen hier schon mit einigen Worten zu gedenken, so giebt es nämlich erstens, wie Jeder weiss, heute manche als Handwerk bezeichnete Gewerbe, die früher gar nicht existierten, und von denen deshalb im Folgenden vollständig abzusehen sein wird.

Zweitens wird hier auch nicht, wie es heute wohl als Bedürfnis erscheint, zwischen Handwerk und »Lohnwerk« zu unterscheiden, sondern es werden nach wie vor auch z. B. die auf Stör arbeitenden Schneider und Metzger dem Handwerk zu überweisen sein. Desgleichen wird früherer Zunftverfassung und altem Herkommen entsprechend z. B. das Gewerbe der Barbiere, obwohl es keine »Waren« produziert, dem Handwerk zuzuzählen sein. Und endlich wird an alter Ueberlieferung hier auch bezüglich der Hausindustriellen und mancher besonders umfangreich gewordener Betriebe, wie z. B. bezüglich gewisser Baugewerbe, festzuhalten sein.

In Frage kann nämlich bei diesen letzteren in der That kommen, ob solche besonders grosse Betriebe, die im Bauwesen vielleicht Hunderte von Abhängigen (Werkmeistern, Gehülfen, Gesellen, Lehrlingen und Arbeitern) beschäftigen, hiernach wie es bisher geschah, noch zum »Handwerk« der Maurer, Zimmerer etc. oder aber in die Kategorien der »Grossgewerke« oder »Grossbetriebe« zu rechnen sind. Da man jedoch solche Scheidung früher nicht gemacht, wird es sich hier empfehlen, sie auch für die Gegenwart nicht zu versuchen, zumal es schwer sein würde, hiebei eine angemessene Grenze zu finden (vgl. z. B. Mendelson, Stellung des Handwerks 1899, p. 228), und auch auf grund der regelmässigen Ausbildung der bez. Unternehmer, wie schon oft gezeigt ist, manches dafür spricht, die Inhaber selbst sehr grosser Maurer- oder Zimmerergeschäfte nicht den Fabrikanten und andern Grossindustriellen gleich zu stellen. Sollte die Entwickelung des Kleingewerbes zu

skizzieren versucht werden, so möchte es sich anders verhalten.
Soll hier aber auf die Entwickelung des »Handwerks« eingegangen
werden, so wird es sich eher empfehlen, auch in diesen Dingen
eben der älteren Auffassung zu folgen. Und ebenso gegenüber
der Hausindustrie.

Diese ist als solche früher, wie bekannt, gar nicht Gegenstand
der Ermittelung gewesen. Wer sich berufsmässig mit Schuhmacherei
oder Schneiderei beschäftigte, der wurde eben den Schuhmachern
resp. Schneidern, also den Handwerkern zugerechnet, gleich-
giltig, ob er für Kunden oder für einen »Verleger« arbeitete.
Mancher mag hierbei auch ungezählt, und bei Manchem mag es
zweifelhaft geblieben sein, ob er, weil er z. B. daneben noch Landwirtschaft trieb, überhaupt in die Handwerkertabelle gehörte. Jetzt
werden Hausindustrielle von Andern des gleichen Berufs unterschieden. Aber es wird hier festzuhalten sein, dass auch die auf
sie bezüglichen Zahlen behufs bessern Vergleichs mit früheren
Zahlen als das Handwerk betreffende anzusehen sind. Und es
wird nur innerhalb der einzelnen Handwerke die Zahl der
Hausindustriellen und der Umfang der aus früher zu geringer Beachtung derselben hervorgegangenen Fehler zu beachten sein.

Andererseits aber musste allerdings von allen jenen Handwerkern abgesehen werden, die es, wie z. B. Schlosser, Klempner,
Schmiede u. s. w., mit der Verarbeitung unedler Metalle zu thun
haben. Denn die Geschäfte dieser sind mit grossen und kleinen Gewerben der heute sog. Metall- und Maschinenindustrie der Art vereint, und deshalb auch der Art gemeinschaftlich ermittelt worden,
dass von einer der früheren Scheidung entsprechenden Trennung
in Handwerk und Nichthandwerk gar nicht die Rede sein kann.

Ebenso waren die bereits 1849 in der Fabriktabelle aufgeführten Weber und Spinner auszuscheiden. Und endlich schien es,
um die Uebersicht nicht zu gefährden, ratsam, auch solche numerisch
ganz unbedeutende Gewerbe, wie z. B. die der Haarkamm-
und Bürstenmacher, oder der Seifensieder, Korbmacher u. s. w.,
wenn auch Einwendungen der soeben berührten Art gegen ihre
Hereinziehung nicht zu erheben waren, doch ausser Vergleich zu
lassen, weil ihre Entwicklung für die hier ins Auge zu fassenden
Gesamtresultate und die in ihnen sich geltend machenden Tendenzen überhaupt nicht ins Gewicht fällt.

Um so mehr war es dann aber andererseits auch geboten, das

was nach alledem einer vergleichenden Betrachtung unterzogen werden sollte, thunlichst vollständig, d. h. der Art zu erfassen, dass nicht nur die Zahlen für ganz Preussen (alten Umfangs) einander gegenüber gestellt, sondern die zu beobachtenden Dinge auch zum Mindesten für die einzelnen Provinzen und Regierungs b e z i r k e verfolgt wurden. Auf eine noch weiter gehende Spezialisierung etwa nach K r e i s e n oder gar nach dem Gegensatz von S t a d t und L a n d musste allerdings, so wünschenswert gerade Untersuchungen dieser Art erscheinen mochten, hier verzichtet werden, weil das dieser Arbeit einen bedenklich grossen Umfang gegeben hätte, und weil das bei Beginn derselben dem Verfasser vorliegende Material eine solche Ausdehnung für 1895 noch nicht gestattete[1]).

Einigen Ersatz hierfür will der Verfasser aber dadurch zu bieten versuchen, dass er innerhalb der Gesamtheit der Regierungsbezirke zwischen solchen mit mehr und weniger städtischer Entwicklung unterscheidet. Denn es giebt gerade in Preussens alten Provinzen eine Reihe von Bezirken, in deren Durchschnittszahlen sich fast ausschiesslich ländliche oder doch landwirtschaftliche Verhältnisse spiegeln, während in anderen wieder gerade städtische und zwar grossstädtische den Ausschlag geben. Daneben schien es dann aber natürlich auch geboten, Regierungsbezirke mit mehr oder weniger zerstückeltem Grundbesitz, sowie namentlich solche von grösserem oder geringerem Wohlstande und mehr oder weniger weit gehender a l l g e m e i n e r gewerblicher Entwickelung zu unterscheiden. Und mit Bezug auf diese Unterscheidungen sind hier noch einige allgemeine Betrachtungen vorauszuschicken.

Dass die Beurteilung von W o h l s t a n d s verhältnissen jener Art auf Schwierigkeiten stösst, ist bekannt. Wäre in dieser Beziehung nur gedrucktes und wissenschaftlich bereits anerkanntes Material zu benützen gewesen, so wäre, um nicht in unangebrachte Weitläufigkeiten zu verfallen, kaum etwas anderes übrig geblieben, als sich hierbei an jene kurzen Betrachtungen zu halten, die in neuerer Zeit den Ergebnissen preussischer Besteurung[2]) zu teil

---

1) Einiges Material bot allerdings früher schon die Berufstatistik nach Ortsgrössenklassen (Reichsstatistik N. F. Bd. 110. 1897). Doch waren hiemit die früheren Aufnahmen schwer zu vergleichen.

2) Wie sie uns jetzt namentlich in den im Auftrage des Finanzministeriums erfolgenden regelmässig publizierten »Mitteilungen aus der Verwaltung der dir. Steuern« vorliegen, z. B. für 1895/96, Berlin 1895; für 1896/97, Berlin

geworden sind, und in denen man sich, wie bekannt, namentlich
auf dreierlei Dinge gestützt hat, erstens auf die Zahl der der
preussischen E i n k o m m e n s t e u e r ü b e r h a u p t unterworfe-
nen Personen (und ihrer Angehörigen) im Verhältnis zur Grösse
der Bevölkerung, sodann auf die Zahl der ü b e r 3 o o o Mk. E i n-
k o m m e n versteuernden Personen (und ihrer Angehörigen), ebenfalls im Verhältnis zur Bevölkerung, und endlich auf die Zahl der
zur V e r m ö g e n s steuer herangezogenen Haushaltungen. Hienach bemessen hat sich die Rangfolge der einzelnen Bezirke und
Provinzen, z. B. in dem hier besonders in Betracht zu ziehenden
Jahre der letzten Berufs- und Gewerbezählung (1895) so gestaltet,
dass in den einzelnen Bezirken zu jenen drei Kategorien folgende
Quoten der Gesamtbevölkerung gehörten (s. Tab. S. 13).

Danach unterlagen also der Einkommensteuer, zu der nach dem
Gesetze von 1891 im Allgemeinen nur Haushaltungen mit mehr als
9oo Mk. Einkommen herangezogen werden, zwar im Durchschnitt der
alten Provinzen nur 28,8 % der Bevölkerung. Es schwankten diese
Zahlen aber von Regierungsbezirk zu Regierungsbezirk etwa zwischen 15 und 5o %. Und zwar waren 1895 die w e n i g s t e n
dieser Klasse angehörigen in den Bezirken von O s t- und W e s t-
p r e u s s e n, P o s e n, P o m m e r n und S c h l e s i e n, sowie
im Regierungsbezirk F r a n k f u r t zu finden, so dass, wenn man
z. B. alle Bezirke in die beiden grossen Gruppen von unter und
über 25—26 % einkommensteuerpflichtiger Bevölkerung teilt, jene
ö s t l i c h e n Bezirke i n s g e s a m t der ersten, und der ganze
Rest der zweiten Gruppe angehörte. Innerhalb jener ersteren aber
standen am tiefsten die Bezirke Königsberg und Marienwerder mit
15—16 %, sodann Posen mit 16,7 und der Rest von Ost- und Westpreussen (Gumbinnen und Danzig) mit 17—18 %, demnächst Breslau
mit 2o %, etwas höher schon Pommern (insbesondere der Regierungsbezirk Stettin mit 25,6 %) und der Regierungsbezirk Frankfurt mit
23,2 %, während zur z w e i t e n Gruppe ausser dem Berlin um-
schliessenden Regierungsbezirk Potsdam (35,2) und Berlin selber
(48,7 %) ausschliesslich die Bezirke der mehr westlichen Provinzen
Sachsen, Westfalen und Rheinprovinz gehörten, unter denen wieder
voranstanden einerseits der Regierungsbezirk T r i e r (38,1 %) und

---

1897 u. s. w. Jene kurzen B e a r b e i t u n g e n befinden sich in der der Zeitschrift des stat. Bureaus beigefügten statistischen Korrespondenz.

I. Die Zahl der zur Einkommensteuer **überhaupt** Veranlagten (inkl. Angehörige) betrug in Prozenten der Bevölkerung		II. Die Zahl der zur Einkommensteuer mit **unter 3000 M.** Veranlagten (inkl. Angehörige) betrug in Prozenten		III. Die Zahl der zur **Vermögenssteuer** überhaupt Veranlagten (inkl. Angehörige) betrug in Prozenten	
1) in Königsberg	15,11%	1) in Posen	1,69%	1) in Königsberg	8,51%
2) » Marienwerder	16,07 »	2) » Marienwerder	1,70 »	2) » Oppeln	9,20 »
3) » Posen	16,69 »	3) » Gumbinnen	1,74 »	3) » Danzig	9,45 »
4) » Gumbinnen	17,57 »	4) » Köslin	1,95 »	4) » Posen	9,63 »
5) » Danzig	17,71 »	5) » Königsberg	2,00 »	5) » Marienwerder	9,86 »
6) » Breslau	19,98 »	6) » Oppeln	2,00 »	6) » Stralsund	10,13 »
7) » Köslin	20,05 »	7) » Bromberg	2,32 »	7) » Bromberg	10,24 »
8) » Bromberg	20,78 »	8) » Trier	2,38 »	8) » Breslau	10,35 »
9) » Liegnitz	20,82 »	9) » Frankfurt	2,40 »	9) » Berlin	10,78 »
10) » Stralsund	21,76 »	10) » Koblenz	2,40 »	10) » Gumbinnen	10,99 »
11) » Oppeln	21,96 »	11) » Liegnitz	2,51 »	11) » Liegnitz	12,04 »
12) » Frankfurt	23,17 »	12) » Danzig	3,08 »	12) » Köslin	12,51 »
13) » Stettin	25,57 »	13) » Breslau	3,21 »	13) » Stettin	13,25 »
14) » Erfurt	26,60 »	14) » Aachen	3,37 »	14) » Düsseldorf	13,67 »
15) » Aachen	27,13 »	15) » Stettin	3,45 »	15) » Arnsberg	14,12 »
16) » Merseburg	27,21 »	16) » Minden	3,53 »	16) » Aachen	14,58 »
17) » Koblenz	30,57 »	17) » Arnsberg	3,65 »	17) » Frankfurt	14,71 »
18) » Minden	30,97 »	18) » Stralsund	3,73 »	18) » Potsdam	14,72 »
19) » Magdeburg	30,98 »	19) » Erfurt	3,76 »	19) » Erfurt	15,86 »
20) » Potsdam	35,16 «	20) » Merseburg	3,83 »	20) » Köln	16,28 »
21) » Münster	36,48 »	21) » Münster	3,87 »	21) » Merseburg	16,67 »
22) » Köln	36,94 »	22) » Magdeburg	4,55 »	22) » Magdeburg	17,18 »
23) » Düsseldorf	37,82 »	23) » Potsdam	4,65 »	23) » Trier	19,07 »
24) » Trier	38,06 »	24) » Düsseldorf	4,75 »	24) » Koblenz	19,74 »
25) » Berlin	48,65 »	25) » Köln	4,93 »	25) » Münster	20,80 »
26) » Arnsberg	49,10 »	26) » Berlin	7,85 »	26) » Minden	22,53 »

Dieselben Zahlen, für **Provinzen** berechnet, betrugen:

1) in Ostpreussen	16,3%	1) in Ostpreussen	1,9%	1) in Westpreussen	9,7%
2) » Westpreussen	16,9 »	2) » Posen	2,1 »	2) » Ostpreussen	9,8 »
3) » Posen	18,7 »	3) » Westpreussen	2,4 »	3) » Posen	10,0 »
4) » Schlesien	20,9 »	4) » Schlesien	2,6 »	4) » Schlesien	10,5 »
5) » Pommern	22,5 »	5) » Pommern	3,1 »	5) » Pommern	12,0 »
6) » Sachsen	28,3 »	6) » Hannover	3,6 »	6) » Brandenburg	14,7 »
7) » Brandenburg		7) » Rheinland	3,6 »	7) » Sachsen	16,6 »
(ohne Berlin)	29,2 »	8) » Westfalen	3,7 »	8) » Rheinland	16,7 »
8) » Hessen-Nassau	29,2 »	9) » Brandenburg		9) » Hessen-Nassau	17,2 »
9) » Hannover	29,4 »	(excl. Berlin)	3,8 »	10) » Schleswig	17,5 »
10) » Schleswig	33,3 »	10) » Schleswig	4,2 »	11) » Hannover	19,0 »
11) » Rheinland	34,1 »	11) » Hessen-Nassau	4,3 »	12) » Westfalen	19,2 »
12) » Westfalen	38,9 »	12) » Sachsen	4,5 »		

andererseits das geschlossene Gebiet der Bezirke K ö l n (36,9 %),
D ü s s e l d o r f (37,8 %), M ü n s t e r (36,5 %) und A r n s b e r g
(49,10 %)[1]).

1) Diese Prozentberechnungen sind entnommen der Zeitschrift des Kgl.
preuss. statist. Bureaus, 36. Jahrg. 1896. Statistische Korrespondenz XXXV ff.
— Auf spätere Jahre beziehen sich die zum Teil analogen Mitteilungen in der
den Jahrgängen 1898 und 1899 jener Zeitschrift beigefügten statistischen Kor-

Indessen lassen diese Zahlen nicht so viel erkennen, als man zunächst anzunehmen geneigt sein mochte. Was sich aus ihnen ergiebt, ist doch im Grunde nur der grosse Umfang der unteren, Einkommensteuer überhaupt n i c h t zahlenden Klassen. Für die Lage der andern erscheint von einiger Bedeutung, wie viele über 3000 Mk. Einkommen hatten. Diese machten nämlich im Durchschnitt der alten Provinzen damals 3,47 % der Gesamtbevölkerung aus. Ihre Zahl schwankte aber nach jener Aufstellung von Bezirk zu Bezirk zwischen 1,69 und 7,85 %. Dabei waren nun freilich die Landesteile, in denen sich solche besser situierte Personen am wenigsten befanden, zum grossen Teil wieder jene, die auch zur Klasse der überhaupt Einkommensteuer zahlenden den niedrigsten Prozentsatz gestellt hatten. Indessen finden sich in dieser Beziehung auch einige bemerkenswerte Gegensätze. Denn scheiden wir sämtliche Bezirke wieder in zwei Gruppen: solche, in denen unter und über 3,3 % der Bevölkerung mehr als 3000 Mk. jährlich zu versteuern hat, — so fallen in e r s t e r e zwar die m e i s t e n Gebiete des Ostens (Ausnahme wieder: Berlin u. Potsdam, und daneben Stettin u. auch S t r a l s u n d), und in die z w e i t e die westlichen (Ausnahme: nur die mehr ländlichen Bezirke von T r i e r und K o b l e n z). Ganz besonders niedrig aber stehen, nach diesem Massstab gemessen, innerhalb der ersten Gruppe n i c h t wie dort der Bezirk Königsberg, sondern P o s e n (1,69 %). Und auch dann folgen erst Marienwerder (1,70 %) und Gumbinnen (1,74 %), dann schon Köslin (1,95 %), und nun erst Königsberg (2,00 %). Ueberhaupt stehen hier h ö h e r als nach jener ersten Scheidung, wie leicht erklärlich, namentlich die Bezirke, in denen sich g r o s s e S t ä d t e und deshalb viele grössere Unternehmungen industriellen oder merkantilen Charakters befinden wie Königsberg, Danzig (3,08 %) und Breslau (3,21 %). Aus gleichen Gründen zeigen sich aber auch in der zweiten Gruppe, nach diesem Massstabe gemessen, besonders gut situiert nicht nur Berlin (7,85 %), sondern auch z. B. die Regierungsbezirke Potsdam (4,65 %), Magdeburg (4,55 %), Düsseldorf (4,75 %) und Köln (4,93 %), d. h. wiederum namentlich die am meisten städtisch entwickelten [1]).

respondenz. Wichtige Ergänzungen sind in Berechnungen jener amtlichen Publikationen selber zu finden (vgl. Anm. 2, S. 11).

1) Bezüglich der Dichtigkeit der Bevölkerung und der Unterscheidung von Stadt und Land vgl. weiter unten.

Was aber endlich das D r i t t e : die Ergebnisse der V e r-
m ö g e n s steuer betrifft, die in Preussen bekanntlich im allgemeinen
(d. h. soweit nicht Einzelnen wegen geringeren E i n k o m m e n s ,
oder als Witwen, Waisen u. s. w. besondere Schonung zu teil wird)
von Personen mit über 6000 Mk. Vermögen erhoben wird — so
unterliegen d i e s e r Steuer im Durchschnitt der alten Provinzen
13,28 % der Bevölkerung, im Einzelnen aber, wie jene Tabelle
zeigt (S. 13), je nach den Bezirken etwa $8^1/_2$—$22^1/_2$ %. Und scheiden wir auch da wieder zwei Gruppen, indem wir Bezirke von
unter und über 13,5 % auseinanderhalten, so gehört zu der e r s t e n
zwar wieder vorzugsweise der O s t e n , mit Ausnahme der Reg.-
Bez. P o t s d a m und F r a n k f u r t , also die Provinzen Ost- und
Westpreussen, Posen, Pommern, Schlesien, aber auch B e r l i n ,
und zur z w e i t e n wieder hauptsächlich der Westen. In der
ersten Gruppe bleiben jedoch, nach d i e s e m Massstabe gemessen,
gerade manche mehr städtisch entwickelte Bezirke wie Königsberg
(8,51 %) und Danzig (9,45 %) z u r ü c k , während m e h r Personen
mit ›steuerpflichtigem‹ Vermögen z. B. in Posen (9,63 %) und in
den pommerischen Bezirken Köslin (12,51 %) und Stettin (13,20 %)
vertreten sind. Und ebenso stehen in der zweiten Gruppe nicht
gerade immer die städtereichsten und industriell oder merkantil
am meisten entwickelten Gebiete, wie die von Düsseldorf (13,67 %),
Arnsberg (14,12 %) und Aachen (14,58 %) voran, sondern neben
ihnen, und sogar mit Köln (16,28) und Magdeburg (17,18 %) rivali-
sierend, auch solche mehr l ä n d l i c h e Bezirke wie Trier (19,07 %),
Koblenz (19,74 %), Münster (20,80 %) und Minden (22,53 %). Indessen erklären sich diese im allgemeinen wohl zu wenig beachteten Dinge namentlich daraus, dass bei den hier in Rede stehenden
Rechnungen letzterer Art die G r ö s s e des besteuerten Vermögens
ebensowenig Berücksichtigung gefunden hat, wie die Vermögenslage
der Haushaltungen von u n t e r 6000 Mk. Vermögen.

Eine willkommene E r g ä n z u n g hierzu haben nun in neuester Zeit einige Feststellungen gebracht, in denen gerade jener
Kopfbetrag der Vermögenssteuer von Bezirk zu Bezirk berechnet
worden ist [1]), und aus denen sich ergiebt, dass im D u r c h s c h n i t t
des ganzen Staates auf den K o p f der Bevölkerung überhaupt z. B.
1897/98 eine V e r m ö g e n s s t e u e r von etwa 1 M. zu rechnen war,

---

1) Vgl. a. a. O. Jahrgang 1898.

16

dagegen z. B. in den Bezirken Marienwerder, Gumbinnen, Bromberg nur eine solche von 35, 36, 37 Pf., in Posen, Oppeln und Danzig schon eine solche von 39, 43 und 47 Pf., in Königsberg und Köslin solche von 49 und 53 Pf. u. s. w., während die h ö c h s t e n Kopfbeträge ausser in Berlin (2,46) und im Reg.-Bez. Potsdam (1,28) allerdings wieder gerade in den Bezirken Köln (1,62), Magdeburg (1.44) und Düsseldorf (1,15) zu finden waren. Indessen ist hieraus andererseits wieder die besonders wichtige V e r t e i l u n g des steuerpflichtigen Vermögens auf die einzelnen Klassen der Bevölkerung nicht zu ersehen, und ebensowenig die Vermögenslage der u n t e r 6000 Mk. Besitzenden, desgl. nicht das E i n k o m m e n , das nicht aus Vermögen hervorgeht u. s. w.

Namentlich aber ergiebt sich aus allen mitgeteilten Zahlen natürlich kein Anhalt dafür, in welchem Masse sich die Einkommens- und Vermögensverhältnisse im Laufe der hier in Rede stehenden Zeit von Bezirk zu Bezirk oder Land zu Land geändert haben. Und deshalb soll, um für die folgenden Untersuchungen einen etwas festeren Boden zu gewinnen, zum Schlusse ‚noch auf die Resultate gewisser, bisher allerdings nur in Bruchstücken veröffentlichter Rechnungen zurückgegriffen werden, die von Fr. J. N e u- m a n n in dieser Richtung durchgeführt sind.

Danach lässt sich nämlich, wenn die Resultate früherer Ein- schätzungen zur preussischen Einkommensteuer nach den mehr gesicherten Ergebnissen der Veranlagung von 1891 ff. thunlichst k o r r i g i e r t, und jene früher bis auf die untersten Klassen herabgehenden Veranlagungen zugleich dazu benützt werden, die jetzigen Einschätzungen mit Bezug auf die heute s t e u e r f r e i e n Klassen zu ergänzen, Folgendes annehmen[1]): In runden Zahlen betrug das Einkommen per Kopf der Bevölkerung

---

1) Für Berlin, wo bis zu den siebziger Jahren, wie bekannt, zwar Einkommensteuer erhoben, dagegen die im Allgemeinen für Einkommen unter 1000 Thaler bestimmte K l a s s e n steuer durch eine M a h l- und S c h l a c h t - steuer ersetzt wurde, konnten Rechnungen dieser Art natürlich überhaupt nicht durchgeführt werden. In ganz Westfalen und im Erfurter Bezirk dagegen wurde diese Ersatzsteuer n i c h t erhoben, sondern n u r Klassen- und Einkommen- steuer. Und in den übrigen Bezirken hat nach Neumann der Umstand, dass in wohlhabenden g r ö s s e r e n Städten jene Klassensteuer nicht eingeschäzt wurde, den hier in Rede stehenden Rechnungen zwar Schwierigkeiten bereitet. Es bezogen sich diese aber z. B. 1853 im ganzen Staate (abgesehen von Berlin) nur auf $1/12$ und z. B. im Bezirk Gummbinnen nur auf $1/60$ der gesamten Be-

im Regierungs-Bezirk	im Durchschnitt von 1853—55 M.	im Durchschnitt von 1894—96 M.	Nummer der Reihenfolge nach d. Durchschnitts-einkommen der Jahre	
			1853—55	1894—96
1. Königsberg	127	201	7	7
2. Gumbinnen	124	159	5 (!)	1
3. Danzig	133	218	11	8
4. Marienwerder	123	165	4	2
5. Posen	120	180	3	4
6. Bromberg	125	184	6	5
7. Breslau	131	282	10	17 (!!)
8. Liegnitz	133	253	12	11
9. Oppeln	115	198	2	6 (!)
10. Potsdam	157	350	23	22
11. Frankfurt	131	236	9	9
12. Stettin	156	272	21 (!)	15
13. Köslin	110	178	1	3
14. Stralsund	157	268	22 (!)	14
15. Magdeburg	170	357	25	23
16. Merseburg	139	291	18	19
17. Erfurt	134	285	13	18
18. Arnsberg	153	328	20	21
19. Münster	143	275	19	16
20. Minden	129	249	8	10
21. Köln	134	407	14	25
22. Düsseldorf	164	368	24	24
23. Koblenz	136	263	16	13
24. Trier	139	258	17 (!)	12
25. Aachen	135	313	15	20

Sind diese Zahlen, wie bemerkt, auch manchem Einwand ausgesetzt, und sind sie namentlich noch eingehenderer Rechtfertigung durch eine für anderen Ort vorbehaltene Publikation bedürftig, so darf doch hier schon behauptet werden, dass sie die durchschnittliche Wohlhabenheit der einzelnen Bezirke sowohl in den 50er als namentlich in den 90er Jahren wenigstens einigermassen überblicken

---

völkerung, sodass — abgesehen etwa von rheinischen Distrikten : Köln, Düsseldorf und Aachen — die für den Durchschnitt zu gewärtigenden Fehler keine sehr grossen sind. Bei jener Correktur früherer Einschätzungen auf Grund der besseren der Gegenwart musste dann allerdings noch Voraussetzung sein, dass jene früheren hinter der Wirklichkeit etwa in demselben Masse zurückgeblieben wären wie die letzten, die noch nach älteren Bestimmungen durchgeführt waren. Doch auch die hieraus sich ergebenden Fehler dürften, wie an anderem Ort zu zeigen versucht ist, die Richtigkeit der hier sich ergebenden Zahlen nicht derart beeinträchtigen, dass sie nicht wenigstens als annähernd zutreffend zu erachten wären. Vgl. übrigens in der Zeitschr. f. d. ges. Staatswissenschaft, Tüb. 1892, S. 468 ff.

lassen. Dies vorausgesetzt aber standen hiernach noch um die Mitte des Jahrhunderts am t i e f s t e n : Hinterpommern und Oberschlesien. Denn das Durchschnittseinkommen auf den Kopf der Bevölkerung berechnete sich damals

      1. im Reg.-Bez. Köslin auf 110 Mk.

      2. im » » Oppeln » 115 »

Es folgten dann, kaum weniger schlecht gestellt: 3. und 4. die Reg.-Bez. Posen und Marienwerder mit 120 und 123 Mk., und demnächst erst 5., 6. und 7. die Bezirke Gumbinnen, Bromberg und Königsberg mit 124 resp. 125 und 127 Mk., dann aber auch schon 8. der Bezirk M i n d e n mit 129 Mk., während sich zu einem Einkommen von über 130 Mk. damals bereits erhoben:

  9. u. 10. die Reg.-Bez. Breslau u. Frankfurt mit ca. 131 Mk.,

11. » 12. » » » Danzig » Liegnitz » » 133 »

13. » 14. » » » Erfurt » Köln   » » 134 »

15. » 16. » » » Aachen » Koblenz » 135 resp. 136 Mk.

17. » 18. » » » Trier   » Merseburg » 139 Mk. und

    19. der » » Münster   » 143 »

Fast an der Spitze aber standen damals noch, ausser P o t s - d a m (mit 157), die beiden pommerischen Bezirke S t e t t i n und S t r a l s u n d (mit 156 resp. 157 Mk.), noch h ö h e r damals in ganz Rheinland und Westfalen nur je ein Bezirk (A r n s b e r g mit 158 und D ü s s e l d o r f mit 164 Mk.), und am höchsten zu jener Zeit M a g d e b u r g mit 170[1]).

Alles das, und namentlich jenes anscheinend besonders auffällige Uebergewicht der m i t t l e r e n Provinzen: Pommern, Brandenburg und Sachsen über die Mehrzahl der westlichen Bezirke hat sich nun seit der Mitte dieses Jahrhunderts wesentlich geändert.

Die B e v ö l k e r u n g , um mit der Grösse dieser zu beginnen, stieg zwischen 1849 und 1895 am langsamsten im Osten, nämlich

  im Reg.-Bez. Stralsund   nur wie von 100 zu 107

  » » » Liegnitz   » » » » » 111

---

1) Von diesen Zahlen dürften nach dem in Anm. 2 S. 16 gesagten allerdings die auf Köln, Düsseldorf und Aachen bezüglichen zu niedrig sein. In welchem Maasse, muss hier noch dahingestellt bleiben. Der Wahrheit am nächsten kommen nach den Annahmen Neumann's die auf Westfalen und den Bezirk Erfurt bezüglichen Angaben, da man hier Mahl- und Schlachtsteuer nicht erhob.

im Reg.-Bez. Gumbinnen nur wie von 100 zu 119

» » » Köslin » » » » » 120

» » » Minden » » » » » 121

» » » Koblenz » » » » » 124

» » » Posen » » » » » 127

» » » Frankfurt u. Erfurt » » » » » 128

» » » Stettin · » » » » » 129,

dagegen besonders stark sowohl in den westfälischen Gebieten, als auch in den Bezirken, Magdeburg, Potsdam und Oppeln, nämlich am meisten[1])

im Reg.-Bez. Trier wie von 100 zu 146

» » » Magdeburg » » » » 153

» » » Oppeln » » » » 164

» » » Köln » » » » 173

» » » Potsdam » » » » 179

» » » Düsseldorf » » » » 220

» » » Arnsberg » » » » 244

Dagegen stand es mit dem Wachstum des Bevölkerungseinkommens anders. Denn vor allem waren, soweit wir hierüber mit Neumann aus jenen Steuerergebnissen urteilen, die Unterschiede im Masse dieses Wachstums viel grösser als im Fortschreiten der Bevölkerung selbst. Während für letzteres als Extreme die Verhältnisse 100 zu 107 (Stralsund) und 100 zu 244 (Arnsberg) erschienen, bewegte sich die gleichzeitige Steigerung jenes Einkommens zwischen 100 zu 153 (Gumbinnen) einerseits und 100 zu 527 (Köln) andererseits[2]). Sodann aber blieben am meisten zurück nicht wie dort z. B. Minden und Köslin, sondern einerseits die östlichsten Gebiete: Gumbinnen (mit dem Steigerungsverhältnis von 100 zu 153) und Marienwerder (mit dem von 100 zu 174) und

---

1) Eine mittlere Stellung zwischen den im Text genannten, behaupteten:

Marienwerder mit 130,   Münter mit 132,

Königsberg » 131,   Aachen » 137,

Bromberg » 131,   Danzig » 141,

Breslau » 132,   Merseburg 145.

Von Berlin muss im Folgenden abgesehen werden cf. Anm. zu Seite 16.

2) Denn es wuchs das nach den Steuerergebnissen geschätzte Einkommen z. B. aller Bewohner des Reg.-Bez. Gumbinnen, nach N.'s an anderem Orte mitzuteilenden Angaben, nur von etwa 80 auf etwa 122 Millionen. Bez. Kölns und Berlins vgl. oben Anm. 1 S. 18 und S. 20 f.

2*

andererseits der früher relativ wohlhabende, aber allerdings ebenfalls vorzugsweise ländliche Bezirk S t r a l s u n d (100 zu 181). Nicht viel rascher folgten

Posen mit dem Verhältnis von 100 zu 189
Bromberg » » » » » » 194 und
nun erst Köslin » » » » » » 198.

Auf mehr als das Doppelte aber stieg das Bevölkerungseinkommen schon in den Bezirken Königsberg, Liegnitz und Stettin, nämlich wie von 100 zu 206, 210 und 224, desgleichen in den Bezirken Frankfurt, Danzig (wie von 100 zu 231) und Minden (100 zu 234). Und an der Spitze standen nicht, wie bei der Bevölkerungszunahme, Düsseldorf und Arnsberg, sondern K ö l n (mit 100 zu 527) und A r n s b e r g (mit 100 zu 524). Erst dann folgte D ü s-s e l d o r f mit 100 zu 496. Und im übrigen standen noch voran: P o t s d a m mit 100 zu 400, M a g d e b u r g mit 100 : 323, A a c h e n mit 100 : 318 und M e r s e b u r g mit 100 : 304 [1]).

Nach alledem musste nun aber auch der Gegensatz zwischen den durchschnittlichen Einkommensbeträgen der verschiedenen Bezirke ein sehr viel grösserer, und die Reihenfolge der einzelnen Bezirke nach Lage ihres Wohlstands eine ganz andere werden. Früher (1853—55) waren die G e g e n s ä t z e, (abgesehen von Berlin) wie bemerkt, die von 110 M. und 170 M. gewesen, jetzt lauten sie auf 159 (Gumbinnen) und 407 (Köln). Statt durchschnittlich über ein 40—50% grösseres Einkommen, wie früher, gebietet man jetzt also in dem einen Bezirk (Köln) anscheinend über ein mehr als 150% grösseres Durchschnittseinkommen, als im anderen (Gumbinnen). Und was die Reihenfolge betrifft, so zählten f r ü h e r zu den wohlhabendsten Bezirken noch manche mehr ländliche. Denn es gehörten dahin ausser Potsdam, Düsseldorf und Magdeburg (mit 157 resp. 164 und 170 M.) auch z. B. Stralsund mit 157 M. pro Kopf — alles Bezirke überdies, die abgesehen von Düsseldorf [2]) nur den m i t t l e r e n Provinzen, Pommern, Brandenburg und

---

1) Eine mittlere Stellung hatten Koblenz (mit dem Verhältnis von 100 zu 240), Münster (100 zu 254), Trier (100 zu 271), Erfurt (100 zu 272), Breslau (100 : 282) und Oppeln (100 zu 284). Bezüglich Kölns und Berlins ist das zu Anm. 1 S. 16 ff. Gesagte zu beachten. Die Angabe der a b s o l u t e n Zahlen für das Bevölkerungseinkommen muss anderem Orte verbleiben.

2) Vgl. freilich bezüglich Kölns Anm. 1 S. 18.

Sachsen angehörten. Dagegen sind heute die wohlhabendsten Bezirke (ausserhalb Berlins):

Aachen	mit 312 M.	pro Kopf,	Magdeburg mit 357 M.	pro Kopf,	
Arnsberg	» 328 »	» » ,	Düsseldorf » 368 »	» » u.	
Potsdam	» 350 »	» » ,	Köln » 407 »	» » ,	

also nunmehr fast ausschliesslich westliche und städtische Gebiete.
Andererseits ist an l e t z t e r Stelle freilich die P r o v i n z
P o s e n verblieben, zumal ihr Städte wie Danzig und Königsberg
fehlen. Im übrigen aber hat sich auch im Osten mancher Wandel
vollzogen. O s t p r e u s s e n ist inzwischen von W e s t p r e u s s e n
überflügelt [1]). Und wenn diesen drei Provinzen auch heute noch
unmittelbar S c h l e s i e n vorangeht, so geschieht dies doch jetzt
in sehr viel grösserem Abstande, als zu jener Zeit, da nicht nur
der Bezirk O p p e l n noch zu den b e i d e n ä r m s t e n der Monarchie gehörte, sondern auch Breslau noch die neunte Stelle von
unten hatte.

Wie sich hienach aber die Gegensätze im Osten vergrössert
haben, so auch in den m i t t l e r e n Provinzen: zwischen Pommern
einerseits und der Mark und Sachsen andererseits. Denn die Bezirke Stettin und Stralsund, die, wie gezeigt, noch um die Mitte
des Jahrhunderts mit 156 und 157 Mk. fast an höchster Stelle
rangierten, sind relativ gesunken, dagegen die Bezirke Merseburg
und Erfurt wesentlich heraufgerückt, so dass der D u r c h s c h n i t t
von Pommern einerseits und der D u r c h s c h n i t t von Sachsen
und Brandenburg (ohne Berlin) andererseits sich gegenüberstanden

1853—55 noch wie 141 zu 146 = 100 : 103,5,

dagegen 1894—96 schon wie 239 zu 304 = 100 : 127,2,
also in erheblich grösserem Abstande.

Fragen wir endlich direkt nach der Reihenfolge, in der die
einzelnen Bezirke bezüglich der Z u n a h m e des durchschnittlichen
Einkommens rangieren, so sehen wir, dass letzteres in der hier in
Rede stehenden Zeit am stärksten stieg in den Regierungsbezirken
Köln und Düsseldorf, nämlich

---

1) Darauf verwies in Ausführungen, die mit den hier gegebenen in enger
Beziehung stehen, schon V a l e n t i n (Westpreussen seit den ersten Jahrzehnten
dieses Jahrhunderts, ein Beitrag zur Geschichte des allg. Wohlstandes in dieser
Provinz und ihren einzelnen Teilen [in diesen Beiträgen Bd. IV, Tübingen 1894]).

1) in Köln   von 134 M. auf 407 M., also um 273 M. (auf 304 %)
und 2) in Düsseldorf   » 164 »   » 368 »   »   » 204 » (auf 224 »)
sodann war besonders gross auch die Steigerung

3) in Potsdam   von 157 M. auf 350 M., d. h. um 193 M. (auf 223 %)
4) in Magdeburg   » 170 »   » 357 » » » » 187 » (auf 210 »)
5) in Aachen   » 135 »   » 313 » » » » 178 » (auf 232 »)
6) in Arnsberg   » 153 »   » 328 » » » » 175 » (auf 214 ») [1].

Hienach folgten Merseburg, Erfurt und Breslau mit einer Steigerung um etwa 150 M. (auf 209 resp. 213 und 215 %), dann erst einige weniger industriell entwickelte Gebiete, nämlich 11) u. 12) Münster und Koblenz mit Steigerungen von 132 resp. 127 M., sodann 13) 14) u. 15) Minden, Liegnitz und Trier mit ca. 120 M., 16) und 17) Stettin und Stralsund mit 116 und 111 M., und 18) Frankfurt mit 105 M.

Viel weniger dagegen hat sich der allgemeine Wohlstand in dieser Zeit im Osten gehoben, so in Oppeln und Königsberg nur um 83 und 74 M. pro Kopf (auf 172 resp. 158 %) und am wenigsten endlich

in Köslin   um 68 M. auf 162 %,
» Posen   » 60 » auf 150 »,
» Bromberg   » 59 » auf 147 »,
» Marienwerder » 42 » auf 134 »,
» Gumbinnen   » 35 » auf 119 ».

Nicht minder als die Wohlhabenheit kommt hier nun aber, wie schon herührt, das Verhältnis zwischen industrieller und l a n d w i r t s c h a f t l i c h e r Bevölkerung und die G r u n d b e s i t z verteilung in Betracht. Und deshalb sei auch bei diesen allerdings ebenfalls schwierig zu erfassenden Dingen an dieser Stelle noch mit einigen Worten verweilt.

Unmittelbar das Verhältnis zwischen l a n d w i r t s c h a f t l i c h e r und industrieller Bevölkerung zu erfassen, ist für die Mitte dieses Jahrhunderts ganz ausgeschlossen [2]). Und somit muss, wer auch nur annähernd diese Dinge z. B. für 1849 und 1895 verglei-

1) Nochmals sei hierbei auf Anm. 1 S. 16 u. 18 verwiesen.
2) Man könnte allerdings bezüglich der l a n d w i r t s c h a f t l i c h e n Bevölkerung von 1849 auf die Tabellen und amtlichen Nachrichten für dieses Jahr Band V, S. 821 zurückgehen. Indessen sind die dort gegebenen Nachrichten unzuverlässig und mit späteren Zahlen nicht zu vergleichen, schon des-

chen will, auf die Grösse der l ä n d l i c h e n B e v ö l k e r u n g,
d. h. der Bewohner der L a n d g e m e i n d e n und Gutsbezirke
einerseits und der nach Massgabe eingeführter Gemeindeordnungen
sogenannten S t ä d t e andererseits zurückgehen, obwohl, wie jeder
weiss, auch Bewohner dieser »Städte«, insbesondere der kleineren,
in nicht geringer Zahl l a n d w i r t s c h a f t l i c h thätig sind. Hält
man sich aber trotz dieses Bedenkens an jenen Massstab als den
bei Vergleichen dieser Art immerhin noch am meisten geeigneten,
so ersieht man, dass die hienach sogenannte ländliche Bevölkerung
zwischen 1849 und 1895 im D u r c h s c h n i t t e der alten Provinzen von 71,9 % auf 58,8 % der Bevölkerung sank, und im einzelnen umfasste:

	1849			1895 [1]).	
1.	im Bezirk Gumbinnen	88,8 %	1.	Gumbinnen (1)	83,4 %
2.	» » Trier	88,6 »	2.	Trier (2)	82,2 »
3.	» » Oppeln	84,8 »	3.	Oppeln (3)	77,6 »
4.	» » Minden	80,4 »	4.	Koblenz (6)	77,2 »
5.	» » Liegnitz	80,0 »	5.	Marienwerder (7)	75,4 »
6.	» » Koblenz	79,9 »	6.	Köslin (8)	72,4 »
7.	» » Marienwerder	79,5 »	7.	Posen (16!)	71,7 »
8.	» » Köslin	79,4 »	8.	Münster (9)	69,4 »
9.	» » Münster	78,9 »	9.	Minden (4!)	68,6 »
10.	» » Bromberg	76,3 »	10.	Bromberg (10)	68,4 »
11.	» » Breslau	75,7 »	11.	Königsberg (12)	68,2
12.	» » Königsberg	74,8 »	12.	Liegnitz (5!)	66,2 »
13.	» » Aachen	74,6 »	13.	Danzig (15)	63,5 »
14.	» » Arnsberg	73,4 »	14.	Aachen (13)	61,4 »
15.	» » Danzig	72,0 »	15.	Potsdam (21!)	61,0 »
16.	» » Posen	71,9 »	16.	Frankfurt (17)	60,8 »
17.	» » Frankfurt	70,6 »	17.	Breslau (11!)	60,6 »
18.	» » Stettin	68,2 »	18.	Arnsberg (14)	60,5 »
19.	» » Köln	67,4 »	19.	Merseburg (22)	58,7 »
20.	» » Erfurt	65,6 »	20.	Stralsund (23)	56,4 »
21.	» » Potsdam	65,4 »	21.	Stettin (18)	56,3 »
22.	» » Merseburg	64,8 »	22.	Erfurt (20)	53,3 »
23.	» » Stralsund	64,6 »	23.	Magdeburg (24)	50,7 »
24.	» » Magdeburg	61,4 »	24.	Köln (19!)	46,7 »
25.	» » Düsseldorf	58,2 »	25.	Düsseldorf (25)	35,9 »

halb, weil 1849 z. B. in den meisten Provinzen das landwirtschaftliche Gesinde
gar nicht eingerechnet worden ist; daher auch die auffällige Erscheinung, dass
nach jenen Zahlen bis zur Gegenwart vielfach eine Z u n a h m e d e r l a n d-
w i r t s c h a f t l i c h t h ä t i g e n B e v ö l k e r u n g erfolgt wäre (z. B. in Marienwerder von 49 auf 62 %, in Posen von 47 auf 60 %), von der thatsächlich
nicht die Rede gewesen ist.

1) Die eingeklammerten kleinen Zahlen dieser Kolonne beziehen sich auf
die Rangfolge im Jahre 1849 (in der ersten Kolonne). Die grösseren Zahlen
selber sind ermittelt für 1849 nach den Tabellen und amtlichen Nachrichten
für 1849 I, S. 267 und 276; dagegen für 1895 nach der Preussischen Statistik,

Einer besonders g r o s s e n Ausdehnung erfreut sich also die ländliche Bevölkerung nach diesem Massstabe noch heute, ähnlich wie 1849, nicht nur in den östlichen Bezirken wie insbesondere jenen von Gumbinnen, Oppeln, Marienwerder, Köslin und Posen, sondern auch in manchen westlichen wie denen von T r i e r , K o b - l e n z , M ü n s t e r , M i n d e n . Andererseits aber ist nach jenen allerdings nur mit Vorsicht aufzunehmenden Zahlen gerade im Westen, wie leicht erklärlich, auch die V e r r i n g e r u n g der Landbevölkerung zwischen 1849 und 1895 eine besonders grosse gewesen. Sie war im O s t e n recht stark z. B. in den Reg.Bezirken Breslau (von 75,7 % auf 60,6 %) und Liegnitz (von 80,0 % auf 66,2 %), ganz besonders stark aber in Arnsberg (von 73,4 % auf 60,5 %), in Köln (von 67,4 % auf 46,7 %) und in Düsseldorf (von 58,2 % auf 35,9 %), dagegen im Osten k a u m m e r k l i c h z. B. im Reg.Bezirk Posen (von 71,9 % auf 71,7 %) und wenig bedeutend auch einerseits in den ebenfalls östlichen Bezirken: G u m b i n n e n (von 88,8 % auf 83,4 %), M a r i e n w e r d e r (von 79,5 % auf 75,4 %), O p p e l n (von 84,8 % auf 77,6 %) und andererseits in K o b l e n z (von 79,7 % auf 77,2 %) und T r i e r (von 88,6 % auf 82,2 %). Im Grossen und Ganzen haben sich natürlich die Gegensätze erheblich verschärft. Waren die Extreme im Masse ländlicher Bevölkerung früher einerseits 88,8 % (Gumbinnen), andererseits 61,4 (Magdeburg) und 58,2 % (Düsseldorf), so sind sie heute 83,4 % (Gumbinnen) und 46,7 resp. 35,9 % (Köln und Düsseldorf).

Da wir übrigens für die G e g e n w a r t direkt auch die Grösse der l a n d w i r t s c h a f t l i c h und der i n d u s t r i e l l t h ä t i g e n Bevölkerung (nach der Berufszählung von 1895) erfassen können, so sei schliesslich auch der hierauf bezüglichen Zahlen gedacht, mit deren Wiedergabe wir noch Angaben über die für die Entwickelung des Handwerks nicht unwichtige B o d e n t e i l u n g

Heft 148 II (1898), S. 67 und 103. Als G e s a m m t b e v ö l k e r u n g s z a h l e n von 1895 sind hier die Ergebnisse der Volkszählung vom 2. Dezember 1895 benützt, dagegen bei den Berechnungen für die Handwerke im Allgemeinen die zum Teil abweichenden Ermittlungen der Berufszählung (vgl. Anhang am Schluss). Dass jene Zahlen übrigens je nach den G e m e i n d e v e r f a s s u n g e n Verschiedenartiges bieten, und einzelne Orte ihre Gemeindeverfassung überdies gewechselt haben, ist bekannt, also jedenfalls auch diesen Zahlen gegenüber Vorsicht geboten. Immerhin dürften sie a n n ä h e r n d wenigstens zum Ausdruck bringen, was hier in Frage steht.

25

verbinden, wobei aber des Raumes halber nur eine Gliederung nach Betrieben in jene drei Klassen gegeben werden soll, die man heute, soweit der Gebietsumfang allein entscheiden kann, etwa als landwirtschaftliche K l e i n b e t r i e b e (unter 5 ha), b ä u e r l i c h e Wirtschaften von 5—100 ha) und G r o s s betriebe (über 100 ha) unterscheiden könnte.

Auf diesem Wege kommen wir zu folgender Aufstellung: Von je 100 Köpfen der Bevölkerung waren ihrem Hauptberufe nach thätig[1]):

im Regierungs-Bezirk (mit wie viel Köpfen pro qkm?)	in Industrie, Bergbau- und Hüttenwesen	in Land- u. Forst-wirtschaft, Fischerei etc.	auf Parzellen und Kleinbe-triebe (unter 5 ha)	auf mittel- und grossbäuer-liche Betriebe (v. 5—100 ha)	auf Gross-betriebe (über 100 ha)
1. Arnsberg (198)	62,0	15,5	25,5	69,7	4,8
2. Düsseldorf (400)	60,1	13,9	22,2	74,6	3,2
3. Aachen (142)	44,8	31,4	28,5	68,1	3,4
4. Köln (228)	43,0	24,6	30,9	62,1	7,0
5. Erfurt (127)	42,1	31,9	24,3	59,7	16,0
6. Münster (81)	39,3	39,7	19,5	77,6	2,9
7. Trier (107)	37,6	41,1	36,4	61,2	2,3
8. Merseburg (111)	37,0	35,7	12,1	50,4	27,6
9. Oppeln (129)	36,5	41,0	20,8	48,0	31,2
10. Minden (111)	36,4	40,0	26,1	65,1	8,8
11. Breslau (121)	36,2	36,2	11,2	48,5	40,4
12. Potsdam (80)	36,0	28,9	7,9	56,8	35,4
13. Magdeburg (98)	35,6	35,8	11,2	57,9	30,9
14. Liegnitz (78)	35,6	41,6	15,4	56,3	28,4
15. Frankfurt (61)	31,7	44,5	11,3	53,6	35,1
16. Koblenz (105)	30,2	46,2	45,0	52,7	2,4
17. Stettin (65)	28,0	41,0	6,4	43,8	49,9
18. Danzig (78)	25,2	42,9	6,7	57,2	36,0
19. Stralsund (53)	24,0	45,3	4,1	20,4	75,5
20. Bromberg (57)	20,3	55,7	5,7	41,9	52,5
21. Königsberg (57)	19,1	50,0	5,3	50,6	44,1
22. Köslin (41)	18,8	59,3	7,3	39,6	53,1
23. Posen (67)	17,8	58,8	7,1	41,0	52,0
24. Marienwerder (50)	16,7	58,2	6,3	46,7	47,1
25. Gumbinnen (51)	14,5	62,2	7,5	59,5	33,1

Hienach war also die l a n d- und f o r s t w i r t s c h a f t l i c h e

---

1) Die Zahlen sind entnommen den Bänden III und 112 cit. (Neue Folge), und bez. der Bevölkerungsdichtigkeit auch Goth. Kalender pro 1899, S. 664. Die auf die P r o v i n z e n als solche bezüglichen Zahlen werden unten im Text gegeben. Ueber die Bodenverteilung vgl. auch die Ausführungen von v. d. G o l t z , jetzt namentlich in seinen Vorlesungen über Agrarwesen und Agrarpolitik (Jena 1899, S. 82 ff.)

Bevölkerung im Jahre 1895 besonders stark nicht nur in Posen (mit 58,2 %), Ost- und Westpreussen (mit 55,0 resp. 51,7 %) und Pommern (mit 48,0 %), sondern auch in den oben schon hervor-gehobenen westlichen Bezirken von K o b l e n z, T r i e r, M i n d e n (mit 46,2 resp. 41,1 und 40,0 %), dagegen besonders gering nicht nur in der Rheinprovinz und in Westfalen im allgemeinen (mit 26,1 und 26,8 %), sondern auch z. B. in den Bezirken Pots-dam (mit 28,9 %), Erfurt (31,9 %) und Merseburg (35,7 %). Umge-kehrt erscheinen städtisch und g e w e r b l i c h am meisten entwickelt: die Reg.-Bezirke Arnsberg und Düsseldorf mit etwa 62 und 60 % der Bevölkerung. Dann folgen (abgesehen von Berlin mit 52,9 %) die Bezirke Aachen, Köln und Erfurt mit 44,8 resp. 43,0 und 42,1 %, hierauf Münster und Merseburg mit 39,3 und 37,0 %, dann aber neben Minden (mit 36,4 %) und v o r manchen westlicheren Be-zirken (wie Trier, Koblenz und Magdeburg) auch bereits drei öst-liche Bezirke: O p p e l n, B r e s l a u, P o t s d a m mit 36—37 %.

Innerhalb der landwirtschaftlichen Bevölkerung findet, was endlich die Betriebsgrössen betrifft, der G r o s s b e t r i e b, soweit man in dieser Beziehung allein den auf den Flächenumfang der Betriebsfläche bezüglichen Zahlen folgen darf, seine Vertretung na-mentlich in Pommern, Posen und Westpreussen mit 55,1 resp. 52,2 und 43,7 % des Areals, sodann auch in Ostpreussen mit 39,5 %, in Brandenburg mit 35,2 % und in Schlesien mit 33,9 %, dagegen weniger schon in Sachsen mit 27,6 %, und besonders wenig in Westfalen und Rheinprovinz mit 5,3 und 3,5 %, während nach Re-gierungsbezirken sich natürlich noch viel grössere Differenzen er-geben. Hienach geordnet erscheinen nämlich an der Spitze:

der Reg.-Bezirk	Stralsund	mit	75,5 %,
»	»	»	Köslin	»	53,5 »,
»	»	»	Bromberg	»	52,1 »,
»	»	»	Posen	»	52,0 »,
»	»	»	Stettin	»	49,9 »,
»	»	»	Marienwerder	»	47,1 »,
»	»	»	Königsberg	»	44,1 »,
»	»	»	Breslau	»	40,4 ».

Es folgen dann mit 40—30 %: Danzig, Potsdam, Frankfurt, Gum-binnen, Oppeln, Magdeburg, mit 30—20 %: Liegnitz, Merseburg und mit 16 % Erfurt, dann aber in weitem Abstand mit unter 10 % Minden, Köln, Arnsberg, Aachen, Düsseldorf, und endlich an letzter

Stelle mit 2,9 Münster, und mit 2,4 und 2,3 % Koblenz und Trier.
Umgekehrt ist der K l e i n betrieb (mit unter 5 ha) namentlich, wie bekannt, am Rhein sowie in Westfalen und Sachsen zu
finden. Er beansprucht in Koblenz und Trier 45,0 und 36,4 %,
in Köln und Aachen 30,9 resp. 28,5 %/°, aber auch in Arnsberg,
Minden und Düsseldorf noch 26,1, 25,5 und 22,2 %, und in Erfurt
24,3. Dann folgt bereits Oppeln mit 20,8 %. Und eine mittlere
Stellung mit etwa 20—10 % nehmen daneben noch ein Münster,
Liegnitz, Merseburg, Magdeburg, Frankfurt und Breslau, während
am w e n i g s t e n dieser Kleinbesitz vertreten ist in Potsdam, Gumbinnen, Köslin und Posen mit 8,7 %, in Danzig, Stettin und Marienwerder mit 7—6 % und namentlich in Bromberg, Königsberg
und Stralsund mit 6—4 %.
Zu beachten ist bei alledem freilich, dass gerade dem K l e i n-
besitz gegenüber dieselbe Fläche im Osten und im Westen zu sehr
verschiedenen Wirtschaftsverhältnissen führen kann, und dass es
deshalb vorzuziehen wäre, gerade mit Bezug auf diesen Kleinbesitz
statt des Flächen- jenen w i r t s c h a f t l i c h e n Massstab anzulegen,
zu dem uns die Veranlagung der preussischen G e b ä u d e steuer jetzt
treffliches Material bietet. Auf Grund des letzteren vermögen wir
nämlich den Umfang der sog. »unselbständigen«, d. h. derjenigen
Besitzungen zu erfassen, welche am bez. Ort nicht gross genug sind,
um d e n B e w i r t s c h a f t e r u n d s e i n e F a m i l i e z u e r-
n ä h r e n, so dass diese zum N e b e n e r w e r b durch Tagelohn
oder kleinen Gewerbebetrieb etc. ihre Zuflucht nehmen müssen. Und
die Besitzungen d i e s e r Art umfassten hienach z. B. im Jahr 1893
im Durchschnitt des ganzen preussischen Staats 12,2 % der Fläche,
dagegen z. B. im Reg.-Bezirk Stralsund nur 3,4 und in ganz Pommern 6,8 %, daneben in Ostpreussen wie in Sachsen und Brandenburg ca. 9 %, und in Posen und Westpreussen etwa 10 resp. 12 %,
dagegen in S c h l e s i e n schon 15,3, in W e s t f a l e n 15,9 und
in den R h e i n l a n d e n durchschnittlich 31,3 %, aber im Einzelnen z. B. im Reg.-Bezirk Köln ca. 33, in den Bezirken Aachen
und Trier ca. 35 und 36 und in Koblenz sogar 40,4 %[1]). Gerade
diese b e s o n d e r s g r o s s e Ausdehnung des Kleinbesitzes dort
ist auf die Verbreitung des Handwerks im Westen, wie wir sehen

1) Vgl. Preuss. Statistik Bd. 146. Berlin 1898. (Grundeigentum und Gebäude im preussischen Staat).

werden, von nicht zu unterschätzendem Einfluss gewesen.

Endlich ist der bäuerliche Besitz nach dem oben angegebenen Flächenmass beurteilt (d. h. also etwa zu 5—100 ha angenommen), wie die Aufstellung auf Seite 25 erweist, am meisten
verbreitet in Westphalen und in der Rheinprovinz mit 71,3 und
64,2%, daneben stark vertreten auch in Sachsen, Brandenburg und
in Ostpreussen mit 59,2 resp. 55,3 und 54,4%; dagegen weniger
schon in Schlesien und Westpreussen mit 50,6 resp. 49,9%, und
am wenigsten in Posen und Pommern mit 41,3 und 38,4%, oder
nach Reg.-Bezirken geordnet, am meisten

in Münster   mit 77,6%   in Minden mit 65,1%

» Düsseldorf   mit 74,6 »   » Köln   mit 62,1 »

» Arnsberg   mit 69,7 »   » Trier   mit 61,2 »

» Aachen   mit 68,1 »

sodann mit 60—50% in Gumbinnen, Erfurt, Magdeburg, Liegnitz,
Frankfurt, Koblenz, Königsberg und Merseburg, dagegen mit wenigei
als 50% in Breslau, Oppeln und Marienwerder (mit 48,5 resp. 48,0 und
46,7%) namentlich aber in Stettin, Bromberg und Posen (mit 43,8
resp. 41,9 und 41,0%) und am wenigsten Köslin und Stralsund (mit
39,6 und 20,4%).

Nur ist auch da natürlich wieder zu beachten, dass eben statt
der Fläche, in mancher Beziehung ein mehr wirtschaftlicher
Massstab vorzuziehen ist. Nach solchem gemessen, erhoben
sich z. B. über die »unselbständigen« Besitzungen, von denen vorher die Rede war, bis zu der Grenze eines Grundsteuer-Rein-
ertrags von 500 Thalern, die man etwa als den mittleren Betrieb abschliessend ansehen kann, am meisten Westphalen und
Ostpreussen mit 65,2 resp. 53,9% der Fläche. Dann erst folgten Sachsen, Rheinprovinz und Brandenburg mit 53,1 resp. 53,0
und 49,4%, und nun erst zum Schlusse, etwa in derselben Reihenfolge
wie oben: Westpreussen, Schlesien, Posen, Pommern, mit 43,5, 33,4
bis 32,4 und 32,0%. (Preuss. Statistik. Bd. 146, 1898, p. 366 ff.)

Doch würde hierauf näher einzugehen an dieser Stelle viel zu
weit führen. Es ist der Einleitung genug.

Wenn wir nun aber, gestützt auf die bisher gegebenen Unterlagen, endlich an unsere Aufgabe selber treten, d. h. es unternehmen wollen, in wenigstens ungefähr zutreffenden Zahlen darzulegen, welche Wandlungen sich im Laufe der hier in Rede stehenden Zeit im Gesamtumfange dessen vollzogen haben, was her-

kömmlich im Allgemeinen als Handwerk bezeichnet wird, so
sei nochmals hervorgehoben, dass dies natürlich nur in jenen
Schranken versucht werden kann, die schon durch die Natur des
zu Gebote stehenden Materials gezogen sind, und von denen oben die
Rede war. Es sei aber hier noch hinzugefügt, dass, wenn auf die Entwicklung gewisser Handwerke, wie z. B. der Metallarbeiter, Schlosser, Klempner, Schmiede etc., aus den eben berührten Gründen
nicht eingegangen wird, dieser Mangel sich vorzugsweise auf
solche Gewerbe bezieht, die inzwischen nicht gelitten sondern
sich im Gegenteil im Allgemeinen eher in befriedigender Weise entwickelt haben, sodass also jenes an sich nicht ganz ungünstige
Bild von der jetzigen Lage des Handwerks früheren Tagen gegenüber, welches im Folgenden vorgeführt werden soll, sich wohl
noch günstiger gestalten würde, wenn jene Schwierigkeiten nicht
vorlägen.

Was Bücher auf Grund seiner fortgesetzten speziellen Beschäftigung mit diesen Dingen, einmal gesagt hat: dass, wenn man
alles gut erfassen könnte, man »ohne Zweifel« finden würde, dass
»das Handwerk absolut« heute eine grössere Produkten-
menge hervorbringt, als jemals früher, scheint auch
nach den Resultaten der hier folgenden Untersuchungen durchaus
berechtigt. Und eben Bücher hat ja auch darauf verwiesen,
dass, wenn man, der oft gescholtenen Jetztzeit gegenüber, nach der
gerühmten Zeit des »goldenen Bodens« des Handwerks frage, diese
Zeit wenigstens im ganzen 17. und 18. Jahrhundert nicht
zu finden wäre, vielmehr nach seinen Untersuchungen die Verhältnisse des Handwerks, abgesehen von relativer Sicherheit des Er-
werbs, in jenen Jahrhunderten und auch noch weiter zurück, »ziemlich bedrängte« gewesen wären[1]). Wenn eben derselbe dann freilich andrerseits diese Dinge wieder ganz besonders trübe ansieht, und
dem Handwerk ausser auf dem Lande den Untergang mit den
Worten prophezeihte: In den Städten gehe dasselbe »gewiss auf die
Neige«, der Niedergang vollziehe sich langsam und geräuschlos, es
bleibe »der heranwachsenden Generation« noch Frist, sich auf die
neuen Zustände vorzubereiten, aber aufhalten lasse sich dieser Entwick-
lungsprozess auch durch Massregeln der Gesetzgebung nicht mehr,
vielleicht nicht einmal verlangsamen u. s. w. — so dürfte die-

---

1) Vgl. Kölner Rede v. September 1897. (Vereinsschrift Bd. 76. 1898).

wirkliche Sachlage hiemit denn doch glücklicher Weise etwas zu
ungünstig beurteilt sein. Wenigstens scheint der bisherige Ent-
wicklungsgang, soweit der Verfasser und der Herausgeber dieser
Zeilen es übersehen kann, zu so argen Befürchtungen keinen aus-
reichenden Anlass zu geben.

Zweiter Teil.

Die Entwickelung des Handwerks im Allgemeinen, insbesondere nach den Erhebungen von 1849 und 1895.

Fassen wir um einen Ueberblick über diese Entwickelung innerhalb der zweiten Hälfte des neunzehnten Jahrhunderts zu gewinnen, zunächst allein den Anfang und das Ende der hier in Rede stehenden Periode ins Auge; so gelangen wir unter Beachtung der 'oben berührten Schranken zunächst zu folgendem Bilde (s. Tabelle S. 32).

Bei alledem haben wir es ja freilich, wie bemerkt, keineswegs mit ganz analogen Klassen zu thun. Denn nach dem uns vorliegenden statistischen Material konnte es nur Ziel sein, dem Handwerk von 1849 im damaligen Sinne dieses Wortes thunlichst das gegenüberzustellen, was solcher Auffassung für die neuste Zeit entsprechen möchte. Und um diesem Ziele gerecht zu werden, war, was die Handwerkertabellen für 1849 boten, einerseits zu kürzen, andererseits aber auch zu ergänzen. In letzterer Beziehung sind z. B. ca. 10400 der damaligen Fabriktabelle entnommene Personen zugezählt. In jener anderen Beziehung aber ist zu beachten, dass sich in der Handwerkertabelle von 1849, an die nach Abzug jener 10400 Personen verbleibenden etwa 649600 Handwerktreibenden noch etwa 290000 Personen schlossen, von denen hier namentlich deshalb abgesehen ist, weil ihnen entsprechende Zahlen für 1895 nicht mit ausreichender Sicherheit zu gewinnen waren. Und eben das scheint die Resultate dieser Untersuchung natürlich erheblich zu beeinträchtigen, ist aber im Grunde doch weniger bedenklich, als man zuerst annehmen möchte. Denn erstens gehören zu jenen 290000 Personen etwa 94—95000, die

Im ganzen Gebiete der alten Provinzen Preussens gab es[1])

| | 1849 | | | 1895 | | |
| | | davon | | | davon | |
	Erwerbs-thätige überhaupt	Selb-ständige	Ab-hängige	Erwerbs-thätige überhaupt	Selb-ständige	Ab-hängige
1. Bäcker und Konditoren	43 819	26 447	17 372	111 974	38 251	73 723
2. Fleischer	27 769	18 372	9 397	86 549	34 189	52 360
3. Maurer	64 516	10 470	54 046	224 293	19 495	204 798
4. Zimmerer u. Schiffbauer	49 198	10 191	39 007	87 776	11 558	76 218
5. Anstreicher etc.	8 068	4 301	3 767	76 782	19 869	56 913
6. Glaser	6 789	4 939	1 850	7 138	3 818	3 320
7. Töpfer	12 472	5 119	7 353	26 520	5 670	20 850
8. Tischler	70 953	42 971	27 962	170 856	51 495	119 361
9. Stellmacher	25 438	18 284	7 154	43 377	17 529	25 848
10. Böttcher	21 305	14 904	6 401	19 932	8 569	11 363
11. Drechsler	12 097	6 758	5 339	19 493	5 919	13 574
12. Schneider	106 177	70 429	35 748	266 851	142 987	123 864
13. Schuhmacher	136 610	87 969	48 641	192 472	112 736	79 736
14. Kürschner,Mützenmacher	7 570	4 447	3 123	9 241	4 580	4 661
15. Hutmacher	2 414	1 475	939	10 376	1 309	9 067
16. Handschuhmacher	2 401	1 300	1 101	7 036	2 266	4 770
17. Posamentier	2 339	1 295	1 044	11 971	1 082	10 889
18. Seiler, Reepschläger	6 753	3 991	2 852	5 636	2 578	3 058
19. Gerber	13 881	5 748	8 133	16 174	2 649	13 525
20. Sattler, Tapezierer	16 159	10 043	6 116	46 791	17 241	29 550
21. Buchbinder	6 723	3 290	3 433	24 299	5 204	19 095
22. Uhrmacher	4 156	2 830	1 326	13 076	6 805	6 271
23. Gold- und Silberarbeiter	3 334	1 689	1 645	6 460	2 009	4 451
24. Barbiere, Friseure	9 068	6 429	2 639	29 992	14 258	15 734
Insgesamt	660 009	363 601	296 408	1 515 065	532 066	982 999

in jenen Textilindustrien beschäftigt wurden, die man auch
früher vielfach nicht als eigentlich zum Handwerk gehörig angesehen hat, und die man heute wohl fast allgemein davon aus-
schliesst. Sodann aber fallen in jene Kategorie namentlich etwa
111 000 Schlosser, Klempner, Schmiede etc., d. h. solche, die, da
sie es mit der Verarbeitung unedler Metalle zu thun haben (wie
oben schon bemerkt ist), von der jene Metalle verarbeitenden
Grossindustrie schwer zu trennen sind. Und diese Lücke fällt
überall da nicht besonders ins Gewicht, wo Industrien dieser
Art, wie in vielen mehr ländlichen Bezirken des Ostens, wenig
entwickelt sind. Namentlich aber besteht, wie nochmals hervorgehoben sei, auch keine Gefahr, dass solche Ausscheidung die

1) Vgl. hiezu die Allg. Bemerkungen im Anhang.

Verhältnisse des Handwerks in unbegründet gutem Lichte erscheinen lässt. Denn gerade diese Metallindustrien zählen ja im Allgemeinen nicht zu den bedrängten, eher zu den blühendsten Gewerben.

Endlich gehört der Rest der hier nicht berücksichtigten Handwerke im Wesentlichen nur noch jenen ganz kleinen Gewerben an, deren Behandlung, wie oben schon dargelegt ist, zwar den Umfang und die Mühen dieser Arbeit wesentlich gesteigert, jedoch nicht dazu beigetragen hätte, das hier in Rede stehende Ziel, die Erkenntnis der wichtigsten Tendenzen in der Entwicklung des Handwerks im Allgemeinen zu fördern.

Um aber schliesslich noch eines letzten Einwands zu gedenken, so könnte gegen das oben mitgeteilte Resultat, wonach innerhalb der hier in Betracht gezogenen Handwerke 1849 etwa 660 000, dagegen 1895 1 515 000 Personen thätig waren, und in gleicher Zeit, wie die mitgeteilten Ziffern ergeben, die Zahl der Abhängigen (Gesellen, Gehilfen, Lehrlinge u. s. w.) sich von 296 400 auf 983 000, dagegen die der »Selbständigen« (Meister, Unternehmer etc.) nur von 363 600 auf 532 100 gesteigert hat, von vornherein geltend gemacht werden, dass diese Ergebnisse in bedenklichem Gegensatze zu jenen ständen, zu denen man bei den oben schon erwähnten amtlichen »Stichprobenerhebungen« in der Mitte der neunziger Jahre gekommen ist [1]). Denn hienach zählte man ja zu jener Zeit in 156 als typisch gewählten Zählbezirken auf ca. 61 200 Meister 1024 Werkmeister, 4189 Gesellen, 21 366 Lehrlinge und 6589 andere Hilfspersonen, d. h. überhaupt auf je 100 Handwerksmeister etwa 113 Abhängige, und auf je 10000 Einwohner etwa 570 im Handwerk überhaupt Beschäftigte, während nach der hier gegebenen Aufstellung im Jahre 1895 auf je 100 Meister 184 Abhängige, und anf je 10 000 Köpfe der Bevölkerung 583 im Handwerk thätige Personen fielen.

Indessen ist zu beachten, dass bei jener Enquete erstens das deutsche Reich im Allgemeinen, und nicht, wie hier, nur Preussens

---

1) Vgl. Erhebungen über die Verhältnisse im Handwerk vom Sommer 1895. Drei Hefte, Berlin 1895 u. 1896. Ferner Paul Voigt, die Hauptergebnisse der neuesten Deutschen Handwerkerstatistik von 1895, in Schmollers Jahrbuch für Gesetzgeb. etc. XXI (1897), S. 1003 ff., auch oben S. 3. Jene Erhebungen sind im Buchhandel nicht zu haben und kamen dem Herausgeber erst zu Gesicht, nachdem die vorliegende Arbeit im Wesentlichen vollendet war Bis dahin war man auf P. Voigt zurückgegangen.

alte Provinzen ins Auge gefasst waren. Namentlich aber darf
nicht übersehen werden, dass man sich bei jenen Ermittlungen
aus der Mitte der neunziger Jahre eben nur an »Stichproben« hielt,
für die man sich nur wenige, anscheinend besonders charakte-
ristisch gestaltete Oertlichkeiten ausgesucht hatte[1]), während hier
der Versuch einer thunlichst vollständigen allgemeinen Erfassung
der thatsächlichen Dinge auf Grund umfassenden statistischen
Materials gemacht worden ist. Dort konnte man, nur die Gegenwart beachtend, vor allem der Gesamtheit moderner Erscheinungen auf dem Gebiete des Handwerks nachgehen. Hier war
das schon wegen der Parallele mit den Verhältnissen von 1849
ausgeschlossen. Man musste, um vergangenen Zeiten Vergleich-
bares gegenüberzustellen, eine Auswahl unter den bezüglichen
Gewerben treffen. Aber in dieser Beschränkung war andrerseits wieder eine viel vollständigere Erfassung, d. h. eine Verwertung des alle Bezirke und alle Orte des bezüglichen Gebiets
umfassenden Materials möglich. Es dürfte also an Verlässlichkeit
das hier Gebotene dem dort Ermittelten kaum nachstehen. Jedenfalls aber können jene mehr im Wege der Enquete durchgeführten
Aufnahmen keinen Anlass dazu geben, die Richtigkeit des hier
gebotenen Bildes in Frage zu stellen.

Treten wir danach nun aber diesem letzteren selber näher, so
drängt sich uns zunächst manche Parallele mit der Entwickelung
dieser Dinge vor 1849 auf. Lässt man nämlich Reduktionen, wie
sie hier geboten erschienen, thunlichst auch für 1822 eintreten, so
berechnet sich für das gleiche Gebiet von Preussens alten Provinzen etwa eine Zahl von 330 Handwerker der hier in Rede stehenden Art[2]) auf je 10 000 Köpfe. Und danach kommen wir also zu
dem Ergebnis, dass von den Handwerkern ungefähr gleicher Gewerbe auf je 10 000 Köpfe beschäftigt waren

im Jahre 1822: ca. 330
»   »   1849: ca. 405
»   »   1895: ca. 580

1) Von zwei preussischen Regierungs-Bezirken (Aachen und Danzig) abgesehen.

2) Freilich hat auch diese Verhältnisziffer zum Teil wieder nur durch er-
gänzende Schätzungen gewonnen werden können, da bei mehreren Gewerben, wie schon bemerkt, 1822 nur die Meister gezählt worden sind. Die
absoluten Zahlen sind den Aufzeichnungen von Fr. J. Neumann (auf Grund des
handschriftlichen Materials des Kgl. preuss. stat. Bureaus) entnommen.

d. h. das durchschnittliche Maass des jährlichen Wachstums der
Zahl der Handwerker war in beiden Perioden etwa das gleiche.
Und statt eines Rückschrittes, den vielleicht Manche erwartet
haben möchten, sehen wir also eine nicht unerfreuliche Fortentwicklung etwa in demselben Tempo.

Gehen wir aber, ehe zur besseren Erfassung dieser Dinge eine
Gliederung des Handwerks in mehr und minder gut situierte Klassen hier versucht wird[1]), vorläufig bereits auf e i n z e l n e Gewerbe näher ein, so finden wir nach den im Anhange hier mitgeteilten Tabellen I und II relativ g e s u n k e n[2]):

1) die Zahl der S c h u h m a c h e r von 83,9 auf 74,1 für je
10000 Köpfe,

2) die der B ö t t c h e r von 13,1 auf 7,7 und

2) die der G e r b e r von 8,5 auf 6,2, sowie in den weniger be-
deutsamen Gewerben noch

4) die Zahl der K ü r s c h n e r von 4,6 auf 3,6

5) die der G l a s e r von 4,2 auf 2,7 und

6) die der S e i l e r von 4,1 auf 2,2.

Etwa s t a b i l blieb daneben, wie sogleich zu berühren sein
wird, wenigstens dem Schein nach die Zahl der Beschäftigten
namentlich in folgenden Gewerben:

1) bei den Z i m m e r l e u t e n mit 30,2 und 33,8,

2) bei den S t e l l m a c h e r n und W a g n e r n mit 15,6 und
16,7, und

3) bei den D r e c h s l e r n mit 7,4 und 7,5 auf je 10 000 Köpfe,
sowie in den minder zahlreichen Gewerben, z. B. die Zahl der
G o l d- u n d S i l b e r arbeiter mit 2,0 und 2,5 etc.

Dagegen zeigten, wie wohl teils aus der Steigerung des allgemeinen Wohlstandes und des Umfangs städtischer Bevölkerung,
teils auch aus dem gleichzeitigen Aufschwung der Industrie im
Allgemeinen zu erklären ist — eine sehr starke Z u n a h m e namentlich die Zahl der M a u r e r (von 39,6 auf 83,3), der F l e i s c h e r
(von 17,1 auf 33,3) und der B ä c k e r und K o n d i t o r e n (von
26,9 auf 43,1). Auch wuchs die Zahl der S c h n e i d e r von 65,2
auf 102,7, und der T i s c h l e r von 43,6 auf 65,8, sowie unter den

1) Vgl. unten Teil III.
2) Dass es sich übrigens auch hiebei zum grossen Teil nur um Schein handelt, wird im folgenden Abschnitt zu zeigen sein (vgl. z. B. das bezüglich der
Glaser unten Gesagte).

3 *

weniger zahlreichen Gewerben namentlich die Zahl der Stubenmaler, Anstreicher und Stukkateure von 5,9 auf 29,6, desgl.
die der Tapeziere und Sattler etc. von 9,9 auf 18,0, die der
Töpfer von 7,7 auf 10,2, der Barbiere und Friseure von
5,6 auf 11,5, der Buchbinder von 4,1 auf 9,4, der Uhren-
macher von 2,6 auf 5,0, der Posamentiere von 1,4 auf 4,6
die der Hutmacher und Handschuhmacher von 1,5 auf
4,0 resp. 1,5 auf 2,7 u. s. w. Von allgemeiner Bedrohung des
Handwerks ist da also wenig zu spüren.

Indessen ein noch besseres vorläufiges Bild von der Entwicklung dieser Dinge und den ihr zu Grunde liegenden Ursachen gewinnen wir natürlich, wenn wir den Blick schon jetzt nicht nur auf
das Ganze, sondern auch auf die einzelnen Bezirke und ihre
gewerbliche Ausstattung richten. Nur ist, ehe das geschieht, allerdings noch Eines vorweg zu bemerken:

Als ursächlich wirkende Momente für die verschiedene Gestaltung dieser Verhältnisse von Bezirk zu Bezirk fallen nämlich ausser
den oben schon berührten Dingen wie: Wohlstand, städtische Entwicklung, industrieller Aufschwung, Bodenteilung u. s. w. zweifellos auch manche historische Erscheinungen ins Gewicht, an
die man weniger zu denken pflegt. Wo wie in dem grössten Teile
der alten Provinzen Preussens die Fridericianische Merkantil- und
Steuerpolitik unnachsichtlich durchgeführt war, da musste die Zahl
der Gewerbetreibenden früher schon deshalb eine besonders geringe
sein, weil es zu jener Politik gehörte, auf dem platten Lande
Handwerker überhaupt nur ausnahmsweise zu dulden. Aus wirt-
schafts- und steuerpolitischen Gründen blieben sie dort regelmäss-
sig in den Kreis der accisepflichtigen Städte gebannt. Und wo
man ihre Zahl nun einmal in dieser Weise herabgedrückt hatte,
da haben sich, wie leicht erklärlich, auch die Nachwirkungen hievon noch lange erhalten. Deshalb hatte z. B. — worauf schon
Hoffmann gelegentlich verwies[1] — Schlesien, das man in
jener Beziehung mit Rücksicht auf seine Vergangenheit besonders
milde behandelte, noch im Jahre 1822 viel mehr Handwerker, als
manche an Wohlhabenheit voranstehende Gebiete. Und auch im
Jahre 1849 waren die Folgen hiervon noch zu bemerken[2].

[1] Vgl. J. G. Hoffmann, die preussische Bevölkerung 1839, S. 126, und
Hoffmann, Lehre von den Steuern, 1840.
[2] So führte ja auch Schmoller aus: »Wo ein zahlreicher kleiner Hand-

So zählte man an Bäckermeistern z. B. im Jahre 1822 auf je 10000 Köpfe der Bevölkerung im Durchschnitt der Monarchie (incl. Konditoren) nur 18, und

in den Reg.-Bez. Königsberg und Gumbinnen nur 11 resp. 5,

» » » Danzig » Marienwerder » 11 » 10,

» » » Stettin » Köslin » 13 » 8 etc.

dagegen im Reg.-Bez. Breslau 23

» » Oppeln 17

» » Liegnitz 27.

Und Bäckermeister und Gesellen gab es z. B. noch 1849 im Durchschnitt Preussens: 16 resp. 10, ja

im Reg.-Bez. Königsberg nur 8 resp. 10 = 18,

» » Gumbinnen » 5 » 4 = 9,

» » Marienwerder » 8 » 6 = 14,

» » Danzig » 8 » 11 = 19,

» » Köslin » 7 » 6 = 13,

dagegen » » Breslau 15 » 10 = 25,

» » Oppeln 13 » 6 = 19,

» » Liegnitz 16 » 8 = 24.

Noch grösser aber blieb in Schlesien das Uebergewicht der Zahl der Fleischer, denn an Meistern und Gesellen dieses Gewerbes zählte man auf je 10000 Köpfe im Durchschnitt Preussens 1822: 13 resp. 4, zusammen 17, und

1849: 11 » 6, auch » 17, und im Einzelnen z. B. im Bezirk Königsberg nur 1822: 8 + 5 = 13, 1849: 7 + 6 = 13, und ähnlich .

im Bezirk Danzig 1822: 7 + 4 = 11, 1849: 6 + 5 = 11, und im Bezirk Marienwerder 1822: 7 + 2 = 9, 1849: 7 + 3 = 10, dagegen z. B. im Bezirk Breslau 1822: 18 resp. 6 = 24, 1849: 14 resp. 9 = 23,

im Bezirk Oppeln 1822: 20 resp. 2 = 22, 1849: 13 resp. 5 = 18, und im Bezirk Liegnitz 1822: 20 resp. 5 = 25, 1849: 15 resp. 7 = 22.

Indessen ähnlich stand es aus denselben Gründen auch in den

werkerstand ist, da erhält er sich wenigstens durch die zähe Festigkeit unserer bestehenden Lebensgewohnheiten und Geschäftssitten; wo eine gewerbliche Entwicklung erst mit der Zeit der Dampfmaschine und Eisenbahn eintritt, da wird das nun neu Anzufangende nicht im alten, sondern im neuen Stile begonnen. Die grössere Zahl der Handwerker am Rhein und im Südwesten Deutschlands hängt damit zusammen (a. a. O. S. 213).

erst später gewonnenen Gebieten Preussens, z. B. in den Reg.-Bez. Merseburg und Erfurt im Gegensatz z. B. zu Magdeburg und Potsdam, nicht minder im Bezirk Stralsund gegenüber Köslin und Stettin, desgleichen in manchen Teilen der neuen Provinz Westfalen im Gegensatze zum Bezirk Minden u. s. w.

Fleischermeister und Gesellen zusammen z. B. zählte man auf je 10 000 Köpfe z. B.

in den Reg.-Bezirken Magdeburg und Frankfurt

1822: 19, resp. 17,

1849: 18, » 17,

dagegen in den Reg.-Bezirken Merseburg und Erfurt

1822: 26, resp. 28,

1849: 24, » 28,

und in ähnlichem Gegensatze z. B. im Reg.-Bez. Arnsberg 1822: 16 und 1849: 15, dagegen im Bezirk Minden in denselben Jahren nur 10 und 12, Bäckermeister z. B. in Arnsberg 1822: 31 und 1849: 29, in Minden in denselben Jahren nur 16 und 15 etc.

Kehren wir danach aber zur Betrachtung der hier in Rede stehenden Gesamtzahlen, d. h. jener Ziffern zurück, die sich auf alle hier ins Auge gefasste Handwerker beziehen, und beachten, wie diese Gesamtzahlen sich für die einzelnen Teile der Monarchie gestalteten, so zählte man von jenen Handwerkern überhaupt im Durchschnitt des alten preussischen Staates 1849 etwa 405 auf je 10000 Köpfe der Bevölkerung, dagegen innerhalb desselben am meisten (abgesehen von Berlin mit 755) in der Provinz Sachsen, nämlich in den Reg.-Bezirken Magdeburg, Merseburg und Erfurt: 567, 555, 522. Daneben waren diese Relativzahlen, wie nach dem soeben Gesagten nun leicht zu erklären ist, noch besonders gross in den Bezirken Arnsberg und Köln mit 517 und 515, desgleichen im damals schon wohlhabenden Bezirke Düsseldorf mit 511, im neu gewonnenen Bezirke Stralsund mit 426 und in jenen früher österreichischen Distrikten Breslau und Liegnitz mit 424 und 431 u. s. w. Dagegen standen zurück wieder die älteren Teile Preussens und zwar nicht nur Ostpreussen, Mittel- und Hinter-Pommern, sondern auch Minden und die Mark (mit Ausnahme von Berlin und dem damals schon von der Hauptstadt in dieser Beziehung stark beeinflussten Bezirk Potsdam). Denn man zählte im Reg.-Bez. Minden z. B. damals auf je 10 000 Köpfe 312 Handwerker (gegenüber 417 resp. 517 in den beiden anderen

westfälischen Bezirken), in den Bezirken Stettin und Köslin 406
resp. 312, in Frankfurt 382, und im O s t e n, z. B. in den Bezirken
Königsberg und Gumbinnen: 321 und 233, in Danzig und Marienwerder 313 und 259, und in Posen und Bromberg 295 und 261,
am wenigsten aber in Oppeln mit 247, während im Westen ausser
Minden (mit 312) relativ noch ungünstig standen Aachen mit 407
und Trier mit 385 (gegenüber Koblenz mit 466, Köln und Düsseldorf mit 515 und 511).

Fragen wir nunmehr aber, wie sich diese Dinge von Bezirk
zu Bezirk s e i t 1849 entwickelt haben, und sehen, um leichteren
Ueberblick zu gewinnen, zunächst davon ab, ob und in welchem
Umfange manche der hier in Rede stehenden sog. Handwerke, wie
z. B. die der Schneider, Schuhmacher, inzwischen zu h a u s -
industriellen Betrieben geworden sind, so zeigt sich, dass, wenn
im grossen D u r c h s c h n i t t des preussischen Staats (alten Umfangs) zwischen 1849 und 1895, die Zahl der hier als Handwerker
in Betracht Gezogenen — auf je 10000 Köpfe berechnet — von
405 auf 583, also im Verhältnis von 100 zu 144 zunahm, dieser
F o r t s c h r i t t allerdings vorzugsweise dem weniger städtisch entwickelten O s t e n zu Gute kam.

Im Westen blieb z. B. der Reg.-Bez. Arnsberg nicht nur weit
hinter anderen zurück. Nein, es fand aus sogleich zu berührenden
Gründen dort sogar ein nicht unerheblicher Rückgang statt. Die
anderen westlichen Bezirke aber zeigten, obwohl kein Sinken, doch
ein viel geringeres Steigen als die östlichen.

Um das besser übersehen zu können, teilen wir sämtliche Bezirke der acht alten Provinzen Preussens von vornherein in zwei
grosse Klassen: solche, deren hier in Rede stehende Relativzahlen
einen Fortschritt von u n t e r und ü b e r 30 % zeigten, und finden
dann, dass in die erste Kategorie alle Bezirke von R h e i n l a n d,
W e s t f a l e n und S a c h s e n mit jener nach dem Gesagten leicht
zu erklärenden A u s n a h m e gehören, die sich auf M i n d e n bezieht,
während ohne Ausnahme a l l e Bezirke der anderen Provinzen:
Brandenburg, Pommern, Schlesien, Ost- und Westpreussen in die
zweite Kategorie zu rechnen sind.

Geringen Fortschritt zeigten freilich im Westen — von Arnsberg abgesehen — vor allem die mehr l ä n d l i c h e n Bezirke
Koblenz und Trier, dann aber einesteils wohl aus ähnlichen Gründen wie Minden, und andererseits wegen gleichzeitiger Entwicklung

der Grossindustrie[1]) noch viele andere Gebiete in nachstehender Reihenfolge. Man zählte:

	Handwerker auf je 10 000 Köpfe		also Fortschritt wie von 100 zu
	1849	1895	
im Reg.Bezirk Koblenz	466	492	106
» » Trier	385	417	108
im Reg.Bezirk Merseburg	555	645	116
» » Magdeburg	567	684	121
» » Erfurt	522	646	124
im Reg.Bezirk Düsseldorf	511	631	124
» » Aachen	407	510	125
» » Münster	417	522	125
» » Köln	515	660	128

Auf der anderen Seite ergab sich eine raschere Entwicklung wie bemerkt, ausser in Minden in allen östlichen Bezirken, und zwar einerseits eine solche in mehr gemässigtem Tempo, sowohl in mehr ländlichen Gebieten, wie Köslin, Marienwerder und Posen als auch in solchen, die 1849 schon mit Handwerkern relativ gut versorgt gewesen waren. Man zählte nämlich »Handwerker« (in unserem Sinn) auf je 10 000 Bewohner

	1849	1895	also Fortschritt wie von 100 zu
im Reg.Bezirk Köslin	312	404	130
» » Königsberg	321	418	130
» » Posen	295	398	134
» » Stralsund	426	579	136
» » Marienwerder	259	373	144
» » Stettin	406	592	146
» » Liegnitz	431	646	150
» » Frankfurt	382	578	151

Besonders starken Fortgang aber zeigten endlich sowohl Be-

1) Auf den Abbruch, den diese nicht nur manchem in Metall arbeitenden Handwerke, sondern auch z. B. den Zimmerleuten und der Böttcherei, Drechslerei, Seilerei u. s. w., gethan hat, ist unten zurückzukommen. Zu beachten ist daneben freilich hier schon die Entwicklung mancher besonderen »Absatzindustrien« mehr lokalen Charakters, wie z. B. die der Hutmacher in Aachen, der Drechsler in Erfurt, der Handschuhmacher im Magdeburger Bezirk etc. — Die Zahl der Drechsler allein z. B. stieg zwischen 1849 und 1895 im Reg.-Bezirk Erfurt von 8,6 auf 13,2 für je 10 000 Köpfe, die der Hutmacher im Reg.-Bezirk Aachen von 1,9 anf 7,6, der Handschuhmacher im Reg.-Bezirk Magdeburg von 5,2 auf 17,6 u. s. w.

41

zirke, die früher ganz besonders zurückgeblieben waren, wie Gumbinnen, Bromberg, Oppeln und Minden, als auch jene, deren allgemeiner Wohlstand und städtische Entwicklung in dieser Periode
besonders grosse Fortschritte gemacht hatte, wie namentlich Berlin
und die Bezirke Potsdam und Breslau. In diesen Bezirken wurden
nämlich auf je 10000 Köpfe der Bevölkerung Handwerker (in
unserem Sinn) gezählt:

	1849	1895	also Fortschritt wie von 100 zu
in Berlin	755	1154 (!)	153
im Reg.Bezirk Gumbinnen	233	356	153
» » Danzig	313	488	156
» » Potsdam	436	690	158
» » Breslau	424	670	158
» » Bromberg	261	414	159
» » Minden	312	533	171
» » Oppeln	247	427	173.—

Fassen wir zum Schlusse aber noch allein die gegenwärtige
Stellung der einzelnen Bezirke zu einander ins Auge, und fügen
nur, um die Veränderungen gegen 1849 besser ins Licht zu setzen,
auch die auf dieses Jahr bez. Zahlen in Parenthese bei, so
bietet sich zunächst hinsichtlich der mit Handwerk besonders gut
ausgestatteten Gebiete folgendes Bild. Man zählte Handwerker
(jener Art) auf je 10000 Köpfe:

	1895	(1849)	Nummer der Reihenfolge pro 1849
1. in Berlin	1154	(755)	(1)
2. im Reg.Bezirk Potsdam	690	(436)	(9)
3. » » Magdeburg	684	(567)	(2)
4. » » Breslau	670	(424)	(12)
5. » » Köln	660	(515)	(6)
6. » » Erfurt	646	(522)	(4)
7. » » Liegnitz	646	(431)	(10)
8. » » Merseburg	645	(555)	(3)
9. » » Düsseldorf	631	(511)	(7)
Sodann folgten			
10. der Reg.Bezirk Stettin	592	(406)	(15)
11. » » Stralsund	579	(426)	(11)
12. » » Frankfurt	578	(382)	(17)
und nun erst im Westen			
13. der Reg.Bezirk Minden	533	(312)	(20)
14. » » Münster	522	(417)	(13)
15. » » Arnsberg	514	(517)	(5)
16. » » Aachen	510	(407)	(14)
17. » » Koblenz	492	(466)	(8)

Danach sind also unter den viel Handwerker beschäftigenden Bezirken in dieser Beziehung noch besonders stark g e s t i e g e n
vor allen die östlichen: P o t s d a m (von der 9. Stelle auf die 2.),
B r e s l a u (von der 12. auf die 4.), S t e t t i n (von der 15. auf die
10.) und F r a n k f u r t (von der 17. auf die 12.) etc., dagegen g e-
s u n k e n vor Allem westliche: wie Arnsberg, Koblenz, Merseburg. Und ähnlich in den weniger Handwerker zählenden Bezirken.
Es waren thätig:

	Handwerker auf je 10 000 Köpfe		Nummer der Reihenfolge pro
	1895	(1849)	1849
18. im Reg.Bezirk Danzig	488	(313)	(19)
19. » » Oppeln	427	(247)	(25)
20. » » Königsberg	418	(321)	(18)
21. » » Trier	417	(385)	(16)
22. » » Bromberg	414	(261)	(23)
23. » » Köslin	404	(312)	(21)
24. » » Posen	398	(295)	(22)
25. » » Marienwerder	373	(259)	(24)
26. » » Gumbinnen	356	(233)	(26)

Auch da finden wir also wieder besonders g e s u n k e n einen der
westlichen Bezirke (Trier), dagegen besonders stark in die H ö h e
gerückt einen östlichen, den früher besonders zurückgebliebenen
Bezirk Oppeln.

Um aber das so gewonnene Resultat noch besser zu erfassen,
vergleichen wir dasselbe noch in Kürze direkt mit jenen Andeutungen, die oben bezüglich des Gegensatzes von Stadt und Land
und bezüglich der Verschiedenheit der Wohlstandsentwicklung in
den einzelnen Bezirken gemacht worden sind.

Dabei zeigt sich dann einerseits manche bemerkenswerte U e b e r-
e i n s t i m m u n g mit dem oben schon Ausgeführten, indem z. B. einige Bezirke wie Breslau, Oppeln und Minden sich sowohl bezüglich
der Zunahme der Handwerker als auch des allgemeinen Wohlstands
besonders g ü n s t i g entwickelten, während in beiden Beziehungen
z. B. z u r ü c k blieben im Westen die Bezirke von Trier und Koblenz,
und im Osten die von Marienwerder und Gumbinnen. Dagegen
tritt andererseits aber hie und da auch bereits deutlich hervor,
dass es an solcher Uebereinstimmung fehlt, insofern sich z. B.
einige Bezirke wie Köln, Aachen, Arnsberg, Minden, Erfurt und
Merseburg hinsichtlich des allgemeinen W o h l s t a n d e s anschei-

nend besonders günstig entwickelten, o h n e dass doch das Gleiche auch vom Handwerk zu rühmen gewesen wäre, während umgekehrt z. B. in den Bezirken Danzig, Stettin und Stralsund gerade der Wohlstand anscheinend nur geringe, die Zahl der Handwerker aber recht grosse Fortschritte machte. Will man das verstehen, so kann man sich bezüglich der Vorgänge letzterer Art zwar darauf beziehen, dass z. B. Danzig und Stettin im Verhältnis zu ihrem Wohlstand früher wenig Handwerker zählten, und es also schon aus diesem Grunde gar nicht auffallen kann, dass ihre Zahl dort in besonders raschem Tempo stieg. Bezüglich des Anderen aber, d. h. bezüglich jener besonders g e r i n g e n Z u n a h m e des Handwerks in den Bezirken Arnsberg, Köln, Aachen, Minden sei an dieser Stelle bereits darauf verwiesen, dass auf die neueste Entwicklung des Handwerks in unserem Sinne auch die gleichzeitige Gestaltung der G r o s s industrie einen teils fördernden, teils hemmenden Einfluss ausüben musste.

Gerade über die E n t w i c k l u n g der Grossindustrie sind wir nun freilich, da es an ausreichender Berufszählung früher gebrach, und die damals erhobenen »Fabriktabellen« die Handwerkerstatistik keineswegs ausreichend ergänzten — besonders unvollkommen unterrichtet, und deshalb muss es hier genügen, in dieser Beziehung allein der G e g e n w a r t zu gedenken, wobei sich wieder verschiedene Wege bieten: Man kann sich einerseits, um Gross- und Kleinindustrie zu unterscheiden, wie es namentlich in Gesetzen und Verordnungen oft geschieht, an bestimmte Ziffern halten, indem man z. B. als der Grossindustrie angehörig alle jene industriellen Gewerbe ansieht, die mehr als eine bestimmte Zahl von »Unselbständigen« beschäftigen. Man kann aber auch z. B. — und eben das dürfte nach dem oben schon über die Bauhandwerke Gesagten hier das Richtige sein[1]) — als zur Grossindustrie gehörig alle jene industriellen Gewerbe ansehen, die nicht dem H a n d w e r k im oben berührten Sinne angehören. Dabei wäre es dann freilich in mancher Beziehung noch genauer, auch der heute sogenannten hausindustriellen Gewerbe zu gedenken, und diese ebenfalls in Abzug zu bringen. Indessen sind wir über diese, wie oben schon angedeutet ist, selbst heute noch nur unvolkommen unterrichtet, und namentlich würde jener Abzug insofern Schwierigkeiten

---

1) Vgl. oben S. 9.

bieten, als gar nicht festzustellen wäre, wie weit solche Hausindustrielle bereits in jenen auf das Handwerk bezüglichen Zahlen eingeschlossen sind.

Es mag deshalb hier genügen, von der Gesamtheit Jener, die im Jahre 1895 als Erwerbsthätige der Industrie (einschliesslich des Berg- und Hüttenbauwesens) ermittelt worden sind, alle Jene a b z u- z i e h e n, die sich nach dem bisher Bemerkten als zum Handwerk im hier in Rede stehenden Sinne gehörig ergaben [1]). Und hiernach kommt man nun zu folgender, auch in anderer Beziehung vielleicht nicht ganz uninteressanter Aufstellung. Es waren — um nur die Resultate der bezüglichen Rechnungen mitzuteilen — auf je 10 000 Köpfe der Bevölkerung erwerbsthätig:

	1. in der Gross-industrie (in jenem Sinne)	2. im Hand-werk (in unserem Sinne)	3. (Reihenfolge der Bezirke nach Kolonne 2)
1. im Reg.Bezirk A r n s b e r g	1769	514	(15)
2. » » D ü s s e l d o r f	1752	631	(9)
3. » » A a c h e n	1395	510	(16)
4. in Berlin	1350	1154	(1)
5. im Reg.Bezirk Köln	1163	660	(5)
6. im Reg.Bezirk M ü n s t e r	1101	522	(14)
7. » » Trier	1063	416	(21)
8. » » Erfurt	1063	646	(6)
9. » » O p p e l n	1062	427	(19)
10. » » Liegnitz	1051	646	(7)
11. im Reg.Bezirk Breslau	1038	670	(4)
12. » » Minden	950	533	(13)
13. » » Potsdam	900	690	(2)
14. » » Merseburg	889	645	(8)
15. » » Magdeburg	847	684	(3)
16. im Reg.Bezirk Frankfurt	841	578	(12)
17. » » Koblenz	738	492	(17)
18. » » Stettin	552	592	(10)
19. » » Danzig	514	488	(18)
20. » » Stralsund	466	579	(11)
21. im Reg.Bezirk Bromberg	387	414	(22)
22. » » Königsberg	352	418	(20)
23. » » Köslin	321	404	(23)
24. » » Posen	304	398	(24)
25. » » Marienwerder	272	373	(25)
26. » » Gumbinnen	233	356	(26)

1) Dass sich hieran manche Bedenken, z. B. bez. der Metallindustrie knüpfen,

45

Eben hieraus ergiebt sich nun zwar einerseits manche U e b e r-
e i n s t i m m u n g zwischen der Relativzahl der Handwerker und
der Ausdehnung der hier sog. Grossindustrie (zu der nach dem
Gesagten freilich ausser den im Bergbau und in der Textilindustrie
Beschäftigten die ganze Metallindustrie gerechnet werden musste).
Denn es war diese »Grossindustrie« z. B. ebenso wie das Handwerk
in unserem Sinne besonders w e n i g vertreten in jenen östlichen
Bezirken wie Bromberg, Königsberg, Köslin, Posen, Marienwerder
und Gumbinnen, wo sie hinter dem Handwerk bezüglich der Zahl
der Beschäftigten erheblich zurückstand. Es traf eben dieses
Letztere aber auch im Stettiner und Stralsunder Bezirke zu, wäh-
rend überall sonst die Grossindustrie (in dem hier in Rede stehenden Sinn) überwog. Nur geschah gerade das in recht verschiedenem
Masse, wenig in Berlin und wenig auch in den Bezirken Breslau,
Potsdam, Merseburg und Magdeburg, dagegen besonders s t a r k in
D ü s s e l d o r f, M ü n s t e r, O p p e l n und namentlich in A a c h e n
und A r n s b e r g. Fassen wir direkt das Zahlenverhältnis zwischen
dem Personal handwerksmässiger und n i c h t handwerksmässiger
Industrie (im hier in Rede stehenden Sinne) ins Auge, so überwog
der Umfang letzteren Personals am meisten im Reg.-Bez. Arnsberg
mit mehr als dem dreifachen des im »Handwerk« beschäftigten Personals. Etwas zurück standen D ü s s e l d o r f und A a c h e n mit dem
2^1/$_2$—3 fachen. Dann folgten bereits O p p e l n und T r i e r mit dem
etwa 2^1/$_2$ fachen, dann Minden, Münster, Köln, Erfurt, Breslau und
Liegnitz mit dem 1^1/$_2$—2 fachen, hierauf Koblenz mit genau dem
1^1/$_2$ fachen, und endlich mit dem 1—1^1/$_2$ fachen noch die Bezirke
Magdeburg, Merseburg, Potsdam, Frankfurt und Danzig, während
nicht einmal das 1 fache erreicht wurde in Stettin, Stralsund, Köslin
und in den Bezirken der östlichen Provinzen Westpreussen (ausser
Danzig), Ostpreussen und Posen.

Alledem gegenüber ist nun hier bereits zu konstatieren, was
bei Behandlung einzelner Gewerbe unten noch eingehender zu
zeigen sein wird, dass nämlich die Entwickelung der Grossindustrie

wird nicht verkannt. Es m u s s t e diese h i e r eben ganz und gar als n i c h t zum
Handwerk in unserem Sinne gehörig angesehen werden (vgl. oben S. 10). Und
das lässt z. B. in den viel mit Metallindustrie beschäftigten Gebieten wie Arnsberg, Düsseldorf, Berlin, Aachen, Köln etc. die Grossindustrie natürlich mehr
entwickelt erscheinen, als es an sich gerechtfertigt wäre.

46

(in unserem Sinn) auf die Entwickelung des Handwerks im Einzelnen recht verschieden wirken muss: Ein f ö r d e r n d e r Einfluss
wird regelmässig z. B. den Bauhandwerkern gegenüber Platz greifen,
dagegen ein h e m m e n d e r insbesondere zu Ungunsten mancher
Metall, Holz oder Hanf verarbeitenden Handwerke[1]).
Die Zahl der B ö t t c h e r und S e i l e r z. B. ist im Laufe der
hier in Rede stehenden Zeit fast überall, und die der D r e c h s l e r
und S t e l l m a c h e r wenigstens in sehr vielen Bezirken zurückgegangen, derart, dass im Durchschnitt des preussischen Staats
(alten Umfangs) z. B. die Zahl der B ö t t c h e r von 13,1 auf 7,7 und
die der Seiler von 4,1 auf 2,2 per 10 000 Köpfe fiel. Ganz besonders aber vollzog sich solcher Rückgang, wie leicht erklärlich, in
den Gebieten der E i s e n industrie, während umgekehrt in den mehr
ländlichen Gebieten des Ostens hievon bisher nur wenig zu spüren
war. So sank z. B., wieder auf 10 000 Köpfe der Bevölkerung berechnet, die Zahl der B ö t t c h e r zwischen 1849 und 1895
im Reg.-Bezirk Gumbinnen nur von 7,1 auf 6,2,

»	»	»	Marienwerder	» 8,3 » 6,6,
»	»	»	Bromberg	» 7,6 » 5,8,
»	»	»	Köslin	» 9,2 » 6,6,

dagegen z. B. im Bezirk Arnsberg von 9,5 auf 5,7,

»	»	Düsseldorf	» 15,8 » 6,4,
»	»	Berlin	» 10,4 » 6,4,
»	»	Aachen	» 11,1 » 4,2,
»	»	Köln	» 20,5 » 10,0,
»	»	Magdeburg	» 20,9 » 9,7,
»	»	Trier	» 16,1 » 4,5 u. s. w.

Und das dürfte nicht ausser Zusammmenhang mit der Thatsache
stehen, dass gerade alle diese Gebiete Hauptsitze der Eisenindustrie sind. Auf je 10 000 Köpfe zählte man 1895 in dem Bezirk
Arnsberg 121 Metallarbeiter, in Düsseldorf 92, in Berlin 60, in
Aachen und Köln 48, in Magdeburg 41, in Trier 38, dagegen z. B.
in Gumbinnen und Marienwerder nur 14 und 17.
Aehnlich aber ging es auch mit den S e i l e r n , deren han-
fene Fabrikate inzwischen mehr und mehr durch eiserne (Ketten,
Taue, Draht etc.) entbehrlich gemacht worden sind. Die Zahl

1) Vom Einfluss auf die sog. Metallindustrie selbst muss hier freilich abgesehen werden (vgl. oben S. 10).

der Seiler überhaupt betrug in den Bezirken Königsberg, Gumbinnen
und Danzig noch 1895: 3,0 resp. 2,0 und 2,4, dagegen in den Bezirken Düsseldorf, Koblenz, Trier und Aachen nur 1—2 auf 10 000
Köpfe, und sank sogar, wie später zu zeigen sein wird, im Bezirke Arnsberg zwischen 1849 und 1895 von 4,6 auf 0,9.

Auch war nicht minder gefährdet im Westen die Zahl der
D r e c h s l e r, S t e l l m a c h e r und Wagner. Die der e r s t e r e n
sank z. B. in gleicher Zeit in Ostpreussen nur von 5,3 auf 3,2, in
Westpreussen von 4,2 auf 3,0 und in Posen von 2,3 auf 1,8, dagegen im Reg.-Bezirk Arnsberg von 24,7 auf 5,5, und in den benachbarten Bezirken von Münster und Minden von 12,9 auf 6,3
resp. von 9,3 auf 4,3. Und die Zahl der S t e l l m a c h e r und
Wagner s t i e g sogar in jener Zeit noch im O s t e n, z. B.

im Bez. Königsberg	von 16,1	auf 18,4,
» » Gumbinnen	» 12,0	» 16,0,
» » Danzig	» 10,3	» 17,0,
» » Marienwerder	» 13,2	» 23,4,
» » Posen	» 13,7	» 22,4,
» » Bromberg	» 13,2	» 22,6 u. s. w.

Sie sank aber gleichzeitig z. B.

im Bez. Arnsberg	von 15,6	auf 11,0,
» » Münster	» 11,7	» 8,1,
» » Minden	» 16,3	» 15,2,
» » Köln	» 18,0	» 14,6,
» » Düsseldorf	» 8,2	» 6,0,
» » Aachen	» 20,6	» 12,6 u. s. w.

Endlich zeigte auch einen besonders auffälligen Rückgang gerade im e i s e n i n d u s t r i e l l e n Westen die Zahl der Z i m m e r-
l e u t e, obwohl sie im Osten stieg. So rechnete man z. B. an
Zimmerleuten und Schiffszimmerern auf je 10 000 Köpfe 1849 und
1895:

im Bez. Gumbinnen	10,8 resp.	22,1,
» » Marienwerder	14,4 »	25,0,
» » Posen	13,8 »	24,2,
» » Bromberg	14,1 »	27,9,
» » Potsdam	45,7 »	58,2,
» » Frankfurt	30,2 »	40,4,
» » Stettin	37,6 »	59,9.

48

Dagegen sank die Zahl jener in gleicher Zeit

im Bez.	Arnsberg	von	35,1	auf	21,1,	
»	» Köln	»	22,6	»	17,5,	
»	» Düsseldorf	»	31,3	»	13,1,	
»	» Koblenz	»	27,0	»	21,1,	
»	» Trier	»	23,1	»	16,1,	
»	» Aachen	»	17,5	»	10,6	u. s. w.

Und diese Erscheinung ist noch um so auffälliger, als die Zahl der Bauhandwerker im übrigen, wie schon berührt, desto grösser zu sein pflegt, je mehr die Grossindustrie zu s t e i g e n tendiert, derart, dass z. B. 1895 im Durchschnitt des ganzen Staates nur etwa 86 Maurer auf je 10 000 Köpfe gezählt wurden, und im Osten z. B. im Bezirk Gumbinnen nur 47, im Marienwerder 52 und selbst in den Bezirken Königsberg und Posen nur 54 resp. 56, dagegen

z. B. im Bez. Düsseldorf 91, im Bez. Arnsberg 114
» » Münster 94, » » Magdeburg 116
» » Minden 100, u. s. w.

Dass diese Dinge wesentlich beitragen, jene oben berührte Dissonanz zwischen der Entwicklung des »Handwerks« und der »Grossindustrie« (in unserem Sinn) zu erklären, liegt auf der Hand.

Doch wird hierauf bei Behandlung einzelner Gewerbe noch näher einzugehen sein. An dieser Stelle soll, ehe das geschieht und ehe auch auf die bezüglichen Wandelungen in der Zeit zwischen 1849 und 1895 näher eingegangen wird, der allgemeinen Entwicklung des Verhältnisses zwischen der Zahl der »Selbständigen« und der »Abhängigen« gedacht werden.

Ist bisher zu zeigen versucht, dass sich der Umfang dessen, was hier als Handwerk aufgefasst worden ist, im Laufe der zweiten Hälfte dieses Jahrhunderts n i c h t, wie Viele annehmen möchten, gemindert, sondern im Gegenteil, soweit dies aus den überlieferten Zahlen zu erkennen ist, absolut und im Verhältnis zur Grösse der Bevölkerung nicht nur durchschnittlich, sondern auch in allen einzelnen Bezirken des Staats ausser Arnsberg seit 1849 g e s t e i g e r t hat, der Art, dass z. B. im Durchschnitt der acht alten Provinzen auf je 10 000 Köpfe 1822 nur etwa: 330, dagegen 1849:405 und 1895:583 Personen in jenem »Handwerk« erwerbsthätig waren — so fragt sich nun, ob und in welchem Masse auch die Zahl der s e l b s t ä n d i g e n

Handwerker seit Mitte des neunzehnten Jahrhunderts gestiegen ist, und wie sich i n n e r h a l b dieser Gewerbe etwa eine Tendenz zur Verdrängung der k l e i n e r e n B e t r i e b e durch die grösseren geltend gemacht hat.

Eben hierüber ergiebt sich nun an der Hand der oben schon in Bezug genommenen Tabellen Folgendes:

Im Jahre 1849 waren unter 660 009 Erwerbsthätigen (in den hier in Rede stehenden Handwerken) 363 601 Selbständige und 296 408 Abhängige; dagegen standen sich 1895 unter jenen 1 515 065, welche in Handwerken etwa derselben Art thätig waren, 532 066 Selbständige und 982 999 Abhängige einander gegenüber. Es ist also, um zunächst der absoluten Zahl zu gedenken, diese auch bei den S e l b s t ä n d i g e n nicht gefallen, sondern gestiegen, und zwar gestiegen, wie sogleich bemerkt sei; auch in allen einzelnen Regierungsbezirken mit Ausnahme des K o b l e n z e r, wo die bezügliche Ziffer von 16 040 auf 14 274 sank. Nicht viel besser stand es freilich auch im benachbarten Bezirke T r i e r, wo die Zahl der hier in Betracht kommenden Selbständigen 1849 bereits 12 432 und 1895 nur 12 899 betrug. Auch zeigte sich ähnliche Stabilität noch im Bezirke M ü n s t e r, wo diese Zahlen 11 679 und 12 217, und im E r f u r t e r Bezirk, wo sie 9 498 und 10 451 betrugen. Andrerseits aber stiegen jene Zahlen auf mehr als das 4 fache in Berlin (von 12 050 auf 50 768), auf etwa das Doppelte in den Bezirken Potsdam (von 17 766 auf 34 700) und Gumbinnen (von 7 813 auf 13 499), auf mehr als das anderthalbfache auch z. B. in den Bezirken von Königsberg (von 13 828 auf 22 152) und Oppeln (von 14 795 auf 24 923), fast auf das anderthalbfache auch in jenen von Arnsberg (von 17 975 auf 24 979), Magdeburg (von 19 017 auf 27 602) und Breslau (von 25 532 auf 36 326) u. s. w.

Indessen erklärt sich Vieles hiebei natürlich aus dem mehr oder minder raschen gleichzeitigen Wachstum der Bevölkerung.

Wichtiger sind die bezüglichen R e l a t i v zahlen. Und in dieser Beziehung ist Folgendes zu beachten:

Im g a n z e n G e b i e t des preussischen Staates (alten Umfangs) standen 1849 innerhalb der hier in Rede stehenden Handwerke je 100 Selbständige 81,5 Abhängigen gegenüber, dagegen 1895 bereits 184,8.

Vergegenwärtigen wir uns aber die Gestaltung eben dieses Verhältnisses nach ö r t l i c h e n Gebieten und fassen zunächst allein den Zustand um die Mitte des Jahrhunderts ins Auge, so war damals besonders g e r i n g die relative Zahl der Abhängigen im W e s t e n, in den Provinzen Rheinland und Westfalen, dagegen g r o s s einerseits in Berlin und in den benachbarten Bezirken von Potsdam, Magdeburg und Merseburg, andererseits aber auch in denjenigen Gebieten des Ostens, die sich besonders grosser Städte erfreuen wie Breslau, Stettin, Danzig und Königsberg, während eine m i t t l e r e Stellung damals der Rest der ö s t l i c h e n und m i t t - l e r e n Provinzen einnahm. Es fielen nämlich, um mit letzteren Gebieten zu beginnen, a u f 100 S e l b s t ä n d i g e damals im

Reg.-Bez. Posen:	59,7 Abh.,	Reg.-Bez. Köslin:	73,8 Abh.,
» » Oppeln:	61,0 »	» » Gumbinnen: 82,7 »	
» » Bromberg: 63,0 »		» » Erfurt:	90,9 »
» » Marien-		» » Frankfurt:	91,2 »
werder:	64,0 »		

Dagegen gestalteten sich diese Ziffern höher bereits in den mehr städtischen Bezirken des Ostens, nämlich

im Reg.-Bez. Breslau   auf 95,1

»   »   » Königsberg » 96,6

»   »   » Stettin   » 102,9

»   »   » Danzig   » 107,9,

und namentlich hoch in B e r l i n, auf 165,7, in dem damals schon von dem wirtschaftlichen Leben der Hauptstadt stark beeinflussten Bezirk P o t s d a m, auf 107,6 und in der Provinz Sachsen, d. h. insbesondere in den Bezirken M e r s e b u r g und M a g d e b u r g, auf 100,4 resp. 106,2. Andrerseits gestalteten sich diese Zahlen besonders n i e d r i g nicht nur in den mehr l ä n d l i c h e n Gebie- ten der Provinzen R h e i n l a n d und W e s t f a l e n, also z. B.

im Reg.-Bez. Koblenz nur auf 46,2

»   »   » Münster »   » 50,7

»   »   » Trier   »   » 52,5

sondern, was mehr überraschen kann, auch in den vorzugsweise städtischen Gebieten dieser Landesteile, z. B.

im Reg.-Bez. Aachen auf 53,1

»   »   » Köln   » 63,4

»   »   » Arnsberg » 66,7

»   »   » Düsseldorf » 67,9.

Eben diese Erscheinungen standen nun aber, wie schon be- rührt ist, namentlich damit in Zusammenhang, dass im Westen früher der Entwickelung des kleinen Handwerkes auf dem Lande wenig Schwierigkeiten bereitet worden waren, und dass zugleich in Folge des dort mehr zur Verbreitung gelangten mittleren Besitzes und mittleren Wohlstands auch die Möglichkeit, selbständig ein Gewerbe zu beginnen, dort grösser als im Osten war.

Aus denselben Gründen sehen wir ja auch zwischen Süd und Nord in Deutschland ganz ähnliche Verschiedenheiten Platz greifen, wie zwischen Ost und West[1]). Und wer sich nach Beispielen für die Stagnation und den Rückgang selbständigen Handwerks in Deutschland umsieht, hat sich deshalb vorzugsweise an den Süden und Westen Deutschlands zu halten.

Ging doch z. B. in Württemberg nach der umfassenden Darstellung, welche die Entwickelung dieser Dinge in der ausgezeichneten Statistik dieses Landes von 1884 (Das Königreich Württemberg, eine Beschreibung von Land, Volk und Staat, herausgegeben von dem königl. statist. Bureau dieses Landes) erfahren hat, die Zahl der selbständigen Handwerker (Meister) der Art zurück, dass man z. B. zählte

Zimmermeister 1835: 5231, 1882: 3700,

Maurermeister 1835: 7544, 1882: 5830,

selbständige Dach-, Ziegel-, Stroh- und Schieferdecker 1835: 148, 1882: 49,

selbständige Bäcker und Konditoren 1835: 7753, 1882: 5630,

selbständige Metzger 1835: 5406, 1882: 3319,

während allerdings daneben einige Gewerke auch starke Zunahme der Selbständigen zeigten (vgl. S. 665 ff. Teil II, Abth. 1).

Indessen darf man aus jenem Rückgange in diesen südlichen Gebieten ebensowenig allgemeine Schlüsse ziehen, wie aus den

---

1) Bezüglich Württembergs vgl. Königreich W. 2. Aufl. Bd. II Abtlg. 1, und bezüglich süddeutscher Verhältnisse überhaupt auch Schmoller a. a. O. S. 358 ff. und 370. Auf 100 Meister zählte man hienach im Jahre 1861 z. B. bei den Bäckern in Preussen 79 Gehülfen, dagegen in Württemberg 46, bei den Fleischern dort 61, hier 44, bei den Tischlern dort 84, hier 76, bei den Töpfern dort 124, hier 62, bei den Zimmerleuten dort 440, hier 170, bei den Maurern dort 566, hier 168 etc. Da die preussischen Zahlen für 1822 für viele Gewerbe, wie bemerkt, keine Angabe über die Zahl der Gesellen und Gehilfen enthalten, musste von einem Versuch, die Gesamtentwicklung dieser Dinge für Preussen rückwärts zu verfolgen, abgesehen werden. Bezüglich der früheren Gestaltung dieser Verhältnisse in einzelnen Gewerben vgl. hier Teil III.

4 *

Vorgängen in einzelnen Grossstädten wie Leipzig oder Berlin. Im grossen Durchschnitt und ganz besonders im Norden und Nordosten haben sich diese Dinge ganz anders gestaltet. —

Fassen wir aber die E n t w i c k l u n g dieser Dinge in Preussens einzelnen Bezirken s e i t 1849 ins Auge, so ergiebt sich zweierlei: zuerst, dass sich, wie leicht zu erklären, die Zahl der Abhängigen im Verhältnis zu der der Selbständigen fast ü b e r a l l stark gesteigert hat, sodann aber auch, dass im Laufe dieser Zeit jener Gegensatz zwischen Ost und West mehr und mehr verschwunden, ja zum Teil in das Gegenteil, d. h. in ein besonders starkes Wachstum der Zahl der Abhängigen auch im Handwerksbetriebe des W e s t e n s umgeschlagen ist.

Was das Erstere betrifft, so ist nach jener im Anhang mitgeteilten Tabelle II die Zahl der S e l b s t ä n d i g e n, die innerhalb des ganzen Staats (alten Umfangs) in den hier in Rede stehenden Handwerken beschäftigt waren, in der zweiten Hälfte des Jahrhunderts der Art z u r ü c k gegangen, dass auf je 10 000 Einwohner 1849 noch etwa 223, dagegen 1895 nur 205 gezählt wurden, während die Zahl der A b h ä n g i g e n, in gleicher Weise berechnet, von 182 auf 378 stieg. Allerdings haben sich in einzelnen Gewerben diese Dinge, wie unten noch zu zeigen sein wird, auch anders gestaltet, indem z. B. bei den S c h n e i d e r n die Zahl der Unternehmer auf je 10 000 Köpfe von 43,2 auf 55,0 stieg, desgleichen bei den F l e i s c h e r n von 11,3 auf 13,2 — bei den M a u r e r n von 6,4 auf 7,5 — bei den B a r b i e r e n und F r i s e u r e n von 3,9 auf 5,5 — bei den U h r m a c h e r n von 1,7 auf 2,6 — bei den S t u b e n m a l e r n sogar von 2,6 auf 7,2 u. s. w. [1]).

Daneben zeigte sich in einigen Gewerben im Grossen und Ganzen wenigstens S t a b i l i t ä t, indem sich die Zahl der »Selbständigen« auf je 10 000 Köpfe z. B. berechnete:

		1849	1895
bei den Bäckern	auf	16,2	14,7
» » Riemern und Sattlern	»	6,2	6,6
» » Buchbindern	»	2,0	2,0
» » Gold- und Silberarbeitern	»	1,0	0,8
» » Handschuhmachern	»	0,8	0,9 u. s. w.

---

1) Vgl. Teil III. Dort wird auch zu berühren sein, wie weit sich gleichzeitig das Gebiet der Hausindustrie in diesen Gewerben erweiterte.

Ueberwiegend aber war allerdings ein Herabgehen der Zahl der Unternehmer, und das bei einzelnen Gewerben in dem Masse, dass »Selbständige« auf 10 000 Bewohner 1849 und 1895 gezählt wurden:

bei den Schuhmachern	54,0 resp. 43,4	bei den Gerbern	3,5 resp. 1,0
» » Tischlern	26,4 » 19,8	» » Töpfern	3,1 » 2,2
» » Rad- und Stell-		» » Glasern	3,0 » 1,5
machern	11,2 » 6,7	» » Kürschnern	2,7 » 1,8
» » Böttchern	9,2 » 3,3	» » Seilern	2,4 » 1,0
» » Zimmerleuten	6,3 » 4,3	» » Hutmachern	0,9 » 0,5
» » Drechslern	4,1 » 2,2		

Nach alledem aber muss sich allerdings, da die Zahl der den bezüglichen Handwerken überhaupt Angehörigen in jenem Zeitraume, wie wir sahen, erheblich stieg, die Zahl der »Abhängigen« unter ihnen im Verhältnis zur Bevölkerung besonders stark gesteigert haben.

Ein geringes Sinken zeigten aus unten noch zu berührenden Gründen ausnahmsweise die Ziffern für die Kürschner und Seiler. Denn auf je 10000 Köpfe der Bevölkerung zählte man Abhängige:

	1849	1895
bei den Kürschnern	1,9	1,8
» » Seilern	1,8	1,2

so dass also, da gleichzeitig auch die Zahl der Selbständigen in diesen Gewerben erheblich herabging, die in denselben überhaupt Thätigen sich verringerten

bei den Kürschnern von 4,6 auf 3,6 ⎫
und » » Seilern » 4,1 « 2,3 ⎬ für je 10000 Bewohner.

Daneben zeigte sich Stabilität etwa noch bei den Schuhmachern (mit 29,9 resp. 30,7 Abhängigen auf je 10000 Köpfe), und bei den Zimmerleuten (mit 24,0 und 27,0), sowie innerhalb der weniger zahlreichen Handwerkerklassen etwa noch bei den Gerbern (mit 5,0 und 5,2), bei den Böttchern (mit 3,9 und 4,4) und bei den Glasern (mit 1,1 und 1,3), d. h. also, wie unten noch zu berühren sein wird, namentlich bei jenen Gewerben, die von der Grossindustrie ganz besonders bedroht sind.

Dagegen stieg die Zahl der Abhängigen — auf je 10000 Köpfe der Bevölkerung berechnet — innerhalb der grösseren Gewerbe, z. B.

bei den Maurern	von 33,2 auf 78,8	bei den Bäckern	von 10,7 auf 28,4 (!)
» » Schneidern	» 22,0 » 38,5	» » Fleischern	» 5,8 » 20,2
» » Tischlern	» 17,2 » 45,9		

und daneben auch z. B.

bei den Töpfern	von 4,5 auf 8,0	bei den Barbieren und	
» » Rad- u. Stell-		Friseuren	von 1,6 auf 6,1 (!)
machern	» 4,4 » 9,9	» » Gold- u. Silber-	
» » Riemern und		arbeitern	» 1,0 » 1,7
Sattlern	» 3,8 » 11,4 (!)	» » Uhrmachern	» 0,8 » 2,4
» » Drechslern	» 3,3 » 5,2	» » Handschuh-	
» » Stubenmalern	» 2,3 » 18,9 (!)	machern	» 0,7 » 1,8
» » Buchbindern	» 1,6 » 7,3	» » Posamentierern	» 0,6 » 4,2

Stellen wir hiernach aber die Zahl der Selbständigen und der
Abhängigen d i r e k t einander gegenüber, so war für die G e s a m t-
h e i t der hier ins Auge gefassten Gewerbe das Verhältnis zwischen
beiden Klassen, wie oben schon bemerkt ist, dieses, dass im Jahre
1849 nur 82, dagegen 1895 schon 185 Abhängige (Gehilfen, Gesellen, Lehrlinge etc.) auf je 100 Unternehmer fielen. Eben diese
Steigerung war nun aber im Allgemeinen besonders gross bei jenen
Gewerben, die bisher nur wenige Unselbständige hatte. Nicht
dieser Regel entsprach es freilich, dass z. B. bei den S c h n e i-
d e r n die Zahl der auf je 100 Selbständige beschäftigten Abhängigen
nur von 51 auf 87 und bei den S c h u h m a c h e r n sogar nur von
55 auf 71 stieg. Aber gerade bei diesen Gewerben war, wie unten
noch zu zeigen sein wird, der Uebergang zur H a u s industrie von
nicht zu unterschätzender Bedeutung.

Auch finden sich ähnlich geringe Wandelungen in einigen besonders n o t l e i d e n d e n Gewerben, so z. B. in jenem durch die
Eisenindustrie beeinträchtigten der S e i l e r, bei denen man auf
100 Selbständige 1849: 73 und 1895: 119 Abhängige zählte.

Von solchen Fällen abgesehen aber ist es bemerkenswert, dass
die Relativzahl der Abhängigen nur etwa auf das 2—2¹/₂fache insbesondere bei jenen Gewerben stieg, die schon 1849 relativ viel
Unselbständige beschäftigten, während im Uebrigen Steigerungen
auf das 3—4 fache die Regel bilden.

Innerhalb jener e r s t e r e n Kategorie stieg die Zahl der Abhängigen, auf je 100 Selbständige berechnet, z. B.

bei den Maurern   von 516 auf 1051 ⎱ also auf weniger als
und   »   »   Zimmerleuten   »   383 »   659 ⎰   das Doppelte,
dagegen im Uebrigen

bei den Stellmachern	von 39 auf 148	bei den Sattlern und	
» » Barbieren und		Tapezierern	von 61 auf 171
Friseuren	» 41 » 110	» » Bäckern	» 66 » 193
» » Böttchern	» 43 » 133	» » Drechslern	» 79 » 229
» » Fleischern	» 51 » 153		

Dabei hat sicherlich mancher zufällige Umstand mitgewirkt. Auch ist ja leicht zu erklären, dass z. B. eine Verdreifachung im Verhältnis zu grösserer Zahl schwieriger war, als kleinerer gegenüber. Immerhin deutet, so scheint es, bereits dieser Gegensatz auch auf einen recht bemerkenswerten Umstand, darauf nämlich, dass dem, was hier als Handwerk betrachtet wird — ähnlich wie dem landwirtschaftlichen Betrieb — durch die Art des Gewerbes bereits gewisse Grenzen gesetzt sind, die bei der Fabrik z. B. fehlen. Gerade das dürfte auch für das Fortbestehen der Zahl der selbständigen Betriebe, wie unten noch zu berühren sein wird, von grosser Bedeutung sein[1]).

Verfolgen wir die Entwicklung dieser Dinge nun aber hier noch insbesondere nach örtlichen Gebieten, und gedenken dabei zunächst wieder der Gesamtzahl der Selbständigen und der Abhängigen und dann erst ihres Verhältnisses zu einander, so finden wir, wie leicht erklärlich eine besonders starke Abnahme jener Zahl im Westen, wo dieselbe früher eine besonders grosse war und wo sich die Umgestaltungstendenzen der Neuzeit nach den dortigen Verkehrsverhältnissen zugleich besonders stark zur Geltung bringen mussten[2]).

Auch im Osten vermehrte sich ja die Zahl der Selbständigen nicht so rasch, wie die der Abhängigen. Aber sie vermehrte sich doch immerhin in vielen Bezirken sowohl absolut als auch im Verhältnis zur Bevölkerung und steigerte sich hie und da sogar recht erheblich. Während nämlich im ganzen Gebiete der alten Provinzen, wie wir sahen, die Zahl der selbständigen Handwerker zwischen 1849 und 1895 von ca. 223 für je 10000 Köpfe auf 205 sank, stieg ihre Zahl z. B.

---

1) Die Schwierigkeiten z. B. der Aufsicht, die bei konzentriertem Betriebe in Fabriken auch bei sehr grosser Zahl von Arbeitern noch zu überwinden sind, können ähnlich wie bei der Landwirtschaft fast unüberwindbar werden in grossen Hau betrieben.

2) Vgl. oben S. 51 und Anm. 1.

im Reg.-Bez. Königsberg von 163,2 auf 186,6
» » » Gumbinnen » 127,2 » 170,0
» » » Danzig » 150,8 » 169,6
» » » Marienwerder » 157,8 » 164,1 [1]).

Daneben sank diese Zahl im Osten freilich ein wenig im Bezirke Posen, wo sie früher, zumal die Folgen altfriederizianischer
Finanzpolitik hier fehlten, eine relativ grosse gewesen, (von 184
auf 161) — blieb aber im Uebrigen dort ebenso wie in den
mittleren Provinzen etwa auf gleicher Höhe, wie zuvor, indem
sie auf je 10 000 Köpfe betrug z. B.:

	1849	1895
im Reg.-Bez. Bromberg	159,8	153,6
» » » Köslin	179,2	178,1
» » » Oppeln	153,2	149,8

Ja sie gestaltete sich in ähnlicher Weise stabil selbst in manchen mehr städtischen Bezirken dieser Provinzen, so z. B.:

	1849	1895		1849	1895
im Bez. Potsdam auf	210,2 resp.	210,6	im Bez. Stralsund auf	214,2 resp.	250,5
» » Frankfurt »	199,8 »	209,2	» » Breslau »	217,4 »	223,1
» » Stettin »	199,8 »	222,6	» » Liegnitz »	227,6 »	240,6.

Nur ist bei alledem natürlich zu beachten, dass die relative
Zahl der Abhängigen (auf je 10 000 Einwohner) überall in
noch viel grösserem Masse wuchs, z. B.

			im Reg.Bez. Marienwerder	
im Reg.Bez. Königsberg v. 157,6 auf 231,1				
» » Gumbinnen » 105,2 » 186,5			von 101,0 auf 209,1	
» » Danzig » 162,7 » 318,7			» » » Bromberg 100,8 » 260,8,	

---

1) Hiebei spielt natürlich insbesondere auch jene Ausbreitung des Handwerks auf dem Lande eine Rolle, die in neuerer Zeit so oft behandelt ist. Vgl.
z. B. oben S. 11 f. und 29, auch was Paul Voigt, a. a. O. (Schmollers Jahrbuch für Gesetzgebung XXI (1897) S. 1016 sagt: »Seit dem Anfange dieses Jahrhunderts hat in Preussen, obwohl manche Handwerke auch auf dem Lande erhebliche Einbusse erlitten haben, oder fast ganz verschwunden sind, im ganzen
eine langsame aber stetige Vermehrung der Bauhandwerker stattgefunden, während
die Bedeutung des städtischen Handwerks immer mehr zurückgegangen ist.«
— Dabei mag es einstweilen dahingestellt bleiben, ob es ganz zutrifft, wenn
z. B. Bücher über 50 % des Handwerks dem platten Lande zuschreibt, oder
Paul Voigt annimmt, dass das Land-Handwerk das Bestreben zeige, sich in
Zwergbetriebe aufzulösen und die durchschnittliche gewerbliche Bedeutung eines
jeden Betriebs immer geringer werde.

und nicht minder in jenen andern Bezirken, z. B.

in Potsdam	von 226,2 auf 479,7	in Stralsund	von 211,6 auf 328,8
» Frankfurt	» 182,2 » 368,3	» Breslau	» 206,7 » 447,0
» Stettin	» 205,7 » 369,5	u. s. w.

Eine beachtenswerte S t a b i l i t ä t, ja im Grunde sogar eine,
wenn auch geringe V e r m e h r u n g der Selbständigen ergab sich
sogar für B e r l i n (von 284,2 auf 314,3), obwohl auch hier natürlich eine sehr viel stärkere Zunahme der Abhängigen (von 471,7
auf 839,4) parallel ging.

Ganz anders dagegen gestalteten sich diese Dinge im W e s t e n.
Selbst unter den mehr ländlichen Bezirken ist es dort allein
der nach geschichtlichen Verhältnissen sich ja überhaupt durch
seine Sonderstellung auszeichnende Regierungsbezirk M i n d e n
gewesen, der noch eine relative Zunahme der Selbständigen (von
199,3 auf 202,2) zu verzeichnen hatte, während die Zahl der Abhängigen sich freilich auch dort sehr viel stärker (von 112,7 auf 330,5)
hob. In allen anderen Bezirken Westfalens und der Rheinprovinz
wie in Sachsen sind dagegen die Ziffern für die Selbständigen
g e s u n k e n. Und zwar geschah das noch relativ wenig in
letzterer Provinz und im Reg.-Bez. Aachen, wo die Verhältnisziffern
sich 1849 resp. 1895 gestalteten:

	bei den Selbständigen		bei den Abhängigen	
in Magdeburg	auf 275,1 resp. 243,9		292,2 resp. 440,1
» Erfurt	» 273,5 » 236,5		248,6 » 409,7
» Merseburg	» 277,1 » 220,2		278,3 » 424,7
» Aachen	» 266,0 » 212,5		141,2 » 297,6,

in viel bedeutenderem Masse dagegen im übrigen Rheinland und
in Westfalen, wo jene Ziffern in denselben Jahren betrugen:

	bei den Selbständigen		bei den Abhängigen	
im Bezirk Münster	276,7 resp. 208,9		140,4 resp. 312,9
» » Köln	315,2 » 227,8		199,7 » 432,2
» » Koblenz	318,9 » 219,9		147,2 » 272,0
» » Trier	252,6 » 170,1		132,6 » 246,4
» » Düsseldorf	304,2 » 197,1		206,5 » 434,0
» » Arnsberg	310,0 » 166,7		206,7 » 347,3[1]).

1) Es ergab sich also z. B. für den Bezirk M a g d e b u r g eine Herab-
minderung der Zahl der Selbständigen nur von 275 auf ca 244, d. h. wie von

Am stärksten war die Verringerung der Selbständigen also in dem hochindustriellen Gebiet der Bezirke Düsseldorf und Arnsberg, sowie in dem zweitwichtigsten Bergbaugebiete der Monarchie, im Reg.Bezirke Trier [1]). Aber eben hiemit vollzog sich ja im Grunde nur, was für die Industrie überhaupt schon eine oberflächliche Vergleichung der Berufszählungen von 1882 und 1895 ergiebt: die besonders starke Zunahme der Zahl der Unselbständigen im Westen gegenüber den mehr ländlichen Gebieten insbesondere von Posen, Pommern, Ost- und Westpreussen etc.: auf je 100 in der Industrie überhaupt gezählte Erwerbsthätige fielen hienach Abhängige

	1882	1895
z. B. in Ostpreussen	56	64
» » » Westpreussen	63	70
» » » Pommern	61	69
dagegen z. B. in der Rheinprovinz	69	79

Noch besser erkennen wir die hier in Rede stehende Tendenz zur Betriebskonzentration aber natürlich, wenn wir das Verhältnis zwischen der Zahl der Abhängigen und der Selbständigen für die einzelnen Bezirke wieder direkt verfolgen.

Wir sahen bereits, dass im Durchschnitt der alten Provinzen die Gesamtzahl der Abhängigen im Laufe der hier in Rede stehenden Zeit sich von etwa 82 bis 185 für je 100 Selbständige erhöhte. Hinter solcher Steigerung blieb der Osten ganz erheblich zurück, so dass sich diese Zahlen z. B. gestalteten für den

Bez. Königsberg auf 96,6 und 123,8 (Verhältnis von 100:128),
» Gumbinnen » 82,7 » 109,7 (» » 100:133),
und » Stralsund » 98,8 » 131,2 (» » 100:133).

---

100 zu 89. Und in derselben Weise berechnet zeigte sich für Erfurt und Merseburg eine Verringerung im Verhältnis von 100 zu 86 und 79, dagegen z. B. für Reg.Bez. Düsseldorf und Arnsberg eine solche im Verhältnis von 100 zu 65 resp. 54 (!).

1) Auf je 10000 Köpfe der Bevölkerung zählten die meisten in Bergbau, Salinen und Hüttenbetrieben Beschäftigten die Reg.Bez. Arnsberg mit 243, Trier mit 139 und Oppeln mit 137, dann erst Düsseldorf mit 82, Münster mit 77 etc. Die oben gegebenen Zahlen für Trier (252,6 und 170,1) stehen etwa im Verhältnis von 100 zu 67, die für Koblenz (318,9 und 219,9) im Verhältnis von 100 zu 69, dagegen die für Düsseldorf und Arnsberg, wie bemerkt, wie 100 zu 65 resp. 54.

Stärker war die Steigerung dann schon
im Bez. Stettin   mit 102,9 resp. 166,0 (Verhältnis von 100 : 161),

» » Berlin   » 165,7 » 267,1 (»   » 100 : 171),
» » Magdeburg » 106,2 » 180,5 (»   » 100 : 170),
und » » Danzig   » 107,9 » 187,9 (»   » 100 : 174),
dann aber namentlich
im Bezirk Liegnitz mit 89,3 » 168,3 (»   » 100 : 188),
» » Erfurt   » 90,9 » 173,1 (»   » 100 : 190),
» » Merseburg » 100,4 » 192,8 (»   » 100 : 192),
» » Frankfurt » 91,2 » 176,1 (»   » 100 : 193),
» » Potsdam   » 107,6 » 227,8 (»   » 100 : 211),
» » Breslau   » 95,1 » 200,4 (»   » 100 : 212),
und am stärksten in zwei Kategorien von Bezirken, einmal nämlich
in solchen mit bisher besonders g e r i n g e r Zahl der überhaupt
industriell thätigen Personen, wo die jetzt sich entwickelnden Gewerbe also besonders wenig mit der Konkurrenz anderer selbständiger Betriebe zu kämpfen hatten, und sodann und namentlich in
jenen Bezirken der mittleren und westlichen Provinzen, die nunmehr zu besonderer industrieller Blüte gelangten.

So sehen wir die Relativzahl der Abhängigen (auf je 100 Selbständige berechnet) sich einerseits ganz besonders heben z. B.

im Bezirk Posen   von 59,7 auf 147,7 (wie 100 : 247)[1])
» » Bromberg » 63,0 » 169,7 (» 100 : 269)
» » Oppeln   » 61,0 » 185,3 (» 100 : 304).

Wir sehen namentlich aber eine starke Zunahme des Abhängig-
keitsverhältnisses im W e s t e n, wo man in jenen beiden Jahren
auf je 100 Selbständige der hier in Rede stehenden Handwerke
Abhängige zählte:

im Reg.Bez. Aachen   53,1 resp. 140,1 (Verhältnis von 100 : 265),
» » Koblenz   46,2 » 123,7 (»   » 100 : 268),
» » Trier   52,5 » 144,9 (»   » 100 : 276),
» » Minden   56,6 » 163,4 (»   » 100 : 289),
» » Münster   50,7 » 149,8 (»   » 100 : 295),
» » Köln   63,4 » 189,7 (»   » 100 : 299),
» » Arnsberg 66,7 » 208,4 (»   » 100 : 312),
» » Düsseldorf 67,9 » 220,2 (»   » 100 : 324).

---

1) Aehnlich war übrigens der Wandel auch im Bezirk Marienwerder, wo
1849 nur 64, aber 1895 schon 127 Abhängige auf je 100 Selbständige fielen,
ein Wandel, der dem Verhältnis von 100 zu 199 entspricht.

'Offenbar ist hier in der Nachbarschaft und mannigfach zugleich
unter dem Einfluss besonders stark sich entwickelnder Grossindustrie die Tendenz zur Steigerung des Grossbetriebes auch im Handwerk in besonders starkem Mass zum Durchbruch gekommen, wozu
noch kam, dass in früherer Zeit ja gerade im Westen, wie berührt, die Zahl der selbständigen Betriebe eine besonders grosse
und daher die Zahl der Abhängigen im Verhältnis zu der der Selbständigen eine besonders kleine gewesen war, so dass, wenn in
dieser Beziehung auch nur dasselbe Niveau, wie im Osten erreicht
werden sollte, diesem Uebergang gerade im Westen eine besonders starke Steigerung jener Relativzahl parallel gehen musste.

Schliesslich ist auch natürlich zu beachten, dass es zum
Teil recht verschiedene Gewerbe waren, die im Osten und im
Westen zu besonderer Entwicklung gelangten. Indessen kann hierauf
erst im folgenden Teile eingegangen werden, wo der Versuch gemacht werden soll, wenigstens bei einigen Gewerben ihre zeitliche
und örtliche Entwicklung besonders zu verfolgen.

An dieser Stelle sei zum Schluss nur nochmals hervorgehoben,
dass, wenn man nach dem Gesagten auf die Gesamtentwickelung
blickt, welche das Handwerk (hier in Rede stehenden Umfangs)
innerhalb des älteren Gebietes des preussischen Staates genommen
hat, sich Folgendes ergiebt:

1) dass die Zahl der in demselben beschäftigten Personen in
der zweiten Hälfte des neunzehnten Jahrhunderts weder absolut
noch im Verhältnis zur Grösse der Bevölkerung zurückgegangen ist,

2) dass dies nicht nur vom Handwerk im Durchschnitt
des ganzen Staats, sondern auch vom Handwerk in allen einzelnen Regierungsbezirken der Monarchie, mit der
einen Ausnahme gilt, dass im Reg.Bez. Arnsberg der dort
gewaltig gestiegenen Bevölkerung gegenüber, die Zahl der Handwerker in ihrem Wachstum anscheinend ein wenig zurückblieb, so
dass statt 517 nur 514 Handwerker auf je 10000 Einwohner fielen,
dass dies aber seine Erklärung zum Teil auch darin findet, dass die
gerade dort viel Handwerker beschäftigende Metallindustrie hier
ausser Betracht bleiben musste,

3) dass es auch mit dem Maasse des relativen Wachstums
der Zahl der Handwerker in der zweiten Hälfte des neunzehnten
Jahrhunderts nicht zurückgegangen ist, d. h. auch dieses Mass
sich nicht ungünstiger gestaltet hat als in der ersten Hälfte,

4) dass auch die Zahl der S e l b s t ä n d i g e n innerhalb des
Handwerks sowohl in der ganzen Monarchie, als auch in a l l e n
B e z i r k e n mit einer Ausnahme (der des Reg.Bezirks Koblenz)
absolut gestiegen ist, und

5) dass die Zahl der Abhängigen zwar überall rascher wuchs,
als die der Selbständigen, dass aber auch l e t z t e r e Zahl nicht
allein absolut, sondern s e l b s t r e l a t i v, im Verhältnis zur
Grösse der Bevölkerung im Laufe des hier in Rede stehenden
Zeitraums in der bei weitem grössten Zahl aller Regierungsbezirke
g e s t i e g e n ist, und zwar gestiegen nicht nur in
den beiden Bezirken O s t p r e u s s e n s und
den beiden Bezirken W e s t p r e u s s e n s, sowie im benachbarten
Reg.Bezirk B r o m b e r g, sondern auch in
B e r l i n und in
den beiden Reg.Bezirken der Mark B r a n d e n b u r g, sowie
in den Reg.Bezirken S t e t t i n, S t r a l s u n d, B r e s l a u und
L i e g n i t z, also
überhaupt in a l l e n Bezirken der s e c h s ö s t l i c h e n Provinzen mit Ausnahme allein von P o s e n (wegen besonderer Verhältnisse) und von K ö s l i n und O p p e l n, wo sich im Grunde
aber weniger Rückgang als Stagnation zeigte, da die bezüglichen
Zahlen für 1849 und 1895 in Köslin 179 resp. 178 und in Oppeln
153 resp. 150 betrugen,

6) dass nur Stagnation, n i c h t R ü c k g a n g sich hie und da
auch im Westen, z. B. Reg.Bez. Minden (mit den Ziffern 199 und
202) zeigte, und

7) hienach von einem relativen R ü c k g a n g der Zahl der Selbständigen (dem gleichzeitigen Wachstum der Bevölkerung gegenüber) im Grunde nur in 11 Bezirken die Rede sein kann gegenüber 16, bei denen es sich a n d e r s verhält; endlich aber

8) dass selbst dieses Zurückbleiben hinter dem Wachstum einer
stark steigenden Bevölkerung zum Teil nur ein s c h e i n b a r e s
war, da die in einem grossen Teil jener Bezirke, insbesondere in
Westfalen und Rheinland blühende M e t a l l i n d u s t r i e hier
ganz und gar a u s s e r B e t r a c h t bleiben musste, und überdies
anzunehmen ist, dass früher mehr als jetzt zu den hier in Rede
stehenden Handwerkern auch solche gezählt wurden, die auf klei-
nem Besitztum mit landwirtschaftlichem Betriebe noch einen gewerb-

lichen v e r e i n t e n , bis die an letzteren gestellten grösseren Ansprüche zum Aufgeben solcher Vereinigung nötigten.

Schliesslich sei zu alledem aber noch zweierlei bemerkt: Es könnte nämlich erstens darauf verwiesen werden, dass, wie oben schon hervorgehoben ist, die Zählung für 1849 im W i n t e r , dagegen jene von 1895 im Sommer stattgefunden hat, und deshalb letztere Zählung manche Personen berücksichtigte, die, da sie im Winter weniger Beschäftigung finden, 1849 nicht mitgezählt worden sind. Ganz unerheblich wäre dieser Einwand natürlich nicht. Aber von so grosser Bedeutung, dass dadurch die hier gewonnenen Relativzahlen stark erschüttert würden, möchte er doch nicht sein. Denn, wie nochmals betont werden muss, war ja auch die Erhebung von 1849 im geraden Gegensatz z. B. zu jener von 1875, im Wesentlichen bereits b e r u f s statistischer Art, derart, dass keineswegs nach der Zahl der j e w e i l i g b e s c h ä f t i g t e n Bauhandwerker gefragt wurde, viel mehr alle berufsmässig als Maurer, Dachdecker etc. ausgebildeten oder berufsmässig zu Geschäften dieser Art gehörigen Personen aufzuführen waren, gleichgültig ob und wie sie jeweilig etwa Beschäftigung fanden. Eben diese Harmonie zwischen der Aufnahme ist übrigens auch von amtlicher Seite ebenso wie in wissenschaftlichen Bearbeitungen an anderem Ort (z. B. von Kollmann) wiederholt hervorgehoben worden. Und eine Stütze fand sie noch, wie nicht unbeachtet gelassen werden soll, darin, dass damals ähnlich wie jetzt zwischen H a u p t - und N e b e n beschäftigungen unterschieden wurde. Wer g e l e g e n t l i c h einmal in diesem oder jenem Gewerbe Hilfe leistete, wurde 1849 ebensowenig als diesem Gewerbe angehörig aufgeführt, wie er 1895 seiner Hauptbeschäftigung nach in diese Kategorie gerechnet ist. Nach solcher Hauptbeschäftigung aber ist ja auch hier nur gefragt, der Nebenbeschäftigung, obwohl darüber für 1895 statistische Daten vorliegen, n i c h t gedacht. Andererseits ergiebt sich aus intensiverer Konkurrenz und grösseren Ansprüchen, die heute an das Handwerk gestellt werden, dass die namentlich im Westen früher, bei kleinerem Grundbesitz und mittlerem Wohlstand sehr verbreitete Neigung, mit landwirtschaftlichem Betriebe noch dieses oder jenes Handwerk (sei es als Neben-, sei es als Hauptgewerbe) zu v e r b i n d e n , im R ü c k g a n g begriffen ist, was ebenfalls insbesondere im Westen die Zahl der Selbständigen mindern musste, ohne dass sich daraus eine Bedrohung des Handwerks an sich ableiten liesse.

Wichtiger noch erscheint ein zweiter Einwand, der oben schon berührt ist und der sich auf die H a u s i n d u s t r i e bezieht. Nur dürfte auch ihm im Grunde keine so. grosse Bedeutung beizulegen sein, wie Manche annehmen. Denn erstens ist der Umfang der Hausindustrie, wie auch die Aufnahmen von 1895 wieder bestätigt haben, für die hier in Rede stehenden Handwerke in ihrer Gesamtheit keineswegs ein grosser. Und sodann lässt sich bei Betrachtung jener im E i n z e l n e n der Einfluss der Hausindustrie ja ungefähr wenigstens in Zahlen erfassen und danach seine Bedeutung bei Behandlung dieser Dinge in Anschlag bringen. Hier sei vorweg nur folgendes bemerkt: Besonders gross ist, wie auch jene Aufnahmen erweisen, der Umfang jener Betriebsart in der T e x t i l industrie. Er belief sich dort, falls die Aufnahmen zuverlässig sind, im Jahre 1895 auf 17—18%. Aber diese kommen ja, wie bemerkt, hier gar nicht in Betracht. Erheblich ist jetzt nur, dass der Berufsgruppe »Bekleidung und Reinigung« damals etwa 8—9% Hausindustrielle angehörten. Denn in allen anderen Berufsgruppen beträgt ihre Zahl h ö c h s t e n s 2—3 und im Allgemeinen sogar nur $1/2—1^1/2\%$. Gehen wir aber noch näher auf diese Dinge ein, so berechnet sich für das hier ins Auge gefasste Gebiet des p r e u s s i s c h e n S t a a t e s alten Umfangs die Zahl der hausindustriell thätigen »Handwerker« in unserem Sinn genau auf 48 881 selbständig und 8 205 unselbständig thätige, zusammen also nur auf 57 086 Personen. Und das ist gegenüber der oben berechneten Zahl von etwa einer Million (982 999) nur etwa 5,7%. Aber selbst diese Zahl verkleinert sich nun noch ganz erheblich, sobald man die hausindustriell thätigen S c h n e i d e r und S c h u h m a c h e r mit 34 020 resp. 13 052 in Abzug bringt. Denn stellt man den nach solchem Abzug noch verbleibenden Rest von 10 014 der Zahl jener Handwerker nach Abzug der den gleichen Kategorien Angehörigen gegenüber, so gewinnt man das Verhältnis von 779 399 zu 10 014, also das von 100 zu 1,3; das heisst nur wenig über 1% (!) der anderen Handwerker (im hier festgehaltenen Sinne) waren Hausindustrielle. Und lässt man gar noch diejenigen Gewerbe, die neben den Schneidern und Schuhmachern ebenfalls noch die grösste Zahl hausindustriell thätige Personen aufweisen wie z. B. die Tischler mit 3081, die Kürschner mit 625 und die Posamentiere mit 434 ebenfalls ausser Rechnung, so stellt sich im U e b r i g e n die Zahl der Hausindustriellen nur auf 5874,

d. h. nur auf o,9⁰/o aller Handwerker ausserhalb jener fünf Kategorien (der Schneider, Schuhmacher, Tischler, Kürschner, Posamentierer).

Es genügt also allein bei diesen fünf Kategorien der Hausindustrie zu gedenken. Im Uebrigen ist diese, wie nochmals bemerkt
sei, nicht von so grosser Bedeutung, wie Manche anzunehmen geneigt sind, und noch weniger erheblich jene angebliche Zunahme
derselben, die wir nicht zu erfassen vermögen.

65

Dritter Teil.

Die Entwicklung einzelner Handwerke seit der Mitte des neunzehnten Jahrhunderts.

I. Allgemeines.

Wer nach den Ursachen forscht, aus welchen sich manche Handwerker heute in bedrohter Lage befinden, hat, wenn er vorsichtig ist, zwei Kategorien von Gründen zu unterscheiden: allgemeine und spezielle.

Zu den ersteren, welche die dem Handwerk im Grossen und Ganzen drohenden Schädigungen betreffen, mag man die immer noch beklagten Lücken technischer Ausbildung und den zum Teil hiemit in Zusammenhang stehenden Mangel geregelten Lehrlingswesens rechnen. Desgleichen gehört hieher der gerade in der Neuzeit so oft betonte Mangel an Neigung und Befähigung zu genossenschaftlicher Thätigkeit, z. B. in Kreditsachen, oder beim An- und Verkauf bezüglicher Materialien und Produkte. Und es gehört endlich und namentlich hieher auch jene ›Uebersetzung‹ des Handwerks, die einerseits mit der üblen Lage vieler Arbeiter auf dem Lande, andererseits aber auch mit manchen Mängeln der Gesetzgebung zusammenhängt, insofern z. B. schlechte Gesindeordnungen und Mangel an Koalitionsfreiheit die Leute vom Lande in die Städte treiben, und innerhalb dieser gerade die Thätigkeiten im Handwerk und in der Hausindustrie vielfach vorgezogen werden, da sie nach den jetzt geltenden Bestimmungen weniger als z. B. der Fabrikbetrieb unter gesetzlichen Schranken und Versicherungslasten zu leiden haben.

Sind das Ursachen allgemeiner Verlegenheiten für das Hand-

werk, so haben sich noch bedrohlicher allerdings daneben manche
e i n z e l n e Momente gestaltet, die bald dieses bald jenes Handwerk besonders treffen. Und dahin gehören — abgesehen natürlich von der allein s t a t i s t i s c h wichtigen Thatsache, dass manches Gewerbe, wie z. B. das der Glaser nur a n s c h e i n e n d bedroht ist (da die bezüglichen Thätigkeiten inzwischen anderen Handwerken zugefallen sind), insbesondere zwei Kategorien von Erscheinungen, einerseits nämlich solche, die sich auf P r o d u k t i o n s- und
andererseits solche, die sich auf K o n s u m t i o n sverhältnisse beziehen.

Zu e r s t e r e n ist dann freilich nicht allein die Ueberlegenheit
maschinellen Betriebs in der Fabrik, sondern auch eine Reihe
anderer Vorzüge des G r o s s betriebs als solchen, z. B. in Kreditge-
schäften oder bei dem Ankauf von Rohmaterialien, der Gewinnung
billiger Arbeitskräfte, dem Absatz hergestellter Fabrikate u. s. w.
zu rechnen. Aber nicht minder einflussreich kann — wie gerade
in der Neuzeit schon oft betont worden ist — jenes Andere sein,
was sich auf die K o n s u m t i o n bezieht. Und es ist wohl keine
Uebertreibung, wenn man sagt, dass gerade Wandelungen des B e-
d a r f s heute dem Handwerk ganz besonders gefährlich geworden
sind. Man hat hiebei auch nicht allein an den Rückgang solcher einzelner Gewerbe wie der Drechslerei, Kürschnerei oder Perrücken-
macherei infolge v e r ä n d e r t e r M o d e, oder an die Bedrohung
anderer wie der Seiler, Böttcher, Zimmerleute etc. infolge der heute
bevorzugten Verwendung früher fast unbenutzt gebliebenen Materials
an Stelle von Hanf, Holz etc. zu denken. Nein — wie namentlich
Bücher ausgeführt hat — schon die aus dem Wachstum der Städte
und der Demokratisierung der Gesellschaft sich ergebende B e d a r f s-
u n i f i z i e r u n g und B e d a r f s k o n z e n t r i e r u n g an sich —
sie sind es gewesen, die jenem mehr individuellen Bedürfnissen
dienenden Handwerk insbesondere an grossen Orten viel Schaden
gethan haben und offenbar auch immer mehr thun werden.

Danach läge es nun freilich nahe, hier, wo gerade von der
Entwicklung und Gefährdung e i n z e l n e r Handwerke die Rede
sein soll, die letzteren von vorn herein d a n a c h zu gliedern, ob
und wie weit diese oder jene einzelnen Momente bei ihnen Ur-
sache der Gefährdung gewesen sind.

Indessen soll dieser Weg hier n i c h t gewählt werden. Denn
einmal sind manche der soeben berührten Ursachen den einzelnen
Handwerken gegenüber nicht leicht zu erkennen. Sodann und

namentlich aber sind dem einzelnen Handwerk gegenüber nicht selten m e h r e r e jener Ursachen zugleich von Bedeutung gewesen, ohne dass sich der Einfluss derselben so erfassen liesse, wie es bei einer Disposition jener Art erforderlich sein würde.

Es musste deshalb vorgezogen werden, von einer Gliederung nach den einzelnen Ursachen des Fortgangs oder der Gefährdung abzusehen. Und es ist statt dessen der Versuch gemacht, die Handwerke danach zu klassifizieren, ob sie unter dem G e s a m t-einfluss der in Betracht zu ziehenden Momente v o r z u g s w e i s e bedroht sind, oder im Gegenteil im Allgemeinen etwa g l e i c h m ä s-s i g fortzuschreiten scheinen, oder endlich sich insbesondere unter dem Einfluss ö r t l i c h e r Momente sehr verschieden entwickeln.

Und zwar erschienen hienach als vorzugsweise b e d r o h t von den hier in Rede stehenden Handwerken namentlich jene, die in ihrem Wachstum hinter dem der Bevölkerung z u r ü c k g e-b l i e b e n oder demselben doch nicht wesentlich vorangekommen sind, wie namentlich die der Schuhmacher, Zimmerleute, Stell-macher, Böttcher, Drechsler, Gerber, Kürschner, Seiler u. s. w. Da-gegen sind zur z w e i t e n Kategorie jene Gewerbe gerechnet, die namentlich durch den steigenden allgemeinen Wohlstand begünstigt, das Wachstum der Bevölkerung mehr oder minder zu ü b e r f l ü-g e l n tendieren wie die der Bäcker, Fleischer, Stubenmaler, Stuk-kateure, Tapezierer, Uhrmacher, Barbiere und Friseure u. s. w. Und endlich erschienen als der d r i t t e n Abteilung angehörig vorzugs-weise jene Handwerke, die im Durchschnitt ebenfalls ein r a-s c h e r e s Wachstum als die Bevölkerung zeigen, die aber z. B. wegen verschiedener Gestaltung der allgemeinen gewerblichen Entwickelung oder der städtischen Konzentration, oder wegen einer in dieser oder jener Richtung Platz greifenden besonderen indu-striellen Entwickelung der bezüglichen G e g e n d, sich von Ort zu Ort ganz besonders verschieden entfalteten. Dahin waren dann zu rechnen von g r ö s s e r e n Gewerben insbesondere die der Schnei-der, der Maurer, der Tischler, der Sattler und der Töpfer, und von den kleineren die der Posamentirer, der Hutmacher, der Hand-schuhmacher, der Gold- und Silberarbeiter, der Buchbinder u. s. w.

Uebrigens sei nochmals hervorgehoben, dass auf Grund des hier benutzten Materials und nach Massgabe der dem Herausgeber und Verfasser zu Gebote stehenden Zeit nur davon die Rede sein kann, bei e i n z e l n e n der diesen Kategorien angehörenden Gewerbe

ein wenig zu verweilen. Je mehr man sich mit diesen Dingen beschäftigt, desto mehr wird man erkennen, dass es einzelnen Handwerken gegenüber m o n o g r a p h i s c h e r B e h a n d l u n g bedarf, und der Art allgemeine Untersuchungen wie die hier gebotenen im Grunde nur als Einleitung zu solchen dienen können[1]).

II. V o r z u g s w e i s e b e d r ä n g t e H a n d w e r k e.

Gedenken wir dieser Gewerbe zunächst im Einzelnen, so sei
vorweg hervorgehoben, dass man, wie oben schon berührt ist, zu
diesen besonders Not leidenden Handwerken auch z. B. das der
G l a s e r gerechnet hat, dass es in Wahrheit aber anders steht.
Wenn die Zahl der Glaser in Preussens alten Provinzen z. B. zwischen
1849 und 1895 derart sank, dass sie

	1849	1875	1895
überhaupt betrug	6789	(6489)	7138
also auf je 100 000 Köpfe	42	(31)	27,

und wenn die bezüglichen Zahlen einen ähnlichen Rückgang auch
in fast allen einzelnen Bezirken zeigten, sodass man auf 100000
Köpfe z. B. berechnen kann[2]):

		1849	(1875)	1895	
für den Reg.-Bezirk	Gumbinnen	30	(24)	19	Glaser
» » »	Danzig	43	(31)	29	»
» » »	Magdeburg	48	(32)	27	»
» » »	Münster	80	(45)	5	»
» » »	Düsseldorf	62	(21)	6	»

so ist das weder veringertem Bedarfe noch der Bedrohung dieses
Gewerbes durch Fabriken oder andere Grossbetriebe, sondern vor
allem dem Umstande zuzuschreiben, dass unter dem Glasergewerbe
selber zeitlich und örtlich Verschiedenes v e r s t a n d e n worden
ist, und dass im Zusammenhang hiemit namentlich auch die Grenzen
gewechselt haben, die man bei statistischer Erfassung dieser Dinge

---

1) Solche monographische Behandlungen, zum Teil vortreffliche, liegen
ja auch bereits vor. Ihrer soll im Folgenden gedacht werden.

2) Vgl. unter den Anlagen im Anhang Tabelle III. Weshalb die Zahlen für
1875 hier eingeklammert erscheinen, ist Seite 8 gesagt. Als Stütze haben im
Folgenden namentlich die sehr zahlreichen Darstellungen einzelner Gewerbe ge-
dient, die sich, wie bemerkt, in den Schriften des Vereins für Sozialpolitik befinden. Die beste Orientierung über die bezüglichen Bände bietet das dort an-
gefügte Register. Hier sind deshalb bez. Citate nicht fortlaufend gegeben.

z. B. zwischen den Glasern einerseits und dem Schreiner- oder Tischlerhandwerk andererseits beachtet hat[1]). Die Frage, ob man die Einzelnen dem einen oder anderen Gewerbe zurechnen sollte, wurde nicht nur von Provinz zu Provinz sondern auch innerhalb solcher oft von Stadt zu Stadt je nach der Grösse des Orts und den herkömmlichen Verhältnissen ganz verschieden beantwortet. In neuester Zeit aber sind insbesondere in grossen Städten die Glaserarbeiten überdies vielfach noch von [grossen Bau geschäften als solchen übernommen, sodass nun dort — ähnlich wie von jeher in ganz kleinen Orten, wo man vom Glasergewerbe allein nicht zu leben vermochte — die Zahl der als Glaser Aufgezeichneten eine relativ kleine ist, und die uns hierüber zu Gebote stehenden Zahlen mehr als früher Zufallszahlen geworden sind, die am ehesten noch in ihrer Vereinigung mit der Zahl der Tischler oder Schreiner zu verwerten sind (vgl. unten Abschnitt III).

Anders steht es schon mit dem nach Ausweis der Statistik ebenfalls zurückgehenden Seilergewerbe. Wenn die Zahl der in diesem auf je 100 000 Köpfe der Bevölkerung Beschäftigten im Durchschnitt der alten Provinzen Preussens zwischen 1849 und 1895 von 41 auf 22 herabging, so dürfte das vor allem dem oben schon berührten Umstand zuzuschreiben sein, dass ein weitgreifender thatsächlicher Wandel in den bezüglichen Bedarfs- und Produktionsverhältnissen Platz gegriffen hat, der Art, dass z. B. Drahtseile und eiserne Ketten das Tauwerk verdrängten, im Seilerhandwerk selbst die früher verarbeiteten Materialien in immer grösserem Umfang festeren und eben deshalb eher mit der Maschine zu behandelnden Stoffen wie Manila oder Alöe Platz gemacht haben u. s. w.[2]).

Danach ist es denn auch leicht erklärlich, dass sich dieses Handwerk am meisten noch in Gegenden wenig entwickelter Eisenindustrie und da zu erhalten vermochte, wo es vorzugsweise die

---

1) Weiteres a. a. O. (Schriften des Vereins für Sozialpolitik, Lage des Handwerks) insbes. Bd. III, V, VIII, IX.

2) Vgl. in den Schriften des Vereins für Sozialpolitik a. a. O. insbesondere Bd. II p. 179 ff., Bd. IV p. 223 und Bd. IX p. 272 u. 342 ff., auch Mendelson a. a. O. p. 21 ff. und bezüglich der hier gegebenen Zahlen die Tafel IV im Anhang. Im Jahre 1822 war die Zahl der Seiler relativ etwa gleich gross wie 1849 gewesen, nämlich 39,4 auf 100 000 Köpfe (nach den Rechnungen von Neumann auf Grund des oben schon erwähnten handschriftl. Materials).

70

mehr stabilen Bedürfnisse der Landwirtschaft zu befriedigen galt.
Relativ w e n i g sank nach Tabelle IV die Zahl der in der
Seilerei Beschäftigten im Osten, so dass auf je 100 000 Köpfe über-
haupt dort 1849 und 1895 beschäftigt waren z. B. in den Bezirken

Gumbinnen 26 resp. 20,   Köslin   22 resp. 16,
Marienwerder 28 » 16,   Stralsund 55 » 44,

dagegen besonders s t a r k z. B. in den Bezirken

Magdeburg von 66 auf 24,   Düsseldorf von 31 auf 13,
Merseburg » 101 » 35,   Berlin » 25 » 8,

und im Bezirk Arnsberg sogar von 46 auf 9 (!)

Dass alles das übrigens zum Teil auch mit einem Uebergang
zu grösseren Betrieben in Zusammenhang stand, wird dadurch bestätigt, dass namentlich wieder der Westen auch einen besonders
starken Wandel im Verhältnis zwischen der Zahl der A b h ä n g i -
g e n und der U n t e r n e h m e r zeigte.

Auf je 100 Selbständige des Seilergewerbes fielen im D u r c h -
s c h n i t t des preussischen Staates alten Bestandes im Jahre 1849:
73 und im Jahre 1895: 119 Gesellen, Lehrlinge, Arbeiter u. s. w.
Und im Osten verschob sich dieses Verhältnis sogar so wenig,
dass jene Zahl z. B. im Reg.-Bezirk Marienwerder nur von 82 auf
103, im Bezirk Köslin nur von 49 auf 66 und im Bezirk Frankfurt
sogar nur von 56 auf 64 in die Höhe ging, ja in den Bezirken
Königsberg und Gumbinnen sogar nicht unerheblich s a n k (von
102 auf 90 und von 112 auf 93)[1]). Dagegen griff im Westen eine
so starke Vermehrung der Abhängigen Platz, dass ihrer z. B. im
Reg.-Bezirk Minden auf je 100 Selbständige 1849 nur 170, dagegen
1895 schon 254 fielen und ähnlich

			1849	1895
im Reg.-Bezirk	Düsseldorf	83	176
»	»	Koblenz	55	154
»	»	Aachen	64	189
ja »	»	Köln sogar	458	2163[2]).

Damit in Zusammenhang stand denn auch, dass die Zahl der
S e l b s t ä n d i g e n im Seilergewerbe zwischen 1849 und 1895 in
Ostpreussen sogar noch stieg, während sie sonst allerdings fast

---

1) Die entgegengesetzte Entwicklung z. B. in den Bezirken von Danzig und
Stralsund, wo diese Zahlen von 192 auf 200 resp. von 87 auf 141 stiegen, hängt
natürlich mit der Entwicklung des dortigen Schiffbaus zusammen (vgl. unten).

2) Bezüglich Kölns vgl. Mendelson a. a. O. p. 23.

überall zurück ging, aber gerade das wieder besonders stark im Westen, so im Bezirk Köln von 50 auf 24, in Koblenz von 97 auf 48 u. s. w. [1]). — Aehnlich wie mit dem Rückgang des Seilergewerbes stand es nun aber auch mit dem der B ö t t c h e r. Auch da ist ein Wandel der Dinge nicht nur dem Uebergange zur Grossindustrie sondern namentlich auch gewissen Aenderungen in den bezüglichen B e- d a r f s- und F a b r i k a t i o n s verhältnissen zuzuschreiben. Im Zimmer wie in der Küche, in der Brennerei wie in den Vorrats- räumen der einzelnen Familie — überall ist was früher aus Holz ge- fertigtes Böttcher- oder Küblerwerk war, zum grossen Teil durch jene dauerhafteren, vielfach auch schöneren und namentlich aus sanitären Gründen nicht selten vorzuziehenden anderen Dinge ver- drängt, die man heute der M e t a l l- oder der T h o n -, G l a s -, P o r- z e l l a n industrie etc. 'zu danken hat. Auch wird an Eimern und Kübeln natürlich viel schon durch die modernen Wasserleitungen gespart. Und wie viel ist daneben noch dadurch entbehrlich ge- worden, dass man heute viel weniger als früher auf grosse Vor- räte im Hause Bedacht nimmt, dass man schon wegen der mehr wechselnden Ansprüche Manches je nach Bedarf rasch vom Händ- ler bezieht, was vorsichtige Leute früher im Speicher oder in der Kammer aufbewahrten u. s. w.

Dass in der That aber auch innerhalb der Böttcherei an Hand- arbeit mannigfach durch G r o s s betrieb erspart wird, ist nament- lich auf dem Gebiete der Fassfabrikation von Bedeutung [2]). Und

---

1) Weiteres in Tabelle IV. . Wie viele von jenen heute im Osten als »Seiler« Gezählten freilich vorzugsweise H ä n d l e r mit Seiler- und anderen Waren sein mögen, entzieht sich statistischer Erfassung. Dass der Grossbetrieb fortschreitet, zeigt auch ein Vergleich der Zahlen von 1882 und 1895, wonach sich ergiebt, dass innerhalb der Grenzen des Reichs im Seilergewerbe zwischen jenen Jahren die Zahl der Betriebe mit 1 Person von 4984 auf 3819 s a n k, während z. B. die Zahl jener mit über 50 Personen von 8 auf 16 stieg.

2) Litteratur vgl. a. a. O. namentlich Bd. II p. 1 ff., III 133 ff. (Voigt), und p. 365 ff., V p. 40 ff.; auch M e n d e l s o n a. a. O. p. 34 ff. Wie bei solcher Fabrikation der Fässer im Grossen die K o s t e n herabgedrückt werden, legt im Einzelnen V o i g t dar, indem er ausführt, dass z. B. in Karlsruhe ein Fass von ca. 1/2 hl ohne Material im Handwerk für 2,45 M., dagegen in der Grossindustrie für 1,10 M. hergestellt wird. Dass übrigens auch das Steigen der Holzpreise das Handwerk beeinträchtigt hat, zumal »in den königlichen Forsten (wegen der hohen Preise für Bauhölzer) B ö t t c h e r h o l z fast gar nicht mehr eingeschlagen wird«, zeigt z. B. B o l t e (a. a. O. Bd. IV p. 220).

eben damit mag es denn auch in Zusammenhang stehen, dass eine Minderung der Zahl der Erwerbsthätigen und insbesondere der »Selbständigen« unter diesen auch in der Böttcherei vorzugsweise wieder im W e s t e n Platz gegriffen hat[1]). Die Zahl der in diesem Gewerbe überhaupt Erwerbsthätigen stieg in den Jahren von 1822 bis 1849 und 1861 im Gebiete der acht alten Provinzen Preussens absolut von 14 370 auf 21 305 resp. 23 432, sank dann aber — soweit die Zahlen für 1875 zur Vergleichung ausreichen[2]) — bis dahin auf 20 887 und hat sich auch seit dieser Zeit mit vorübergehender kleiner Aufwärtsbewegung (1882) etwa auf dieser Höhe gehalten. Denn sie betrug z. B. 1895: 19 932. R e l a t i v aber ist sie seit 1849 fast stetig gesunken der Art, dass man auf 100 000 Köpfe 1822 noch 125 und 1849 sogar 131 Böttcher zählte, dagegen 1861 nur noch 128, 1875 und 1882 nur 102 resp. 104 und 1895 sogar nur 77. Doch war dieser Rückgang relativ g e r i n g wieder im Osten, so dass sich die bezüglichen Zahlen z. B. im Gumbinner Bezirk auf 71 (1849) und 62 (1895) stellten, und ähnlich in denselben Jahren

im Bezirk	Marienwerder auf		83 resp.		66,
»	»	Bromberg	»	76 »	58,
»	»	Stettin	»	143 »	133,
»	»	Oppeln	»	75 »	70 u. s. w.,

während besonders stark diese Zahlen namentlich in Sachsen und in den Hauptsitzen preussischer Grossindustrie, in Westfalen und am Rhein sanken, so z. B. im Bezirk

Magdeburg von 209 auf 97,	Köln	von 205 auf 100,
Merseburg » 185 » 96,	Düsseldorf	» 158 » 64,
Erfurt » 231 » 127,	Koblenz	» 259 » 115,
Münster » 205 » 78,	Aachen	» 111 » 42.

Ja, im Reg.-Bezirk T r i e r sank die Zahl der in der Böttcherei überhaupt Erwerbsthätigen sogar fast auf $^1/_4$, nämlich von 161 auf 45 pro 100 000 Köpfe. Gerade in diesen, viel F ä s s e r beanspruchenden Gegenden zeigte sich aber auch natürlich ganz besonders jener Einfluss zunehmenden Grossbetriebs, während im Osten auch diese Dinge offenbar von geringerer Bedeutung waren. Allerdings boten sich auch dort, vielleicht wegen verschiedener Entwicklung

---

1) Vgl. im Anhang Tabelle V u. VI.
2) Vgl. oben S. 7 ff.

der Branntwein produktion, manche Gegensätze. So nahm
z. B. in Westpreussen und in dem benachbarten Reg.-Bezirk Bromberg die Zahl der Abhängigen im Verhältnis zu der der Meister
viel mehr zu als in Ostpreussen. Im Bezirke Gumbinnen z. B.
zählte man auf je 100 Selbständige 1849: 54 und 1895: 65 Abhängige,
und ähnlich gering war die Wandlung im Königsberger Bezirke
(von 67 auf 108) und im Posener (von 52 auf 74). Dagegen stiegen
diese Zahlen z. B. im Bezirk Danzig in gleicher Zeit von 64 auf 189,
in dem von Marienwerder sogar von 39 auf 105 resp. im Bromberger
von 38 auf 152. Noch viel durchschlagender aber waren die gleichzeitigen Aenderungen in Berlin und den meisten westlichen Bezirken. Dann auf je 100 selbständige Böttcher zählte man z. B.
im Arnsberger Bezirke 1849 nur 41 Abhängige, dagegen 1895 schon
315, und in ähnlicher Entwicklung im Bezirke

	1849	1895		1849	1895
Düsseldorf	36	213,	Trier	18	112
Köln	37	331,	Aachen	18	112
Koblenz	19	161,	Berlin	165	347.

Wie sehr sich dabei das Verhältnis zwischen kleinen und sehr
grossen Betrieben gerade noch in neuester Zeit verschoben hat,
zeigt auch die allgemeine Betriebsstatistik von 1882 und 1895, wonach
im Reiche z. B. Böttchereibetriebe mit 1 Person 1882: 21920
dagegen 1895 nur 15821, andrerseits aber Betriebe z. B. mit 6—10
Personen 1882 148 und 1895: 345, und solche mit über 50 Personen 1882: 6 dagegen 1895: 21 gezählt wurden. —
  Immerhin ist bei der Böttcherei der Grossbetrieb aus den
schon berührten Gründen noch keineswegs so vorgeschritten, wie
bei einem anderen der hieher gehörigen Gewerbe, der Gerberei.
Denn während dort, wie bemerkt, fast allein die Fassfabrikation
dem maschinellen Betrieb den Vorzug gibt, scheint in der Gerberei
das Handwerk alter Art überhaupt und zwar aus mehreren Gründen
zugleich bedroht. Nicht nur die Spalt- und manche andere Maschinen machen ihm Konkurrenz, sondern auch gewisse nur im
Grossen mit gutem Erfolg durchzuführende chemische Pro-
zesse, und daneben natürlich noch alle solche Dinge, die wie
besserer Einkauf der zu verarbeitenden und zu benützenden Materialien, erfolgreicherer Absatz der gewonnenen Waren bei mehr
kaufmännischem Betriebe u. s. w. dem Grossbetriebe, wie schon

bemerkt, überhaupt in hohem Maass zu Gute kommen können [1]).

So sehen wir denn gerade in der G e r b e r e i den Kreis der Unternehmer im Verhältnis zu dem der Abhängigen sich in besonders starkem Maasse verringern [2]).

Die Zahl der in diesem Berufe Erwerbsthätigen überhaupt stieg in Preussens alten Provinzen [3]) von 1822 bis 1849 und 1895 zwar noch absolut von 8937 auf 13881 resp. 16174, sank aber r e l a t i v der Art, dass auf je 100000 Köpfe der Bevölkerung 1822 noch 78 und 1849 sogar 85 Personen Beschäftigung hatten, dagegen 1895 nur noch 62. Doch waren bei d i e s e m Rückgange, was besonders bemerkenswert ist, vorzugsweise ö s t l i c h e und ländliche Bezirke beteiligt, während manche auch auf dem Ge-biete maschinellen Betriebes sich im Allgemeinen mehr entwickelnde w e s t l i c h e wie z. B. Arnsberg, Düsseldorf, Aachen, Trier und Ko-blenz, desgleichen im Osten Berlin nebst solchen benachbarten Be-zirken wie Potsdam, Frankfurt, Breslau, Liegnitz, Bromberg etc. sogar noch eine Zunahme in der Zahl der beschäftigten Personen zeigten.

Es s a n k e n die bezüglichen Zahlen nämlich absolut zwischen 1849 und 1895 z. B. in den Bezirken Merseburg und Münster von 780 auf 553, resp. von 319 auf 245. Sie sanken namentlich aber auch von 1822 resp. 1849 ab bis 1895 in den Bezirken

Königsberg	von 467 resp.	453 auf	323,
Gumbinnen	» 430 »	584 »	267,
Danzig	» 130 »	150 »	72,
Marienwerder	» 198 »	181 »	96,
Posen	» 260 »	316 »	142,
Stettin	» 205 »	265 »	121,
Stralsund	» 58 »	89 »	81,
Oppeln	» 415 »	533 »	328.

Dagegen s t i e g e n jene Zahlen absolut und relativ z. B. in denselben Jahren im Reg.-Bezirk Frankfurt von 394 resp. 572 auf

---

1) Treffliche speziellere Darlegungen dieser Dinge wieder namentlich in den Schriften des Vereins für Sozialpolitik, insbesondere z. B. a. a. O. Bd. II S. 170 ff. und 507 ff., Bd. III S. 222 ff., Bd. IV S. 2 ff. und 247 ff., Bd. V S. 391 ff. und 451 ff. und Bd. VI S. 391 ff. und 408 ff. etc.

2) Vgl. Anhang, Tabelle VII und bezüglich 1822 oben S. 4, Anm. 2.

3) Soweit ein Vergleich thunlich, vgl. Bemerkungen im Anhang Nr. 15.

872 (d. h. für 100000 Köpfe von 63 resp. 67 auf 76), Liegnitz von 471 resp. 630 auf 834 (Relativzahlen 60 resp. 68 und 78).

Sie stiegen auch, ebenfalls absolut, bei ungefährem G l e i c h - bleiben der bezüglichen Relativzahlen wenigstens für 1849 und 1895, in den Bezirken

Düsseldorf v. 434 resp. 903 auf 2119 (Relativzahlen 70 resp. 100 u. 98),

Koblenz   » 541 » 736 » 935 (»   143 » 146 » 144).

Und sie stiegen wenigstens absolut, wenn auch mit S i n k e n der Relativzahl, seit 1849 namentlich noch in

B e r l i n v. 293 resp. 689 auf 1582 (Relativzahlen 152 resp. 163 u. 98), sowie im Bezirk

Potsdam v. 396 resp. 577 auf 913 (Relativzahlen 69 resp. 68 u.   55),

Breslau » 636 »   857 » 937 (»   74 »   73 »   58),

Trier   » 356 »   805 » 973 (»   109 » 164 » 128).

Dass eben das aber mit dem in diesen Gebieten sich vorzugsweise vollziehenden Uebergang zu grösseren Betrieben zusammenhängt, zeigen deutlich die Zahlen über den gleichzeitigen Wandel im Verhältnis zwischen Selbständigen und Abhängigen.

Im ganzen Staate (alten Umfangs) sank die Zahl der U n t e r - n e h m e r zwischen 1822 und 1895 recht erheblich, von 5312 resp. im Jahr 1849: 5748 auf 2649, d. h. von 46 resp. im Jahre 1849: 35 auf 10 für 100000 Köpfe, während die der Abhängigen gleichzeitig s t i e g : absolut von 3625 resp. 8133 auf 13525, und relativ von 32 resp. 50 auf 52. Schon hienach ergibt sich nun aber, dass im D u r c h s c h n i t t jenes Gebietes das V e r h ä l t n i s zwischen der Zahl der Selbständigen und der Abhängigen inzwischen ein ganz und gar anderes geworden war.

Auf je 100 der Ersteren fielen von Letzteren im Staate alten Umfangs 1822 nur 68, auch 1849 nur 142, dagegen 1895 schon 511. Eben das aber hat sich nun von Bezirk zu Bezirk sehr verschieden gestaltet, je nachdem es mit den Gerbern überhaupt vorwärts oder abwärts ging. Wo wie in den Bezirken Gumbinnen, Danzig, Marienwerder, Stettin, Oppeln, Merseburg und Münster das L e t z t e r e zutraf — da wuchs auch die Zahl der Abhängigen im Verhältnis zu der der Selbständigen nur wenig: statt auf das 7—8fache seit 1822 und das 3—4fache seit 1849, wie im Durchschnitt der Monarchie, stiegen die bezüglichen Relativzahlen auf je 100 Selbständige berechnet z. B. im Reg.-Bezirk Königsberg nur von 59 (1822) resp. 84 (1849) auf 191 (1895), im Reg.-Bezirk Gumbinnen von 66 resp. 98 auf 184, und ähnlich

»	»	»	Danzig	»	87	»	163	»	300,	
»	»	»	Stettin	»	64	»	89	»	175, ja	
»	»	»	Münster	»	69	»	198	»	260 u. s. w.	

Dagegen zeigten ein besonders starkes Wachstum auch in dieser Beziehung jene Bezirke mit blühender Gerberei; denn in diesen steigerte sich die Zahl der Abhängigen (auf je 100 Selbständige) z. B. in Düsseldorf von 96 resp. 202 auf 909, in Koblenz von 77 resp. 110 auf 411, in Potsdam von 89 resp. 138 auf 576, in Frankfurt von 65 resp. 96 auf 377, in Oppeln von 35 resp. 117 auf 507, in Liegnitz von 47 resp. 80 auf 542, und in Bromberg sogar von 59 resp. von 78 auf 1190,0, also allein seit 1849 auf das 15fache.

In welchem Maasse sich diese Tendenz zu Grossbetrieb übrigens auch in der Gegenwart noch Bahn bricht, erweist am besten wieder ein Vergleich der Ergebnisse der Berufsstatistik von 1882 und 1895, wonach die Zahlen der Betriebe mit 1 Person im Reiche während dieser Zeit von 3190 auf 2201 sank, dagegen die der Betriebe z. B. mit 6—10 Personen von 421 auf 610, und jene die Betriebe mit mehr als 50 Personen von 71 auf 107 stieg.

Wie sehr bei alledem der Umfang der Produktion gestiegen ist, erweist die Thatsache, dass bei allerdings ebenfalls gestiegenem Export deutscher Häute, die Zufuhr ausländischer Ware dieser Art nach Deutschland so in die Höhe ging, dass z. B. über Hamburg allein an schweren Wildhäuten jährlich 1860 nur etwa 270000 Stück importiert wurden, dagegen 1893 drei bis vier Millionen (Junghaus, Schr. d. V. f. Sozialpolitik, a. a. O. Bd. V p. 473). —

In mancher Beziehung ähnlich wie in der Gerberei haben sich die Dinge aber auch in einem anderen, im allgemeinen als sinkend bezeichneten Gewerbe, nämlich in der Drechslerei gestaltet. Auch die Zahl der in dieser Beschäftigten ist im Verhältnis zur Bevölkerung im grossen Durchschnitt von Preussens alten Provinzen nicht gestiegen. Denn auf je 100000 Köpfe der Bevölkerung zählte man, wenn sowohl die mit Verfertigung von Spielwaren aus Holz und Horn etc., als auch die mit Herstellung anderer Dreh- und Schnitzwaren Beschäftigten hinzugezählt werden, 1895 wie 1849 nur etwa 74 überhaupt thätige Personen [1]). Und diese Stagnation

---

1) Die Zählung von 1822 konnte leider nicht benützt werden, da man da-

wird man ähnlich wie bei der Böttcherei zwei verschiedenen Arten
von Ursachen zuzuschreiben haben, einerseits manchen Aenderungen
in den allgemeinen Bedarfs- und Produktionsverhältnissen und andererseits der weiteren Verbreitung des Gross- und Maschinenbe-
triebs.

Vieles, was man früher an Holz- und Hornwaren bedurfte,
wie Spinn- und Spulräder, Tabakspfeifen etc., ist
zum grossen Teil entbehrlich geworden, und manches Andere wie
Küchengeschirr, Haus- und Gartenmöbel, Treppengeländer,
manche Art der Zimmerverzierung u. s. w. ist heute nicht mehr
Produkt der Drechslerei im früheren Sinne, sondern eher Objekt der
Metall-, Glas-, Thon- und Porzellanindustrie geworden. Aber sicherlich ist zugleich von Einfluss gewesen, dass auch in der Drechslerei
selber die einfache Handarbeit vielfach durch Grossbetrieb mit
Maschinen verdrängt ist. Nur ist zu beachten, dass gerade hiedurch jenes Gewerbe offenbar auch vielfach gestützt und erhalten
worden ist. Und eben das scheint auch der Grund zu sein, aus
welchem die Zahl der in diesem Gewerbe überhaupt beschäftigten Personen am meisten in jenen nordöstlichen Gebieten
zurückging, wo es zu solcher Stütze weniger gekommen ist.

Auf je 100000 Köpfe der Bevölkerung gab es, wie bemerkt,
für den Durchschnitt des alten Staates im Jahr 1895 ebenso wie
1849 etwa 74 in der Drechslerei überhaupt Beschäftigte[1]). Aber
im Osten sank ihre Zahl der Art, dass man z. B. in manchen Bezirken von Ost- und Westpreussen im Jahre 1895 im Verhältnis
zur Bevölkerung kaum noch die Hälfte der früher dort thätigen
Drechsler fand. Auf je 100000 Köpfe z. B. zählte man

	im Reg.-Bezirk Gumbinnen	1849 noch 49,	1895 nur 22,
und » »	»	Marienwerder	»	» 28,	»	» 12,
ähnlich » »	»	Bromberg	»	» 28,	»	» 19,
» »	»	Köslin	»	» 70,	»	» 43,
und » »	»	Stralsund	»	» 56,	»	» 26.

Ja, selbst in manchen mehr städtischen Bezirken des Nord-
ostens stand es, trotz der diesen Bezirken zum Teil eigentümlichen
Bernsteinindustrie nicht viel anders. Gingen doch z. B. im Königs-

---

mals nur die Meister ermittelte. Die Zahl dieser stand der von 1849 relativ
(im Verhältnis zur Bevölkerung) etwa gleich, sie betrug 39 resp. 41 (vgl. unten).

1) Zum Folgenden vgl. Tabelle VIII in der Anlage und die Bemerkungen hiezu im Anhang Nr. 9, auch S. 4, Anm. 2.

b e r g e r Bezirk, trotz der Verbreitung der Heiligenbeiler Produkte diese Relativzahlen von 57 auf 40 zurück, im Danziger von 55 auf 46, und im Stettiner sogar von 67 auf 47.

Dagegen zeigten sich S t e i g e r u n g e n nicht nur in Berlin, sondern auch in allen andern Bezirken der Mark und der Provinz Schlesien, ja selbst in einigen westlichen Gebieten. Denn man zählte z. B. in Berlin auf je 100000 Köpfe im Jahre 1849: 235 in der Drechslerei (in jenem Sinne) Beschäftigte und 1895: 266,

im Bezirk Potsdam 1849: 54 und 1895: 95,

» » Frankfurt » 57 » » 64.

Ja, in Schlesien stiegen diese Zahlen sogar der Art, dass sie sich stellten im Bezirk Breslau auf 47 resp. 110,

und » » Liegnitz » 53 » 105,

während allerdings ein geringeres Steigen resp. eine mehr stationäre Gestaltung sich in jenen westlicheren Gebieten Magdeburg, Köln und Koblenz zeigte, wo sich diese Zahlen nur von 65 auf 77, resp. von 69 auf 79 und von 65 auf 67 hoben.

Andererseits zeigten einen sehr starken Rückgang freilich neben jenen nordöstlichen Gebieten auch, wie leicht erklärlich, die Gebiete westlicher E i s e n industrie, wo an die Stelle der alten »Drechsler« jene Eisendreher und andere Metall verarbeitende Personen traten, von denen hier, wie oben gezeigt, abgesehen werden musste (vgl. S. 10). So sanken die hier in Rede stehenden Zahlen z. B. in den Bezirken

Düsseldorf von 198 auf 97, Münster von 129 auf 64, Minden » 92 » 43, Arnsberg » 247 » 55 (!).

Jener Zusammenhang dieser Dinge mit der Entwickelung der Grossindustrie tritt aber noch deutlicher hervor, wenn wir nunmehr wieder direkt die Gestaltung des Verhältnisses zwischen der Zahl der Abhängigen und der Unternehmer zu einander und zur Grösse der Bevölkerung betrachten.

Hienach könnte es sich freilich — was zunächst das Verhältniss zur Grösse der Bevölkerung bei den S e l b s t ä n d i g e n betrifft — um auffällig stationäre Dinge zu handeln scheinen. Denn in den 27 Jahren zwischen 1822 und 1849 z. B. war die Zahl der Drechslermeister im Durchschnitt der Monarchie fast ganz dieselbe geblieben, hatte sich nur von 39 auf 41 für je 100000 Köpfe gesteigert. Und auch innerhalb der einzelnen Bezirke hatte sich bis dahin im Allgemeinen keine starke Verschiebung gezeigt, nur dass im Nord-Osten sowie im Arnsberger und den ihm benachbarten Bezirken schon damals die Zahl der Unternehmer aus den berührten Gründen sank, während sie in Schlesien, namentlich aber in Sachsen und in der Rheinprovinz d a m a l s sich noch in hohem Maasse steigerte[1]. Jetzt begann ein Herabsinken z. B. 1861 auf 35, 1882 auf 32 und 1895 auf 22. Aber auch das vollzog sich von Bezirk zu Bezirk noch mit auffälliger Gleichmässigkeit, nur dass allerdings jene oben berührten Gebiete, einerseits der Nordosten und andererseits der eisenindustrielle Westen — dieser freilich jetzt schon in viel grösserem Umfange — auch in der Zahl der Selbständigen ganz besonders bedroht erschien. So betrug auf je 100 000 Köpfe der Bevölkerung die Zahl der Drechslermeister z. B.

	im Bezirk Marienwerder	im Bezirk Bromberg
1822:	29	33
1849:	22	22
1861:	18	19
1882:	11	11
und 1895:	8	8

und in ähnlicher Weise sanken die Relativzahlen wenigstens zwischen 1849 und 1865 stark auch im Westen, z. B.

im Bezirk Münster	von 97 auf 34,
» » Arnsberg	» 78 » 21,
» » Minden	» 78 » 16,
» » Düsseldorf	» 56 » 34,
» » Köln	» 46 » 20,
» » Koblenz	» 54 » 18,
» » Trier	» 36 » 15 u. s. w.,

während eine viel grössere Gleichmässigkeit die mittleren Provinzen zeigten, wo diese Relativzahlen sich in derselben Zeit z. B.

---

1) Die Relativzahlen auf je 100 000 Einwohner berechnet, betrugen z. B. in den Bezirken:

	1822	1849	dagegen in	1822	1849
Königsberg	43	35	Oppeln	4	13
Gumbinnen	44	32	Merseburg	36	43
Danzig	49	29	Erfurt	54	63
Marienwerder	29	22	Münster	82	97
Bromberg	32	22	Köln	21	46
Potsdam	49	37	Düsseldorf	33	56
ebenso			Koblenz	35	54
Arnsberg	89	78	Aachen	19	29 etc.

in Berlin nur von 79 auf 59, | im Bezirk Breslau von 30 auf 25,
im Bezirk Potsdam » 37 » 26, | » » Oppeln » 13 » 9,
» » Frankfurt » 35 » 21, | » » Liegnitz » 40 » 30,
und im Bezirk Erfurt von 63 auf 45 verringerten.

Aber die Basis dieser relativ günstigeren Gestaltung scheint dort eben jener Uebergang zu grösseren Betrieben gewesen zu sein, der sich im Nordosten weniger Bahn gebrochen hat, wie noch deutlicher ersichtlich wird, wenn wir nunmehr die Entwicklung des Verhältnisses zwischen Zahl der Unternehmer und der Gesellen, und Lehrlinge etc. im Drechslergewerbe unmittelbar verfolgen.

Auch da begegnet uns freilich wieder zunächst eine anscheinend schwer zu erklärende Erscheinung, dass diese Dinge sich nämlich in den nordöstlichsten industrieärmsten Gebieten einerseits und den westlichen industriereichsten Gebieten andrerseits besonders gleichartig gestaltet zu haben scheinen. Denn auf je 100 Selbständige berechnet, ging die Zahl der Abhängigen im Drechslergewerbe gerade in diesen beiden Gebieten nur wenig in die Höhe, ja zum Teil sogar herab, letzteres z. B. ebenso im Bezirk Gumbinnen (von 52 auf 50) wie in den Bezirken Arnsberg und Düsseldorf (von 218 auf 158, resp. von 253 auf 158). Diese Dinge werden aber leichter verständlich, wenn man eben beachtet, dass hier und dort ganz verschiedene Ursachen wirksam waren, im Westen, wie bemerkt, die inzwischen immer mehr in den Vordergrund getretene Eisenindustrie, die hier ausser Betracht bleiben musste, im Osten die geringere Entfaltung der Industrie überhaupt. Und danach ist leicht erklärlich auch, dass in denjenigen östlichen Bezirken, welche sich zwar grosser Städte, aber weniger einer entwickelten Eisenindustrie erfreuen, die Relativzahl der Abhängigen sich auch bei den Drechslern mehr als in andern Bezirken steigerte, so dass deren auf je 100 Selbständige gezählt wurden z. B.

			1849	1895
im Reg.-Bezirk	Gumbinnen	nur 53	50
»	»	Marienwerder	» 29	55
»	»	Stralsund	» 39	75,
dagegen			1849	1895
im Reg.-Bezirk	Königsberg	62	134
»	»	Danzig	91	202
»	»	Stettin	42	134
»	»	Posen	47	135,

während aus den schon berührten Gründen diese Zahlen sich natürlich ganz besonders steigerten z. B. in den Bezirken

Breslau von 56 auf 344,
Oppeln » 28 » 152,
Liegnitz » 35 » 252,

und ähnlich auch in den Bezirken

Magdeburg von 72 auf 270,
Merseburg » 50 » 283,
Erfurt » 38 » 195,

für den ganzen Staat alten Gebiets aber im Durchschnitt 79 (1849) und 229 (1895) betrugen. —

Wenden wir uns schliesslich aber, da hier wie gesagt nicht auf alle Gewerbe eingegangen werden soll, noch zu den in dieser Kategorie besonders wichtigen der S c h u h m a c h e r und der Z i m m e r l e u t e, so nimmt das erstere unser besonderes Interesse schon deshalb in Anspruch, weil es nicht nur unter allen hier in Betracht zu ziehenden Handwerken die grösste Zahl Erwerbsthätiger aufweist, sondern auch ganz besonders von z w e i Feinden bedroht erscheint, die jedenfalls zu den gefährlichsten des Handwerks im alten Sinne gehören, von der Maschine und dem Verleger[1]).

Was sich daneben dem Handwerk sonst schädlich erwiesen, wie z. B. gewisse Veränderungen des Bedarfs und Geschmacks und die fortschreitende Konzentration der Bevölkerung in grosse Orte, das fällt dem Schuhmachergewerbe gegenüber viel weniger ins Gewicht.

Vorzugsweise wohl der Einfluss der M a s c h i n e erklärt es, dass man bereits seit den fünfziger Jahren in der Zahl der jenem Gewerbe Angehörigen nicht mehr wie früher einen Spiegel des Wohlstandes oder der städtischen Entwicklung sehen durfte[2]). Bis zur

---

1) Ueber diese Bedrohung an einzelnen Orten vgl. ausser F r e i w a l d : Lage der Schuhmachergehilfen, Gotha 1890, namentlich wieder die Schriften des genannten Vereins, insbesondere z. B. a. a. O. Bd. I p. 1 ff., p. 37 ff. und 53 ff., dann Bd. II p. 169 ff. (Geissenberger über Leipzig), Bd. IV p. 23 ff. (Canter über Breslau) und 211 ff. (Bolte über Nakel), Bd. VI p. 699 ff. (B ü c h e r) — daneben auch Moritz S c h ö n e : Entwicklung des Schuhmachergewerbes, Jena 1888 ; E. F r a n k e , Schuhmacherei in Bayern und Die Hausindustrie in der Schuhmacherei, 1893, und S t e i n : Schuhmacher- und Schneidergewerbe. Frankf. 1897.

2) Auf gewisse Reserven, die auch für die Zeiten vorher in dieser Beziehung bereits notwendig wären, verwies a. a. O. (Bevölkerung d. preuss. Staats 1839) schon

Mitte des neunzehnten Jahrhunderts war im Durchschnitt Preussens
die Zahl der als Schuhmacher überhaupt Beschäftigten relativ wie
absolut noch immer gestiegen, so dass ihrer z. B. gezählt wurden
1822: 84 700 d. h. auf 10 000 Köpfe: 74,
1837: 113 324 » » » » 77
und 1849: 136 610 » » » » 84 ¹).

Ja, es vollzog sich solche Steigerung in auffälliger Uebereinstimmung in allen einzelnen Regierungsbezirken — ausgenommen
allein, wie ja leicht erklärlich, in Neuvorpommern ²) und in jenen
beiden östlichen Bezirken Preussens, die infolge vielfachen Durchzugs und Aufenthalts fouragierender und plündernder Truppen zu
Anfang des Jahrhunderts sehr viel mehr noch gelitten hatten, als
die Monarchie im Uebrigen, weshalb in ihnen auch noch nach
den zwanziger Jahren die Zahl der Handwerker überhaupt eine besonders geringe blieb ³). Seit der Mitte des Jahrhunderts aber trat nun
auch in diesen Dingen ein Wechsel ein. Es begann jetzt jenes
allgemeine Sinken der auf das Schuhmachergewerbe bezüglichen
Relativzahlen, das darin gipfelt, dass im Durchschnitt desselben
Gebiets an Schuhmachern überhaupt thätig waren
1861 auf 10 000 Köpfe: 83,
1875 » » » 78,
1895 » » » 74,

Hoffmann, indem er darauf aufmerksam machte, wie verschieden wäre, was
sog. Schuhmacher an verschiedenen Orten leisteten. Im Osten — so führte er aus,
»gehe« von der Arbeitszeit der Schuhmacher mehr als im Westen »durch den
Jahrmarktsbesuch verloren«, und dieser dehne sich »in dem Masse« aus, worin
»die Armut der kleinstädtischen Schuhmacher zunimmt« u. s. w. Daneben möchte
auch zu beachten sein, dass in den ländlichen Gebieten des Ostens mehr
noch als im Westen das Schuhmachergewerbe von Ackerbauern, d. h. neben
mehr oder minder ausgedehnter ländlicher Wirtschaft betrieben wird. Nur so
möchten die relativ hohen Zahlen zu erklären sein, die früher eben der Osten
z. B. gegenüber der Rheinprovinz und Westfalen zeigte. Im Jahre 1822 z. B.
fielen auf je 10 000 Köpfe an Schuhmachern (Meister und Gesellen etc.) überhaupt z. B. im Reg.Bez. Königsberg 76, und im Reg.Bez. Danzig 75, dagegen
z. B. im Reg.Bez. Köln 71, im Reg.Bezirk Aachen und Münster 61, im Reg.Bez.
Trier 58 und im Reg.Bez. Minden 52, so dass letzterer Bezirk z. B. selbst hinter
Gumbinnen (mit 55) zurückstand.

1) Die Zahlen sind für 1837 Hoffmann a. a. O., für 1822 den Exzerpten
aus den Akten des kgl. statist. Bureau entnommen.
2) Vgl. oben S. 20.
3) Im Reg.Bez. Stralsund ging die Zahl der auf je 100 000 Köpfe der Be-

sodass man also 1895 in dieser Beziehung etwa zum Stande von
1822 wieder zurückgekehrt war.

Indessen vollzog sich diese Entwicklung doch nach Land-
schaften wieder recht verschieden, und zwar so, dass als wenig
bedroht jetzt in den Vordergrund traten namentlich jene Gebiete,
in welchen sich das Schuhmachergewerbe zu besonderer »E x p o r t -
i n d u s t r i e« entwickelte.

Heute stehen nach der Berufsstatistik von 1895 in d i e s e r Beziehung, wie ausserhalb Preussens die bayrische P f a l z, so innerhalb
des hier in Rede stehenden Gebiets namentlich eine Reihe s ä c h s i -
s c h e r und s c h l e s i s c h e r Orte obenan, in Sachsen z. B. wie bekannt Weissenfels, Naumburg und Merseburg, aber auch Mühlhausen,
Nordhausen und Erfurt, und in Schlesien einerseits Breslau, Brieg,
und Schweidnitz im Reg.-Bezirk Breslau, andererseits aber auch
Neisse, Neustadt und Oppeln in Oberschlesien. Hatte doch z. B.
der Kreis Weissenfels auf je 10 000 Einwohner 1895 : 2469 am Schuhmachergewerbe Beteiligte (mit Familien), Neustadt in Oberschlesien : 703, Erfurt 638, Brieg und Mühlhausen 432 resp. 427, Oppeln 363 u. s. w. (Statistik des deutschen Reiches Band 111
N. F. p. 420 ff.) Und danach ist es denn auch leicht erklärlich,
dass gerade diese fünf Reg.-Bezirke Breslau, Oppeln, Liegnitz, Erfurt und Merseburg heute bezüglich der Zahl der Schuhmacher
obenan stehen.

Während in den Jahren 1822 die grösste Zahl der Schuhmacher
(auf je 10 000 Köpfe) noch zu finden waren

        1) in Berlin ·   mit 133
        2) im Reg.-Bezirk Stralsund   » 105,
        3) »   »   Magdeburg « 97,
        4) »   »   Arnsberg » 88

und dann erst folgten

---

völkerung beschäftigten Schuhmacher zwischen 1822 und 1849 von 105 auf 102
zurück, und in den Regierungsbezirken Gumbinnen und Königsberg von 55 auf
51 resp. von 76 auf 66; überall sonst war Steigerung, z. B. im Reg.Bez. Danzig
von 75 auf 79, in dem von Marienwerder von 63 auf 70, im Bromberger und
Posener von 64 auf 66 resp. 77 etc., noch stärker freilich in dem schon damals
zu erfreulichem Wohlstand sich entwickelnden Westen, wo z. B. im Kölner Bezirk diese Zahlen damals von 71 auf 100 stiegen, in dem von Trier von 58
auf 82 etc.

5) der Bezirk Merseburg mit 85,
6) » » Erfurt » 84,
7) » » Potsdam » 84,
8) » » Breslau » 82 u. s. w.

— standen im Jahre 1895 allen anderen Bezirken voran:

1) der Reg.-Bezirk Erfurt mit 115,
2) » » Merseburg » 103,
3) » » Breslau » 99,

dann erst folgen

4) Berlin mit 92,
5) Aachen » 85,
6) Liegnitz » 84,
7) Magdeburg » 83 u. s. w. [1]).

Dagegen sind andererseits wieder besonders heruntergedrückt jene Gebiete, die den rechtzeitigen Anschluss an den Maschinenbetrieb vorzugsweise versäumten, wie Königsberg und Danzig, die unter 26 Bezirken früher (mit 75 und 76 auf je 10000 Köpfe) noch die 13. und 14. Stelle einnahmen, dagegen sich heute (mit 59 und 56) fast an letzter Stelle befinden.

Alles das wird aber noch deutlicher, wenn wir nunmehr auch auf diesen Gebieten wieder Abhängige und Selbständige einander gegenüberstellen. Dann sehen wir nämlich, dass gerade in den genannten Gebieten Schlesiens und Sachsens sowie daneben noch in Berlin und im Bezirk Düsseldorf auch die Gross betriebe ganz besonders entwickelt sind. Während im Nordosten die Zahl der auf je 100 Selbständige beschäftigten »Abhängigen«, obschon an sich nicht besonders gross, zwischen 1849 und 1895 noch vielfach zurückging und sich z. B.

im Bezirk Königsberg auf 67 resp. 56,
» » Gumbinnen » 81 » 69,
» » Danzig » 90 » 59,
» » Stettin » 67 » 50, ja

im Bezirk Stralsund auf 59 resp. 49 herausstellte[1]), lauteten die entsprechenden Ziffern für die Jahre 1822 resp. 1849, 1861 und 1895 z. B. in den Bezirken

---

1) Vgl. Anhang. Tab. IX.

Liegnitz	auf 43 resp.	48, 51	und 57,
Breslau	» 53 »	62, 68	» 78,
Magdeburg »	54 »	59, 64	» 72,
Merseburg »	53 »	57, 60	» 105,
ja in Erfurt	» 43 »	71, 78	» 113,

und ähnlich auch in der Rheinprovinz und Westfalen, obwohl hier eine Vergrösserung der Betriebe erst etwa 1849 begann. Es stellten sich nämlich die Relativzahlen für jene vier Jahre 1822 resp. 1849, 1861 und 1895 z. B. in den Bezirken

Düsseldorf	auf 65 resp.	56, 60	und 87,
Köln	» 44 »	44, 59	» 60,
Aachen	» 63 »	41, 44	» 63,
Münster	» 56 »	50, 54	» 84,
Arnsberg	» 44 »	48, 57	» 73,
Minden	» 35 »	37, 45	» 69.

Uebrigens finden sich Ansätze zur Entwicklung »örtlicher Exportindustrie« auch in anderen Teilen der Monarchie als den oben genannten. So stehen in Posen in dieser Beziehung z. B. die Stadtkreise Posen und Bromberg mit 523 resp. 338 Schuhmachern (mit Angehörigen) auf je 10000 Köpfe voran, in Westpreussen der Stadtkreil Graudenz mit 518, in Ostpreussen Tilsit und Insterburg mit 596 resp. 313 u. s. w. (vgl. Bd. III cit.)

Verfolgen wir endlich aber — wie wir es ja seit 1882 vermögen — die Entwicklung der Schuhmacherbetriebe nach den früher erwähnten Grössenklassen, so finden wir, dass, während die Zahl dieser Betriebe überhaupt im Reiche zwischen 1882 und 1895 von 247779 auf 237160 zurückging, sich die Zahl z. B. jener mit 11—50 Personen von 449 auf 767 und jener mit 51 und mehr Personen sogar von 71 auf 258, also auf das 3—4fache steigerte[1].

Besonders wenig stiegen diese Zahlen in Ostpreussen, wo es 1882 wie 1895 nur 12 Betriebe mit 11—50 Personen und keinen mit mehr als 50 Personen gab, und in Pommern, Westfalen, Posen und Westpreussen, wo sich diese Zahlen in der Zeit von 1882 bis 1895

---

1) Vgl. a. a. O. Band 119 S. 7 ff. u. 26 ff., auch Band 114, S. 181 und Mendelsohn a. a. O.

in Pommern nur von $8 + 0 = 8$ auf $8 + 1 = 9$
» Westfalen » $6 + 3 = 9$ » $16 + 1 = 17$
» Posen » $11 + 0 = 11$ » $18 + 1 = 19$ und
» Westpreussen » $6 + 1 = 7$ » $18 + 4 = 22$
hoben, während sie gleichzeitig stiegen
in Schlesien von $46 + 6 = 52$ auf $64 + 17 = 81$
» Brandenburg mit Berlin » $59 + 1 = 60$ » $79 + 15 = 94$
» Sachsen » $45 + 7 = 52$ » $60 + 35 = 95$ und
» Rheinprovinz » $36 + 8 = 44$ » $81 + 22 = 103$

so dass sich im ganzen Gebiete der p r e u s s i s c h e n M o n a r - c h i e alten Umfangs die Zahl der Betriebe mit 11—50 Personen zwischen 1882 und 1895 von 242 auf 452, also etwa auf das Doppelte, und die mit über 50 Personen sogar von 23 auf 96, d. h. auf mehr als das vierfache hob.

Wie schon angedeutet wurde, ist aber diese starke Zunahme der i n n e r h a l b ihrer Betriebsstätte v i e l P e r s o n e n beschäftigenden Unternehmungen im Schuhmachergewerbe noch um so bemerkenswerter, als gerade dort auch die Zahl der a u s s e r - h a l b solcher Stätten beschäftigten Personen in derselben Zeit stark in Zunahme begriffen war.

Im ganzen R e i c h e zählt man im Schuhmachergewerbe thätige H a u s i n d u s t r i e l l e 1882: 18 450, dagegen 1895: 26 553, oder nach Angabe der Unternehmer 1882: 15 363 und 1895: 19 092 (vgl. Band 119 der Statistik des Deutschen Reichs. Neue Folge p. 192 ff. und Anhang daselbst p. 206 ff.). Und wenn gegen die Genauigkeit dieser Zahlen wohl mit Recht auch manches erinnert ist — ein erheblicher Fortschritt in der Zahl der Hausindustriellen auch im Schuhmachergewerbe wird durch sie ebenso bewiesen, wie die besonders starke Verbreitung, die diese Hausindustrie gerade wieder in den Rheinlanden und in Sachsen, Schlesien und der Mark, d. h. in jenen Gebieten genommen hat, bei welchen der Grossbetrieb überhaupt ganz besonders zur Entwicklung gekommen ist. Von 13 052 Hausindustriellen dieser Art in ganz Preussen fielen 1895

auf die Rheinlande	2959	auf Brandenburg im übrigen	
» Schlesien	2778		1499
» Berlin	1631	und auf Sachsen	917

also auf diese vier Provinzen zusammen: 9784, dagegen auf die übrigen fünf nur 3429, nämlich

auf Westpreussen   879   auf Ostpreussen   696
» Posen   878   » Pommern   540
und endlich auf Westfalen nur 436. —
Dass unter alledem übrigens gerade das Schuhmacherhandwerk auch ganz besonders gelitten hat, ist schon oft gezeigt. Hier sei nur an die Darstellungen von S c h ö n e , F r a n k e und F r e i - w a l d [1]), sowie namentlich an die Feststellungen B ü c h e r's erinnert, nach welchen z. B. in Leipzig unter den Meistern von 17 verschiedenen Gewerbekategorien gerade die Schuhmacher das geringste Einkommen hatten: von je 1000 Betriebsinhabern versteuerten ein Einkommen von

	300—1250 Mark	1250—3300 Mark	3300—5400 Mark	über 5400 Mark
z. B. bei den Fleischern	78 (!)	384	306	231
» » » » Bäckern	93	586	229	92
» » » » Schlossern	320	61	53	14
dagegen bei den an letzter Stelle rangierenden Schuhmachern	860 (!)	128	8 (!)	3 (!).

Wenden wir uns danach nun aber zum letzten der hier zu behandelnden Gewerbe zu, dem der Z i m m e r l e u t e , so finden wir dieses, zum Teil aus ähnlichen Gründen wie das der Böttcher, Drechsler und Seiler bedroht. Denn nicht nur, wie Jeder weiss, zur Herstellung von Balkonen, Veranden, Geländern, Treppen, sondern auch in weniger sichtbarer Weise beim i n n e r n Ausbau der Häuser wie beim Schiffsbau, wird dem Eisen heute vor dem Holze immer mehr der Vorzug gegeben. Eiserne Balken und eiserne Träger und Stützen haben das leichtere, aber weniger tragfähige und auch mehr dem Verderben ausgesetzte frühere Material schon vielfach verdrängt. Und dazu kommt noch, dass, soweit der Zimmermann jetzt noch Holz verwendet, einerseits grosse Sägewerke und andererseits grosse Bautischlereien den Kreis seiner Thätigkeit beschränkt haben (Vereinsschriften, Bd. VI u. XI).

Daher denn auch jener Mangel an Fortentwicklung im Zimmergewerbe, der oberflächlicher Betrachtung um so mehr auffallen könnte, als manche ihm nahestehende Berufe, wie die der

---

1) S c h ö n e , Entwickelung des Schuhmachergewerbes. Jena 1888. F r e i - w a l d , Die Lage der deutschen Schuhmachergehilfen. Gotha 1890. Im übrigen vgl. oben S. 81 Anm. 1, auch P a y g e r t : Galiz. Schuhmacher, 1891, S. 44 ff.

der Maurer und Stubenmaler sich in ganz anderer Lage zu befinden scheinen.

Maurer und Dachdecker z. B. zählte man, auf je 10 000 Köpfe berechnet, in Preussens alten Provinzen

im Jahre 1822: 25

» » 1849: 43

» » 1895: 94.

Die Zahl der Stubenmaler und Anstreicher stieg sogar noch sehr viel stärker, nämlich von 5—6 auf je 10 000 Köpfe im Jahre 1849 auf 29—30 im Jahre 1895.

Dagegen hob sich die Zahl der Z i m m e r l e u t e auf je 10 000 Einwohner berechnet, auf demselben Gebiete von etwa 25 im Jahre 1822 nur langsam auf 30 im Jahre 1849 und ist seit dieser Zeit im grossen Durchschnitt etwa stabil geblieben[1]). Und dass eben das zum erheblichen Teile durch die gleichzeitige Entwicklung der Eisenindustrie herbeigeführt worden ist, darauf deutet wiederum schon ein Blick auf die Entwicklung dieser Dinge in den verschiedenen Teilen des hier in Rede stehenden Gebiets.

In letzterem überhaupt zählte man Zimmerer (Meister und Gehülfen, Gesellen etc. zusammen:

1822	28 500	d. h.	25	1849	49 198	d. h. 30	auf
1834	34 616	»	» 26	1855	54 230	» » 32	je 10 000
1840	40 519	»	» 27	1861	64 834	» » 33	Köpfe

Innerhalb dieses Gebietes aber zeigte sich schon damals nur

---

1) Bezüglich der Schwierigkeiten genauer Vergleichung siehe Bemerkungen unter Nr. 7 (Anhang). Dass bis zur Mitte des Jahrhunderts ein Fortschritt, und dann erst Stagnation oder Rückgang Platz greift, ist übrigens bei fast allen hier als »bedroht« bezeichneten Gewerben zu konstatieren. Nach den Rechnungen von Fr. J. Neumann fielen im Durchschnitt des hier in Rede stehenden Gebiets, d. h. in Preussens alten Provinzen auf je 10 000 Bewohner überhaupt Beschäftigte:

	1822	1849	1895
1) bei den Seilern	3,9	4,1	2,2
2) » » Gerbern	7,8	8,5	6,2
3) » » Böttchern	12,5	13,1	7,7
4) » » Stellmachern und Wagnern	13,6	15,6	16,7
5) » » Zimmerleuten (incl. Schiffbauern)	24,8	30,2	30,8 (33,8)
6) » » Schuhmachern	73,7	83,9	74,1
zusammen	136,3	155,4	137,7

und ähnlich bei den Drechslern und Kürschnern, von denen uns pro 1822 freilich nur die Zahl der Meister bekannt ist. Vgl. auch Tabelle X (Anhang).

noch in den mittleren und östlichen Provinzen Zunahme, dagegen in den westlichen Stagnation oder bereits Abnahme der Zahl. So besonders starke Zunahme z. B. in jenem Ostseegebiete, wo sich auch der Schiffbau hob, so dass z. B. Zimmerer und Schiffszimmerer zusammen auf je 10 000 Köpfe gezählt wurden

			1822	1849	1861
im Reg.-Bez.		Königsberg	18	27	33
»	»	Danzig	17	29	38
»	»	Köslin	15	22	28
»	»	Stettin	26	38	42
»	»	Stralsund	39	48	82

Daneben zeigten starke Zunahme natürlich auch manche schon damals auf dem Gebiete der Industrie sich besonders rasch entwickelnde Gebiete S a c h s e n s und S c h l e s i e n s, so dass jene Zahlen in gleicher Zeit sich z. B. hoben in den Bezirken

Magdeburg	von 32 auf 53 u. 57	Breslau	von 21 auf 34 u. 41
Merseburg	» 49 » 59 » 69	Liegnitz	» 19 » 42 » 52
Erfurt	» 30 » 39 » 50	Oppeln	» 8 » 16 » 29 (!)

Um so auffälliger hätte es also auf den ersten Blick scheinen können, dass im W e s t e n, wo sich nicht nur der Wohlstand sondern auch die regelmässig das Baugewerbe besonders in Anspruch nehmende allgemeine gewerbliche Thätigkeit ganz besonders entfaltete, die Zahl der Zimmerleute ein ganz anderes Bild zeigte. Thatsächlich griff dort S t a g n a t i o n schon sehr frühe Platz. Denn in den Bezirken Münster, Minden, Koblenz und Trier z. B. stellten sich die bezüglichen Zahlen z. B.

		1822	und	1861
in Münster auf		46		46
» Minden	»	20		23
» Koblenz	»	23		25 etc.

ja wir finden sogar R ü c k g a n g, z. B.

			1822	1861
im Kölner	Bezirk von		26 auf	23
» Düsseldorfer	»	»	39 »	25 (!)
und » Arnsberger	»	»	47 »	29 (!)

Gehen wir aber auch bei diesen Bezirken etwas näher auf die Entwicklung der Dinge i n n e r h a l b der Zeit zwischen 1822 und 1861 ein, so stossen wir auf Stockungen der Steigerung der Zahl dieser Handwerker z. B. in den zuletzt genannten beiden Bezirken schon in den dreissiger und vierziger Jahren. Denn man zählte Zimmerer und Schiffszimmerer zusammen im Reg.-Bezirk Arnsberg

im Jahre 1822: 1891, d. h. 47,	im Jahr 1849: 2036, d. h. 35,	auf
» » 1834: 2018, » » 42,	» » 1855: 1935, » » 30,	je 10000
» » 1843: 3022, » » 55,	» » 1861: 2529, » » 29,	Köpfe

und im Reg.-Bezirk Düsseldorf:

im Jahre 1822: 2429, d. h. 26,	im Jahre 1849: 2865, d. h. 31,	auf
» » 1834: 2674, » » 37,	» » 1855: 2582, » » 26,	je 10 000
» » 1843: 3022, » » 35,	» » 1861: 2778, » » 25,	Köpfe

Erst später kam es zu solchem Rückgang dann auch in anderen, benachbarten Gebieten. In welchem Umfange aber ein solcher dort Platz gegriffen hat, das erkennt man wohl am besten, wenn man — von jenen Schiffsbaugebieten der Ostseebezirke absehend — allein z. B. Posener und schlesische Bezirke den rheinisch-westfälischen gegenüberstellt. Dann sieht man nämlich, dass z. B. in den Jahren 1822, 1849 und 1895 jene Relativzahlen sich stellten in den Bezirken

Posen	auf 9 resp. 14 u. 24	Breslau	auf 21 resp. 34 u. 38
Bromberg	» 11 » 14 » 28	Oppeln	» 8 » 16 » 31 (!)
Liegnitz	» 19 » 42 » 48		

dagegen in den Bezirken

Münster	auf 46 resp. 53 u. 38	Köln	auf 26 resp. 23 u. 18
Minden	» 20 » 17 » 25	Koblenz	» 23 » 27 » 21
Arnsberg	» 47 » 35 » 21(!)	Trier	» 16 » 23 » 16
Düsseldorf	» 39 » 31 » 13(!)	Aachen	» 20 » 18 » 11 (!)

Eben mit dieser Verdrängung der Holz- durch die Eisenindustrie scheint nun aber auch die Gestaltung des Verhältnisses zwischen Unternehmern und Abhängigen in Zusammenhang zu stehen.

Auf den ersten Anblick scheinen nämlich auch die hierauf bezüglichen Zahlen manches schwer Erklärliche zu bieten, so vor allem eine relativ geringe Zunahme der Zahl der Abhängigen gerade bei den Zimmerern. Während bei den hier behandelten Handwerkern im Allgemeinen, wie wir sahen, 1849: 81, dagegen 1895 bereits 185 Abhängige auf je 100 Unternehmer fielen, stieg dort diese Relativzahl nur von 383 auf 633 resp. (incl. der Schiffbaugewerbe) auf 659, also doch nur etwa auf das 1½fache. Und

noch auffälliger ist, dass, während sonst im Allgemeinen der W e s t e n
die bei weitem grössten Relativzahlen dieser Art aufzuweisen hat,
hier eher der Osten, namentlich aber die mittleren Provinzen voran-
stehen. Auf je 100 Selbständige in der G e s a m t h e i t der hier
behandelten Handwerke zählte man im Jahre 1895, wie gezeigt,
z. B. in den Reg.-Bezirken

Gumbinnen	110	Abhängige	Köslin	127	Abhängige
Marienwerder	128	»	Stralsund	131	»
Posen	148	»	Königsberg	124	»

(vgl. Tabelle II im Anhang),

dagegen z. B. in den drei westfälischen 208 (Arnsberg), 150 (Münster)
und 163 (Minden), und in den rheinischen z. B. im

Bezirk Trier	145	Bezirk Düsseldorf	220
» Aachen	140	» Köln	190.

Ganz anders im Z i m m e r gewerbe. Bei ihm war 1895 gerade
im Westen die Zahl der Abhängigen am g e r i n g s t e n, denn man
zählte ihrer auf je 100 Selbständige z. B.

im Reg.-Bez. Aachen nur 153	im Reg.-Bez. Köln nur 194 (224)
» » Münster » 163 (164)	» » Koblenz » 229 (228)
im Reg.Bez. Minden nur 296 (300) u. s. w.	

dagegen im Osten, z. B.

im Reg.-Bez.	Königsberg	484 (492)
» »	Marienwerder	531 (532)
» »	Posen	574 (569)
» »	Bromberg	638 (634)
» »	Danzig	784 (1305) u. s. w.

Ja, diese Zahlen steigerten sich in den industriereicheren Gebieten der mittleren Provinzen sogar noch der Art, dass auf je
100 Selbständige im Zimmergewerbe (incl. Schiffbau) 1895 fielen z. B.

im Regierungsbezirk	Frankfurt	882 (881)
» »	Merseburg	895 (890)
» »	Stettin	908 (1069)
» »	Potsdam	1005 (950)
» »	Breslau	962 (971)
» »	Liegnitz	1000 (1000)
» »	Magdeburg	1120 (1148)
» »	Oppeln	1262 (1260).

Gehen wir aber näher auf diese Dinge ein, so scheint sich folgende Lösung zu bieten. Zu Anfang dieses Jahrhunderts bereits gab es aus den mehrfach berührten allgemeinen Gründen, wie grössere Wohlhabenheit, mehr geteilter Besitz, frühere Freiheit von merkantilistischen und fiskalischen Schranken etc. im Westen, wie überhaupt viel Selbständige unter den Gewerbetreibenden, so auch bei den Zimmerern. Fielen von solchen 1822 auf je 10 000 Köpfe im Osten z. B. in den Bezirken Gumbinnen, Danzig, Marienwerder, Posen und Köslin nur 6, in den von Königsberg und Stralsund nur 7, ja selbst im Potsdamer nur 5, so zählte man in demselben Jahre selbständige Zimmerer auf je 10 000 Einwohner im Westen, z. B. in den Regierungsbezirken

Trier und Aachen	10	Düsseldorf	22
Minden und Köln	11	Arnsberg	26
Koblenz	13	Münster	29.

Dann aber haben sich gerade diese Zahlen, ähnlich wie das oben schon bei anderen Gewerben gezeigt ist, stark verschoben, d. h. sie sind in so verschiedenem Tempo gesunken, dass heute bezüglich der Zahl der Unternehmer im Verhältnis zur Bevölkerung in Ost und West kaum noch bemerkenswerte Unterschiede mehr bestehen. Im grossen Durchschnitt der Monarchie (alten Umfangs) sank jene Zahl von etwa 9 für je 10 000 Einwohner im Jahre 1822 auf 6 in den Jahren 1849 und 1861 und auf 4 im Jahre 1895. Aber während im Osten diese Strömung nur langsam und mit manchen Schwankungen zum Durchbruch kam, geschah dasselbe im Westen beinahe stetig, und namentlich seit den sechziger Jahren in grosser Beschleunigung, der Art, dass, um von den Schiffbauern aus den berührten Gründen wieder abzusehen, Zimmermeister auf je 10 000 Köpfe gezählt wurden z. B.

im Reg.Bezirk	1822	1849	1861	1895
Königsberg	7	4	5	4
Danzig	6	4	5	5
Marienwerder	6	4	5	4
Posen	6	4	4	4
Bromberg	7	3	3	4
Köslin	6	2	2	4
Stettin	5	3	3	4 u. s. w.

dagegen im Westen z. B. in den Bezirken

Arnsberg	26	18	14	4 (!)
Düsseldorf	22	18	11	3 (!)
Köln	11	10	10	5
Koblenz	13	12	9	6
Trier	10	10	5	5
Aachen	10	10	9	4. —

Eben diesem starken Fall der Zahl der Unternehmer im Westen
ging nun aber keineswegs eine entsprechende Steigerung der Zahl
der Angestellten dort parallel, sondern gerade in dieser Beziehung
blieb der Westen hinter dem Osten z u r ü c k, der Art, dass die Zahl
der A b h ä n g i g e n (ohne die Schiffszimmerleute etc.) auf je 10 000
Köpfe, z. B. in denselben Gebieten betrug im Osten in den

Regierungsbezirken	1822	1849	1861	1895
Königsberg	11	23	24	20
Danzig	11	25	23	43
Marienwerder	6	10	14	21
Posen	4	10	10	20
Bromberg	4	12	10	24
Köslin	9	20	24	18
Stettin	21	35	31	39,

dagegen viel langsamer steigend, ja zum grössten Teil fallend

in den Reg.-Bezirken	1822	1849	1861	1895
Arnsberg	19	17	15	17
Düsseldorf	17	13	12	9
Köln	14	13	13	10
Koblenz	9	15	15	15
Trier	6	14	14	11
Aachen	10	7	8	6.

Und eben hieraus erklärt sich jene jetzt gerade im Westen so
g e r i n g e Z a h l der Abhängigen im Verhältnis zu der der Selbständigen, von der oben die Rede war. Im Jahre 1822 musste jene
Zahl r e l a t i v klein sein, da es der S e l b s t ä n d i g e n dort so viele
auch in diesem Gewerbe gab. Inzwischen hat sie sich wegen starker
relativer Minderung der Zahl dieser Selbständigen etwas gesteigert,
aber diese Steigerung blieb gering, da auch die Zahl der A b h ä n g i -
g e n, die Neigung hatten, sich dem durch die erwähnten Umstände
bedrängten Gewerbe zuzuwenden, sich im Verhältnis zur Bevölkerung
nur wenig änderte. Und daher das Resultat, dass — wiederum für

dieselben Bezirke berechnet — die Zahl der Abhängigen auf je
100 Selbständige sich so entwickelte:

	1822	1849	1895
im Bez. Arnsberg	66	96	420 (419),
» » Köln	127	128	194 (224),
» » Düsseldorf	·78	75	374 (408),
» » Koblenz	61	222	229 (228),
» » Trier	63	140	216 (215),
» » Aachen	109	74	153 (152),

dagegen in den oben genannten östlichen Bezirken

	1822	1849	1895
von Königsberg	176	553	484 (492),
» Danzig	159	626	784 (1305),
» Marienwerder	90	260	531 (532),
» Posen	66	293	574 (569),
» Bromberg	57	436	638 (634),
» Stettin	401	1145	908 (1069).

Konnte man für 1822 noch zweifelhaft sein, ob im Ost oder
im West die Zahl der Abhängigen im Verhältnis zu der der Selbständigen grösser wäre, jetzt ist kein Zweifel mehr, dass gerade
im Osten das Verhältnis ein ungünstigeres geworden ist. Und
eben das dürfte nicht ausser Zusammenhang mit dem Verhältnis
zwischen Holz- und Eisenindustrie stehen. Wie letztere die Gesamtentwicklung des Zimmermannsgewerbes beeinträchtigt, so
hemmt sie auch seine Ausgestaltung zum Grossbetriebe.

Nur ist daneben allerdings noch Eines zu berücksichtigen,
worauf die Entwicklung dieser Dinge namentlich in jenen mittleren Provinzen Preussens hinweist, von welchen bei den letzten
Ausführungen hier abgesehen wurde.

Es scheint sich nämlich zu bestätigen, was schon die Natur
der Dinge z. B. für die landwirtschaftlichen Betriebe an die Hand
giebt, dass nemlich wo nicht eine besonders weit gehende Konzentration des Betriebes (wie namentlich in Fabrikgebäuden) Platz
greift, die mit der Grösse der Betriebe wachsenden Schwierigkeiten ausreichender Aufsicht auch dem Wachstum
jener Grenzen setzen. Bezüglich des landwirtschaftlichen Gewerbes
ist das in neuerer Zeit viel behandelt. Bezüglich solcher industrieller
wie der hier in Rede stehenden aber scheint sich dasselbe schon

aus der Statistik der Grössenklassen von 1882 und 1895 zu ergeben. Denn danach stieg im R e i c h e die Zahl der im Zimmermannsgewerbe überhaupt gezählten Haupt-Betriebe zwischen
diesen beiden Jahren von 33 112 auf 37 787. Es steigerte sich auch,
wie leicht erklärlich, die Zahl der grossen Betriebe ganz besonders,
so z. B. die Zahl jener mit 10 oder unter 10 Personen nur von
31 479 auf 35 081, dagegen die der g r ö s s e r e n von 1633 auf 2706,
und im Einzelnen die Zahl der Betriebe mit 11—50 Personen von
1583 auf 2603, und die der noch grösseren von 50 auf 103 (vgl.
Band 114 cit. und Mendelson a. a. O. Seite 231). Dagegen hat sich
— und das ist das Bemerkenswerte — i n n e r h a l b dieser grossen
Betriebe die Zahl der g r ö s s t e n mit mehr als 200 Abhängigen in
jener Zeit ü b e r h a u p t n i c h t gesteigert. Denn solcher Geschäfte
gab es 1895 wie 1882 im eigentlichen Zimmermannsgewerbe überhaupt nur eines.

Anders, wenn auch in mancher Beziehung ähnlich, gestalteten
sich diese Dinge freilich bei den S c h i f f s zimmerern. Um die Zahl
der Betriebe letzterer gesteigert, wuchs die Zahl der Hauptbe-
triebe bei den Zimmerern zwischen jenen Jahren von 34 185 auf
38 835, und innerhalb dieser Gesamtzahlen die Zahl der kleinen
Betriebe von unter 10 Gehilfen nur von 32 409 auf 35 908, dagegen
die der grösseren Geschäfte wieder in viel stärkerem Masse, nämlich von 1778 auf 2927, d. h. im Verhältnis von 100 zu 164,6. Teilen
wir diese grösseren Betriebe aber wieder in solche mit bis 200 und
über 200 Beschäftigten, so stieg die Zahl der ersteren von 1759 auf
2897, d. h. wie von 100 zu 164,7 dagegen die der ganz grossen mit
201 oder mehr Personen nur von 19 auf 30, d. h. wie von 100 auf 158.

Der jetzige Schiffbau vollzieht sich eben zum sehr grossen Teile
fabrikmässig und kann, soweit das der Fall, eher als das Zimmermannsgewerbe im übrigen das Wachstum zu besonders grossen Betrieben ertragen. —

Versuchen wir uns schliesslich aber noch einen Ueberblick
über die G e s a m t entwickelung im Kreise der vorzugsweise bedrohten Gewerbe zu verschaffen, so thun wir gut, zunächst allein der U n -
t e r n e h m e r zu gedenken, da allein die auf sie bezüglichen
Zahlen seit 1822 einigermassen ausreichend zu Gebote stehen, und
thun ferner gut, hiebei aus den oben schon erörterten Gründen
der Zahl der Zimmerleute die der Schiffbauer und der Zahl der
Stellmacher die der Unternehmer von Wagenbauanstalten etc. zu-

zuzählen. Dann ergiebt sich uns folgendes Resultat. Man zählte in Preussens alten Provinzen S e l b s t ä n d i g e unter den

	1822	1849	1895
Stellmachern, incl. der Wagenbauer	11 780	18 284	18 292
Zimmerern und Schiffbauern	10 201	10 191	11 558
Seilern	2 963	3 901	2 578
Gerbern	5 312	5 748	2 649
Böttchern	10 424	14 904	8 596
Drechslern	4 506	6 758	5 919
Kürschnern	2 753	4 447	4 580
Schuhmachern	56 724	87 969	112 736
	104 663	152 202	166 881
d. h. auf je 10 000 Köpfe	94	93	64[1]).

Es sind also die auf die Unternehmer bezüglichen a b s o l u - t e n Zahlen auch in d i e s e n Gewerben seit 1822 und selbst seit 1849 noch gestiegen, die r e l a t i v e n aber seit 1849 herabgegangen, nachdem sie bis dahin sich durchschnittlich ungefähr stationär gestaltet hatten. Indessen zeigen sich diese Dinge doch in anderem Lichte, sobald hiebei von dem unter allen in Betracht gezogenen am meisten ins Gewicht fallenden Handwerk der S c h u h m a c h e r aus den oben schon mehrfach berührten Gründen (Stellung der Schuhmacher zur Hausindustrie etc.) abgesehen wird. Dann stellen sich die auf 1822, 1849 und 1895 bezüglichen Summen incl. der Drechsler und Kürschner für die Unternehmer nämlich in absoluten Zahlen auf 47 939 resp. 64 233 und 54 145. Und die entsprechenden Relativzahlen betrugen sogar nur etwa 42, 39 und 21, d. h. sie sind, wenn auch in geringem Masse bereits in der ersten Hälfte des Jahrhunderts, namentlich stark aber in der zweiten gesunken, wobei noch zu beachten ist, dass dieses Fallen sich noch intensiver gestalten würde, wenn nicht z. B. alle Wagen- und Schiffbauanstalten, die

1) Wird hiebei, wie es zum Vergleich mit den folgenden Ziffern über die Zahl der »Abhängigen« und resp. aller Gewerbetreibenden überhaupt ebenfalls ratsam erscheinen kann, von D r e c h s l e r n und K ü r s c h n e r n, deren »Abhängige« 1822 nicht ermittelt sind, abgesehen, so stellen sich jene Zahlen in Summa, wie hier schon bemerkt sei, absolut auf 97 404 resp. 140 997 und 156 382, also relativ auf 85 resp. 86 und 60; und wenn auch von den S c h u h m a c h e r n abgesehen wird, die durch die Grösse der auf sie bezüglichen Ziffern jene Relativzahlen vorzugsweise bestimmen, absolut auf 40 680, resp. 53 028 und 43 646, d. h. relativ auf 25 resp. 32 und 17 (für je 10 000 Köpfe).

doch im Grunde natürlich nur zum Teil hieher gehören[1]), mitzu-
rechnen gewesen wären, da andernfalls der Wahrheit noch weniger
nahe gekommen würde.

Anscheinend günstiger steht es nun freilich mit der Zahl der
A b h ä n g i g e n. Diese stellte sich — abgesehen von den Drechslern und Kürschnern, für welche bezügliche Zahlen, wie bemerkt,
nicht zur Erhebung gekommen sind — in denselben drei Jahren

	1822	1849 und	1895
1) bei den Stellmachern und Wagenbauern auf	3 826	7 154	30 390
2) bei den Zimmerern u. Schiffbauern auf	18 299	39 007	76 218
3) bei den Seilern auf	1 557	2 852	3 058
4) » » Gerbern »	3 625	8 133	13 525
5) » » Böttchern »	3 946	6 401	11 363
6) » » Schuhmachern »	27 976	48 641	79 736
in Summa auf	59 229	112 188	214 290

d. h. relativ für je 10 000 Köpfe auf 52   69   83
und nach Ausscheidung der Schuhmacher mit 24, 30 und 31 (vgl.
oben S. 96 Anm. 1) auf 27, 39, 52.

Die Zahl der A b h ä n g i g e n ist also auch in diesen bedrohten
Gewerben, sowohl wenn die Schuhmacher eingeschlossen, als auch,
wenn sie ausser Betracht gelassen werden, in der zweiten wie in
der ersten Hälfte des neunzehnten Jahrhunderts im Verhältnis zur
Grösse der Bevölkerung erheblich gestiegen. Wenn man endlich aber
Abhängige und Selbständige in ihrer G e s a m t h e i t betrachtet,
so zeigt sich eine Stabilität, die in Anbetracht der inzwischen gestiegenen allgemeinen Wohlhabenheit der Bevölkerung allerdings
nichts Gutes erwarten lässt, zumal sie seit Mitte des Jahrhunderts
sollen sogar einer s i n k e n d e n Tendenz Platz zu machen scheint.
Dann stellten sich jene Zahlen nämlich

	1822	1849	1895
1) für die Stellmacher und Wagenbauer auf	15 606	25 438	48 682
2) für die Zimmerer und Schiffbauer auf	28 500	49 198	87 776
3) für die Seiler »	4 520	6 753	5 636

---

2) Vgl. die Allg. Bemerkungen in der Anlage (Anhang).

		1822	1849	1895
4) für die Gerber	auf	8 937	13 881	16 174
5) » » Böttcher	»	14 370	21 305	19 932
6) » » Schuhmacher	»	84 700	136 610	192 472
also ohne Drechsler u. Kürschner:	156 633	253 185	370 672
d. h. für je 10 000 Köpfe »	136	156	144

und nach Ausscheidung auch der Schuhmacher auf 71 933 resp. 116 575 und 178 200, d. h. relativ auf 63, resp. 72 und 68 heraus. Fragen wir auf dieser Basis aber schliesslich, w e l c h e B e z i r k e innerhalb des hier in Rede stehenden Gebietes es denn gewesen sind, die durch diesen Gang der Dinge vorzugsweise g e - l i t t e n haben, so zeigt sich bezüglich der S e l b s t ä n d i g e n allerdings ein s t a r k e s Schwanken in den westlichen und mittleren Provinzen, ein viel geringeres dagegen im Osten.

Die bezüglichen Relativzahlen berechnen sich nämlich, bei Einschluss auch der Drechsler und Kürschner, für je 10 000 Köpfe der Bevölkerung in den Bezirken:

		1822	1849	1895
Königsberg	auf	98	75	58
Gumbinnen	»	76	54	47
Danzig	»	82	68	55
Marienwerder	»	81	75	57
Bromberg	»	79	70	51
Frankfurt	»	93	86	69
Stettin	»	85	81	62
Köslin	»	89	80	60
Stralsund	»	96	93	76
Oppeln	»	70	63	57

Wir finden dort im O s t e n also fast überall ein langsames aber stetiges Sinken der Zahl der Unternehmer in diesen bedrohten Gewerben, während in den mehr industriellen, namentlich den mittleren und westlichen Gebieten eher noch ein Aufsteigen bis zum Jahre 1849 und d a n n erst ein, allerdings um so stärkerer Fall erfolgt. So schon z. B. in den Bezirken

	1822	1849	1895
Breslau mit den Zahlen	88	98	77
Liegnitz » » »	85	105	82,

und ähnlich im Westen, wo diese Zahlen sich stellten

	1822	1849	1895
im Bezirk Magdeburg auf	111	114	71
» » Merseburg »	113	123	88
» » Erfurt »	114	120	85

und in Westfalen und Rheinprovinz sogar, z. B.

	1822	1849	1895
im Bezirk Münster	101	124	63 (!)
» » Arnsberg	124	121	51 (!)
» » Köln	94	122	72
» » Koblenz	112	137	67
» » Aachen	86	101	72.

Im Grunde ist das ja auch unschwer zu erklären: wo die m o -
d e r n e Industrie sich seit der Mitte des Jahrhunderts am meisten
entwickelte, vermochten die Unternehmer in den hier in Rede
stehenden H a n d w e r k e n am wenigsten standzuhalten. Und
eben damit steht auch die örtliche Entwicklung der G e s a m t z a h l
der den bedrohten Handwerken Angehörigen in Zusammenhang:
auch diese Zahl der Meister und Abhängigen zusammen ist namentlich im Westen zurückgegangen.

Das ergiebt sich klar, wenn wir zuerst für 1822, unter Ausschluss der Drechsler und Kürschner (vgl. S. 96 Anm.), die einzelnen Bezirke nach der Gesamtzahl der auf dem hier in Rede
stehenden Gebiete beschäftigten Personen aufmarschieren lassen.
Dann zeigt sich nämlich, dass Gewerbsthätige dieser Art damals,
auf 10 000 Köpfe berechnet, am wenigsten vorhanden waren in folgenden östlichen Bezirken:

1) in O p p e l n	88	3) in G u m b i n n e n	100
2) » P o s e n	98	4) » B r o m b e r g	100,

dann folgten teils östliche, teils westliche Gebiete, nämlich

5) Minden	mit	101	8) Köslin	mit	121
6) Marienwerder	»	104	9) Aachen	»	123,
7) Trier	»	109			

dann aber wieder ganz ausschliesslich ö s t l i c h e Bezirke, nämlich

10) Liegnitz	mit	124	12) Königsberg	mit	137
11) Danzig	»	125	13) Breslau	»	139,

und nun erst, d. h. ü b e r dem Durchschnitt stehend, fast allein
Bezirke der mittleren und westlichen Provinzen:

7*

14) Münster	mit	141	21) Erfurt	mit	164	
15) Köln	»	143	22) Arnsberg	»	173	
16) Stettin	»	144	23) Stralsund	»	175	
17) Düsseldorf	»	145	24) Magdeburg	»	185	
18) Frankfurt	»	147	25) Merseburg	»	190	
19) Koblenz	»	153	26) Berlin	»	220	
20) Potsdam	»	162				

Und ähnlich gestalteten sich diese Dinge noch 1849, so dass am ungünstigsten wieder standen Gumbinnen, Oppeln, Bromberg, Marienwerder, Posen, Königsberg, Köslin, Danzig mit 93, 101, 106, 112, 120, 130, 131 und 137 beschäftigten Personen, während die Zahl dieser am grössten damals noch war in Arnsberg, Köln, Koblenz, Berlin, Erfurt, Magdeburg und Merseburg mit Zahlen zwischen 179 und 231.

Ganz anders aber 1895. Denn nun stehen mit der geringsten Zahl Beschäftigter in den hier in Rede stehenden Handwerken am tiefsten neben Gumbinnen (mit 93) schon T r i e r, A r n s b e r g, M i n d e n mit nur 108, 110, 112, sodann neben Königsberg (mit 112) bereits D ü s s e l d o r f mit nur 115 und M ü n s t e r mit nur 123 etc. Ebenso ist Berlin, das 1822 mit 220 noch die allerhöchste Zahl aufzuweisen hatte, jetzt mit 149 bereits auf die 18. Stelle herabgerückt, da nicht nur mittlere, sondern auch solche östliche Gebiete, wie z. B. Frankfurt (mit 154), Liegnitz und Breslau (mit 178 und 179) viel mehr Beschäftigte dieser Art zählen. Und nicht minder sind in dieser Beziehung nun vorangekommen Oppeln, Posen, Bromberg etc.

Die Reihenfolge war nämlich 1895 die, dass am tiefsten, wie 1849, Gumbinnen (mit 93) stand, dann folgten

2) Trier	mit	108	6) Düsseldorf	mit	115
3) Arnsberg	»	110	7) Bromberg	»	119
4) Minden	»	113	8) Münster	»	123
5) Königsberg	»	112			

und erst hinter allen diesen westlichen Gebieten, d. h. an Ausstattung mit den hier in Rede stehenden Handwerken ihnen ü b e r - l e g e n, traten

9) Köslin	mit	124	11) Oppeln	mit	126
10) Marienwerder	»	125	12) Posen	»	129 etc.

Fragen wir aber, bei welchem der bedrohten Gewerbe sich

dieser Wandel im Verhältnis von Ost und West ganz besonders vollzogen hat, so ist das allerdings nicht mit wenig Worten zu sagen, da eben fast a l l e jene Gewerbe namentlich im Westen zurückgingen, und das Mass dieses Rückgangs sich bei den einzelnen von Bezirk zu Bezirk sehr verschieden gestaltete. Mit S t e l l m a c h e r n und Wagnern z. B. war der Bezirk D ü s s e l d o r f schon im Jahre 1822 von allen Bezirken am wenigsten versehen. Bezüglich d i e s e s Gewerbes konnte sich also ein Wandel zu seinen Ungunsten bis 1849 u. 1895 überhaupt nicht mehr vollziehen. Wohl aber trat ein solcher gerade bei diesem Gewerbe z. B. zu Ungunsten des Bezirkes A r n s b e r g ein, der 1849 mit 16 noch eine mittlere Stellung einnahm, dagegen 1895 mit 13 schon besonders schlecht ausgestattet erschien, und noch mehr zu Ungunsten des Bezirkes T r i e r, der 1849 noch fast die meisten Stellmacher hatte (20 pro 10 000 Köpfe), dagegen 1895 besonders wenig (14).

Umgekehrt ging im Bezirke Düsseldorf ganz besonders zurück die Zahl der Z i m m e r l e u t e, die 1849 noch 39, dagegen 1895 nur noch 16 betrug, ebenso die der S e i l e r (1849 noch 31 auf 100 000, 1895 nur 13 etc.), desgleichen die der B ö t t c h e r: 1849 noch 16 auf 10 000, 1895 nur 6 etc.

Als a l l g e m e i n e Erscheinung aber ist wenigstens das zu beachten, dass jene ganz besonders im Westen zum Durchbruch gelangende Bedrohung des Handwerks, von der oben die Rede war, wie sich nach dem Gesagten leicht erklärt, am m e i s t e n in den durch die E i s e n industrie beeinträchtigten Gewerben insbesondere der Z i m m e r l e u t e, B ö t t c h e r, S e i l e r zu Tage trat, weniger schon bei den Stellmachern, am wenigsten bei den Schuhmachern und Gerbern.

Bei den Zimmerleuten z. B. hatte

der Bezirk Köln	1822 mit	25,9	noch die	17.	Stelle	von allen Bezirken
	1849 »	22,6	» »	9.	»	
	1895 »	17,5	schon »	4.	»	
der Bezirk Koblenz	1822 mit	23,0	noch die	14.	Stelle	
	1849 »	27,1	» »	13.	»	
aber	1895 »	21,1	schon »	5.	» ,	
der Bezirk Aachen:	1822 mit	19,8	noch die	11.	Stelle	
	1849 »	17,5	schon »	7.	»	
	1895 »	10,6	sogar »	1.	d. h. tiefste Stelle,	

der Bezirk Düsseldorf: 1822 mit 39,0 noch die 24. Stelle (!)

                1849 » 31,3 » » 18. »

        aber 1895 » 13,1 schon » 2. (fast tiefste)

der Bezirk Arnsberg: 1822 » 46,5 fast die höchste Stelle

                1849 » 35,1 nur die 20te,

      und 1895 » 21,1 nur die 6. Stelle.

Aehnlich Trier, Minden etc.

Fast dieselben Bezirke sind aber ¦auch im S e i l e r - resp. im B ö t t c h e r gewerbe wenigstens zwischen 1849 und 1895 von besonders hohen zu besonders tiefen Stellen gesunken, der Art, dass z. B. im S e i l e r gewerbe

    z. B. Arnsberg statt der 19. Stelle (mit 4,6)

              1895 die 3. » (mit 0,9) hatte,

  Düsseldorf statt der 11. Stelle (mit 3,1)

              1895 die 6. » (mit 1,3) und dass namentlich im B ö t t c h e r gewerbe in derselben Zeit zwischen 1849 und 1895 sank:

z. B. Trier   von d. 22. Stelle (mit 16,1) auf die 3. (mit 4,5)

    Aachen   » » 11. » (mit 11,1) » » 1. (mit 4,2)

    Arnsberg » » 8. » (mit 9,5) » » 4. (mit 5,7)

    Düsseldorf » » 21. » (mit 15,8) » » 8. (mit 6,4)

    Münster   » » 24. » (mit 20,5) » » 18. (mit 7,8) etc.

Von Wandelungen dieser Art wurde dagegen z. B. das G e r b e r e i - und das S c h u h m a c h e r g e w e r b e nicht betroffen, da z. B. in der Gerberei gerade die genannten Bezirke Köln, Arnsberg, Düsseldorf, Aachen ebenso wie Trier und Koblenz, Erfurt u. s. w. eine besonders gute Stelle behaupteten, der Art, dass z. B. Aachen 1849 wie 1895 am höchsten stand, Trier in beiden Jahren ebenfalls die dritthöchste (26.) Stelle hatte, Arnsberg die 21. und 27., Köln die 22. und 18., Koblenz die 24. und 25. u. s. w.

III. I m A l l g e m e i n e n g l e i c h m ä s s i g f o r t s c h r e i - t e n d e G e w e r b e.

Wie oben schon bemerkt ist, würde es über das Maass der dieser Arbeit gestellten Grenzen weit hinausgehen, wenn die Entwicklung aller einzelnen in diese Kategorie zu zählenden Gewerbe speziell verfolgt werden sollte. Was beabsichtigt wird, ist nur, vorbehaltlich der späteren monographischen Behandlung der ein-

zelnen Handwerke, über die örtliche Entwicklung e i n i g e r unter
ihnen hier schon einige A n d e u t u n g e n zu machen. Und an
dieser Stelle sollen nach der oben versuchten Gliederung vor Allem
s o l c h e Gewerbe berührt werden, die sich besonders gleichmässig, dem Fortschreiten des allgemeinen W o h l s t a n d s von Bezirk zu Bezirk parallel entwickelt haben, so dass man in ihnen, wenn
auch natürlich mit manchen Reserven, wohl auch heute noch einen
Spiegel des Wohlstands oder doch wenigstens einen Anhalt zur
Beurteilung desselben erblicken kann.

Wir beginnen mit einigen kleineren Gewerben, zunächst mit
dem der sogenannten U h r m a c h e r[1]).

Auch über dieses Handwerk soll nach Ansicht Mancher das
Urteil bereits gesprochen sein. Und wer überall schwarze Punkte
sehen will, kann das natürlich auch bei diesem »Reparaturgewerbe«
und kann sich dabei z. B. auf jene V e r b i l l i g u n g der Uhren
beziehen, die, wie man wohl sagt, jede Reparatur bereits als Ver-
schwendung erscheinen lässt[2]), oder auf die Thatsache, dass z. B.
grosse Uhrenfabriken ebenso wie die Repassage auch bereits viele
Reparaturen selber besorgen u. s. w. Man meint auch wohl, dass
alle Uhren immer mehr durch elektrische Zeitmesser verdrängt
werden würden, mit denen nicht der Uhrmacher, sondern der Mechaniker zu thun hätte. Und, wem auch das noch nicht genügt,
um das Schicksal dieses Handwerks als besiegelt anzusehen, der

---

1) In den genannten Schriften des Vereins für Sozialpolitik bieten namentlich
Beiträge zu kritischer Behandlung der auf dieses Gewerbe bezüglichen Zahlen
Bd. IX p. 429 ff. (bezüglich Breslaus) und Bd. V p. 62 ff. (bezügl. Leipzigs),
dazu Bd. IV p. 232 ff. (bezügl. Nakels).

2) Vgl. z. B., was Schmidt bei Schilderung des Uhrmacherhandwerks in
Leipzig sagt (a. a. O. Bd. V, p. 108 ff.): »Ist hiernach die Aussage begründet,
dass dem Uhrmacher das Gebiet der R e p a s s a g e mehr und mehr verloren
geht, so gilt dasselbe auch von der R e p a r a t u r, einerseits wegen der Uebernahme
von Reparaturen besserer Werke durch die Fabrikanten, andererseits wegen des
Auftretens von billigen Uhren auf dem Markt, die eine Reparatur gar nicht
lohnen« ... In den letzten Jahren sei es gelungen, »einen Wecker herzustellen,
den der Grossist zum Preise von 1.25—2.20 M. bezieht, und der im Einzelver-
kauf für 2—3 M. abgesetzt wird«. Diese Uhr habe »die denkbar grösste Verbreitung gefunden« und wem könnte es wohl »einfallen, an einer solchen Uhr
eine Reparatur vornehmen zu lassen, deren Kosten er im Voraus nicht berechnen
kann, aber nach den sonstigen Erfahrungen höher taxieren muss, als den Preis
einer neuen Uhr von gleicher Beschaffenheit?« Dasselbe gelte von Taschenuhren,
die im Detailverkauf schon für 6 M. angeboten würden u. s. w.

soll zum Mindesten zugeben, dass die heute noch sog. Uhrmacher zum grössten Teil bereits vom Uhren h a n d e l leben. Indessen lässt man bei solchen Betrachtungen z. B. unbeachtet, dass Uhrenhandel von jeher Sache der ›Uhrmacher‹ gewesen ist, und übersieht namentlich, dass die angeführten anderen Momente, wie z. B. der Gebrauch elektrischer Uhren zum Teil von recht geringer Bedeutung sind, während andererseits der B e s i t z und V e r b r a u c h von Uhren sich mit dem Steigen des allgemeinen Wohlstands der Art gehoben hat, dass jene feindlichen Faktoren davor an Bedeutung weit z u r ü c k stehen. Hat doch selbst Bücher zugegeben, dass ›das Uhrmachergewerbe im Allgemeinen als eines der kräftigsten und bestgestellten Handwerke‹ erscheint.

Eben darauf deutet nun auch die Statistik. Stellen wir wieder nur die Jahre 1822, 1849 und 1895 einander gegenüber, so zeigt sich, dass in den hier in Rede stehenden alten Provinzen Preussens auf je 100 000 Köpfe der Bevölkerung im Uhrmachergewerbe ü b e r h a u p t thätig waren: 1822 : 19, 1849 : 26 und 1895 : 50 Meister, Gehilfen u. s. w.[1]). Es ist das ein Fortschritt, wie er kaum von irgend einem anderen Gewerbe erreicht wird, was wohl nicht nur jener ›Verbilligung‹, sondern eben auch dem gestiegenen Wohlstande der Bevölkerung zuzuschreiben sein muss.

Deshalb sehen wir diesen Fortschritt sich auch besonders in jenen Gebieten vollziehen, deren Verhältnisse früher die Beschaffung von Uhren am wenigsten erlaubten. So namentlich in Ost- und Westpreussen, Posen und Oberschlesien der Art, dass man auf 100 000 Köpfe Uhrmacher überhaupt zählte im Reg.-Bezirk

	1822	1849	1895
Gumbinnen	7 (!)	7	30 (!)
Königsberg	11	12	33

1) Vgl. Tabelle XI. Dabei ist natürlich wirkliche Uhren f a b r i k a t i o n von dem hier vorzugsweise in Betracht kommenden R e p a r a t u r gewerbe statistisch im Allgemeinen schwer zu unterscheiden. Für P r e u s s e n s alte Provinzen ist eben das aber wenig erheblich, da jene Fabrikation fast allein für Schlesien und selbst dort nur für zwei Orte des Reg.Bez. Breslau (F r e i b u r g und S i l b e r b e r g) von Bedeutung ist. Von den auf d i e s e n Bezirk bezüglichen Durchschnittszahlen soll im Folgenden deshalb auch abgesehen werden. Früher war auch L ä h n im Reg.-Bez. Liegnitz wenigstens von einiger Bedeutung. Denn z. B. 1858 wurden dort im ganzen 1920 Stück goldene, silberne und Pendeluhren fabriziert, vgl. den jetzt wenig beachteten Bericht von F e i s t e l über Uhrenfabrikation in Lähn, im Archiv für Landeskunde der Preuss. Monarchie, Bd. VI (1859) S. 320 ff.

	1822	1849	1895
Danzig	20	23	40
Marienwerder	11	12	34
Posen	8 (!)	11	32 (!)
Bromberg	9 (!)	11	35 (!)
Oppeln	9 (!)	12	33 (!)

Geringer schon war der Fortschritt in den mittleren Provinzen, wo auf die gleiche Bevölkerungszahl fielen z. B.

	1822	1849	1895
im Reg.-Bezirk Stettin	17	29	47
» » » Köslin	13	19	42
» » » Stralsund	34	34	61
» » » Magdeburg	22	31	52
» » » Merseburg	13	28	42
» » » Erfurt	16	23	38

am geringsten aber im Westen, wo diese Ziffern betrugen z. B.

	1822	1849	1895
im Reg.-Bezirk Münster	26	44	57
» » » Minden	18	23	37
» » » Arnsberg	30	39	47
» » » Köln	27	38	52
» » » Düsseldorf	35	42	50 [1]).

Bei alledem hat sich natürlich das Zahlenverhältnis zwischen Selbständigen und A b h ä n g i g e n auch in diesem Gewerbe zu Ungunsten der letzteren verschoben, sodass im ganzen preussischen Staat (alten Gebiets) auf je 100 Selbständige 1822 : 32, dagegen 1849 : 47 und 1895 bereits 92 Gesellen, Gehilfen u. s. w. gezählt wurden. Indessen hat sich auch diese Wandlung, da sie eben mehr der Ausdehnung des Gebrauchs als der Zunahme maschinellen Betriebes entsprach, ähnlich wie dies oben schon bei manchen in gleicher Lage befindlichen Gewerben konstatiert ist, vorzugsweise i m O s t e n vollzogen, wo der Bedarf an Gewerbetreibenden dieser Art besonders stark wuchs, ohne dass von den M i t t e l n z u s e l b s t ä n d i g e r Etablierung das Gleiche galt.

Sehen wir aus den oben schon angedeuteten Gründen immer noch von gewissen schlesischen Gebieten ab, so finden wir, dass

---

1) Dass diese und manche folgenden Zahlen — bei monographischer Behandlung dieses Gewerbes — noch in mancher Beziehung kritischer Sichtung bedürften. erhellt z. B. aus den Ausführungen im Bd. IX cit.

sich die bezüglichen Zahlen, wieder auf je 100 Selbständige bezogen, herausstellten z. B. für die Bezirke:

	Gumbinnen	Danzig	Bromberg	Oppeln
1822	auf 4 (!)	auf 14	auf 5 (!)	auf 24
1849	» 43	» 69	» 40	» 27
1895	» 104	» 111	» 88	» 86.

Wir finden hier also recht ansehnliche Steigerungen, während
es z. B. in Sachsen und manchen westfälischen und rheinischen
Gebieten ganz anders stand. Denn dort wurden auf je 100 Selbständige Abhängige gezählt z. B. in den Bezirken

	Magdeburg	Merseburg	Erfurt	Köln	Düsseldorf	Trier
1822	34	29	30	37	30	32
1849	55	47	60	44	41	30
1895	67	51	45 (!)	67	75	49.

Daneben ist aber auch die Zahl der S e l b s t ä n d i g e n absolut g a n z allgemein und relativ sogar f a s t allgemein (d. h. mit
Ausnahme nur von Berlin und von den Bezirken Arnsberg und
Düsseldorf) gestiegen. Denn auf 100 000 Köpfe der Bevölkerung
waren s e l b s t ä n d i g t h ä t i g im Durchschnitte des Staats (alten
Umfangs) 1822 : 14, 1849 : 17 und 1895 : 26. Und im Osten, wo
der Bedarf an Uhrmachern ja überhaupt in besonders raschem
Tempo stieg, hoben sich jene Zahlen in einigen Bezirken sogar
noch mehr. So z. B. allein zwischen 1849 und 1895 im Gumbinner
Bezirk von 5 auf 14, in dem von Marienwerder von 9 auf 19, aber
auch in den beiden Posen'schen Bezirken von 8 auf 16 resp. 19
und ähnlich in Oberschlesien von 9 auf 18 , ja im Kösliner Bezirk von 12 auf 25, dagegen weniger schon in manchen mehr
städtischen Bezirken des Ostens, (so z. B. im Reg.-Bezirk Danzig
nur von 14 auf 19, und im Stettiner von 17 auf 31) und namentlich in den westlichen Provinzen. Denn z. B. im Bezirk Magdeburg betrugen die bezüglichen Zahlen für jene beiden Jahre 26
resp. 31 und in den Bezirken

Merseburg	19 und 28	
Münster	33 » 36	
Köln	26 » 31.	

Ja, wie schon berührt, s a n k e n diese Zahlen hie und da, so

im Bezirk Arnsberg	von 29 auf 26	
» » Düsseldorf	» 30 » 28	
und in Berlin	» 43 » 37. —	

In mancher Beziehung dem Uhrmachergewerbe ähnlich entwickelte sich aber auch das der B a r b i e r e u n d F r i s e u r e ,
bezüglich dessen allerdings Zahlen für 1822 fehlen[1]).

Auf je 100000 Köpfe berechnet, stieg die Zahl der diesem
Gewerbe überhaupt Angehörigen zwischen 1849 und 1895 im ganzen
Gebiete des preussischen Staats (alten Umfangs) von 56 auf 116,
besonders stark aber wieder im Osten, wo man, wie leicht erklärlich, früher am meisten o h n e solche Hülfe auszukommen suchen
musste, so z. B. in den Bezirken

Gumbinnen von	9 auf 39		Marienwerder von	15 auf 54
Köslin	» 14 » 53		Bromberg	» 17 » 72
	Oppeln von 21 auf 78,			

dagegen weniger schon in den mehr städtischen Bezirken des
Ostens z. B.

im Bezirk Königsberg von 21 auf 63,
» » Danzig » 45 » 88,
» » Stettin » 41 » 114,

und noch weniger namentlich in jenen mittleren und westlichen
Provinzen, die schon um die Mitte des Jahrhunderts mit Gewerbetreibenden dieser Art relativ gut versorgt gewesen waren, also z. B.
im Bezirke

Magdeburg von	136 nur auf 185		Arnsberg von	46 auf 87
Erfurt	» 89 » » 136		Köln	» 93 » 152
Minden	» 29 » » 55		Düsseldorf	» 114 » 118
	Koblenz von 65 auf 85 u. s. w.,			

sodass also von Bezirk zu Bezirk auch diese Zahlen wie bei den
Uhrmachern jetzt mehr ausgeglichen sind, als früher.

Waren noch 1849 die Extreme auf der einen Seite: 9 (Gumbinnen) und 14 (Köslin), und auf der andern: 222 (Berlin) und 136
(Magdeburg), so bilden besonders grosse Gegensätze allerdings
auch heute noch grade jene beiden östlichen Bezirke einerseits
und Berlin und Magdeburg andererseits, jetzt aber mit den viel
weniger differierenden Relativzahlen 39 und 53 einerseits und 296
resp. 185 andererseits. Es war nemlich z. B. die Berliner Zahl im
Jahre 1849 noch etwa 25 mal grösser als die für den Gumbinner

---

1) Für die Gegenwart vgl. Bd. IX cit. p. 299 ff. (über Eisleben) und namentlich Bd. VII ebendort für Berlin (p. 454 ff., hier auch viel Historisches)
und Posen (p. 561 ff.); vgl. auch Mendelson p. 210 (1899) und hier Tab. XII.

Bezirk, während sie heute nur noch etwa das 7 fache dieser beträgt.
Gleichzeitig ist natürlich auch bei diesem Gewerbe das Verhältnis zwischen Selbständigen und Abhängigen für die Letzteren wieder ein ungünstigeres geworden. Aber in diesen Dingen
ist es nun — im Gegensatz zu dem bei den Uhrmachern Bemerkten — gerade der Westen gewesen, der unter solcher Wandlung
vorzugsweise zu leiden hatte, wobei wohl erheblich ist, dass sich
aus den früher angedeuteten Gründen die an sich dort früher
schon grosse Zahl der Selbständigen relativ nur wenig
steigerte, ja im Bezirk Münster und den meisten Bezirken der
Rheinprovinz sogar zurückging [1]).

Im grossen Durchschnitte des ganzen hier in Rede stehenden Gebiets zählte man nämlich selbständige Barbiere und Friseure
auf je 100000 Köpfe der Bevölkerung : 39 im Jahre 1849 und : 55
im Jahre 1895. Ihre Zahl hat sich also auch relativ um etwa $^1/_3$
gesteigert. Aber stärker hat sie sich natürlich da vermehrt, wo
sie bisher besonders gering gewesen, z. B. in den Bezirken

Gumbinnen	von	6 auf	15,	Bromberg von 10 auf 29,
Königsberg	»	13 »	30,	Posen » 17 » 31,
Marienwerder	»	9 »	22,	Oppeln » 13 » 30,

Köslin von 11 auf 23 u. s. w. ;

weniger schon in Sachsen und am wenigsten in Westfalen und in
der Rheinprovinz. Denn in Sachsen und Westfalen stellten sich
diese Zahlen in den Bezirken

Magdeburg auf 88 resp. 95,

Merseburg » 61 » 67,

Erfurt » 66 » 71.

Wir sehen da also nur sehr geringe Fortentwickelung, ja fast
Stabilität. Und ähnlich in Westfalen, wo im Reg.-Bezirk Münster,
wie berührt, sogar ein erheblicher Rückgang Platz griff. Die Zahlen
betrugen nämlich im Reg.-Bezirk

	1849	1895
Münster	69 resp.	38
Minden	23	27
Arnsberg	41	42.

Noch umfassender aber war der Rückgang in der Rheinprovinz, abgesehen von dem mehr ländlichen Bezirke Trier. Denn

---

1) Vgl. Tabelle XII (Anhang).

die bezüglichen Zahlen betrugen in denselben Jahren in den Bezirken

Köln	77 resp. 73		Trier	24 resp. 35
Düsseldorf	100 » 64		Aachen	103 » 47
Koblenz	54 » 49			

Während also im Osten, wo die Zahl der Unternehmer, wie auf fast allen Gebieten, so auch auf diesem eine relativ kleine gewesen, eben diese Zahl seit der Mitte des Jahrhunderts ganz besonders stieg, zumal das Barbiergewerbe im Gegensatz z. B. zum vorhin betrachteten Uhrmacher-, d. h. Uhrhandel- und Uhrreparaturgewerbe, relativ wenig Betriebskapital erfordert, stand es im Westen gerade anders. Dort hatte es wie in so vielen anderen Gewerben, auch in diesem früher sehr viele Unternehmer gegeben. Und ihre Zahl ging nun, zumal sich gerade dort manche bessere Erwerbsaussichten zeigten, relativ und hie und da absolut zurück. Schon aus diesem Wandel aber musste sich ja ergeben, dass das Verhältnis zwischen der Zahl der Abhängigen und Selbständigen sich gerade im Westen ganz besonders zu Ungunsten Ersterer änderte, wenn auch die Zahl der Abhängigen im Verhältnis zur Bevölkerung im Osten ebenfalls natürlich stark zunahm.

Auf 100 000 Köpfe aller Bewohner zählte man in den Jahren 1849 und 1895 z. B.

im Reg.-Bezirk Gumbinnen	3 resp. 24	Barbier- und Friseurgehilfen
» » » Marienwerder	5 » 32	» » »
» » » Bromberg	7 » 43	» » »
» » » Oppeln	8 » 49	» » »
» » » Königsberg	8 » 33	» » »
» » » Posen	10 » 48	» » »

was im grossen Durchschnitt dieser östlichen Gebiete etwa einen Fortschritt im Verhältnis von 7 zu 35 = 1 : 5 entspricht. Und in ungefähr gleichem Verhältnis stieg, ebenfalls auf je 100 000 Köpfe berechnet, auch die Zahl der Barbier- und Friseurgehilfen in den westlichsten Bezirken. Denn dort stellten sich diese Zahlen für dieselben Jahre 1849 und 1895

im Bez. Münster	auf 5 resp. 28	im Bez. Aachen	auf 7 resp. 33
» » Trier	» 5 » 31	» » Koblenz	» 11 » 36
» » Arnsberg	» 5 » 45	» » Düsseldorf	» 14 » 54
» » Minden	» 6 » 27	» » Köln	» 16 » 79

was im grossen Durchschnitt etwa einem Fortschritt von 8 zu 42 = 1 zu 5,2 entspricht.

Aber trotz solcher analogen Entwickelung der Relativzahl der Abhängigen musste, eben weil die Zahl der U n t e r n e h m e r in den hier in Rede stehenden Geschäften sich im Osten und Westen so verschieden entwickelte, die Zahl der a u f j e 1 0 0 U n t e r - n e h m e r berechneten Abhängigen im Westen sehr viel stärker zunehmen als im Osten.

In jenen beiden Provinzen Westfalen und Rheinland stieg d i e s e Relativzahl in der hier in Rede stehenden Zeit im

Bez. Aachen	von	7,1 auf 70,9	im Bez. Koblenz	von 19,8 auf 74,4
» Münster	»	7,8 » 72,4	» » Köln	» 20,6 » 107,7
» Arnsberg	»	12,3 » 106,2	» » Trier	» 20,8 » 88,0
» Düsseldorf	»	14,1 » 84,9	» » Minden	» 26,4 » 98,8

d. h. im Durchschnitt der Provinzen Rheinland und Westfalen etwa[1]) 161 zu 888 = 1 zu 5,5, dagegen in Ost- und Westpreussen und der Provinz Posen:

im Bezirk Marienwerder	von	50,0	auf	150,3
» » Gumbinnen	»	52,6	»	161,3
» » Posen	»	57,1	»	156,2
» » Königsberg	»	60,7	»	110,5
» » Bromberg	»	65,2	»	151,1
» » Danzig	»	78,4	»	126,5,

was ungefähr einem Durchschnitt von 61 zu 143 = 1 : 2,4 entspricht.

Und in ähnlicher, natürlich nur ungefähr zutreffender Weise berechnet, entwickelten sich diese Zahlen z. B.

für Schlesien	von 66	auf 137	= 1 : 2,1,
» Sachsen	» 49	» 101	= 1 : 2,1,
» Brandenburg	» 46	» 111	= 1 : 2,4,
(ohne Berlin)			
» Pommern	» 46	» 119	= 1 : 2,6,

ja in Berlin selbst nur von 111 auf 113 = 1 zu 1.

---

1) Es soll hier und in den zunächst folgenden Zahlen genügen, lediglich die Durchschnitte jener für die bezüglichen einzelnen B e z i r k e berechneten Zahlen als für die P r o v i n z e n zutreffend ins Auge zu fassen. Genauer wäre es natürlich, d i r e k t die auf das ganze Gebiet z. B. der westlichen P r o v i n z e n bezüglichen Durchschnittszahlen d i r e k t zu berechnen.

Trotz dieser starken Z u n a h m e der auf die Abhängigen bezüglichen Relativzahlen im Westen ist aber gerade hier, wie die
soeben aufgeführten Ziffern ergaben, auch z u r Z e i t noch die
Zahl der Abhängigen, auf je 100 Selbständige berechnet, kleiner
als im Osten geblieben. Nur eine starke A u s g l e i c h u n g der
Zahlen hat sich wieder vollzogen, wie sich das ja aus jener schon
mehrfach in Bezug genommenen allgemeinen Entwickelung der gewerblichen Verhältnisse des Westens, insbesondere der f r ü h e r
dort besonders grossen Zahl Selbständiger ergeben musste. Waren
f r ü h e r die Gegensätze zwischen Ost und West in dem hier in
Rede stehenden Gewerbe (abgesehen von Berlin) der Art, dass
auf je 100 Unternehmer z. B. 1849

> im Regierungsbezirk Aachen nur 7,1 Abhängige

und »   »   » Münster » 7,8   »

fielen, dagegen im Osten z. B.

> im Reg.-Bezirk Breslau 73,5

und »   »   » Danzig 78,4,

was zwischen Osten und Westen ungefähr einem Gegensatz von
1 zu 10 entsprach, so bilden h e u t e die Extreme einerseits die
Bezirke Aachen und Münster mit 70,9 resp. 72,4 Abhängigen auf
je 100 Unternehmer, und anderseits die Bezirke Gumbinnen
und Oppeln mit 161,3 und 165,8 — was nur noch einem Verhältnis von 1 zu 2—3 entspricht.

Dass übrigens die Gefahr zu grosser Betriebskonzentration gerade bei diesem Gewerbe keine dringliche ist, beweist wieder am
besten das Ergebnis der neuesten Berufsstatistik, wonach im ganzen
deutschen Reich im Jahr 1882 von 21 593 Betrieben (Hauptbetrieben)
nur 70 mehr als 5 Personen beschäftigten, und selbst 1895 von
30 230 nur 235, während man in kleinen Betrieben zählte z. B.

mit 1 Person	mit 2—5 Personen
1882 : 13 046	8 477
1895 : 14 226	15 769[1]).

Von den mittelgrossen Gewerben kommt hier namentlich das
der M a l e r[2]) und von den grösseren das der B ä c k e r und das

---

1) Weiteres bei Mendelson p. 210 und in der amtlichen Berufsstatistik.
2) Von der Mittelstellung dieser wird unten die Rede sein, vgl. Tabelle XIII.

112

der Fleischer in Betracht. Doch sei hier nur der beiden letzteren gedacht. Bezügl. der Maler vgl. Tab. XIII u. Anh. Nr. 18.

Wenn bezüglich der Bäcker Schmoller in seinen Untersuchungen über die Geschichte der deutschen Kleingewerbe von 1870 das Resultat seiner Forschungen in den Worten zusammenfasste: Die Zahl der Bäcker hätte im Allgemeinen von 1816 bis 1849 etwas geschwankt, sei aber in ihrem Wachstum mehr oder weniger hinter der Bevölkerung zurückgeblieben, so dass 1849 ihre Zahl etwa wieder dieselbe gewesen wäre wie 1816, so ist das für Preussens alte Provinzen an sich nicht ganz zutreffend.

Blicken wir zur Erkenntnis der dortigen Entwickelung thunlichst weit zurück, so liegen einigermassen verlässliche Zählungen über die Bäcker allerdings erst seit 1822 vor. Aber von diesem Jahre ab haben sich jene Dinge dort doch bereits bis zur Mitte des vorigen Jahrhunderts in erfreulicher Weise entwickelt. Es waren nämlich im Staate auf je 10000 Einwohner 1822 nur 24—25, dagegen 1849 27 Bäcker und Konditoren beschäftigt. Und es steigerte sich diese Zahl bis 1861 auf 28, bis 1882 auf 37 und bis 1895 auf 43[1]).

Anders natürlich, wenn wir die einzelnen Bezirke ins Auge fassen. Vergleichen wir zunächst nur die Verhältniszahlen für 1822 und 1849, so zeigt sich allerdings ein recht geringer Fortschritt im damals noch arg darnieder liegenden Osten, so z. B. im Reg.-Bezirk Königsberg nur ein solcher von 17 auf 18 (auf je 10000 Einwohner), und in den Bezirken

Gumbinnen	nur solcher von	7 auf 9
Marienwerder	» » »	13 » 14
Danzig	» » »	17 » 19
Posen	» » »	19 » 22
Bromberg	» » »	17 » 18

Dagegen erfreuten sich schon damals einer besseren und zum Teil auch einer stärker wachsenden Ausstattung mit Handwerkern dieser

1) Vgl. Tabelle XIV im Anhang und die Schriften des Vereins für Sozialpolitik a. a. O., namentlich bezüglich Breslaus Bd. VII p. 99 ff. und p. 131 ff., auch IX p. 209 ff. u. 291 ff., und bezügl. Leipzigs Bd. VI p. 701 ff. — Für die Zeit seit 1849 sind hier Bäcker und Konditoren regelmässig zusammen behandelt, da es an scharfen Grenzen zwischen diesen Gewerben gebricht. Bei Vergleichen mit früherer Zeit war aber Anderes geboten, da 1822 die Konditorengehülfen nicht gezählt sind. Vgl. Bemerkungen (Anhang) Nr. 1.

Art namentlich Sachsen, Westfalen und die Rheinprovinz, wo diese Zahlen stiegen z. B. in den Bezirken

Magdeburg von 28 auf 34	Köln	von 37 auf 48
Merseburg » 27 » 30	Düsseldorf » 42 » 52	
Arnsberg » 39 » 43	Aachen » 35 » 43,	

während allerdings selbst im Westen eine Abnahme oder nur g e - r i n g e Zunahme zeigten insbesondere jene mehr l ä n d l i c h e n Bezirke von Münster, Minden und Koblenz[1]).

Später ist es auch dort anders geworden. Von 1849 bis 1895 zeigten besonders starke Zunahme im W e s t e n z. B. gerade die Bezirke Münster und Minden. Denn dort hoben sich jene Zahlen in dieser Zeit von 25 auf 42, resp. von 22 auf 49 für je 10 000 Köpfe, und ähnlich auch in jenen früher so zurückgebliebenen Landesteilen des Nordosten, so dass die analog berechneten Ziffern sich steigerten z. B. in den Bezirken

Gumbinnen von 9 auf 16,	Marienwerder von 14 auf 21,
Danzig » 19 » 31,	Bromberg » 18 » 26,

während relativ w e n i g e r gerade manche westliche Gebiete fortschritten, so der

Regierungsbezirk Arnsberg	mit den Zahlen 43 resp. 48,
der » » Düsseldorf » » » 52 » 59,	
und » » Trier » » » 20 » 28.	

Offenbar war wie in anderen Gewerben, so auch bei diesen hie und da bereits um die Mitte des Jahrhunderts eine gewisse »Sättigung« eingetreten, so dass es eines Wachstums im gleichen Tempo wie im Osten gar nicht mehr bedurfte. Das Ergebnis des Ganzen aber war hienach wieder eine auffällige A u s g l e i c h u n g von Provinz zu Provinz und Bezirk zu Bezirk. Waren nach 1822 die Extreme einerseits 7 (Gumbinnen) und andererseits 42 (Düsseldorf) gewesen, so standen sich 1895 nur noch die Zahlen 16 (Gumbinnen) und 66 (Köln) gegenüber, d. h. aus dem Verhältnis von 1 zu 6 war ein solches von 1 zu 4 geworden.

Dabei zeigt sich nun freilich noch in der Gegenwart der Einfluss nicht nur verschiedener W o h l h a b e n h e i t, sondern wie

---

1) Im Bezirk Koblenz blieb die Zahl 36 in jener Zeit ganz stationär, und in Münster fand eine Minderung von 26 auf 25, desgleichen in Minden eine solche von 23 auf 22 statt.

leicht erklärlich, auch mehr oder minder fortgeschrittener s t ä d t i -
s c h e r Entwickelung.

Fügen wir, um das besser zu überblicken, neben die Zahlen
über die Bäcker in den einzelnen Bezirken noch die über die
Grösse der e i n k o m m e n s s t e u e r p f l i c h t i g e n Bevölkerung
und den Umfang l ä n d l i c h e r Bevölkerung bei, so kommen wir
zu folgendem Ergebnis[1]):

Man zählte 1895 auf je 10 000 Einwohner besonders w e n i g
Bäcker (16) im Reg.-Bezirk Gumbinnen mit 17.57 % einkommenssteuerpflichtiger und 83,4 % ländlicher Bevölkerung, und ebenfalls
wenig Bäcker auch in den Bezirken:

Marienwerder (21) mit 16,07 % eink.-steuerpfl. u. 75,4 % ländl. Bevölkerung
und Köslin   (23) » 20,05 % resp.   72,4 % »   »

Dagegen zeigte sich der Einfluss stärkerer s t ä d t i s c h e r
Entwickelung im Osten schon in den Bezirken Königsberg, Danzig,
Breslau, wo die analogen Zahlen betrugen:

in Königsberg 25 resp. 15,11 % und 68,2 %
» Danzig   31   »   17,71 %   » 63,5 %
» Breslau   45   »   19,98 %   » 60,6 %

Und ebenso zeigte sich der Einfluss relativ grosser ländlicher
oder städtischer Bevölkerung im W e s t e n und in den m i t t l e r e n
Provinzen trotz dort im allgemeinen grösserer Wohlhabenheit, so
z. B. im Reg.-Bezirk T r i e r, wo bei mit 38,06 % einkommenssteuerpflichtiger, aber 82,2 % ländlicher Bevölkerung doch nur 28
Bäcker[2]) auf 10 000 Köpfe fielen, (im gleichfalls vorzugsweise ländlichen Bezirk S i g m a r i n g e n auch nur 28), während eine besonders r e i c h l i c h e Ausstattung mit Bäckern namentlich wieder
da zu finden ist, wo erfreulicher Wohlstand und starke städtische
Konzentration zusammentreffen. Sehen wir von B e r l i n (mit 67

---

1) Vgl. oben S. 13 u. 23. Dass daneben auch noch manche andere Faktoren,
wie insbesondere h e r g e b r a c h t e Consumtionsverhältnisse und frühere Zunft-
verfassungen von Bedeutung sein können, soll hier nicht nochmals ausgeführt
werden. Vgl. übrigens die folgende Anmerkung.

2) Von Einfluss dürfte auch die Bodenverteilung sein (vergl. oben S. 25)
und daneben herkömmliche Gestaltungen bezüglich der Verbreitung der H a u s -
b ä c k e r e i u. s. w. Vgl. hiezu und bezüglich des Bezirks T r i e r (auch zum Folgenden): B ä r s c h , Beschreibung des Reg.-Bezirks Trier, Band I u. II Trier
1846 und 1849 und B e c k , Beschreibung des Reg.-Bezirks Trier Bd. I—III.
Trier 1868—1871.

Bäckern auf je 10 000 Köpfe) ab, so hatten 1895 die relativ m e i s t e n
Bäcker und Conditoren in den m i t t l e r e n Provinzen mit 52 und
51 auf je 10 000 Köpfe: der Reg.-Bez. M a g d e b u r g bei 30,98 %
einkommenssteuerpflichtiger und 50,7 % städtischer Bevölkerung,
und der Reg.-Bez. P o t s d a m bei 35,16 % resp. 61,0 %; ähnlich
im W e s t e n die Bezirke

    K ö l n mit   66 bei 36,94 % eink.-steuerpfl. u. 46,7 % ländl. Bevölkerung
  u. D ü s s e l d o r f 59 ▸ 37,82 % ▸   ▸   ▸ 35,9 % ▸   ▸

Und führt man solche Vergleiche für 1895 noch mit Bezug
auf die P r o v i n z e n als solche durch, so treten Beziehungen
jener Art noch deutlicher zu Tage. Denn ordnen wir die einzelnen Provinzen z. B. nach dem Prozentsatz der mit ü b e r 3000 Mk.
resp. ü b e r h a u p t zur Einkommensteuer veranlagten Bevölkerung,
so ergiebt sich, dass auf je 10 000 Einwohner am wenigsten Bäcker
und Conditoren, nämlich nur 20 in O s t p r e u s s e n zu finden sind,
wo nur 1,9 % der Bevölkerung ein Einkommen von über 3000 Mk.,
und nur 16,3 % ein überhaupt einkommensteuerpflichtiges Einkommen
haben[1]). Sodann aber hatten — immer auf je 10 000 Köpfe berechnet — 26 Bäcker und Conditoren Westpreussen, wo jene auf
die Einkommensteuer bezüglichen Zahlen 2,4 % resp. 16,9 % betrugen, ferner

28 Bäcker und Konditoren:	Posen	mit	2,1 %	resp.	18,7 %/⁰		
36 ▸ ▸ ▸	Pommern	▸	3,1 %	▸	22,5 %		
41 ▸ ▸ ▸	Schlesien	▸	2,6 %	▸	20,9 %		
45 Bäcker:	Brandenburg (excl. Berlin)	▸	3,8 %	▸	29,2 %		
47 ▸ :	Sachsen	▸	4,5 %	▸	28,3 %		
47 ▸ :	Westfalen	▸	3,7 %	▸	38,9 %		
52 ▸ :	Rheinland	▸	3,6 %	▸	34,1 %		
67 ▸ :	Berlin	▸	7,9 %	▸	48,7 %		

Wir finden also, dass die Zahl der Bäcker und Konditoren und
der Grad der Wohlhabenheit im Grossen und Ganzen parallel gingen.

Was aber die U m g e s t a l t u n g dieser Dinge seit 1849 betrifft, so stiegen im D u r c h s c h n i t t der alten Provinzen, wie
oben erwähnt, die auf 10 000 Köpfe berechneten Ziffern von 26,9
auf 43,1, also wie von 100 auf 160. Dagegen gestalteten sich diese
Zahlen in den mehr l ä n d l i c h e n Bezirken der Art, dass auf je

---

1) Vgl. oben S. 13.

10 000 Köpfe in der Bäckerei und Konditorei Erwerbsthätige gezählt wurden z. B. in den Bezirken

	Gumbinnen	Köslin	Münster
1849	9	12	25
1861	10	14	30
1882	13	18	42
1895	16	23	42

Wir finden also in diesen mehr ländlich gebliebenen Bezirken eine
Steigerung der Zahlen, die über das Durchschnittliche von 100 zu
160 ganz wesentlich hinausgehen. Und wie sich hierin wohl vorzugsweise die Zunahme der Wohlhabenheit spiegelt, so anderen Orts wieder städtische Konzentration. Denn es
stellten sich die analogen Zahlen z. B. in den Bezirken

	Potsdam	Frankfurt	Breslau	Liegnitz
1849	auf 28	20	25	24
1861	» 29	22	26	26
1882	» 39	29	35	3S
1895	» 51	39	45	48

Bei alledem blieben aber trotz Wohlhabenheit und städtischer
Konzentration in der Entwickelung zurück insbesondere jene
Bezirke, in denen die Besetzung des Gewerbes schon 1849 eine
besonders starke gewesen war, sodass die bezüglichen Zahlen z. B.
betrugen in den Bezirken

	Köln	Düsseldorf	Arnsberg
1849	47	52	43
1861	52	53	48
1882	62	59	48
1895	66	59	48

Fragen wir aber, wie sich seit 1849 das Verhältnis zwischen
»selbständigen« und »abhängigen« Bäckern gestaltet hat, so finden
wir dem gegenüber, was Schmoller für die erste Hälfte des neunzehnten Jahrhunderts zeigt, ebenfalls wieder manche Wandlung.
Noch im Jahre 1870 konnte dieser bezüglich der allgemeinen Entwickelung sagen: »Die Zahl der Gehilfen ist ziemlich gestiegen,
aber noch hat sie (1861) die der Meister nicht erreicht, noch können nur wenige grössere Geschäfte vorhanden sein; noch hat nach

dem Zahlenverhältnis an sich jeder Gehilfe die Aussicht, selbst Meister zu werden.« Jetzt steht es, für das hier in Aussicht stehende Gebiet wenigstens, durchaus anders [1]).

Im Durchschnitt der alten Provinzen Preussens fielen auf je 100 Selbständige 1849 : 66, 1861 : 84, 1882 : 157 und 1895 sogar 193 Abhängige. Und fassen wir diese Verhältnisse z. B. für 1895 noch nach Bezirken getrennt ins Auge, so ist die Betriebskonzentration, soweit sie in »Abhängigkeitsprozentsätzen« jener Art zum Ausdruck kommt, gerade wieder in den ö s t l i c h e n Bezirken eine ganz besonders grosse gewesen, so dass dort jene mit sehr grosser ländlicher Bevölkerung auf 100 Selbständige heute mehr Abhängige zählen, als die meisten Gebiete des Westens. Allerdings sind auch innerhalb dieser starke Gegensätze zu finden, so dass 1895 auf je 100 Selbständige gezählt wurden

	z. B. im Reg.-Bezirk		Sigmaringen	nur	98	Abhängige,	
	»	»	»	Trier	»	125	»	
	»	»	»	Koblenz	»	128	»	
dagegen im	»	»	Düsseldorf	»	147	»	
	»	»	»	Arnsberg	»	188	»	
	»	»	».	Köln	»	169	»	[2])

Immerhin sind auch die letzten Zahlen noch gering gegenüber jenen des Ostens, und zwar nicht nur in mehr städtischen Bezirken, wo sie z. B. in den Bezirken

Potsdam: 230,	Danzig: 289,
Breslau: 261,	Berlin: 513,

betrugen, sondern auch in besonders ländlichen, wie Gumbinnen, Köslin und Posen, wo sie sich auf 180, 182 und 190 stellten.

Zu erklären aber sind diese Dinge zuerst wieder damit, dass die Zahl der s e l b s t ä n d i g e n Bäcker aus den schon mehrfach berührten Gründen im Westen früher besonders gross w a r und relativ gross nun auch geblieben i s t.

Gehen wir nämlich auf diese Selbständigen und ihr Verhältnis zur Bevölkerung näher ein, so sehen wir, dass die 'Zahl derselben zwar in fast allen Bezirken, mit Ausnahme weniger vorzugsweise ländlicher (wie z. B. Gumbinnen, Köslin und Münster) in den west-

---

1) Vgl. Schmoller, a. a. O. S. 41 f. und hier Tabelle XIV (Anhang).
2) Im Reg.-Bez. Minden sogar 199.

lichen und mittleren Provinzen wie im Osten seit 1849 sank, z. B.
dort in den Bezirken:

Köln	von 33 auf 24		Arnsberg	von 29 auf 19
Düsseldorf	» 34 » 24		Erfurt	» 19 » 16
Koblenz	» 26 » 21		Magdeburg	» 20 » 18
Trier	» 15 » 12		Stettin	» 14 » 13
Aachen	» 30 » 25			

und in den Bezirken des Ostens z. B.

in Breslau von 15 auf 12,		in Posen	von 13 auf 10,
» Oppeln » 13 » 11,		» Bromberg » 11 » 8,

in Marienwerder von 8 auf 6—7 etc.

Es wird auch kaum gesagt werden können, dass dieser Rückgang im Osten oder im Westen ein viel stärkerer gewesen, aber jedenfalls blieb trotz solchen Rückgangs dem Westen eine sehr viel grössere Meisterzahl erhalten. Und schon das musste es begünstigen, dass im Verhältnis zur Zahl der Selbständigen die der Abhängigen im Westen kleiner blieb als im Osten, wenn sich auch die Bezirke mit grossen Städten natürlich durch eine besonders grosse Relativzahl von Gesellen und Lehrlingen auszeichneten: so in der Rheinprovinz die Bezirke Köln und Düsseldorf mit 169 resp. 147 Abhängigen auf je 100 Selbständige, gegen 127 resp. 126 und 125 in Koblenz resp. Aachen und Trier; ähnlich in Sachsen der Bezirk Magdeburg mit 184 gegen Merseburg und Erfurt mit 158 und 154; ebenso aber auch in Schlesien der Breslauer Bezirk mit 261 (gegen Oppeln und Liegnitz mit 176 und 175), in Westpreussen der Danziger mit 289 (gegen Marienwerder mit 229); in Ostpreussen der Königsberger mit 216 (gegen Gumbinnen mit 180).

Indessen neben jenem hienach wohl mit Recht in erste Linie gestellten Umstand und neben der mit ihm in engem Zusammenhang stehenden Thatsache, dass im Westen ein mehr verbreiteter mittlerer Wohlstand die Eröffnung selbständiger Geschäfte wie früher so auch heute erleichtert, scheint allerdings auch Anderes noch dazu beigetragen zu haben, dass der »Bedarfskonzentration« daselbst eine »Produktionskonzentration« weniger entsprach als im Osten. Sehen wir nämlich von der Zahl der Selbständigen ab und fassen allein die der Abhängigen und ihr Verhältnis zur Grösse der Bevölkerung ins Auge, so finden wir an sich zwar mehr Abhängige in den westlichen als in den östlichen und mittleren

Provinzen, aber doch nicht in d e m M a s s e mehr, als es nach
der Wohlhabenheit und der städtischen Entwickelung westlicher
Gebiete zunächst zu erwarten gewesen wäre. Und das legt zwei
Gedanken nahe, erstens, dass die im Westen mehr entwickelte
Grossindustrie und ihre Löhne dem Bäckergewerbe manche Kraft
entzog, die ihm im Osten erhalten geblieben wäre, und sodann,
dass diese G r o s s industrie auch im B ä c k e r e i g e w e r b e selbst
durch Arbeitsteilung und Motorenbetrieb manche menschliche Kraft
zu e r s e t z e n vermochte.

Um das noch durch einige Zahlen zu erläutern, so stehen mit
besonders grosser Zahl der Abhängigen voran allerdings Berlin
mit 56, Düsseldorf mit 41, Potsdam und Köln mit 35 und Magdeburg mit 34 auf je 10000 Köpfe. Sehen wir von diesen besonders
städtischen Bezirken aber ab, so sind z. B. Schlesien und Pommern
hinter den Bezirken von Sachsen, Westfalen und Rheinprovinz in
der hier in Rede stehenden Beziehung keineswegs besonders zurückgeblieben.

Denn die bezüglichen Zahlen betrugen im Jahre 1895 z. B. in
den Bezirken:

Aachen:	32	Arnsberg:	30	Erfurt:	24
Minden:	32	Koblenz:	27.	Trier:	15
Merseburg:	30	Münster:	26		

dagegen im Osten z. B. in den Bezirken:

Breslau:	32,	Danzig:	23,
Liegnitz:	30,	Oppeln:	19,
Stettin:	28,	Marienwerder:	15,
Stralsund:	27,	Köslin:	15,

Die Differenzen zwischen Ost und West sind also nicht sehr gross.
Aber sie dürften auf Grund der mehr städtischen Entwickelung
und grösserer Wohlhabenheit des Westens wahrscheinlich grössere
gewesen sein, wenn nicht die oben berührten Dinge mitbestimmend
gewesen wären. Auch sprechen für den Einfluss dieser wohl jene
Ergebnisse neuester Berufsstatistik, wonach z. B. im Jahre 1895
von s e h r g r o s s e n Betrieben mit über 50 Personen in den sechs
Provinzen Ost- und Westpreussen, Posen, Pommern, Schlesien und
Brandenburg (ausserhalb Berlins) zusammen überhaupt nur 4 (mit
361 Erwerbsthätigen) zu finden waren, dagegen allein in den drei
westlichen Sachsen, Westfalen und Rheinprovinz 9 (mit 1081), und

wonach auch die Betriebe mit 21—50 Personen in jenen 6 östlichen Provinzen nur in der Zahl von 19 mit 508 Personen zu finden waren, dagegen in den drei westlichsten in der Zahl von 31
mit 870.

Allerdings sind hiebei ja, woran hier immer festgehalten ist,
die auf Konditoren, Pfefferküchler u. s. w. bezüglichen Zahlen den
die Bäcker betreffenden zugezählt. Fasst man jene allein ins
Auge, so wird der Gegensatz noch grösser. Dann zeigt sich nämlich, dass im grossen Osten ausser Berlin an Betrieben von 21—50
Personen nur 13 mit 355, dagegen in dem kleinen Gebiet
der drei westlichen Provinzen 19 mit 523 Erwerbsthätigen gezählt
wurden, und an Betrieben von über 50 Personen dort sogar nur
3 mit 305, hier 7 mit 865 Personen. Ja selbst wenn wir Berlin
hinzuzählen, ergeben sich für

die 6 östlichen   Provinzen : 5 mit 434 Personen,
» 3 westlichen   »   : 7 » 865   »   .

Besonders stark aber ist das Uebergewicht letzterer Gebiete
auch bezüglich der M o t o r e n b e t r i e b e. Solche gab es dort
unter den Bäckereibetrieben (abgesehen von den als Konditoreien
gezählten) 278 mit 976 Pferdestärken, dagegen im Gesamtgebiet
der anderen Provinzen mit Berlin' nur 46 mit 306 und ohne Berlin
sogar nur 39 mit 282. —

Dass übrigens solchen den Grossbetrieb begünstigenden Faktoren andere gegenüberstehen, die der Erhaltung des K l e i n b e -
t r i e b e s gerade bei der Bäckerei besonders günstig sind, und
dass eben diese Faktoren nach dem bisherigen Entwickelungsgang
der Dinge in Deutschland, wie er insbesondere in den Aufnahmen
von 1882 und 1895 zu Tage getreten ist, bisher das Uebergewicht
behauptet haben, ist oft gezeigt[1]) und soll hier nicht abermals
wiederholt werden, zumal eine eingehendere Behandlung gerade
dieser Aufnahmen für die einzelnen P r o v i n z e n und B e z i r k e
des preussischen Staats anderem Ort vorbehalten bleiben muss,
da sie bei der Schwierigkeit dieser Dinge hier zu weit führen würde.

Nur bemerkt sei, dass der Betriebskonzentration zwar mancherlei zu gute zu kommen s c h e i n t, wie abgesehen von den allgemeinen Vorteilen billigen Einkaufs der erforderlichen Materialien

---

1) Vgl. Mendelson p. 184 und die dort und oben zu Seite 112 Anm. genannte Litteratur, namentlich aber Reichsstatistik Band 114 S. 157 ff.

(Mehl, Hefe, Holz, Kohlen u. s. w.), einerseits der Umstand, dass es sich bei diesem Gewerbe um M a s s e n k o n s u m t i o n handelt, der — so könnte man ja denken — auch Massenproduktion am besten entsprechen müsste, und sodann, dass auch M a - s c h i n e n b e t r i e b der Bäckerei in mehrfacher Weise (z. B. beim Sieben des Mehles und beim Kneten und Teilen des Brodteiges) förderlich sein k a n n. Alledem gegenüber stehen indessen gerade bei den Produkten der Bäckerei auch sehr grosse S c h w i e r i g - k e i t e n des Grossbetriebes, insbesondere alle jene Schwierigkeiten des A b s a t z e s, die, wie bekannt, dahin führen, dass jene Produkte ohne relativ grosse Kosten regelmässig nur in der N ä h e der Produktionsstätte abzusetzen sind, wobei allerdings von manchen Spezialfällen, z. B. bei Konsumvereinen und grossen Militär-, Armen- oder Krankenanstalten abgesehen werden muss.

Jedenfalls ist das Resultat nach den Aufnahmen von 1882 und 1895 für den Kleinbetrieb kein ungünstiges gewesen; denn die Zahl der Bäckerei- und Konditorei-Hauptbetriebe hob sich im R e i c h e in dieser Zeit von 80 117 auf 95 528, und wenn auch die Betriebe mit je einer Person von 31 505 auf 26 890 zurückging, steigerte sich doch die Zahl der fast ausschliesslich noch als handwerksmässig zu bezeichnenden Betriebe mit 2—5 Personen auf etwa das 1½ fache, nämlich von 46 220 auf 62 531; und in noch viel höherem Masse, nämlich von 2 037 auf 5 283, also im Verhältnis von 100 zu 260, nahm die Zahl jener Betriebe mit 6—10 Personen zu, die wenigstens v o r z u g s w e i s e noch als handwerksmässige zu bezeichnen sind, während Betriebe mit je 11 oder mehr Personen 1882 : 355 und 1895 : 815 gezählt wurden, was nur einer Steigerung im Verhältnis etwa von 100 zu 230 entspricht. —

Aehnlich wie die Entwickelung des Bäckergewerbes ist nun auch die des F l e i s c h e r g e w e r b e s [1]) gewesen. Denn auch da zeigte sich im Verhältnis zur Grösse der Bevölkerung bis zur Mitte des vorigen Jahrhunderts in vielen Gebieten nur Stagnation oder sehr geringer Fortgang, später aber, als in den allgemeinen Wohlstandsverhältnissen wesentliche Aenderungen eingetreten waren, ein viel rascherer Fortschritt. Nach der Tabelle XV (Anhang)

---

1) Vgl. Tabelle XV und die Bemerkungen hiezu im Anhang Nr. 2, namentlich aber die Schriften des Vereins für Sozialpolitik (insbesondere Bd. IX p. 295 ff. und 485 ff., Bd. VI p. 1 ff. und Bd. IV p. 208 ff.), desgl. Mendelson a. a. O. p. 194 ff.

zählte man im Durchschnitt des preussischen Staates 1822 und 1849 die ganz gleiche Zahl von Fleischern auf je 10000 Einwohner, nämlich etwa 17. Und in den Provinzen Posen, Schlesien und Sachsen zeigte sich, wie im Bezirke Koblenz, bis zum Jahre 1849 sogar ein kleiner Rückgang, im Uebrigen aber entweder wie in Ost- und Westpreussen Stagnation oder wie in den Bezirken Köln und Aachen und in der Provinz Pommern, auf deren früher zum Teil günstige Verhältnisse hier schon mehrfach verwiesen ist, eine wenn auch geringe Besserung[1]).

Dagegen haben sich allerdings seit der Mitte des neunzehnten Jahrhunderts diese Dinge so verändert, dass im Durchschnitt der alten Provinzen auf je 10000 Einwohner 1849 : 17, dagegen 1861 schon 19 und 1882 resp. 1895 sogar 28 resp. 33 im Fleischergewerbe thätige Personen gezählt wurden, was seit 1849 eine Zunahme im Verhältnis von 100 zu 194 ergiebt, während beim Bäckereigewerbe nur eine solche im Verhältnis von 100 zu 160 stattfand.

Auf die Gegensätze von Provinz zu Provinz scheinen bei alledem freilich Wohlstandsverhältnisse weniger Einfluss zu üben als bei der Zahl der Bäcker[2]). Denn auf je 10000 Einwohner zählte man 1895 z. B. in den in dieser Beziehung relativ ungünstiger situierten Bezirken

Köslin:	21	Gumbinnen: 26
Marienwerder:	23	Posen: 29 Erwerbsthätige,

und selbst in solchen mehr städtisch entwickelten, aber dem Westen gegenüber doch gleichfalls weniger wohlhabenden Bezirken wie z. B. Stettin, Stralsund und Frankfurt a. O. nur 31 resp. 36 und 37 Fleischer, dagegen z. B. in den Bezirken Münster nur 19, in Minden und Trier nur 21 und selbst im Arnsberger und Düsseldorfer Bezirk nur 25 resp. 34, also selbst in letzterem ganz besonders wohlhabenden rheinischen Bezirk[3]) nur etwa ebensoviel als in Oberschlesien (Reg.-Bezirk Oppeln: 34) und jedenfalls weniger als z. B. in den Bezirken von Stralsund (36), Frankfurt a. d. O. (37), Liegnitz (38), Potsdam (39) und Breslau (40). Ausser dem Wohlstand und ausser dem wechselnden Ver-

---

1) Vgl. Teil I. S. 11 ff.
2) Vgl. oben S. 112 ff.
3) Vgl. oben S. 13 u. 17.

hältnisse zwischen ländlicher und städtischer Bevölkerung müssen also für die Zahl der Fleischer noch heute besonders bestimmend a n d e r e Momente sein. Und unter diesen dürfte vielleicht der bei Behandlung dieser Dinge viel zu wenig beachtete Stand der Fleisch- p r e i s e und die hiemit in Zusammenhang stehende h e r k ö m m- l i c h e Art der Ernährung und Schlachtung nicht zu den unwich- tigsten gehören.

Wenn im Osten z. B. die Bezirke Köslin, Marienwerder und Gumbinnen nur 21, 23 und 26 Fleischer auf je 10000 Köpfe zählen, während es die Bezirke K ö n i g s b e r g und P o s e n auf 29 gebracht haben, und wenn ähnlich im Westen z. B. Hohenzollern nur 17 und selbst Münster, Minden und Trier nur 19, 21 und 21 Fleischer auf je 10000 Köpfe haben, während D ü s s e l d o r f und K ö l n Zahlen von 34—35 resp. 41—42 aufweisen, so wird das selbstverständlich zugleich mit den oft erörterten l ä n d l i c h e n Verhältnissen der Be- zirke von Gumbinnen, Köslin, Hohenzollern, Trier etc. zusammen- hängen, wie es andrerseits wohl auch nicht ausser aller Beziehung zu Unterschieden der W o h l h a b e n h e i t steht, dass schon 1849 inner- halb des Ostens ganz besonders zurück standen z. B. die Bezirke von Köslin und Marienwerder mit 8 resp. 10 Fleischern auf je 10000 Köpfe, gegenüber z. B. dem Danziger und Königsberger mit 12 resp. 14; und ähnlich im Westen Münster, Minden und Trier mit etwa 12 gegenüber Düsseldorf, Aachen, Köln mit 17, 18 und 21.

Dass daneben aber auch jene Fleischpreise und die hieraus sich ergebenden hergebrachten Ernährungsverhältnisse eine Rolle spie- len, darauf deutet schon der Umstand, dass, soweit wir den Fleisch- k o n s u m direkt erfassen können, dieser sich im Westen ganz an- ders gestaltete, als nach der Wohlhabenheit anzunehmen gewesen wäre.

Nach den Ergebnissen der bis Ende 1874 in etwa 130 grös- seren Städten erhobenen Schlachtsteuer stellte sich dieser Konsum nämlich im Durchschnitt der Jahre 1838—1861 in den westpreus- sischen Städten auf 69—70 Pfund per Kopf und in den ostpreus- sischen und schlesischen sogar auf 70—71 resp. 73—74 (!), dagegen z. B. in den westfälischen (1838—1847)[1]) nur auf 68—69, und in den

---

1) Später wurde diese Steuer dort nicht erhoben. Vgl. zum Ganzen: Zeit- schrift des preussischen statistischen Bureaus 1863 p. 233 ff., auch oben S. 16 Anm. 1.

sicherlich wohlhabenderen sächsischen (1838—1861) sogar nur auf
67—68 (!). Auch berechnet er sich nach den Mitteilungen öffent·
licher Schlachthausverwaltungen noch in der Gegenwart z. B. für Königsberg i. Pr. auf 45—46, dagegen z. B. für solche
im Allgemeinen sicherlich wohlhabendere Städte wie Barmen,
Halle und Potsdam nur auf 39 resp. 42 und 43 Kilo ¹). Allerdings
liegt ja der Einwand nahe, dass solche Differenzen auch Mängeln
der Steuererhebung oder der statistischen Erfassung zuzuschreiben
sein möchten. Indessen, wie sich bei näherer Prüfung dieser Dinge
zeigt, ist das keineswegs zuzugeben ²). Dagegen ist leicht erklärlich jener Einfluss der Preise, die im Osten und Westen recht verschieden sind, und im Zusammenhang hiermit auch der Einfluss
von Gewöhnung und Sitte ³). Galt doch z. B. noch im Durchschnitt des Jahrs 1865 das Pfund Rindfleisch nicht nur im äussersten Nordosten wie z. B. in Insterburg, Rastenburg und Neidenburg, sondern auch noch z. B. in Grüneberg in Schlesien nur etwa
2 (!) und höchstens 2—3 Groschen, dagegen z. B. in Witten und
Bochum damals schon etwa 5 und in Aachen und Düsseldorf sogar
6 (!). Und dass, wenn auch abgeschwächt, derartige Preisdifferenzen sich bis in die neueste Zeit fortgesetzt haben, dafür sei
hier nur angeführt, dass z. B. im Jahre 1889 das Kilo Rindfleisch
durchschnittlich in Schlesien mit 117 Pf. bezahlt wurde, dagegen in Westfalen mit 146 und in den Rheinlanden mit 150⁴),
während in einzelnen Orten und einzelnen Monaten diese Gegensätze sich natürlich noch sehr viel grösser gestalteten, so dass man
z. B. im Januar 1894 das Kilo Rindfleisch in Gumbinnen und
Bromberg nur mit 80—100 Pf. bezahlte, dagegen z. B. in Hagen
in Westfalen und in Mühlheim am Rhein mit 130—150, ja in
Bonn und Trier mit 130—160 und in Aachen sogar mit Preisen,
die bis 180 hinaufreichten ⁵).

Dass derartige Gegensätze mit den hieran sich schliessenden

1) Statist. Jahrbuch deutscher Städte, Jahrg. VI 1897 S. 262.
2) Ueber diese angeblichen Mängel vgl. a. a. O. (1863) S. 234 und a. a. O.
(1897) S. 263.
3) Dass daneben auch andere Umstände wie Schiffs- und Fremdenverkehr
eine Rolle spielen können, ist zugegeben, doch hier nicht erheblich.
4) Vgl. a. a. O. (1863) S. 66 und z. B. für 1889—91 Statist. Handbuch
für den preussischen Staat Bd. II 1893 S. 227.
5) Vgl. Zeitschrift cit. 1895, S. 38.

Gewöhnungen den Konsum nicht unerheblich beeinflussen müssen, liegt auf der Hand. Kann aber nach alledem schon im Umfang des Fleisch k o n s u m s ein genügender »Spiegel« für den Wohlstand eines Gebiets n i c h t erblickt werden, so natürlich noch weniger in der Zahl der Fleisch liefernden Gewerbetreibenden. Und deshalb erscheint es auch wenig lohnend, die Steigerung der Zahl der im Fleischergewerbe überhaupt Thätigen für die einzelnen Bezirke seit 1849 speziell zu verfolgen. Wohl aber sei hier noch der Fortschritte gedacht, die auch auf diesem Gebiete die Betriebs k o n - z e n t r a t i o n gemacht hat.

Noch heute ist diese letztere bei den Fleischern allerdings von geringerer Bedeutung als selbst im Bäckergewerbe. Denn auf je 100 Selbständige fielen z. B. 1895 im Durchschnitt des Staates alten Umfanges bei den Fleischern nur 153 Abhängige, dagegen bei den Bäckern 193. Es scheint also infolge jener Notwendigkeit vorwiegend l o k a l e n Absatzes, auf den in neuerer Zeit bei Behandlung dieser Dinge so oft verwiesen ist, der Uebergang zu grösseren Geschäften auch für die Fleischer in der That besonders schwierig. Und im Grunde ist das ja auch leicht zu erklären[1]). Das vielfach übliche Bringen des Fleisches in die Wohnungen der Kunden — so führte S c h m o l l e r schon 1870 aus — sei nur möglich, wenn der Fleischer in der Nähe wohnt, und deshalb sei der Fleischhandel noch schwieriger zu organisieren als der Brothandel, wenn er nicht zu gesalzenem und getrocknetem Fleisch übergehen soll u. s. w. Und ähnlich bei spezieller Untersuchung s ä c h s i s c h e r Verhältnisse B r a n d t: was das Fleischerhandwerk im Allgemeinen anlange, wäre gar nicht abzusehen, wie hier die einzelnen Betriebe in Grossbetrieben aufgehen sollten: »Grosse Betriebe« an sich, meint er, wird man schaffen können, aber »G r o s s - b e t r i e b e« mit der begrifflich diesem Wort anhaftenden Bedeutung »n i c h t oder doch nicht in vollem Umfange«. Denn die Fleischverarbeitung sei eben kein P r o d u k t i o n s prozess, sondern in erster Linie ein Z e r l e g u n g s vorgang, an den sich erst nachher eine Produktion z. B. von Wurstwaren anschliesse. Vorgänge, wie das Schlachten der Tiere und das Abhäuten, Brühen und Borsten-

1) Vgl. ausser Schmoller (a. a. O. S. 426 ff.) auch die Schriften des Vereins für Sozialpolitik a. a. O., insbesondere Teil IX 257 ff.; (Brandt: Fleischergewerbe in Saalfeld) und 295 ff. (Voigt: Lage des Handwerks in Eisleben) dazu auch Mendelson a. a. O., und hier Tabelle XV (Anhang).

schaben könnten zwar in Teiloperationen im Sinn des Grossbetriebs aufgelöst werden, aber das W e s e n t l i c h e der ganzen
Sache, die A u f t e i l u n g d e s g a n z e n T i e r s, sowie die Zer-
kleinerung zum Verkaufe werde immer Leuten anvertraut werden
müssen, die in der Weise des heutigen Fleischers h a n d w e r k s-
m ä s s i g vorgebildet sind« (Bd. IX. a. a. O. p. 270). — Zu alledem ist
aber noch ein Umstand hinzugetreten, an den man früher weniger gedacht hat, und der doch für die Folge noch grossen Einfluss gewinnen wird, der Umstand nämlich, dass in immer grösserer Zahl ö f f e n t-
l i c h e Schlachthäuser den Einzelnen a b n e h m e n, was im Grossbetrieb zu machen wäre, und ihnen auch sonst manche Erspar-
nis an Betriebskapital ermöglichen. Allerdings muss ja mancher
Schlächter, der früher ohne Wagen und Pferde auskam, sich solche
wegen weiterer Entfernung vom Schlachthaus jetzt beschaffen. Aber
noch viel erheblicher ist doch andererseits, dass jene Anstalten
die mit geringen Mitteln Ausgestatteten insofern erleichtern, als sie
dieselben von den Kosten der Errichtung und Ausstattung eigener
Lokale zum Schlachten befreien, während sie ihnen alle Vorteile des G r o s s betriebs hiebei bieten. Selbst das ebenfalls mit
den öffentlichen Schlachthäusern in Zusammenhang stehende Auf-
kommen eigener sog. L o h n - u n d A k k o r d s c h l ä c h t e r beeinträchtigt — wie man wohl mit Recht gesagt hat — die Berufs-
teilung keineswegs in einer dem Handwerk nachteiligen Richtung.
Und das Gleiche gilt auch von den durch Umstände derselben
Art beförderten sog. E n g r o s s c h l ä c h t e r e i e n [1]).

Alles das wird endlich aber auch durch die Resultate der oben
schon mehrfach in Bezug genommenen direkten Aufnahmen über
Gross- und Kleinbetriebe von 1882 und 1895 in gewissem Sinne
bestätigt. Denn darnach gab es in ganz Deutschland z. B. H a u p t-
b e t r i e b e in dem hier in Rede stehenden Gewerbe 1882: 62747
und 1895: 74163. Und von diesen gingen zwar, wie leicht erklärlich, die g a n z k l e i n e n mit je 1 Person zurück (von 29101
auf 27737). Dagegen steigerte sich in gleicher Zeit die Zahl der
im Allgemeinen noch zum Handwerk zu zählenden Betriebe von
2—5 resp. 6—10 Personen sehr erheblich, nämlich von 32504 auf
42959 und von 1004 auf 3036, während auf die noch grösseren

---

1) Vgl. zu alledem und zum Folgenden Mendelson und die d o r t sowie
die oben S. 121 u. 125 mitgeteilte Litteratur.

Betriebe von über 10 Personen 1882 im ganzen Reiche überhaupt
nur 136 und selbst 1895 nur 431 fielen, von welchen die Betriebe
mit über 50 Personen sogar in beiden Jahren 1882 und 1895 nur
die gleiche Zahl (9) behaupteten, aber 1895 w e n i g e r Personen beschäftigten als 1882 (1895: 735, dagegen 1882: 744)[1]). Wie sich das
speziell in Preussen und Preussens einzelnen Bezirken gestaltete,
— das zu zeigen, muss anderem Ort vorbehalten bleiben.

Hier sei nur noch der Entwickelung des Verhältnisses zwischen der Zahl der A b h ä n g i g e n und der S e l b s t ä n d i g e n
seit 1822 und 1849 gedacht.

Sehen wir ab von Berlin, wo 1895 auf 100 selbständige Fleischer
299 abhängige fielen, so stellten sich die analog berechneten Verhältnisziffern in jenem Jahre am h ö c h s t e n in den Bezirken Potsdam
(unter dem Einfluss der Nähe Berlins) und Breslau, auf 190 resp.
180, dann hoch auch in den ebenfalls mehr städtischen Bezirken von
Köln, Erfurt und Düsseldorf (auf 165 resp. 156, 153) sowie in Liegnitz
und Danzig (auf 152), Arnsberg, Magdeburg und Frankfurt (auf
146 und 144 und 141) und selbst in Oberschlesien und im Stettiner
Bezirke (auf 139), während relativ g e r i n g diese Zahlen nicht nur
in den Bezirken Gumbinnen, Marienwerder, Posen und Köslin (mit
99, resp. 120, 127 und 130), sondern auch in manchen westlichen
Bezirken blieben, so in Münster und Minden 126 und in Koblenz
sogar 110. Nach alledem lässt sich also heute ein Uebergewicht des
Westens oder des Ostens in diesen Dingen kaum behaupten —
wohl aber, wie leicht erklärlich, ein wesentlicher Einfluss des Verhältnisses von Stadt und Land. Denn die städtische Konzentration
hat auch in diesem Beruf die g e w e r b l i c h e natürlich befördert.

Verfolgen wir diese Dinge nun aber rückwärts, namentlich für
die letzte Hälfte des neunzehnten Jahrhunderts, so fielen, wie oben
z. Teil schon berührt ist, im D u r c h s c h n i t t der alten Provinzen
im Jahre 1849 nur 51 und selbst noch 1861 nur 62 Abhängige auf
je 100 Selbständige, dagegen 1882 bereits 119 und 1895 sogar
153. Der »Abhängigkeitsprozentsatz« stieg also seit 1849 ungefähr im Verhältnis von 100 zu 300 d. h. ähnlich wie bei den
Bäckern (dort von 66 auf 193 d. h. wie von 100 auf 293). Immerhin sind von V e r l u s t e n im Bestande der S e l b s t ä n d i g e n
der preussische Staat (alten Umfangs) im Durchschnitt und auch

---

1) Vgl. auch Band 114 Cit. der Reichsstatistik.

die einzelnen Bezirke mit wenigen Ausnahmen v e r s c h o n t geblieben. Denn in jenem Durchnitt zählte man auf je 10000 Einwohner

	1822	1849	1861	1882	1895
Selbständige	12,9	11,3	11,6	12,7	13,2
und Abhängige	4,2	5,8	7,2	15,1	20,2

Und darnach blieb also die Zahl der S e l b s t ä n d i g e n seit 1822 etwa stationär, wenn sie auch bis 1849 ein wenig sank und dann erst wieder zunahm, während die Zahl der A b h ä n g i g e n in der gleichen Zeit allerdings fast auf das Fünffache stieg.

Am günstigsten gestaltete sich dies aber in den ö s t l i c h e n Provinzen und am ungünstigsten aus den oben schon mehrfach berührten historischen Gründen im W e s t e n und in S c h l e s i e n (vgl. S. 36 ff.). Denn auf 10000 Köpfe berechnet, betrugen die Verhältnisziffern für die Selbständigen und Abhängigen (letztere Ziffern in Parenthese beigefügt) z. B. in den Bezirken:

Königsberg	Gumbinnen	Danzig	Marienwerder	Bromberg	Posen
auf	auf	auf	auf	auf	auf
1849: 7,4 (6,3)	7,2 (5,3)	6,1 (5,3)	6,7 (3,0)	9,9 (2,7)	11,9 (5,2)
1861: 9,4 (8,1)	9,2 (6,3)	6,1 (6,0)	7,7 (5,1)	10,9 (6,1)	11,7 (6,1)
1882: 13,1 (12,7)	13,6 (11,0)	9,3 (13,2)	10,2 (9,4)	12,1 (12,8)	13,4 (12,4)
1895: 13,7 (15,6)	13,3 (13,1)	10,8 (16,4)	10,4 (12,6)	12,7 (15,6)	12,8 (16,1)

Und ähnlich auch in den mittleren Provinzen, z. B. in den Bezirken:

	Potsdam	Frankfurt	Stettin	Köslin	Stralsund
	auf	auf	auf	auf	auf
1849:	9,6 (6,5)	10,9 (5,7)	7,1 (5,5)	4,8 (3,3)	8,8 (7,3)
1861:	8,9 (7,7)	10,7 (7,0)	8,2 (6,9)	5,4 (3,3)	10,4 (7,9)
1882:	13,4 (19,5)	13,7 (15,7)	11,9 (14,7)	7,7 (8,1)	13,8 (15,0)
1895:	13,6 (25,9)	15,5 (21,8)	13,1 (18,1)	8,9 (11,6)	16,4 (19,7)

Hier überall war also noch bis in die neueste Zeit eine gar nicht unerhebliche V e r m e h r u n g der Relativzahl der Selbständigen sowohl in den mehr städtischen Bezirken, wie z. B. Potsdam und Stettin, als auch in den mehr ländlichen, wie Gumbinnen, Marienwerder, Köslin etc., zu konstatieren, und ebenso in B e r l i n, wo bei jenen vier Erhebungen die bezüglichen Ziffern betrugen: 9,2 (16,4) resp. 11,2 (18,0), 13,21 (33,4) und 13,5 (40,5).

Anders dagegen in den drei w e s t l i c h s t e n Provinzen und in den mit diesen so manche Analogie zeigenden s c h l e s i s c h e n Be-

zirken. Denn in allen diesen Gebieten finden wir regelmässig entweder Stabilität oder sogar Rückgang der Zahl der Selbständigen,
wovon auch die ländlichen Bezirke keine Ausnahme machen.
So stellte sich, wieder auf je 10 000 Köpfe berechnet, die Zahl
der Selbständigen (resp. Abhängigen) z. B. in den Bezirken:

	Breslau	Oppeln	Liegnitz
	auf	auf	auf
1849:	14,4 (8,9)	13,3 (5,2)	14,9 (6,8)
1861:	14,0 (10,7)	14,8 (7,4)	15,5 (8,7)
1882:	13,9 (20,9)	13,8 (15,0)	14,3 (17,6)
1895:	14,4 (26,0)	14,4 (20,0)	15,0 (22,8)

Im Westen aber berechnen sich diese Zahlen z. B. in den mehr
s t ä d t i s c h e n Bezirken von

	Magdeburg	Merseburg	Köln	Düsseldorf	Arnsberg
	auf	auf	auf	auf	auf
1849:	13,1 (5,4)	16,1 (7,5)	14,5 (6,1)	12,0 (5,6)	10,9 (4,4)
1861:	12,2 (7,3)	14,4 (8,2)	14,1 (7,9)	12,2 (6,0)	11,1 (3,3)
1882:	14,2 (15,3)	13,6 (14,6)	15,2 (17,9)	12,9 (15,4)	9,5 (10,0)
1895:	15,1 (21,8)	14,1 (19,1)	15,6 (25,7)	13,6 (20,8)	10,0 (14,6)

und, in etwa gleich ungünstiger Entwicklung, in den mehr l ä n d -
l i c h e n Bezirken z. B. in

	Münster	Koblenz	Trier
	auf	auf	auf
1849:	8,6 (3,4)	16,3 (5,3)	9,5 (2,7)
1861:	10,2 (4,4)	17,7 (5,6)	10,4 (4,1)
1882:	9,8 (7,3)	14,8 (13,4)	9,0 (7.5)
1895:	8,6 (10,4)	14,6 (15,9)	9,0 (11,7)

Eine ganz besonders starke Abnahme der Selbständigen aber
trat z. B. im Reg.-Bezirk E r f u r t hervor. Denn hier betrugen
die Verhältnisziffern für die Selbständigen (und Abhängigen) in
jenen vier Jahren: 21,8 (6,1); 16,1 (10,6); 13,6 (15,5); 12,5 (19,4).
Alledem entsprach es denn auch, dass sich die Zahl der A b -
h ä n g i g e n gerade im Westen, wo ihre Zahl bisher eine relativ g e
r i n g e gewesen war, besonders s t a r k s t e i g e r t e. Noch im Jahre
1849 hatten die kleinste Zahl von Abhängigen auf je 100 Selbständige gerade manche w e s t l i c h e und m i t t l e r e Bezirke gehabt, so

Erfurt mit	28	Koblenz mit	33
Trier »	29	Achen »	36.

Erst hierauf war dann (von Bromberg mit 28 abgesehen) O p-
p e l n mit 39 gefolgt, und dann sogleich wieder die Bezirke : Arnsberg mit 40, Magdeburg mit 41, Münster, Köln und Düsseldorf
mit 42—43 u. s. w., so dass damals z. B. k e i n e i n z i g e r Bezirk
jener drei westlichsten Provinzen Sachsen, Westfalen und Rheinprovinz den Durchschnitt von 51 erreichte, während die h ö c h s t e
Zahl der Abhängigen auf je 100 Selbständige (ausser Berlin mit
179) namentlich ö s t l i c h e Bezirke anfwiesen:

Danzig mit	88	Stettin	mit 77
Königsberg »	84	Gumbinnen	» 74
Stralsund »	83	Köslin und Potsdam	» 67

Heute steht es anders. Denn heute ist der Durchschnitt, wie
bemerkt: 153 Abhängige auf 100 Selbständige. Und ü b e r diesem
Durchschnitt stehen neben Berlin und den Bezirken von Potsdam
und Breslau (mit 299 resp. 190 und 180) namentlich auch die von
K ö l n mit 164 und von E r f u r t mit 156, dazu etwa dem Durchschnitt entsprechend auch D ü s s e l d o r f mit 153 und A r n s -
b e r g mit 146, während weit u n t e r dem Durchschnitt, mit den
niedrigsten Durchschnitsziffern überhaupt, jetzt gerade solche östliche Bezirke erscheinen wie Gumbinnen mit 99, Königsberg mit
113, Marienwerder und Stralsund mit 120 etc., sodass, wenn wir
die Relativzahlen selber ins Verhältnis setzen, die Zahl der Abhängigen (auf je 100 Selbständige) z. B. in Gumbinnen von 74 (1849)
nur auf 99 (1895), also etwa wie von 100 zu 133 stieg und ebenso
in Königsberg von 84 auf 113, d. h. wie von 100 zu 134, dagegen im Westen z. B. in Koblenz von 33 auf 110 (= 100 zu 335),
in Magdeburg von 47 auf 144 (= 100 zu 306), in Düsseldorf
von 42 zu 153 (= 100 zu 366), in Köln von 42 auf 165 (= 100
zu 393).

Nach alledem hat sich also bei den Fleischern ähnlich wie in
der Grossindustrie, die Tendenz zur Betriebskonzentration namentlich im W e s t e n geltend gemacht. Und das scheint mit dem,
was oben bei Erörterung des Bäckergewerbes gesagt worden ist,
nicht ganz in Einklang zu stehen. Denn dort wurde gerade für den
O s t e n eine besonders starke Zunahme der Zahl der Abhängigen
nachgewiesen, und dies in Verbindung damit gebracht, dass jener
Ueberschuss rasch zunehmender Bevölkerung, der in den westlichen
und mittleren Provinzen in der Grossindustrie seine Nahrung sucht, ge-

rade wegen Mangels solcher im Osten mehr als im Westen zum Handwerk greift, wenn er auch weniger als dort die Mittel hat, es zur Selbständigkeit zu bringen. Indessen ist doch auch wieder leicht erklärlich, dass zu den hiebei vorzugsweise gewählten Gewerben das Fleischergewerbe n i c h t gehört. Denn gerade in ihm ist, trotz des oben z. B. von den Vorzügen öffentlicher Schlachthäuser Gesagten, die Aussicht sich später selbständig machen zu können, für wenig Bemittelte eine besonders geringe. Und das muss gerade im Osten jenen Zufluss in engeren Grenzen halten. In keinem Handwerk — meint Voigt[1]) — würde »dem Rohstoff im Produktionsprozess so wenig Wert zugesetzt« und sei also »die Differenz zwischen dem Wert des Rohstoffs und dem des fertigen Produkts so gering wie in der Schlächterei«. Deshalb aber wären auch besonders grosse Umsätze erforderlich, um dem Meister die Existenz zu ermöglichen, und solche bedingen ein grösseres Betriebskapital. Es trete dann noch hinzu, dass, wo das Vieh, wie es noch vielfach der Fall wäre, direkt vom Landmann gekauft werde, der Fleischer regelmässig keinen Kredit erhalte, während er andererseits selber solchen nicht selten noch g e b e n müsse, wenn er es z. B. mit Lieferungen an G a s t h ä u s e r zu thun habe, mit denen nur monatlich oder vierteljährlich abgerechnet werde, oder mit A r b e i t e r n, deren Löhne vielleicht erst nach vier Wochen ausbezahlt würden u. s. w. Zu alledem käme aber endlich, dass viele Fleischwaren wie Wurst, Speck, Schinken u. s. w. regelmässig erst in längerer Zeit nach ihrer Herstellung umgeschlagen würden. Und deshalb wären also gerade zur Eröffnung einer Schlächterei auch heute noch nicht unbeträchtliche Mittel erforderlich[2]). Viel leichter wäre die Etablierung einer Bäckerei, bei der die erforderlichen Mindestumsätze kleiner wären, auch Mehlhändler und Müller eher Kredit geben u. s. w.[3]).

---

1) Vgl. a. a. O. Band IX S. 295 ff.

2) Wer nicht wenigstens 3000—4000 Mk. habe, heisst es bei Voigt, könne in einer Mittelstadt überhaupt nicht an die Eröffnung einer Schlächterei denken, werde auch bei so geringen Mitteln nur in den seltensten Fällen etwas vor sich bringen, da die Grösse seines Betriebskapitals von vornherein den Umfang seines Geschäfts bestimme, und er auch bei gutem Geschäftsgange seinen Umsatz nicht wie in anderen Gewerben durch Inanspruchnahme des Credits beliebig erweitern könnte.

3) Band IX a. a. O. p. 297 ff. Aehnlich auch Brandt ebenda.

9*

Damit wäre denn auch zur Erklärung des anscheinenden Gegensatzes zwischen der Entwickelung dieser Dinge bei dem Bäcker- und bei dem Schlächtergewerbe wenigstens ein kleiner Beitrag geliefert, wenn auch, wie nochmals betont sei, erst durch spezielleres Eingehen auf diese Dinge bei Benutzung der Resultate der Aufnahmen von 1882 und 1895 ein fester Boden gewonnen werden kann. Auf Allgemeineres wird unten zurückgekommen (S. 150 ff.).

IV. Die von Bezirk zu Bezirk sich besonders verschieden entwickelnden Handwerke.

Dass die Grenzen zwischen den bisher ins Auge gefassten Gewerben und den jetzt zu betrachtenden, sich besonders verschieden entwickelnden nicht mit Schärfe zu ziehen sind, liegt auf der Hand. Manches Handwerk, wie z. B. das der Schneider oder der Töpfer, scheint in einigen Gebieten in so übler Lage zu sein, dass man fast geneigt sein möchte, es eher jener oben behandelten Kategorie der vorzugsweise bedrohten Handwerke zuzuzählen, während es sich an anderen Orten wieder, entweder in Zusammenhang mit grossindustriellem Gewerbe oder im Uebergang zu solchem, ganz erfreulich zu entfalten scheint. Und andererseits kann es z. B. bei den Maurern fraglich erscheinen, ob sie nicht, statt zu den hier zu behandelnden Gewerben von örtlich besonders verschiedener Entwickelung, eher zu der oben erörterten Kategorie der mit der Entwickelung des Wohlstands im Allgemeinen fortschreitenden Gewerbe zu zählen wären. Indessen so schwierig solche Entscheidung im Einzelnen sein mag, so ist sie doch nicht ganz zu umgehen, wenn durch geeignete Gliederung den Verschiedenheiten in der Entwickelung der einzelnen Gewerbe Rechnung getragen, und hiedurch die Darstellung übersichtlicher und kürzer gestaltet werden soll.

Und wie aus diesen Gründen ein Versuch solcher Art bei umfassender monographischer Behandlung der einzelnen Gewerbe gemacht werden müsste, so soll er auch bei den hier zu gebenden skizzenartigen Andeutungen gewagt werden, zumal sich auf dieser Grundlage zugleich die beste Art weiterer Gliederung der hier in Betracht zu ziehenden Handwerke ergiebt.

An sich ist nämlich jene Verschiedenheit örtlicher Entwickelung natürlich eine bald mehr, bald minder weitgehende, und das Mass solcher Verschiedenheit tritt namentlich darin zu Tage, dass einige Handwerke, da sie bezüglich des A b s a t z e s i h r e r P r o d u k t e ö r t l i c h m e h r g e b u n d e n sind, sich in ihrer Entwickelung mehr der gleichzeitigen Entwickelung des allgemeinen Wo h l s t a n d e s der bezüglichen Gebiete anschliessen, während andere Gewerbe, in jener Beziehung w e n i g e r gebunden, auch u n a b h ä n g i g e r von W o h l s t a n d s gestaltungen jener Art sind.

Es wird sich deshalb empfehlen, gerade in d i e s e m Sinne örtlich mehr und weniger gebundene Handwerke zu unterscheiden. Doch soll, bevor hierauf näher eingegangen wird, zunächst noch bei zwei Handwerken grösseren Umfangs verweilt werden, die in dieser Beziehung, wie unten noch zu zeigen sein wird, eine bemerkenswerthe M i t t e l s t e l l u n g einnehmen. Es sind das die Maurer und Dachdecker einerseits und die Schneider und Konfektionsarbeiter andererseits.

1. D i e M a u r e r u n d D a c h d e c k e r.

Dass für die Entwickelung des Umfangs des Maurergewerbes die Gestaltung der örtlichen W o h l s t a n d s v e r h ä l t n i s s e von grosser Bedeutung sein muss, liegt auf der Hand. Denn einmal kann von Entfaltung von »E x p o r t industrieen« auf diesem Gebiete wohl überhaupt kaum die Rede sein. Und andererseits wird bei steigender allgemeiner Wohlhabenheit des bezüglichen Gebiets natürlich nicht nur mehr, sondern auch besser und sorgfältiger gebaut, und hiezu auch m e h r P e r s o n a l beansprucht, zumal gerade auf diesem Gebiete durch d i e M a s c h i n e nur wenig oder gar nichts an Menschenkraft erspart werden kann. »Maschinen« — so äussert sich auf Grund besonders eingehender Prüfung dieser Dinge mit Bezug auf B r e s l a u z. B. F l e c h t n e r (vgl. Band IX der Vereinsschriften S. 415 ff.) — »werden auch heute noch bei Hausbauten nur in ganz beschränktem Umfange verwendet.« Hie und da benutze man wohl einen Krahn zum Hinaufwinden der Balken, und hie und da auch Ziegel- und Mörtelelevatoren oder gar »Mörtelmischmaschinen«. Doch geschehe alles das eben nur ausnahmsweise. Und ganz ähnliches hören wir aus L e i p z i g: Die Technik im Maurergeschäft — so wird nemlich mit Bezug auf dortige Verhältnisse von K r e u z k a m berichtet (vgl. a. a. O. S. 603 ff.) habe sich, abgesehen von vervollkommneten Hebezeugen, Laufkrähnen, Kettenaufzügen, Kalk-, Stein-, Bauwinden und dergl. nur wenig geändert, und selbst für Zwecke dieser Art würde der Vorteil maschineller Betriebsweise n i c h t hoch angeschlagen. Insbesondere bei gewöhnlichen Wohnhäusern lohne sich »der Kraftbetrieb« nicht; und viele für denselben eingerichtete Geschäfte verzichteten sogar wieder darauf, indem sie das Material z. B. statt durch Bauwinden wieder mit Pferdekraft beförderten, da das, wenn auch auf Kosten der Sicherheit der Arbeiter, schneller von statten gehe. Ueberhaupt, so führt derselbe Berichterstatter aus, würde dem Maurerhandwerk aus maschinellem Grossbetrieb kaum ein gefährlicher Gegner erwachsen. Denn alle sogenannten »Baumaschinen« müssen ja derart beschaffen sein, dass sie ohne besondere Fundamente leicht aufgestellt werden können, weil beim Fortgang des Baues bei ihnen häufig eine Ortsveränderung vorkomme u. s. w. [1]). Demnach kann es denn auch nicht Wunder nehmen, dass sich wie bei den im vorigen Abschnitt erwähnten Gewerben, so auch bei den Maurern zwischen Handwerks- und allgemeiner Wohlstandsgestaltung zahlenmässig manche Beziehungen nachweisen lassen. Wenigstens s c h e i n e n die bezüglichen Zahlen solche Parallele zunächst zu bestätigen.

So sehen wir diese Zahlen sich wiederum am niedrigsten im ärmeren O s t e n gestalten. Auf je 10000 Köpfe zählte man z. B. im Jahre 1822 Maurer und Dachdecker zusammen [2]) im Durchschnitt des preussischen Staates: 23,1,

dagegen z. B. im

1) Bezirk Posen	nur	7,7	5) Bezirk Bromberg	nur	10,8
2) » Gumbinnen	»	8,8	6) » Danzig	»	11,3
3) » Oppeln	»	10,1	7) » Königsberg	»	11,7
4) » Marienwerder	»	10,6	8) » Köslin	»	13,6

also w e n i g e wieder fast durchweg in j e n e n Gebieten, die im Allgemeinen zu den wenigst wohlhabenden gehören (vgl. oben S. 13 ff.).

1) Weitere Litteratur vgl. in den oft genannten Vereinsschriften, insbesondere in Band VI S. 409 ff. und Band IX S. 272 ff., 310 ff. und 373 ff., auch Band III S. 491 ff. und Mendelsohn a. a. O.

2) Letztere mit in Betracht zu ziehen ist für 1822 schon aus dem Grunde geboten, weil damals Maurer, Steinmetzen, Ziegel- und Schieferdecker zusammen gezählt wurden. Ueber die Quellen vgl. S. 4, und für 1822, 1849 und 1895 auch Tabelle XVI (im Anhang), sowie Bemerkungen hiezu im Anhang unter Nr. 6). Von den später besonders gezählten »Steinmetzen« ist um der Geringfügigkeit ihrer Zahl willen abgesehen worden.

Und daran hatte sich auch bis zur Mitte des vorigen Jahrhunderts
nur wenig geändert. Denn stellen wir jenen acht Bezirken nun
diejenigen gegenüber, welche sich im Jahre 1849 an unterster
Stelle befanden, so stossen wir, wenn auch überall eine erhebliche
Steigerung Platz gegriffen hatte, doch wieder auf ganz dieselben
Gebiete, nur in etwas anderer Ordnung.

Am tiefsten standen zu jener Zeit die Bezirke[1]):

1) Gumbinnen	mit	16,6	5) Marienwerder	mit	19,0
2) Bromberg	»	16,9	6) Oppeln	»	23,1
3) Danzig	»	17,1	7) Königsberg	»	25,3
4) Posen	»	17,8	8) Köslin	»	26,2

auf je 10000 Köpfe.

Und ganz ähnlich im Jahre 1895, nur dass O p p e l n und
B r o m b e r g sich damals bereits von diesen besonders wenig
Maurer und Dachdecker beschäftigenden Bezirken getrennt hatten,
während S t r a l s u n d und A a c h e n hinzugetreten waren. Die
Reihenfolge war nämlich damals:

1) Gumbinnen	mit	48,9	5) Posen	mit	61,2
2) Königsberg	»	56,5	6) Danzig	»	65,9
3) Köslin	»	56,9	7) A a c h e n	»	66,5
4) Marienwerder	»	58,4	8) S t r a l s u n d	»	84,4

auf je 10 000 Köpfe.

Auf der andern Seite, d. h. unter den Bezirken mit der
g r ö s s t e n Zahl von Maurern und Dackdeckern hat dann freilich im Laufe der hier in Rede stehenden Zeit ein etwas grösserer
Wandel stattgehabt. Indessen voran standen doch in allen drei
Jahren (1822, 1849 und 1895) auch dort etwa dieselben Bezirke
und zwar fast stetig solche, die den wohlhabenderen w e s t l i c h e n
und m i t t l e r e n Landesteilen angehörten, wie M i n d e n, wo man
in jenen drei Jahren 25,8 resp. 36,5 und 104,3 Handwerker dieser
Art auf je 10 000 Köpfe zählte, sodann

Düsseldorf mit den analogen Ziffern von					32,3	43,3	101,0
Magdeburg »	»	»	»	»	35,3	81,0	130,9
Erfurt	»	»	»	»	35,8	76,4	107,7
Arnsberg	»	»	»	»	38,8	53,6	122,2
Merseburg	»	»	»	»	52,9	89,6	141,3.

Nur ist hier bereits manches auffällig, so namentlich, dass in

---

1) Im D u r c h s c h n i t t des Staats (alten Umfangs) zählte man 1849 42,7
und 1895: 94,0 Maurer u n d D a c h d e c k e r je 10 000 Köpfe. In Tabelle XVI
sind für 1849 und 1895 nur die Zahlen für die M a u r e r gegeben.

der Zahl der am r e i c h l i c h s t e n mit Maurern und Dachdeckern
ausgestatteten Bezirke immer mehr auch einige ö s t l i c h e, wie
O p p e l n und P o t s d a m einzudringen scheinen, während andererseits eine Reihe westlicher Gebiete wie z. B. Koblenz und Trier
namentlich vor den s ä c h s i s c h e n Bezirken mehr und mehr zurücktreten. Noch 1822 war die Rangordnung in dieser Beziehung die,
dass allen anderen Regierungsbezirken vorausgeeilt waren unter
Nummer 18: der von D ü s s e l d o r f mit 32,2, sodann mit

Nro. 19:	der von	Magdeburg	mit 35,3	
Nro. 20:	»	» Erfurt	» 35,8	
Nro. 21:	»	» T r i e r	» 38,6	Maurer und Dachdecker auf je 10000 Köpfe,
Nro. 22:	»	» Arnsberg	» 38,8	
Nro. 23:	»	» Berlin	» 39,3	
Nro. 24:	»	» K o b l e n z	» 43,4	
Nro. 25:	»	» Merseburg	» 52,9	
Nro. 26:	»	» K ö l n	» 64,8	

so dass sich also Handwerker dieser Art am zahlreichsten am R h e i n
befanden, da ja von allen fünf rheinischen Bezirken unter den neun
ersten damals nur der Aachener fehlte und selbst dieser mit der
Ziffer 27,3 (unter Nr. 16) nur wenig hinter Düsseldorf (18) zurück-
stand. Dagegen waren um die M i t t e des Jahrhunderts unter den
mit Handwerkern dieser Art am reichlichsten ausgestatteten acht
Bezirken bereits z w e i rheinische zu vermissen (A a c h e n und
D ü s s e l d o r f), und im Jahr 1895 sogar a l l e mit Ausschluss allein von Düsseldorf. Denn es gehörten hiezu damals n i c h t mehr:
A a c h e n (mit 66,5 unter Nro. 7), T r i e r (mit 91,0 unter Nro. 11),
K ö l n (mit 92,7 unter Nro. 14) und K o b l e n z (mit 95,9 unter
Nro. 16) Maurern, auf je 10 000 Köpfe berechnet. Dagegen stan-
den damals voran unter

Nro. 18: O p p e l n	mit 96,4	Nro. 23: Arnsberg	mit 122,2
Nro. 19: Münster	» 98,6	Nro. 24: P o t s d a m	» 126,4
Nro. 20: Düsseldorf	» 101,0	Nro. 25: M a g d e b u r g	» 130,9
Nro. 21: Minden	» 104,3	Nro. 26: M e r s e b u r g	» 141,3
Nro. 22: E r f u r t	» 107,7		

— also namentlich a l l e Bezirke der Provinz S a c h s e n, sodann
der benachbarte Potsdamer Bezirk und selbst O b e r s c h l e s i e n.

Offenbar mussten da also neben dem Wohlstand noch ganz
andere Faktoren von Bedeutung sein. Und diese zu finden ist

ja auch nicht schwierig. Denn erstens spielt hiebei, wie bereits
angedeutet, natürlich eine grosse Rolle auch der verschiedene Grad
des Bevölkerungswachstums. Und wenn in dieser Beziehung z. B. 1849 und 1895 neben östlichen Bezirken (wie Gumbinnen, Liegnitz und Köslin) namentlich auch solche wie S t r a l -
s u n d und K o b l e n z z u r ü c k b l i e b e n, indem sich die Bevölkerung, wie oben gezeigt ist (vgl. S. 18) im D u r c h s c h n i t t
der Monarchie alten Umfangs damals wie von 100 auf 153 hob,
dagegen z. B. in den Bezirken:

Stralsund nur im Verhältnis von 100 auf 107

Liegnitz » » » » 100 » 111

Gumbinnnen » » » » 100 » 119

Köslin » » » » 100 » 120

Koblenz » » » » 100 » 124,

so musste dies ja an sich schon dazu beitragen, den Bedarf an
W o h n u n g e n und damit auch den Bedarf an Gewerbetreibenden
der hier in Rede stehenden Art selbst in manchen mittleren und
westlichen Gebieten zurückzuhalten.

Noch einflussreicher aber musste natürlich das Mass jener
s t ä d t i s c h e n und allgemeinen g e w e r b l i c h e n Entwicklung
sein, die mit der W o h l s t a n d s gestaltung nicht immer gleichen
Schritt zu halten pflegt. Denn neben den Wohnungen erfordern
ja gerade auch neue i n d u s t r i e l l e Anlagen wie Fabriken oder
Berg- und Hüttenwerke u. s. w. relativ viel Bauarbeit. Wenn also,
wieder im Westen, z. B. der Bezirk K o b l e n z auch in dieser Beziehung z u r ü c k blieb, da in ihm im Jahre 1895 nur 30 % der
Bevölkerung in Gewerben jener Art beschäftigt waren gegenüber
z. B. 36 und 37 % in solchen östlichen Bezirken wie Potsdam,
Magdeburg, Liegnitz und Oppeln (vgl. S. 25 u. 44), so trägt das
ebenfalls dazu bei, die in Rede stehenden Gestaltungen zu erklären.
Und ähnliches wie vom Koblenzer gilt auch vom Trierer Bezirk,
der bezüglich der Bevölkerungsentwicklung z. B. hinter Oppeln zurückblieb.

Indessen dieselben Umstände erklären nun auch manches
in der S. 135 berührten Reihenfolge der einzelnen östlichen Gebiete
unter sich; denn an durchschnittlicher Wohlhabenheit stehen z. B.,
wie zu zeigen versucht ist (Seite 17), die Bezirke von Königsberg
und Danzig jenen von Oppeln (Oberschlesien) und Frankfurt a. d. O.
keineswegs nach, während sie bezüglich ihrer i n d u s t r i e l l e n

Entwicklung allerdings zurückgeblieben sind, indem als wahrscheinliche Durchschnitts e i n k o m m e n etwa folgende K o p f beträge konstatiert werden konnten:

für den Reg.-Bezirk Königsberg: 201 M.
» » » » Danzig: 218 M.
» » » » Frankfurt: 236 M.,
» » » » Oppeln   198 M., dagegen

als Prozentsätze für die Grösse der i n d u s t r i e l l beschäftigten Bevölkerung (nach S. 25)

für den Reg.-Bezirk Königsberg nur etwa 19 % und
» » » » Danzig » » 25 %,
» » » » Frankfurt (a. d. O.) » 32 %
» » » » Oppeln sogar » 37 %!

Auch scheint mit dem Gesagten noch zweierlei zusammenzuhängen, erstens, dass sich die Zahl der Maurer etc. besonders ungünstig ausser für so ländliche und wenig wohlhabende Bezirke wie die von Gumbinnen, Marienwerder und Köslin, auch für mehr städtische Bezirke des Ostens wie z. B. Königsberg gestaltete, und zweitens, dass man Handwerker jener Art z. B. im Danziger Bezirk noch sehr viel weniger zählte als in jenem von Trier (dort nur 66, hier 91), obwohl doch beide Bezirke nicht sehr verschieden wohlhabend erscheinen; der von Danzig, wie oben angenommen ist, mit etwa 22b, der von Trier mit etwa 260 M. Durchschnittseinkommen pro Kopf (S. 17).

Indessen würde alles Gesagte wohl noch nicht ausreichen, jenes anscheinend so ungünstige Verhältnis auch solcher besonders w o h l h a b e n d e n und besonders i n d u s t r i e l l e n Bezirke wie jener von Aachen, Köln und Düsseldorf gegenüber jenen der P r o v i n z S a c h s e n zu erklären. Vielmehr scheint es, dass in dieser Hinsicht zum Mindesten noch drei andere Umstände in Betracht gezogen werden müssen: z u e r s t nämlich eine Thatsache, deren oben schon bei Erörterung der Lage des Zimmermannsgewerbes Erwähnung geschehen und die sich auf Veränderungen im B a u m a t e r i a l, d. h. namentlich auf die Verdrängung bisheriger Holz- und Steinbauten durch solche von Glas und Eisen bezieht. Seit etwa einem Jahrzehnt droht, wie auch K r e u z k a m in seiner oben erwähnten, besonders eingehenden Schilderung der Entwickelung des Baugewerbes in Leipzig hervorhebt (Band IV der hier in Betracht kommenden Serie der Schriften des Vereins für Sozialpolitik S. 604 ff.) »in grossen Städten die massenhafte Verwendung des G l a s e s, namentlich bei Bauten an den Verkehrsadern der Stadt, dem Maurergewerbe an seinem Arbeitsgebiete mehr und mehr Abbruch zu thun.« Glas habe dort stellenweise die Mauer fast ganz verdrängt: bis tief unter das Niveau der Strasse uud bis in das zweite Stockwerk reichen mächtige Schaufenster. Diese Bauweise greife auch immer weiter um sich; »waren es bis jetzt hauptsächlich Möbel- und Luxusgeschäfte, die auf diese Weise Käufer anzulocken suchten, und beschränkte sich diese Sitte auf die Hauptverkehrsstrassen der Stadt, so sehen wir, wie heute schon der Bäcker und Fleischer sich dieser Form der Reklame bedient, und wie bis in die Vorstädte hinaus die Läden mit Schaufenstern ständig wachsen.« Nach sogenannter a m e r i k a n i s c h e r B a u w e i s e würden manche Gebäude jetzt durchweg aus Eisen erbaut; Stein werde nur zur Füllung oder Bekleidung verwendet u. s. w.

Dazu kommt dann als Z w e i t e s, dass es, worauf mit Bezug auf Breslau z. B. Flechtner (a. a. O. Bd. IX) und ganz allgemein auch bereits Mendelson (a. a. O.) verwiesen hat, zur Erkenntnis der jetzigen Verhältnisse in den G r o s s s t ä d t e n nicht genügt, allein auf jene Spezialgewerbe der Maurer, Dachdecker und Zimmerleute zurückzugehen, vielmehr geboten ist, daneben auch der in Grossstädten zu immer grösserer Bedeutung gelangenden sog. B a u g e - s c h ä f t e als solcher zu gedenken, wenn wir auch über den Umfang dieser, selbst nach den neuesten Aufnahmen, leider nicht ausreichend unterrichtet sind. Der Zählung unterwarf man damals nämlich unter der Rubrik »Bauunternehmung und Bauunterhaltung« sowohl den Hoch- als auch den Eisenbahn- Weg- und Wasserbau, ohne diese Dinge von einander zu scheiden. Und so haben wir speziell über die auf den H o c h b a u bezügliche Thätigkeit dieser Baugeschäfte keine Zahlen. Dass derselbe aber gerade in den grossen Städten eine sehr bedeutende Rolle spielt, kann keinem Zweifel unterliegen und wird ja auch dadurch bestätigt, dass Bauunternehmungen jener Art besonders zahlreich gerade in den Bezirken mit grossen Städten anzutreffen sind. So ergiebt z. B. die Berufsstatistik für 1895 als Zahl der Erwerbsthätigen

im Reg.-Bezirk	in Bauunternehmung und Bauunterhaltung	im Maurer- gewerbe
Marienwerder	3997	4494
Gumbinnen	3234	3749
dagegen Königsberg	6607	6421

Es war also im letzten Bezirk die Zahl der in »Bauunternehmung und Bauunterhaltung« beschäftigten Personen damals schon
grösser als die der als »Maurer« aufgeführten, während es in
jenen mehr ländlichen anderen Bezirken natürlich ganz anders
stand. Und dem entsprach es denn auch, dass im Westen z. B.
im Kölner Bezirk in demselben Jahr 1895 neben 7483 »Maurern«
noch 9470 (!) Angehörige jener andern Kategorie gezählt wurden,
während z. B. im Reg.-Bezirk Merseburg neben 14561 Maurern
nur 8943 und im Reg.-Bezirk Erfurt neben 4289 Maurern sogar
nur 2572 als in »Bauunternehmen und Bauunterhaltung« beschäftigt
registriert wurden.

Tragen nun aber schon diese Zahlen wohl nicht unwesentlich
dazu bei, uns jenes anscheinende Zurückbleiben der rheinischen Gebiete den sächsischen gegenüber zu erklären, so kommt in dieser
Beziehung endlich auch noch ein dritter Umstand in Betracht, der
nämlich, dass gerade in Sachsen besonders gross, dagegen in der
Rheinprovinz besonders klein die Zahl der in Nebengewerben
beschäftigten Maurer und Dachdecker ist.

Fassen wir nämlich (wie hier immer geschehen) nur die Zahl
Jener ins Auge, die diese Gewerbe als »Hauptgewerbe« betreiben,
unterscheiden innerhalb derselben aber diejenigen, die, wie die
Statistik in Band 104 cit. ergiebt, irgend ein Nebengewerbe ausüben, von jenen, bei denen dies nicht zutrifft, so gestalteten sich diese und jene Zahlen nach der Aufnahme von 1895
so, dass registriert sind (s. Tabelle nächste Seite).

Wir sehen also, dass im Durchschnitt der Monarchie von
den als Maurern Aufgeführten nur etwa $^1/_4$ bis $^1/_3$ (genauer 27,4⁰/₀)
ein Nebengewerbe treiben, und in der Rheinprovinz sogar nur etwa
$^1/_4$, ja im Reg.-Bezirk Düsseldorf nur $^1/_6$, dagegen in der Provinz
Sachsen etwa die H ä l f t e, so dass also »Maurer« hier und »Maurer«
dort in der That g a n z v e r s c h i e d e n e Dinge sind. Und
damit steht es ja auch in Zusammenhang, dass wir gerade in Sachsen an einzelnen Orten eine Anhäufung von Handwerkern dieser
Art finden, wie sie andern Orts nirgends mehr erreicht wird. Denn

	als Maurer		Dachdecker	
	überhaupt	davon als ein Nebengewerbe treibend	überhaupt	davon als ein Nebengewerbe treibend
in ganz Preussen	277 224	75 982	25 315	7 284
in den Reg.Bezirken				
Magdeburg	13 093	6 251	1 720	709
Merseburg	14 561	6 685	1 423	468
Erfurt	4 289	1 904	472	206
zusammen	31 943	14 840	3 615	1 383
andererseits dagegen in den Bezirken				
Köln	7 485	2 284	798	216
Trier	6 389	2 328	517	200
Aachen	3 226	1 082	676	273
Koblenz	5 662	2 414	565	284
Düsseldorf	19 711	3 117	2 104	451
zusammen	42 473	11 235	4 660	1 424

gehen wir auf kleinere Verwaltungsbezirke wie Kreise und Städte ein, so finden wir nach den Feststellungen des statistischen Amts mit Maurern besonders reichlich ausgestattet: in der Provinz Posen nur einen Kreis (Inowrazlaw mit 101 Maurern auf je 1000 Einwohner) und ebenso in der Mark Brandenburg, in Westfalen und in der Rheinprovinz nur je einen, nämlich (nach Band III cit.):

Kreis Nieder-Barnim mit 40 (in der Mark)
» Höxter » 42 (in Westfalen)
und » Koblenz » 54 (in der Rheinprovinz)

ähnlich aber auch in Schlesien nur zwei, nämlich (vgl. S. 425 ff. a. a. O.)

allein den Kreis Kosel mit 58
und » Ratibor » 65, dagegen in

der Provinz Sachsen zwölf nämlich:

Stadt Naumburg	mit 42	Kreis Wolmirstadt	mit 57
Kreis Stendal	» 46	» Ziegenrück	» 58
» Naumburg	» 53	» Delitzsch	» 58
» Wanzleben	» 53	» Saalkreis	» 58
» Aschersleben	» 53	» Zeitz	» 63
» Merseburg	» 54	» Worbis	» 91

Auch diese Zahlen wären schwer erklärlich, wenn nicht gerade in Sachsen die »Maurer« eben zum sehr grossen Teil zugleich von Landwirtschaft oder anderen Nebengewerben lebten.

Was aber endlich das »Abhängigkeitsverhältnis« im Maurergewerbe betrifft, so ist bei Erörterung desselben allerdings wieder besondere Vorsicht geboten, erstens um der sehr verschiedenen Bedeutung jener N e b e n g e w e r b e willen, sodann schon wegen der Konkurrenz der vorhin erwähnten grösseren B a u u n t e r - n e h m u n g e n und endlich auch deshalb, weil die Kategorie der »Flickarbeiter«, die in diesen Dingen eine grosse Rolle spielt, nach den neueren Aufnahmen nicht auszuscheiden ist.

Deshalb sei an dieser Stelle hierüber nur Folgendes bemerkt: Zunächst erinnert an oben schon hervorgehobene Erscheinungen, dass auch im Maurer- und Dachdeckergewerbe die Zahl der U n t e r n e h m e r im Verhältnis zur Grösse der Bevölkerung von Bezirk zu Bezirk sich mehr und mehr a u s g e g l i c h e n hat.

Bei den M a u r e r n betrug nach Tab. XVI ihre Zahl, auf 10 000 Einwohner berechnet, im Jahre 1849 im Reg.-Bezirk G u m b i n n e n noch 1,1, dagegen z. B. in den Bezirken Arnsberg, Trier, Koblenz 18,5 resp. 19,1 und 24,0 (!), also z. B. in letzterem Bezirke etwa das 22 fache der für Gumbinnen ermittelten Zahl. Und ähnlich wie im äussersten Osten stand es auch in manchen anderen transelbischen Bezirken. Denn auf je 10 000 Köpfe zählte man Maurermeister damals z. B.

	im Reg.-Bezirk Köslin	nur	1,5
selbst	»	»	»	Stettin	» 1,9
	»	»	»	Posen	» 2,0
	»	»	»	Bromberg	» 2,0
	»	»	»	Potsdam	» 2,2 etc.

Dagegen steht es jetzt allerdings ganz anders. Selbst die h ö c h s t e n Ziffern für die Unternehmer betrugen im Jahre 1895, auf je 10000 Köpfe der Bevölkerung berechnet:

für den Bezirk Köln	nur	12,2
»	»	»	Erfurt	» 13,0
»	»	»	Minden	» 15,5
»	»	»	Münster	» 16,9
»	»	»	Coblenz	» 18,1 , und gleichzei-

tig für die Bezirke Aachen und Arnsberg sogar nur 9,7 und 9,8, ja für die Bezirke Düsseldorf und Magdeburg nur 6,9, dagegen in dem in dieser Beziehung jetzt am t i e f s t e n stehenden Bezirken Oppeln, Breslau und Posen 3,1 resp. 4,7 und 4,8 — sodann

im Reg.-Bezirk Liegnitz 5,1 | im Reg.-Bezirk Königsberg 6,9

» » » Danzig 5,8 | » » » Bromberg 7,3

und selbst in Gumbinnen und Marienwerder 7,6 und 7,9, so dass also die grössten Gegensätze jetzt Oppeln mit 3,1 und Koblenz mit 18,1, d. h. Zahlen sind, die etwa nur im Verhältnis von 1 zu 5—6 stehen. Indessen auch die Ursachen dieser Ausgleichungen sind bekannte Erscheinungen. Denn im W e s t e n hatte es eben wie in anderen Gewerben, so auch in dem hier in Rede stehenden, wegen besonderer Steuerverfassung und mehr verbreiteter mittlerer Wohlhabenheit von jeher besonders v i e l e k l e i n e Unternehmer gegeben, sodass im Jahre 1822 an Maurern und Dachdeckern zusammen — diese wurden damals nicht getrennt gezählt —

z. B. im Reg.-Bezirk Arnsberg 21

» » » Trier 24 und

» » » Koblenz 30—31

auf je 10000 Köpfe beschäftigt waren, dagegen z. B. in Oberschlesien (Reg.-Bezirk Oppeln) damals nur 2—3 und selbst in Bezirken wie Liegnitz, Breslau, Stettin, Frankfurt, Potsdam, ebenso wie in Köslin und Gumbinnen nur je 3—4. Später sind von jenen vielen kleinen Unternehmern des Westens offenbar viele entweder zu anderer mehr Gewinn bringender Thätigkeit oder in die Zahl der »Abhängigen« im Maurergewerbe übergegangen, so dass die auf Maurer- und Dachdeckermeister zusammen bezüglichen Zahlen von 1822 auf 1849 resp. 1895 sanken z. B.

im Reg.-Bezirk Trier von 25 auf 24 und 15

» » » Koblenz » 30 » 29 » 13

» » » Arnsberg » 21 » 20 » 13 u. s. w.

Und dem entsprach es dann auch, dass die Zahl der A b h ä n g i g e n in jenen Gewerben zu A n f a n g des Jahrhunderts im Westen nicht besonders gross war, dagegen später um so mehr gestiegen ist. Im Maurer- und Dachdeckergewerbe zusammen fielen z. B. 1822 (nach Tabelle XVII) auf 10 000 Köpfe

im Reg.-Bezirk Münster 6 Abhängige,

» » » Minden 12,

» » » Arnsberg 18, und auch in Koblenz und Trier nur 13 und 14, ja selbst in den mehr städtischen Bezirken Düsseldorf und Aachen nur je 17, dagegen z. B. in den Bezirken Breslau und Frankfurt je 20, im Bezirke Stettin 21, im Bezirke Potsdam 25 und in den Bezirken Magdeburg und Merseburg sogar 27 resp. 41 (!). Ganz anders aber hatten sich diese Zahlen schon 1849 und dann namentlich 1895 gestaltet. Denn stellen wir auch nur für einzelne Bezirke die Ergebnisse aller drei Jahre 1822, 1849 und 1895 zusammen, so finden wir auf 10 000 Köpfe Abhängige in beiden Gewerben gezählt

im Reg.-Bezirk	Münster	6 resp.	9	und	80	
»	»	»	Minden	12	»	27	»	87	
»	»	»	Arnsberg	18	»	32	»	109	
»	»	»	Düsseldorf	17	»	24	»	90	
»	»	»	Koblenz	13	»	34	»	72	
»	»	»	Trier	14	»	38	»	76	u. s. w.,

dagegen im Osten sehr viel weniger steigende Zahlen:

z. B. im Reg.-Bezirk	Gumbinnen	6 resp.	15	und	41	
»	»	»	Marienwerder	7	»	16	»	47	
»	»	»	Posen	4	»	15	»	54	
»	»	»	Königsberg	8	»	21	»	48	
»	»	»	Köslin	10	»	24	»	46	u. s. w.

Und nur in den Provinzen Sachsen und Brandenburg war die Steigerung noch etwas stärker als im Westen, was dann in Sachsen allerdings wegen der dort schon zu Anfang des Jahrhunderts grossen Zahlen auch zu besonders starkem Uebergewicht der Zahl der Abhängigen führen musste. Die bezüglichen Ziffern betrugen nämlich:

	für Berlin	36 resp.	29	und	92,	
für den Reg.-Bezirk	Potsdam	25	»	47	»	117,	
»	»	»	»	Frankfurt	20	»	39	»	85,
»	»	»	»	Merseburg	41	»	83	»	128,
»	»	»	»	Magdeburg	27	»	77	»	119,
»	»	»	»	Erfurt	19	»	68	»	90. —

Gedenken wir schliesslich aber noch allein der Maurer, indem wir das Jahr 1822, für welches solche Trennung unmöglich ist, ausser Betracht lassen, so sehen wir wieder, dass die wenigsten Abhängigen auf 10 000 Köpfe für 1849 zu finden waren einerseits im Westen, namentlich im Reg.-Bezirk Münster mit 8,7 und den Bezirken Aachen und Düsseldorf mit 19,1 und 21,4, dann aber auch im Osten z. B. in den Bezirken Danzig mit 13,9, Bromberg und Posen mit 14,1 und 14,5, Gumbinnen und Marienwerder mit 15,2, Oppeln mit 18,1 und Königsberg mit 21,2, während eine mittlere Stellung einnahmen: Pommern, Brandenburg und die oben nicht genannten westlichen Bezirke, also z. B.

Minden	mit	25,9	Trier	mit	37,0
Arnsberg	»	30,3	Köln	»	41,3
Koblenz	»	33,0			

und voran standen einerseits Niederschlesien, (Bezirk Liegnitz mit 51,8) und andererseits die an dieses sich schliessende Provinz Sachsen d. h. Bezirk Erfurt mit 62,9, Magdeburg mit 70,7 und Merseburg mit 77,5.

Inzwischen haben dann, wie Tabelle XVI ergiebt, jene westlichen Bezirke Münster, Aachen und Düsseldorf gleich Oppeln jenen niedrigen Stand verlassen. Und obwohl auch heute noch die Provinz Sachsen voransteht, da dort die bezüglichen Zahlen sich für Merseburg auf 120,3, für Magdeburg auf 108,8 und für Erfurt auf 84,0 stellten, so folgen doch nunmehr bereits unmittelbar neben dem übrigen Schlesien und Brandenburg auch Westfalen und die Rheinprovinz (abgesehen von Aachen), während Ostpreussen und der Posener Bezirk wie früher zurückstehen. Denn die Reihenfolge ist nunmehr folgende:

Bezirk	Potsdam	mit	110,7	Bezirk	Köln	mit	71,5
»	Arnsberg	»	104,4	»	Bromberg	»	71,5
»	Oppeln	»	90,6	»	Koblenz	»	69,1
»	Düsseldorf	»	84,4	»	Stralsund	»	67,8
»	Minden	»	84,3	»	Danzig	»	56,1
Stadt	Berlin	»	84,3	»	Posen	»	50,7
Bezirk	Frankfurt	»	78,4	»	Königsberg	»	47,2
»	Münster	»	77,5	»	Aachen	»	45,3
»	Liegnitz	»	76,7	»	Marienwerder	»	44,5
»	Breslau	»	76,6	»	Köslin	»	42,2
»	Stettin	»	76,3	»	Gumbinnen	»	39,7
»	Trier	»	72,9[1])				

Da sich aber die Provinz Sachsen, wie wir sahen, auch durch eine

---

1) Vgl. Tabelle XVI u. XVII (Anhang).

grosse Zahl von Unternehmern im Maurergewerbe auszeichnet, ist das Uebergewicht der Zahl der Abhängigen jenen gegenüber dort natürlich nicht so gross als z. B. in Schlesien und Brandenburg, so dass auf je 100 Selbständige im Jahr 1895 folgende Zahlen von Abhängigen zu rechnen waren:

in der Stadt Berlin	3014	im Bezirk Oppeln	2901
im Bezirk Potsdam	1733	» » Breslau	1642
» » Frankfurt	1193	» » Liegnitz	1504;

dagegen in Sachsen nur:

im Reg.-Bezirk Magdeburg 1572
» » » Merseburg 1410
» » » Erfurt 645.

Demnächst folgen Pommern, nämlich

der Reg.-Bezirk Stettin mit 1179
» » » Stralsund » 948
» » » Köslin » 571,

und dann, in dieser Beziehung ungefähr g l e i c h stehend Bezirke einerseits westlichster und andererseits östlichster Provinzen in nachstehender Reihenfolge:

Düsseldorf:	1224	Köln:	586
Arnsberg:	1069	Marienwerder:	565
Posen:	1047	Minden:	545
Bromberg:	978	Gumbinnen:	532
Danzig:	973	Aachen:	468
Königsberg:	683	Münster:	458
Trier:	639	Koblenz:	381

Alles das sind ja Dinge, die nach dem soeben und dem schon früher Bemerkten auch nicht schwer zu erklären sind, denen gegenüber aber nochmals betont sei, dass in ihnen der wirkliche Sachverhalt durch drei Dinge verdunkelt erscheint, erstens nämlich durch die Thatsache, dass zwischen »Flickarbeitern« und anderen Maurern jetzt nicht mehr unterschieden wird, zweitens dadurch, dass Maurer und Maurer im Grunde Verschiedenes bedeuten, je nachdem die bez. Handwerker neben dem Hauptberuf mehr oder minder noch Landwirtschaft oder andere »Nebengewerbe« treiben, und drittens dadurch, dass viele Maurer als solche überhaupt nicht gezählt wurden, weil sie in grossen »Baugeschäften« arbeiteten.

Bemerkenswert bleibt immerhin ein Umstand, der an das früher bereits bezüglich des Zimmerergewerbes Gesagte erinnert, der zunächst etwas auffällig erscheinende Umstand nämlich, dass wenn man unter Benützung der bisher behandelten Zahlen die Zahl der Unternehmer und Abhängigen im Maurer- und Dachdeckergewerbe[1]) für die Jahre 1822, 1849 und 1895 einander direkt gegenübergestellt, man in vielen Bezirken auf R ü c k g a n g der Relativzahl der Abhängigen stosst.

Im Durchschnitt der M o n a r c h i e stand es ja freilich etwas anders. Denn auf je 100 Selbständige zählte man

	1822	1849	1895
		210	445	802 und
ausserhalb Berlins	204	441	769 Abhängige (Tab. XVII).

Aber besonders gross war dieser Fortschritt doch im Grunde nicht. Er erinnert vielmehr an jenen, der oben für das Zimmermannsgewerbe konstatiert ist, und nach dem sich die analogen Zahlen stellten

	für 1822	für 1849	für 1895
	auf 179	auf 383	auf 633 (659)[2])
und ausserhalb Berlins	auf 172	» 378	» 612 (639).

Denn danach hoben sich diese Relativzahlen speziell in der Zeit von 1849 bis 1895 hier wie dort nur etwa um 75%. Und das ist wenig, wenn man erwägt, dass selbt im Kreise der oben als »bedrängt« bezeichneten Gewerbe in jenen drei Jahren auf 100 Unternehmer Abhängige gezählt wurden:

z. B. bei den Stellmachern:	33	39	148 (164)[2])
und » » Gerbern:	68	142	511,

dass aber im Uebrigen diese Zahlen sich zum grossen Teil noch viel stärker hoben, nämlich in denselben Jahren — wiederum für den Durchschnitt der Monarchie alten Umfangs berechnet — z. B.

bei den Fleischern   von 33 auf 51 resp. 153

» » Bäckern und Konditoren   » 66 » (1849) auf 193[3])

---

1) Die Dachdecker müssen wie bemerkt hier mit in Betracht gezogen werden, da sie bei der Aufnahme von 1822 von den Maurern nicht getrennt wurden.

2) Die eingeklammerten Zahlen schliessen die Zahl der Erwerbsthätigen beim Schiffbau resp. (neben den Stellmachern) beim Wagenbau in sich.

3) Konditorgehülfen sind 1822 nicht gezählt.

bei den Töpfern u. Ofenfabrikanten von	71	auf	164	resp.	368	
» » Tischlern und Glasern	» 59	»	216	(1849 u. 1895)		
» » Stubenmalern	» 88	»	262	(286)[1])		
» » Riemern und Sattlern	» 50	»	59	resp.	155	
» » Tapezierern	» 79	»	222	(1849 u. 1895)		
» » Buchbindern	» 104	»	364	(1849 u. 1895)		
» » Uhrmachern	» 32	»	47	resp.	92	
» » Gold- und Silberarbeitern	» 75	»	97	resp.	222	
» » Posamentieren	» 81	»	1006	(1849 u. 1895)		
» » Hutmachern	» 59	»	64	resp.	693	
» » Handschuhmachern	» 44	»	85	»	211	
» » Bantieren und Friseuren	» 41	»	110	(1849 u. 1895).		

Ueberall sehen wir also namentlich zwischen den Jahren 1849 und 1895 eine erheblich stärkere Zunahme der auf das Verhältnis zwischen Selbständigen und Abhängigen bezüglichen Zahlen, während eine l a n g s a m e r e als bei den Bauhandwerkern fast nur noch bei solchen ganz besonders bedrohten Gewerben wie jenem der S c h u h m a c h e r und der S e i l e r stattfand, bei denen man auf je 100 Selbständige in den Jahren 1822, 1849 und 1895 zählte im Seilergewerbe 53 — 73 — 119 und bei den Schuhmachern 49 — 55 — 71 Abhängige.

Noch auffälliger aber als diese auf den D u r c h s c h n i t t der Monarchie (alten Umfangs) bezüglichen Zahlen erscheinen, wie schon berichtet, die Ziffern für die einzelnen Gebiete. Denn während selbst bei den S c h u h m a c h e r n von allen hier ins Auge gefassten 26 Bezirken (mit Berlin) nur 6 und bei den S e i l e r n sogar nur 5 einen Rückschritt zeigten[2]), trat dieser bei den Maurern allein in 10 und bei

---

1) Mit Vergoldern.

2) Auf je 100 selbständige Schuhmacher zählte man Abhängige:

	1822	1849	1895
im Bezirk Königsberg	49	67	56
» » Gumbinnen	41	81	69
» » Danzig	58	90	59
» » Stettin	59	67	50
» » Stralsund	65	59	49
in Berlin	111	110	79

Bezüglich der Seiler vgl. oben. Bei den Uhrmachern, Malern und Tapezieren zeigte nur je e i n Bezirk solchen Rückgang, bei den Posamentieren und bei den Schneidern und Hutmachern je d r e i, — dagegen k e i n Bezirk bei den Stellmachern,

149

den Maurern und Dachdeckern zusammen sogar schon in 11 Bezirken hervor, sodass es sich also auch in dieser Beziehung mit
dem hier in Rede stehenden Gewerbe ähnlich wie mit jenem der
Zimmerer verhielt, wo ja ebenfalls im Jahre 1895 11 Bezirke weniger Abhängige auf je 100 Selbständige zählten als 1849 (vgl.
oben S. 90 f. und Tabelle X (Anhang).

Im Einzelnen gestalteten sich nämlich, wenn wir zugleich des
Jahres 1822 gedenken und aus diesen Gründen wieder die Maurer
und Dachdecker zusammen ins Auge fassen, die hier in Rede stehenden Ziffern derart, dass in jenen Gewerben auf je 100 Selbständige
Abhängige fielen

	1822	1849	1895
im Reg.-Bezirk Gumbinnen	170	1289	481
» » » Marienwerder	156	464	439
» » » Potsdam	864	1546	1219
» » » Frankfurt	619	1340	795
» » » Stettin	774	1444	821
» » » Köslin	293	1245	444
» » » Stralsund	238	800	595
» » » Liegnitz	518	1980	1009
» » » Magdeburg	365	1800	1043
» » » Merseburg	361	1227	998
» » » Erfurt	113	806	515.

Hier überall hat sich also jene rückgängige Bewegung bereits
Bahn gebrochen und rechnet man hiezu noch, dass in einigen a n -
d e r e n Bezirken jene Zahlen, wenn auch nicht einen Rückschritt,
doch eher Stagnation als Fortschritt zeigten, so kann man gerade-
zu sagen, dass eine Entwickelung in der Richtung des W a c h s -
t u m s der Zahl der Abhängigen gegenüber jener der Selbständigen
seit 1849 nur noch etwa in der H ä l f t e aller Bezirke Platz gegriffen
hat. Das aber ist jedenfalls schon eine an sich auffällige Erscheinung. Und noch bemerkenswerter ist, dass die Zahl der Bezirke
mit besonders v i e l Abhängigen, also z. B. die Zahl jener, die
auf 100 Selbständige über 1000 Abhängige zählten, in derselben
Zeit (zwischen 1849 und 1895) von 9 auf 6, und die Zahl der Bezirke mit über 1200 Abhängigen auf je 100 Selbständige sogar

Gerbern, Tischlern und Glasern, Böttchern, Bäckern und Konditoren, Fleischern,
Barbieren und Friseuren, Riemern und Sattlern.

von 8 auf 4 s a n k. Zu letzterer Kategorie gehörten nämlich 1849
noch je ein Betrieb im Bezirk:

Merseburg	mit 1227	Stettin	mit 1444
Köslin	» 1245	Potsdam	» 1546
Gumbinnen	» 1289	Magdeburg	» 1800
Frankfurt	» 1340	Liegnitz	» 1980

dagegen im Jahre 1895 von allen diesen Bezirken nur noch P o t s -
d a m mit 1219 und daneben Breslau mit 1252, Berlin mit 2212
und Oppeln mit 2281.

Allerdings kann man den Eindruck dieser Zahlen ja dadurch
abschwächen, dass man auf die neuere Zunahme der oben berührten grossen »Baugeschäfte« verweist. Indessen kann dies nicht
Alles erklären, zumal sich ein Rückgang ja auch in solchen Bezirken zeigte, in denen, wie z. B. in jenen von Gumbinnen, Marienwerder und Köslin für die Entwickelung solcher grossen Geschäfte offenbar weniger Gelegenheit ist als in Berlin, (wo die Zahl
der Abhängigen auf je 100 Selbständige nach den oben gegebenen Zahlen ja gerade noch sehr stark zugenommen hat. Weiteres in Tabelle XVII).

Sicherlich sind daneben auch noch a n d e r e Umstände von
Bedeutung gewesen, und zwar allem Anscheine nach Umstände
jener Art, wie sie (Seite 94) schon bei Erörterung des Z i m m e r -
m a n n s gewerbes berührt sind, das bezüglich der Relativzahl der
Abhängigen ebenfalls starken Rückgang zeigte, indem z. B. mehr
als 1200 Abhängige auf je 100 Selbständige beschäftigt waren im
Jahre 1882 noch in v i e r Bezirken (Merseburg 1209, Potsdam 1529,
Liegnitz 1969 und Magdeburg 2004) — dagegen im Jahre 1895
nur noch in z w e i, nämlich in Oppeln 1262 (mit Einschluss der
Schiffszimmerer 1260) und in Berlin 1373 (resp. 1366). Vgl. Tab. X.

Und in der That deuten darauf, dass Zusammenhänge dieser
Art walten, d. h. dass insbesondere wegen der Schwierigkeiten
ausreichender A u f s i c h t auf weit auseinander liegenden Plätzen
dem Maurer- wie dem Zimmermannsgewerbe beachtenswerte
G r e n z e n gesteckt sind, auch manche Hinweise in den oben schon
erwähnten S p e z i a l s c h i l d e r u n g e n des Maurergewerbes an
einzelnen Orten. So schreibt z. B. bezüglich der Gestaltung dieser
Dinge in B r e s l a u Flechtner a. a. O. (p. 415): Der h a n d w e r k s -
m ä s s i g e Mittelbetrieb sei der vorherrschende geblieben. Der
einzelne Meister beschränke sich im Allgemeinen auf die Ausfüh-

rung weniger Bauten zu gleicher Zeit. Denn abgesehen davon, dass vielfach das nötige Kapital fehle, verspreche die Ausdehnung des Betriebes auch keinen besonderen Nutzen, da »im Baugewerbe der Grossbetrieb an und für sich dem Kleinbetriebe gegenüber technische Vorteile nicht besitzt, so lange letzterer die für einen Bau notwendigen Arbeitskräfte aufbringt.« Deshalb sei auch »durch den Uebergang des Meisters vom Bauleiter zum spekulativen Unternehmer die Grösse der einzelnen Betriebe nicht wesentlich beeinflusst worden.« Der Meister begnüge sich mit einer geringen Zahl von Spekulationsbauten zur selben Zeit, und selbst ein Versuch, den z. B. die sog. Breslauer Baubank gemacht hätte, um »die Häuserproduktion auf grossbetrieblicher Grundlage einzurichten«, sei an der Konkurrenz der Bauunternehmer gescheitert. Und obwohl später die »kapitalistische Bauunternehmung die Häuserproduktion beherrscht hätte«, so wäre auch hiedurch eine Umwandlung der kleinen Betriebe in Grossbetriebe nicht herbeigeführt worden. Nach wie vor hätten die Bauunternehmer nur so viel Arbeitskräfte beschäftigt, als zu 1 bis 3 Bauten zugleich erforderlich wären, ja dass ein solcher Bauunternehmer mehr als 3 Häuser auf einmal baue, wäre schon als Seltenheit zu betrachten. Und erst die neueste Zunahme »behördlicher Bauten« seit dem französischen Kriege und die Vergebung dieser Arbeiten in Submission hätte dann teilweise eine Aenderung herbeigeführt, da die Behörden lieber mit einem grossen Meister als mit mehreren kleinen verhandeln wollen u. s. w. [1]).

Wie schon früher bemerkt ist, erinnert alles das lebhaft an jene Vorgänge auf landwirtschaftlichen Gebieten, wo man ja das Schicksal der mittleren Betriebe ebenfalls für arg bedroht ansah, während die Statistik diese Befürchtungen keineswegs als begründet erweist [2]).

2. Die Schneider[3]).

Auch dieses Handwerk hat seit der Mitte des Jahrhunderts

---

1) Vgl. übrigens auch Mendelson a. a. O. p. 229.

2) In Preussen stieg zwischen 1882 und 1895 z. B. die Zahl der kleinen und mittleren Betriebe von 2—5, resp. 5—20 und 20—100 ha von 493 254 auf 522 780 resp. von 474 387 auf 528 729 (!) und von 186 958 auf 188 114, während die Zahl der Grossbetriebe sank von 20 439 auf 20 390. Es sanken z. B. letztere Zahlen in der Mark von 2204 auf 2110 und in Pommern von 2876 auf 2793.

3) Bezüglich der Stellung des Schneidergewerbes innerhalb des Kreises

einen viel bedeutenderen Zuwachs an Erwerbsthätigen erfahren,
als in der ersten Hälfte desselben. Während nämlich im alten

der hier in Rede stehenden Handwerke vgl. oben S. 9 u. 63, und bezüglich jenes
Gewerbes selbst Tabelle XVIII (Anhang) und die Bemerkungen hiezu, ebenfalls
im Anhang unter Nr. 3. Zu beachten ist bez. der Vergleichsfähigkeit der betreffenden Zahlen aber noch, dass zu den dort und in der Einleitung berührten
allgemeineren Bedenken (die bei diesem Gewerbe in besonderem Masse
zutreffen) hier noch schwerwiegende besondere infolge mehrfach veränderter
Klassifikation hinzutreten. Ueber die aus den älteren Zählungen sich ergebenden Schwierigkeiten äusserte sich schon Schmoller (a. a. O. S. 644): »Früher
wurden in Preussen die Näherinnen und Wäscherinnen mit den weiblichen
Tagelöhnern zusammen aufgenommen, wobei aber nicht festzustellen ist,
wieviele von den gezählten Frauen Näherinnen sind. Die häusliche Weissnäherei ist ja wohl jedenfalls nicht unter der Kategorie der »Schneider« mit-
begriffen, aber fraglich erscheint, ob die teilweise mit Kleidergeschäften verbundenen Konfektionsgeschäfte, die Magazine für Weisswaren und Damen-
artikel hier mitgerechnet sind oder nicht.« Später, im Jahre 1875 ist dann in
der Ordnung »Schneiderei« (deren Zahlen den Rechnungen zu Grunde gelegt sind)
die Kleiderkonfektion allerdings mitgerechnet, und die Wäschekonfektion in der
Ordnung »Weissnäherei« untergebracht, in der aber zugleich die »Näherinnen«
mitgezählt sind und die demgemäss hier nicht berücksichtigt worden ist. In den
Jahren 1882 und 1895 endlich hat man »Kleider- und Wäschekonfektion« zusammengefasst. Deshalb giebt unsere Uebersicht zweierlei Zahlen, nämlich zunächst nur die Zahlen der Ordnung »Schneider und Schneiderinnen«. In den
unter der Zeile in kleineren Ziffern wiederholten Summen aber sind die auf
»Kleider- und Wäschekonfektion« bezüglichen Zahlen hinzugerechnet, und es
ist also zu beachten, dass die in diesen Summen gegebenen Zahlen an sich, im
Vergleich mit den Daten der anderen Jahre zu hohe wären. — Uebrigens sind
bei den älteren Zählungen auch die »Korsettenmacher« den »Schneidern« zugerechnet und eine dementsprechende Ergänzung der neueren Daten war für 1875
und 1882 nicht möglich. Doch ist auch das von geringem Belange, dagegen
wohl zu beachten, dass die Zuverlässigkeit der älteren wie der neueren Erhebungen gerade im Schneidergewerbe viel zu wünschen übrig lässt, da »sehr viele
Personen dem Zähler entgehen oder nicht in ihrer Eigentümlichkeit aufgefasst
werden«, Handwerker, Hausindustrielle und Arbeiter nicht immer genügend aus-
einandergehalten werden können, und insbesondere der Umfang von drei Gruppen
weiblicher in der Schneiderei beschäftigter Personen nicht zu ermitteln ist.
Dahin gehören erstens die in Haushaltungen von Schneidern gehaltenen und
nur als solche gezählten Dienstmädchen, die einen grossen Teil des Tages
Schneiderarbeit verrichten, zweitens die Verwandten von Konfektionsarbeiterinnen, die zu Hause als Gehilfinnen einer Werkstatt arbeiten und drittens die zahlreichen Angehörigen der Frauen und Mädchen aus dem un-
bemittelten »Mittelstande«, unterem Beamtentum etc., denen die Schneiderei vielleicht neben einer schmalen Pension die wichtigste Einnahme bildet. »Als Schnei-
derinnen oder Konfektionsarbeiterinnen werden diese Personen meist deshalb nicht

preussischen Staate im Jahre 1822 nur etwa 59 und im Jahre 1849 nur 65 Schneider auf je 10000 Einwohner fielen, dürfte die hiemit vergleichbare Zahl für 1895 jedenfalls über 90 hinausgehen, wenn auch die unter Mitberücksichtigung der Wäschekonfektion gewonnene Verhältnisziffer 103 (vgl. Tabelle XVIII) zu hoch ist; die relative Besetzung stieg also von 1822 bis 1849 nur wie von 100 zu 111, dagegen von 1849 bis 1895 wie von 100 zu 138 (158)[1]).

Man wird hienach auch für dieses Gewerbe die erste Hälfte des Jahrhunderts im Allgemeinen als eine Zeit der Stagnation bezeichnen können. Und diese traf vor allem wieder jene besonders ungünstig situierten östlichen Landesteile, in denen vielfach sogar Rückschritt zu konstatieren war. Vergleichen wir nämlich die in jener Tabelle beigefügten Verhältnisziffern für 1822 und 1849 mit einander, so sehen wir, dass auf je 10 000 Einwohner im Schneidergewerbe thätige Personen überhaupt in jenen beiden Jahren gezählt wurden z. B. im Reg.-Bezirk

Königsberg	etwa 53	bezw.	49	Frankfurt	67 bezw.	64
Gumbinnen	» 52	»	48	Köslin	66 »	58
Danzig	» 48	»	43	Breslau	63 »	61
Marienwerder	» 44	»	43			

Da überall finden wir also Rückschritt oder Stagnation, während sich in den westlichen Provinzen die analog berechneten Zahlen ganz anders stellten, z. B. in den Bezirken

Erfurt	auf 54	bezw.	70	Köln	auf 58 bezw.	74
Münster	» 69	»	88	Düsseldorf	» 77 »	89
Koblenz	» 55	»	66			

Gering war übrigens für den Durchschnitt der alten Provinzen auch noch die mit den 50er Jahren beginnende Besserung. Denn gegen 65 im Jahre 1849 fielen 1861 erst etwa 74, [1875 : 71] und 1882 76 [resp. 83] Schneider auf je 10000 Einwohner. Ein kräftiger Aufschwung begann somit anscheinend erst in der Zeit

---

gezählt, weil sie sich schämen, sich als solche anzugeben.« cf. hierüber das über die Hausindustrie oben im Allgemeinen Bemerkte und insbesondere Schr. d. V. f. S.-P. Bd. VII a. a. O. S. 44 (Dr. Aug. Winter, Das Schneidergewerbe in Breslau), auch Bd. IV S. 119 ff. u. 209 ff. und Bd. IX S. 4 ff. u. 301 ff.

1) Die in Parenthese beigefügte Zahl bezieht sich auf die Schneider incl. der in der Kleider- und Wäsche-»Konfektion« beschäftigten Arbeiter und Arbeiterinnen.

zwischen 1882 und 1895. Denn im letzten Jahre stieg die Verhältnisziffer auf die bereits oben angegebene Höhe von 90 [resp.
103][1]). Dass nun dieser Aufschwung, ähnlich wie bei den Maurern
und den im vorigen Abschnitt behandelten Gewerben, mit der Zunahme des allgemeinen Wohlstands nicht ganz ausser Zusammenhang stand, ist allerdings leicht zu zeigen. Man beachte nur, wie
g e r i n g nach dem soeben Gesagten die Fortschritte waren, die
diese Zahlen bis zur Mitte des vorigen Jahrhunderts in dem damals im Wohlstand zurückgebliebenen O s t e n machten (vgl. oben
S. 13 u. 17) und wie sehr sich diese Dinge dann gerade dort mit
der Zunahme der Wohlhabenheit seit jener Zeit geändert haben.

Auf je 10 000 Köpfe waren im Schneidergewerbe überhaupt
thätig im Bezirk:

	1822	1849	1895
Königsberg	53	49	95 (97)
Gumbinnen	52	48	96 (97)
Danzig	48	44	86 (88)
Marienwerder	44	43	74 (75)
Posen	39	53	66 (69)
Bromberg	49	48	70 (71)

Auch war die Entwicklung in der Zwischenzeit seit 1849 im
Wesentlichen eine s t e t i g e. Denn die bezüglichen Zahlen betrugen für

	Königsberg	Gumbinnen	Danzig
1849	49	48	43
1861	60	62	44
[1875]	[75]	[79]	[66]
1882	84 (84)	81 (81)	69 (70)
1895	95 (97)	96 (97)	86 (88)
also Steigerung im Verhältnis von	100 : 195	100 : 202	100 : 199

	Marienwerder	Posen	Bromberg
1849	43	53	48
1861	52	49	52
[1875]	61	[50]	[51]
1882	64 (64)	55 (55)	57 (58)
1895	74 (75)	66 (69)	70 (71)
also Steigerung im Verhältnis von	100 : 173	100 : 125 (130)	100 : 146 (148)

1) Die hier und in der Folge für 1882 u. 1895 in Parenthese beigefügten

In etwas geringerem Grade stiegen diese Verhältnisziffern in der Provinz B r a n d e n b u r g ausser Berlin[1]), dagegen stark wiederum in allen Bezirken P o m m e r n s, obwohl hier die Besetzung des Handwerks schon 1849 jener in Brandenburg nicht viel nachgab. Die Verhältnisziffern hatten nämlich schon im Jahre 1822 für Stettin 66, für Köslin 66 und für Stralsund 58 betragen und gestalteten sich nun folgendermassen: im Reg.-Bezirk

	Stettin	Köslin	Stralsund
1849	auf 67	auf 58	auf 59
1861	» 68	» 64	» 77
[1875]	» [84]	» [83]	» [97]
1882	» 91 (95)	» 78 (78)	» 103 (103)
1895	» 118 (133)	» 92 (93)	» 113 (114)
also im Verhältnis von 100 : 199		100 : 159	100 : 193.

Und ähnlich in S c h l e s i e n, wo z. B. im Reg.-Bezirk Breslau diese Verhältnisziffer im Jahre 1822 : 63, dagegen bei den anderen fünf Erhebungen 61, 76, [73], 83 (87), 110, (135) betrug. Mithin Zunahme wie von 100 zu 180 (220). So scheint dem Osten gemeinsam ein wenn auch im Einzelnen verschieden starker, doch im Allgemeinen recht erheblicher A u f s c h w u n g des Schneiderhandwerks seit 1849. Und es ist wohl bemerkenswert, dass hieran nicht allein die mehr städtischen Bezirke beteiligt waren, sondern auch solche wie die von Gumbinnen, Marienwerder und Köslin (vergl. oben). Ja, es scheint gerade in Zahlen dieser Art so recht zum Ausdruck zu kommen, in wie hohem Grade gegenüber den viel übleren Verhältnissen in der ersten Hälfte des Jahrhunderts, die ö s t l i c h e n Landesteile nunmehr an Wohlstand gewonnen.

Immerhin ist zu beachten, dass daneben auch manche andere Umstände von Einfluss gewesen sind, so namentlich manche Aenderungen in Sitten und Gewohnheiten. Die Zunahme des Per-

---

Zahlen sind jene, die zugleich die in der Konfektion Beschäftigten in sich schliessen.

1) Im P o t s d a m e r Bezirk betrugen die Verhältnisziffern 1822 schon 69 und nach den fünf Erhebungen von 1849, 1861, 1875, 1882 und 1895: 71 resp. 80 [85], 84 (86) und 91 (98), also Gesamtzunahme dort seit 1849 wie von 100 zu 127 (137); und im Reg.Bezirk F r a n k f u r t 1822: 67 und sodann in denselben fünf Jahren von 1849 bis 1895: 64 resp. 71, [78], 77 (79) und 91 (92), also Zunahme seit 1849 wie von 100 zu 143.

sonalbestandes bei den Schneidern — so führte z. B. Schmoller bereits 1870 aus — liesse sich zum Teil auch darauf zurückführen, dass in vielen Kreisen nur gekaufte Kleider getragen würden, wo man früher in der F a m i l i e selbstgemachte Kleider getragen hätte. Die b e s o n d e r e l ä n d l i c h e B e k l e i d u n g verschwinde immer mehr, auch der Bauer fange an, fertige städtische Kleider zu kaufen u. s. w. Zu alledem aber kommen n u n m e h r noch die Einflüsse steigenden Grossbetriebs und Exports, wie sie einerseits schon in jenen östlichen Bezirken (z. B. von Breslau, Stettin und Stralsund), namentlich aber für Berlin und die westlichen Provinzen von Bedeutung sind.

Was speziell diesen Westen betrifft, so ist beachtenswert namentlich das Verhältnis zwischen W e s t f a l e n und R h e i n p r o - v i n z einerseits und Ost- und Westpreussen, Posen, Pommern etc. andererseits. Denn die Provinz S a c h s e n, die man ja auch schon zu den westlichen Provinzen rechnen könnte, nahm zwischen diesem Osten und jenen w e s t l i c h s t e n Landesteilen eine gewisse M i t t e l stellung ein. Wir finden dort ein Wachstum der bez. Verhältnisziffer. Indess war letzteres doch viel geringer als im Osten. Denn nach jenen fünf Erhebungen von 1849 bis 1895 betrugen die Verhältnisziffern im Reg.-Bezirk

Magdeburg:	86	95	[93]	92 (93)	109 (112)
Merseburg:	77	78	[70]	66 (67)	83 (85)
Erfurt:	70	76	[72]	69 (87)	85 (107)

d. h. wir finden da überall Steigerungen, die an solche von 100 zu 150 bis 200 (!), wie sie im Osten zu konstatieren waren, durchaus nicht hinanreichen. Nun mag einige Erklärung hiefür freilich die Thatsache bieten, dass in Sachsen bereits 1849 die Versorgung mit Schneidern eine relativ auskömmliche gewesen war, welcher Thatsache ja auch schon die Zahlen des Jahres 1822 entsprochen hatten, (für Magdeburg 80, für Merseburg 72 und für Erfurt 54).

Sehr auffällig müssen dagegen zunächst die Ergebnisse für R h e i n - l a n d und W e s t f a l e n erscheinen. Denn dort waren die Bezirke Minden und Köln die einzigen, die überhaupt noch einen Fortschritt aufwiesen [1]). In sämtlichen anderen Bezirken — städtischen

---

1) Die bezüglichen Zahlen lauteten nämlich für den Bezirk

	1822	1849	1861	1875	1882	1895
Minden	58	58	77	[68]	75 (77)	84 (97)
Köln	58	74	85	[59]	65 (69)	91 (99)

wie ländlichen — zeigte sich S t a b i l i t ä t (wie im Aachener) oder
R ü c k s c h r i t t, und zwar zum Teil recht erheblicher Art. Denn
die bez. Zahlen lauteten in den Reg.-Bezirken:

Arnsberg	Münster	Düsseldorf	Koblenz	Trier	Aachen
1822 : 80	69	77	55	46	46
1849 : 93	88	89	66	58	59
1861 : 91	109	88	73	66	71
[1875]: [57]	[73]	[57]	[49]	[42]	[45]
1882 : 58 (60)	74 (76)	59 (63)	47 (49)	41 (41)	48 (51)
1895 : 61 (63)	82 (83)	69 (82)	51 (53)	43 (45)	60 (62)

Und so sehen wir hier überall, zum Teile ähnlich wie in
Köln und Minden und ähnlich auch wie in Sachsen, ein Steigen
der Zahlen nur bis zu den f ü n f z i g e r oder bis zu den s e c h s-
z i g e r J a h r e n: bis zu den f ü n f z i g e r n in Arnsberg und
Düsseldorf, bis zu den s e c h z i g e r n in Magdeburg, Merseburg,
Erfurt, Minden, Köln, Koblenz, Trier und Aachen. Dann aber hat
g a n z a l l g e m e i n, d. h. ohne Ausnahme in a l l e n Bezirken dort
ein R ü c k g a n g Platz gegriffen, der schwach in Sachsen, ganz
besonders stark dagegen in der Rheinprovinz und in Westfalen
auftrat, indem die Zahlen z. B. im Bezirk

Arnsberg v. 91 (1861) i. d. Jahren 1875 u. 1882 auf [57] resp. 58 (60)
Düsseldorf » 88 (1861) »   »   1875 » 1882 » [57] » 59 (63)
Köln   » 85 (1861) »   »   1875 » 1882 » [59] » 65 (69)
herabgingen, worauf erst s e i t 1 8 8 2 wieder ein Aufsteigen folgte,
g e r i n g in den mehr ländlichen Bezirken, z. B.

im Koblenzer nur von 47 (49) auf 51 (53) im Jahre 1895 und
    » Trierer   »   » 41 (41) » 43 (45) »   » 1895,
dagegen besonders s t a r k in den mehr industriellen Bezirken, so

namentlich im Kölner   von 65 (69) auf 91 (99),
    und » Aachener   » 48 (51) » 60 (62),
aber auch » Magdeburger   » 72 (93) » 109 (112),
    » Erfurter   » 69 (87) » 85 (107),
    und » Merseburger   » 66 (67) » 83 (85).

Und eben dieser neueste Aufschwung im Westen, in Verbindung mit der Thatsache, dass im O s t e n die bezüglichen Zahlen
seit Mitte des Jahrhunderts im Allgemeinen noch stiegen (vgl. oben
S. 154), hat es ja auch bewirkt, dass sich für die ganze Monarchie
(alten Umfangs) im D u r c h s c h n i t t in »Schneiderei und Konfektion« zwischen 1849 und 1895 nicht, wie bei dem in mancher
Beziehung in ähnlicher Lage befindlichen Gewerbe der Schuhmacher,

158

Stagnation sondern F o r t s c h r i t t zeigte, wenn auch zwischen
1861 und 1882 eher Stagnation zu drohen schien. Stellen wir in
Kürze nur diese beiden Handwerkerkategorien einander gegenüber,
so ergiebt sich, dass auf je 10000 Bewohner fielen an Erwerbsthätigen überhaupt bei

	1822	1849	1861	1875	1882	1895
den Schuhmachern	74	84	83	[78]	89	74 (!)
» Schneidern	59	65	74	[71]	76 (83)	90 (103)

sodass also nach der Gesamtentwicklung einiger Grund vorlag, die
Schneider, wie es hier geschehen, n i c h t gleich den Schuhmachern
zu den allgemein b e d r o h t e n, sondern zu den örtlich sich verschieden entwickelnden Gewerben zu rechnen. Es hat eben, soweit die bezüglichen Zahlen (auf deren Zuverlässigkeit noch eingegangen werden soll), die wahre Entwicklung erkennen lassen, in
neuester Zeit in v i e l e n Gebieten wieder ein A u f s c h w u n g Platz
gegriffen, und, soweit eine Bedrohung stattgefunden, kann diese nicht
wohl als allgemeine bezeichnet werden. —

Eben damit aber kehren wir nun zu der Frage zurück, auf
die oben schon hingedeutet wurde, zu der Frage nämlich, aus
welchen U r s a c h e n denn, während in den östlichen und zum Teil
auch in den mittleren Provinzen das hier in Rede stehende Gewerbe mit der Hebung des allgemeinen Wohlstands fortzuschreiten
schien, und während auch schon zu Anfang des neunzehnten
Jahrhunderts das Verhältnis zwischen den auf dieses Handwerk
in Ost und West bezüglichen Zahlen der gleichzeitigen Lage des
allgemeinen Wohlstands hier und dort zu entsprechen schien, diese
Dinge sich nunmehr seit den fünfziger und sechziger Jahren im
Westen so eigentümlich entwickelt haben, dass gerade im W e s t e n
trotz des dort sicherlich ganz besonders gestiegenen Wohlstands
die Zahl der im Schneidergewerbe Beschäftigten s a n k, und zwar
der Art, dass noch bis zur Gegenwart gerade der Westen im Verhältnis zur Bevölkerung sehr viel weniger in Schneiderei und Konfektion beschäftigte Personen zählt als der Osten, obwohl es doch
früher ganz und gar anders gestanden hatte[1])?

Indessen scheint eben jene Parallele mit den Schuhmachern

1) Stellen wir nur die 8 rheinischen und westfälischen Bezirke einerseits
und die 6 nordöstlichsten andrerseits einander gegenüber, so war die Reihenfolge 1849 die, dass auf je 10 000 Einwohner gezählt wurden im Bezirke

auch die Lösung an die Hand zu geben. Denn wie diesen, so erstanden auch den Schneidern in neuester Zeit zwei starke Feinde: Die Maschine und der »Verlag« oder die Hausindustrie[1]). Doch war die Bedeutung beider Faktoren hier und dort nicht dieselbe. Bei den Schuhmachern war der mächtigste Gegner, wie bemerkt, die Maschine, dagegen bei den Schneidern jene Hausindustrie, während die Maschine ihnen minder gefährlich war. Und eben daher musste in den hier in Rede stehenden Zahlen, welche ja gerade auch die Hausindustriellen mitumfassten, der Rückgang im Schneiderhandwerk weniger zu Tage treten, als er thatsächlich vorhanden war, wenn man das Wort Handwerk in jenem Sinne ins Auge fasst, wonach dasselbe etwas vom »Verlag« Verschiedenes ist. Immerhin ist jenen Zahlen gegenüber auch nicht unbeachtet zu lassen, dass das Schneidergewerbe zugleich durch die Maschine bedroht wird, wie das ja namentlich wiederum in jenen Schriften des Vereins für Sozialpolitik in guten Monographien über die jetzige Lage jenes Gewerbes gezeigt worden ist.

Eine fabrikmässige Kleiderfabrikation mit Maschinenbetrieb,

Marienwerder	43		andererseits im Bezirk	
Danzig	43		Trier	58
Gumbinnen	48		Minden	58
Bromberg	48		Aachen	59
Königsberg	49		Koblenz	66
Posen	53		Köln	74
			Münster	88
			Düsseldorf	89
			Arnsberg	93

Dagegen war 1895 das Verhältnis ein ganz anderes geworden. Denn damals stellten sich die analog berechneten Zahlen in den Bezirken von

Posen	auf	65 (69)		dagegen in Trier	auf	43 (45)
Bromberg	»	70 (71)		» » Koblenz	»	51 (53)
Marienwerder	»	74 (75)		» » Aachen	»	60 (62)
Danzig	»	86 (88)		» » Arnsberg	»	62 (63)
Königsberg	»	95 (97)		» » Düsseldorf	»	69 (82)
Gumbinnen	»	96 (97)		» » Münster	»	82 (83)
				» » Minden	»	84 (97)
				» » Köln	»	91 (99)

Die Rollen waren also trotz des seit 1882 im Westen bereits stattgehabten Aufschwungs gewissermassen vertauscht: 1849 standen alle östlichen Bezirke hinter allen westlichen, 1895 aber gerade die westlichen, im Durchschnitt wenigstens, weit hinter den östlichen zurück.

1) Ueber die Bedrohung dieses Gewerbes vgl. ausser Winter a. a. O. und Ph. Stein (Zur Lage der Arbeiter im Schneider- u. Schuhmachergewerbe. Frankfurt 1897) namentlich Schriften des Ver. f. Sozialpolitik a. a. O. Band III, IV,

wie sie in England z. B. in L e e d s Platz greift[1]), hat ja allerdings
in Deutschland noch wenig Boden gewonnen. Stellt man dort in
einem Geschäft wohl täglich 1—2000 Anzüge durch konzentrierten
F a b r i k betrieb her, so wird ebendasselbe in manchen deutschen
Geschäften durch den zentralisierten V e r l a g erreicht. Aber die
Maschine und die meisten Vorteile des Grossbetriebes kommen
zum Schaden des kleineren Handwerks auch jener Gewerbsart zu
Gute. Denn zu diesen Vorteilen gehört ja z. B. die Teilung der
Arbeit bei der Herstellung. Während im handwerksmässigen Betriebe die vorkommenden Arbeiten wohl abwechselnd von allen
in demselben Unternehmen thätigen Personen verrichtet werden,
d. h. der Geselle, der ein Kleidungsstück zu nähen angefangen hat,
dasselbe meist vollständig fertig stellt, und nur das »schwierige
Verfahren des Massnehmens und Zuschneidens meist dem geübten
und kundigen Meister überlassen wird«[2]), steht es in der Konfektionsindustrie natürlich ganz anders. Da »giebt es die ver-
schiedensten Spezialisten unter den Arbeitern, die ihre Thätigkeit
nicht nur auf einzelne Produktenarten, sondern auch auf die einzelnen Teile des Produktionsprozesses beschränken«. Da sind
»Gruppen von Arbeitern, die sich nur mit der Anfertigung von Pro-
menadeanzügen, wieder andere, die sich nur mit der von Geh-
rockanzügen, wieder andere, die sich nur mit Frackanzügen oder
nur mit Ueberziehern u. dgl. befassen«. Einzelne machen sogar
nichts weiter als »Knopflochnähen« oder »Knöpfebefestigen« u. dergl.
Und da man für den H a n d e l , nie auf Bestellung nach Mass
produziert, können auch viele gleiche Kleidungsstücke auf einmal
in Bearbeitung genommen werden. Zu allen diesen Vorteilen des
Grossbetriebs kommt nun aber noch der bedeutsamere andere,
dass eben infolge jener Spezialisierung der einzelnen Thätigkeiten

---

VII, IX mit Aufsätzen, auf die z. Teil zurückzukommen sein wird, auch Mendelson a. a. O. S. 157 ff.

1) In Leeds bestehen — so führt z. B. v. Schulze-Gävernitz (a. a. O. S. 278)
aus — etwa 20 Bekleidungsfabriken. Die grösste derselben, ein kolossales Fa-
brikgebäude, das an die grössten Spinnereien Lancashires erinnert, beschäftigt
1350 Mädchen und 300 Männer. Alle Arbeit soll mit fortgeschrittenen Maschinen
geschehen und 10 000—13 000 Anzüge wurden die Woche gefertigt. Vgl. auch
a. a. O. Mendelson p. 165 und Winter p. 15.

2) Vgl. Winter u. Mendelson p. 168: »In Breslau befindet sich ein Geschäft, das etwa 200 Zwischenmeister beschäftigt und täglich 1000—1800 Anzüge,
je nach der Saison, herstellt.«

auch »ungelernte« Arbeiter in sehr grossem Umfang den Schneider ersetzen können. Am wichtigsten — sagt Winter — ist bei Einführung der Maschinen[1]), dass sie »die Heranziehung ungelernter oder binnen weniger Tage oder höchstens Wochen angelernter Arbeitskräfte zur Produktion ermöglicht hat«. Freilich komme auch da wieder namentlich die Wäschefabrikation in Betracht. Aber gerade dadurch, dass durch Wäschenähen so viele Mädchen und Frauen in kurzer Zeit die Arbeit an der Maschine erlernten, würden sie in den Stand gesetzt, ohne grosse Schwierigkeit auch zur eigentlichen Schneiderei als Maschinenarbeiterinnen überzugehen und dort »durch die Billigkeit ihrer Arbeit die Arbeitskraft der gelernten Schneider zu verbilligen oder überflüssig zu machen«, was wiederum der Arbeitsteilung Vorschub leiste. Da aber »ungeübte und ungelernte Arbeitskräfte, vor allem Mädchen und Frauen, so massenhaft zur Schneiderarbeit herangezogen würden, hätte man jetzt nicht nur besondere Hosenschneider, Westenschneider, Rockschneider, Mäntelnäherinnen, Arbeiter und Arbeiterinnen »auf Umhänge, auf Capes, auf Babymäntel« u. s. w., sondern in jeder dieser Gruppen sogar wieder eine grosse Anzahl verschiedener Arbeitskategorien: Maschinenschneider oder Maschinisten und Maschinistinnen, Bügler und Büglerinnen, Handnäher und -näherinnen, Stepperinnen und so weiter. Und nur die Herstellung wirklich guter Sachen sei dem gelernten Schneider geblieben; im Uebrigen »drückt ihn die Konkurrenz der billigen Arbeitskraft zu Boden«.

---

1) Als Maschine kommt übrigens nicht nur die Nähmaschine in Betracht, sondern auch die Knopfloch-, die Zuschneide- und die Bügelmaschine. Alle sind amerikanische Erfindungen und von dort in neuerer Zeit in Deutschland eingeführt. Die Knopflochmaschine stanzt die Löcher aus, legt einen starken Faden, der dem Knopfloch Halt und Festigkeit giebt, rund herum und näht ihn mit Seide fest. Sie bedeutet, wie Winter und Mendelson ausführen, eine kolossale Zeitersparnis. Denn der Handarbeiter brauche für das Nähen eines Knopfloches immerhin 10—12 Minuten, sodass er in 12 Stunden bei ununterbrochener Thätigkeit etwa 70 Knopflöcher machen kann, mit der Maschine dagegen stelle man täglich ebenso sauber und gut etwa 500—600 Löcher her. Der Preis der Maschine betrage allerdings nur 450—500 M., weshalb sie auch für den selbständigen handwerksmässigen Betrieb Verwendung finden könnte, aber sie würde dort viel unbenutzt stehen und deshalb nicht so rentabel sein wie für den Grossbetrieb, wo man sie bei der Massenproduktion den ganzen Tag über beschäftigen könne.

Mag daran nun auch Manches zu sehr verallgemeinert und
übertrieben sein — zu beachten ist sicherlich noch, dass zu allen
schon berührten Vorteilen des Grossbetriebes auch die konzentrierten A b s a t z e s treten[1]). Und nach alledem ist es dann allerdings auch leicht erklärlich, dass es gerade die industriell und
kommerziell mehr entwickelten w e s t l i c h e n Bezirke gewesen sind,
in denen das Schneidergewerbe, selbst nach den oben mitgeteilten
Z a h l e n betrachtet, am meisten bedroht erscheint. Es ist aber
auch nicht minder erklärt, in welchen Gebieten solche Bedrängnis,
nach jenen Zahlen zu urteilen, am meisten a u s g e b l i e b e n ist.
Denn offenbar gehören hieher z w e i Kategorien von Bezirken: einerseits (1) jene, in denen, wie in manchen ländlichen und verkehrs-
armen des Ostens, Bedrohungen der soeben geschilderten Art
noch wenig Platz gegriffen haben, und sodann (2) jene, in denen die moderne »Konfektionsindustrie« (deren Zahlen hier jenen
der Schneiderindustrie zugerechnet werden mussten) e r s e t z t,
was das Schneiderhandwerk im alten Sinne verloren[2]).

Beispiele für Erscheinungen e r s t e r e r Art (1) bieten solche
Bezirke wie z. B. Marienwerder, Gumbinnen etc., wo die bezüg-
lichen Relativzahlen nach Tab. XVIII und XIX ohne (resp. mit)
Konfektion sich für 1849, 1861, 1882 und 1895 stellten auf

1) Die Konfektionsware — sagt Mendelson — ist heute überall käuflich
zu haben. In den Landstädten und grösseren Dörfern konnte man, wenigstens
in der Provinz Sachsen, während der letzten Jahre auch in den M a t e r i a l -
u n d K o l o n i a l w a r e n h a n d l u n g e n g a n z e A n z ü g e fertig kaufen.
Und diese fertige Kleiderware fände dort auch sehr guten Absatz. »Die unteren
Schichten der Bevölkerung, wie Arbeiter, Handwerker und dergl. decken heute
ihren Bedarf an Kleidung fast ausschliesslich davon«. Den Schneidern selber
sei aber auch dieses Geschäft verloren gegangen. In allen anderen Gewerben
pflege der Handwerker, sobald die Produkte von n i c h t handwerksmässigen
Betrieben besser hergestellt werden könnten, sich auf den Handel mit diesen
Waren zu legen, indem z. B. die Klempner mit Blechwaren, die Drechsler mit
Drechslerartikeln, die Tapezierer mit Polstermöbeln, die Sattler mit Peitschen
und Lederwaren, die Schuhmacher mit Schuhen handelten. Aber »nur ganz
ausnahmsweise« befinde sich heute noch auch der Kleiderhandel »in den Hän-
den eines sein Gewerbe daneben ausübenden Schneidermeisters«.

2) Momente b e i d e r l e i Art scheinen in Oppeln von Bedeutung zu sein,
wo die bezüglichen Zahlen z. B. für 1849, 1861 und 1895 lauteten: 35 — 40
— 55 (55), also relativ recht bemerkenswerten Aufschwung zeigen.

43 — 52 — 64 (64) — 74 (75) für Marienwerder,
48 — 62 — 81 (81) — 96 (97) » Gumbinnen,
48 — 52 — 57 (58) — 70 (71) » Bromberg,
58 — 64 — 78 (78) — 92 (93) » Köslin —

Beispiele für Entwicklungen jener anderen Art dagegen (2) solche Gegenden, in denen sich entweder Hausindustrie befestigte, oder o h n e solche Stütze die Konfektion zu »örtlicher Export-industrie« gestaltete.

Dass jene Hausindustrie gerade auf dem Gebiet der Schnei-derei in letzter Zeit g r o s s e F o r t s c h r i t t e gemacht hat, lässt sich, trotz aller Bedenken gegen die Zuverlässigkeit der bezüglichen Zahlen, aus den Aufnahmen von 1882 und 1895 wohl mit Sicher-heit entnehmen[1]. Im ganzen Gebiete des Deutschen Reichs stieg die Zahl hausindustrieller Erwerbsthätiger, soweit sie ausserhalb der hier nicht in Betracht kommenden T e x t i l industrie ermittelt sind[2]) von etwa 134 100 auf 154 800, also um etwa 20 700, aber allein in der S c h n e i d e r e i von etwa 22 900 auf 36 300, also um 13 400, ja in der Kleider- und Wäschekonfektion von etwa 5200 (!) auf 10 400, also um etwa 5200 (!), und zusammen von 28 100 auf 46 700, also um 18 600. Fassen wir bei Betrachtung einzelner Be-zirke aber (da die Näherinnen, wie bemerkt, von den Schnei-derinnen etc. schwer zu scheiden sind) Schneiderei, Konfektion und Näherei zusammen, so vermehrte sich die Zahl der s e l b-s t ä n d i g e n H a u s i n d u s t r i e l l e n auf diesen d r e i Gebieten zwischen 1882 und 1895 z. B.

im Reg.-Bezirk Minden von 891 (!) auf 1554, also um 663 (!)
» » » Breslau » 3682 » 4586, » » 904
» » » Stettin » 1254 (!) » 2325, » » 1071 (!)
in der Stadt Berlin » 13057 » 17313, » » 4256,

wobei als s e l b s t ä n d i g e Erwerbsthätige dieser Art nur solche Hausindustriellen gerechnet sind, die weder zu den helfenden F a-m i l i e n mitgliedern noch zu den hausindustriellen G e h ü l f e n gehören. Beschränken wir den Blick freilich wieder auf die — allerdings weniger sicher ermittelte Zahl Jener, die als in Schnei-

---

1) Vgl. S. 656 ff. Bd. 106 und S. 217 ff. Band III M. F. der Statistik des Deutschen Reiches (1899) und zur K r i t i k auch Kollmann, Winter und Mendelson a. a. O.
2) Von diesen wird aus den oben schon berührten Gründen abgesehen.

derei und Konfektion beschäftigte gezählt worden sind, o h n e die
Näherinnen in Betracht zu ziehen, richten unser Auge aber nicht
allein auf die s e l b s t ä n d i g e n, sondern auf a l l e Hausindustrielle dieser Berufsart, soweit unsere Zahlen das gestatten, so
finden wir, dass Erwerbsthätige dieser Art in der p r e u s s i s c h e n
Monarchie (alten Umfangs) 1895 gezählt wurden:

als Selbständige		Nicht-selbständige	Zusammen	d. h. von der hier angenommenen Zahl der in Schneiderei u. Konfektion Beschäftigten und überhaupt :
in Berlin	10 379	1 030	11 409	21,6 %
» Mark Brandenburg im Uebrigen	1 724	243	1 967	7,4 »
also zusammen	12 103	1 273	13 376	16,9 %
in Schlesien	4 490	624	5 114	12,2 »
im Rheinland	3 508	831	4 339	11,8 »
in Pommern	2 185	298	2 483	13,6 »
» Sachsen	2 021	273	2 294	8,5 %
» Ostpreussen	1 468	249	1 717	8,9 »
» Posen	1 409	429	1 838	14,9 »
» Westfalen	1 290	349	1 639	8,2 »
» Westpreussen	1 054	166	1 220	10,4 »
also zusammen in Altpreussen	29 528	4 492	34 020	12,7 %

d. h. von der Gesamtzahl derjenigen, welche auf dem Gebiete der
Schneiderei und Konfektion ausser den Näherinnen thätig waren,
fielen auf Hausindustrielle im Jahre 1895 in Berlin 21,6, in Schlesien, Rheinland, Posen und Pommern ca. 12—15, dagegen z. B. in
Ost- und Westpreussen nur 8—10 %.

Fragen wir daneben aber, was die Entwickelung der in Rede
stehenden Gewerbe betrifft, nicht allein nach der Lage der H a u s-
industrie, sondern wieder nach der örtlichen Entwicklung der
Schneider- und der Konfektionsgeschäfte ü b e r h a u p t, so gelangen wir zu ganz anderer Reihenfolge der vorzugsweise in Betracht kommenden Gebiete. Die grösste Zahl H a u s i n d u-
s t r i e l l e r in jenen Gewerben hatte 1895 neben Berlin ein r h e i-
n i s c h e r Bezirk, nämlich der Reg.-Bezirk D ü s s e l d o r f mit 4700
und dann erst der von Breslau mit ca. 4600, der von Stettin mit

---

1) Also incl. helfender Familie etc.

2300, der von Potsdam mit 1900, und die von Liegnitz und Minden mit 1600 etc. Dagegen zeigt sich die grösste lokale Ansammlung von in Schneiderei und Kleider- und Wäschekonfektion überhaupt beschäftigten Personen, ausser in Berlin, namentlich in nichtrheinischen Distrikten: in schlesischen, westfälischen und pommerschen Bezirken — der Art, dass, wenn man z. B. nach den mit Gewerbetreibenden jener Art relativ am reichlichsten ausgestatteten städtischen Gebieten fragt, sich auf je 1000 Einwohner die meisten Gewerbetreibenden jener Art im Jahre 1895 ergaben:

	in der Schneiderei	Konfektion	also zusammen
1. in der Stadt Herford	42	33	75
2. in der Stadt Stettin	52	12	64
3. » » » Erfurt	39	19	58
4. » » » Breslau	42	15	57
5. » » » Posen	53	6	59
6. » » » Elberfeld	38	11	49
7. » » » Bielefeld	31	15	46
8. » » » Görlitz	37	5	42
9. » » » Glogau	42	—	42
10. » » » Liegnitz	41	—	41

Ja, es hatten im Osten Schlesien und Pommern[1]) mehr Städte solcher konzentrierten Schneider- und Konfektionsthätigkeit aufzuweisen, als die Rheinprovinz. Und somit erfreuten sich, wie schon angedeutet worden ist, einzelne östliche Landesteile des

---

1) So befanden sich besonders ausgedehnte Zentren der Schneiderei- und Konfektionsthätigkeit (z. B. solche mit 30 und über 30 auf 1000 Bewohner) z. B. innerhalb Schlesiens

1) in Breslau mit 57	5) in Ratibor mit 40
2) » Görlitz » 43	6) » Meissen » 35
3) » Glogau » 42	7) » Schweidnitz 31
4) » Liegnitz » 41	(vgl. Statistik Bd. III S. 421 ff. und

in Pommern:
1) in Stettin mit 64	4) in Greifswald mit 35
2) » Stargard » 40	5) » Stralsund » 34
3) » Stolpe » 35	

dagegen in der Rheinprovinz nur
1) in Elberfeld mit 49	
2) » Köln » 31	auf 1000 Köpfe.
3) » Koblenz » 31	

doppelten Vorzugs, dass ihnen sowohl die Fortentwicklung des Bedarfs an Produkten ihrer Thätigkeit mit Zunahme der allgemeinen Wohlhabenheit als auch die Entwicklung umfangreicher Konfektionsgeschäfte behufs Versorgung anderer Gebiete zugute kam. Von welcher Bedeutung dabei der Export geworden ist, zeigt sich schon darin, dass an fertigen Kleidern aus dem Zollverein in den Jahren 1860—1864 durchschnittlich nur für ca. 10—12 Millionen Mark abgesetzt sein sollen, während an Kleidern, Leibwäsche und Putzwaren zusammen aus dem Reiche 1895 schon für 6890 und 1899 für 6960 Millionen Mark ausgeführt wurden[1]).

Uebrigens ist bei den gegebenen Zahlen natürlich immer zu beachten, dass, was als für das Handwerk günstige Entwickelung erscheint, noch keineswegs auch solche ist, da jene Zahlen eben zugleich die Hausindustrie umfassen, und wir über den wahren Umfang der letzteren nur in unzureichendem Masse unterrichtet sind. Zu wünschenswerter Aufklärung können auch auf diesem Gebiete nur tüchtige Spezialuntersuchungen führen.

Und dasselbe gilt nun endlich auch von der Entwickelung des Verhältnisses zwischen Selbständigen und Abhängigen dem hier in Rede stehenden Gebiete.

Es sei deshalb an diesem Ort hierüber nur noch weniges angedeutet, was sich namentlich auf gewisse Wandlungen vor dem Erstarken moderner Hausindustrie beziehen soll.

Zu Anfang des Jahrhunderts waren offenbar kleine Schneidermeister (»hausindustrielle« Flickschneider), gerade im Osten stark verbreitet. Nur so erklärt es sich, dass auf je 10000 Köpfe berechnet, die Zahl der »selbständigen« Schneider in Ostpreussen, Pommern und der Mark (ausserhalb Berlins) im Jahre 1822 grösser war als z. B. in der Rheinprovinz. Die bezüglichen Zahlen stellten sich nämlich nach Reg.-Bezirken geordnet damals nach Tabelle XIX z. B. im Bezirk

Stralsund	auf	40	dagegen im Bezirk		
Königsberg	»	41	Aachen	nur auf	29 (!)
Gumbinnen	»	44 (!)	Trier	» »	33
Stettin	»	46	Köln	» »	39
Potsdam	»	48	Koblenz	» »	40
Frankfurt	»	51	Düsseldorf	» »	43.
Köslin	»	56 (!)			

---

[1] Vgl. Statist. Jahrbuch des Deutschen Reichs, Jahrg. 1900.

Noch tiefer als diese rheinischen Bezirke standen damals allerdings das damals wenig wohlhabende Oberschlesien und manche früher polnische Gebiete, sodass die bezüglichen Zahlen z. B.

für den Reg.-Bezirk Oppeln   25 und

» » » » Posen   30

» » » » Bromberg   37

» » » » Marienwerder 37   betrugen,

während andererseits höher noch als in Ostpreussen, Pommern und der Mark die bezüglichen Ziffern namentlich in Berlin (58) und in einigen Bezirken von Sachsen und Westfalen waren, z. B.

im Reg.-Bezirk Arnsberg   mit 53

» » » Merseburg   » 55

» » » Magdeburg   » 60.

Immerhin stand damals Ostpreussen und Pommern besonders hoch (Pommern höher als der Durchschnitt der Monarchie mit 43), dagegen die Rheinprovinz niedrig und auch die westfälischen Bezirke Minden (mit 43) und Münster (mit 47) dieser Provinz nicht fern.

Nun aber erfolgte in der ersten Hälfte des neunzehnten Jahrhunderts gerade in diesem W e s t e n, wohl nicht ausser Zusammenhang mit dem oben schon mehrfach berührten frühzeitigen Aufblühen des Wohlstandes dort, ein S t e i g e n, dagegen im Nordosten, entsprechend viel ungünstigeren Wohlstandsgestaltungen und entsprechend wohl auch der 1820 durchgeführten besonderen Belastung der selbständigen Handwerker mit der in Preussen bis dahin fast unbekannt gebliebenen Gewerbesteuer, ein S i n k e n der Zahl der Selbständigen. Denn stellen wir z. B. für 1849 die Zahl der Letzteren wieder einerseits für Ost- und Westpreussen, Pommern und Brandenburg, und andererseits für die Rheinlande auf je 10 000 Köpfe berechnet, einander gegenüber, so lauteten die Zahlen nunmehr (jene für 1822 in Parenthese beigefügt):

			dagegen		
im Bezirk Königsberg	(41) : 30	im Bezirk Aachen	(29) : 39
» » Gumbinnen	(44) : 32	» » Trier	(33) : 43
» » Stralsund	(40) : 36	» » Koblenz	(40) : 48
» » Kösiin	(56) : 41	» » Köln	(39) : 50
» » Stettin	(46) : 43	» » Düsseldorf	(43) : 55
» » Frankfurt	(51) : 44	» » Münster	(47) : 56
» » Potsdam	(48) : 48	» » Arnsberg	(53) : 58

etc., d. h. es war ein vollständiger Wandel erfolgt: voran stand
nun der Westen, zurück dagegen, abgesehen von dem schon damals durch die Nähe Berlins beeinflussten Reg.-Bezirk Potsdam.
der grosse Komplex der östlichen Gebiete.

Da aber in derselben Zeit die Zahl der Gesellen und
Lehrlinge hier und dort etwa gleichmässig zugenommen hatte, sodass diese, wieder auf je 10000 Köpfe berechnet,
in denselben Jahren (1822) und 1849 betrug z. B.:

im Bezirk Gumbinnen	(9) 15	im Bezirk Trier	(11) 15
» » Königsberg	(12) 19	» » Aachen	(17) 19
» » Köslin	(10) 17	» » Koblenz	(15) 18
» » Frankfurt	(16) 20	» » Köln	(19) 24
» » Stralsund	(18) 22	» » Münster	(22) 32
» » Potsdam	(21) 24	» » Düsseldorf	(24) 34
» » Stettin	(19) 24	» » Arnsberg	(27) 35,

so war das Verhältnis zwischen Selbständigen und Abhängigen
in Ost und West im Laufe der ersten Hälfte des neunzehnten Jahrhunderts natürlich ein ganz und gar anderes geworden. Dasselbe
stand — wiederum für (1822) resp. 1849 berechnet — so, dass
auf je 100 der Ersteren Abhängige fielen in den Bezirken:

Stralsund	(45) 61	dagegen in den westlichen Be-	
Königsberg	(29) 61	zirken, in dem	
Danzig	(28) 58	von Düsseldorf	(75) 61
Stettin	(42) 56	» Aachen	(58) 49
Potsdam	(43) 50	» Köln	(49) 48
Breslau	37 (47)	» Koblenz	(38) 37
Frankfurt	(32) 46	» Trier	(37) 34
Posen	(29) 43		
Marienwerder	(26) 43		
Bromberg	(31) 42		

d. h. es war die Verhältnisziffer der Abhängigen im Osten und in
den mittleren Provinzen[1]) stark gestiegen, dagegen im äussersten
Westen gesunken.

---

1) In Sachsen und Westfalen betrugen die bezüglichen Zahlen
im Reg.-Bezirk Magdeburg (34) 52;   Münster (47) 58;
   »   »   »   Merseburg (32) 45;   Minden (34) 40;
   »   »   »   Erfurt   (32) 52;   Arnsberg (51) 60.

Indessen ist es nun seit Mitte des vorigen Jahrhunderts gerade in diesen Dingen, wie leicht erklärlich, wieder anders geworden.
Ganz besonders im Westen hat nemlich auch auf diesen Gebieten die G r o s s industrie Platz gegriffen. Und da die Hausindustrie
ausser im Bezirke Düsseldorf dort keine grosse Rolle spielt, und
hierin auch jener Bezirk auf dem Gebiete der Schneiderei und
Konfektion z. B. hinter Schlesien z u r ü c k steht, ging die Ziffer für
die »Selbständigen« gerade dort wieder zurück, und das Zahlen-
Verhältnis zwischen ihnen und den Abhängigen wurde gerade dort
für letztere wieder besonders ungünstig. Das zeigt sich namentlich, wenn man z. B. die Zahlen für 1849 in Parenthese jenen für
1895 beifügt[1]), und in Ost und West wieder derselben Regierungsbezirke gedenkt. Dann ergiebt sich e r s t e n s, dass in diesen Jahren
auf je 10000 Einwohner S e l b s t ä n d i g e in den hier in Rede
stehenden Gewerben gezählt wurden:

1) im Osten in den Reg.-Bezirken:

Oppeln	(27) 33		Potsdam	(48) 57
Posen	(37) 39		Königsberg	(30) 62
Bromberg	(34) 43		Gumbinnen	(32) 64
Marienwerder	(30) 48		Liegnitz	(46) 64
Danzig	(28) 55		Breslau	(42) 65
Köslin	(41) 57		Stettin	(43) 77
Frankfurt	(44) 57		Stralsund	(36) 80,

2) dagegen in den Reg.-Bezirken:

Trier	(43) 27		Düsseldorf	(55) 38
Arnsberg	(58) 30.		Münster	(56) 42
Koblenz	(48) 31		Köln	(50) 46.
Aachen	(39) 32			

Es haben also — so scheint es — mancherlei Dinge, wie
namentlich die Steigerung des allgemeinen Wohlstandes und die Zunahme der Hausindustrie, gerade im O s t e n die Zahl der »Selb-

---

1) Der Kürze halber sind für 1895 nur die Zahlen genannt, die sich auf
Schneiderei und Konfektion zusammenbeziehen (Tabelle XVIII).

2) Aehnliche Zunahmen der Zahl der Selbständigen waren auch in M i n -
d e n und zum Teil in Sachsen zu konstatieren, wo die bezüglichen Zahlen
betrugen:

im Bezirk Minden: (41) 53 | im Bezirk Merseburg: (53) 52;
»   »   Magdeburg: (57) 70 | »   »   Erfurt: (46) 49.

ständigen« noch bis zur Gegenwart recht erheblich steigen lassen, während die G r o s s i n d u s t r i e d e s W e s t e n s sie dort zum Sinken brachte.

Und dem entsprach nun auch z w e i t e n s der zwischen Ost und West ebenfalls scharf hervortretende Gegensatz im direkten V e r h ä l t n i s der Zahl der Selbständigen und der Abhängigen, zumal der Bevölkerung gegenüber die Zahl dieser A b h ä n g i g e n selber im Osten wie im Westen stieg, o h n e dass sich hierin besondere Gegensätze gezeigt hätten [1]).

Jenes V e r h ä l t n i s stellte sich nämlich für 1849 und 1895 (Zahlen pro 1849 wieder in Parenthese gesetzt) derart, dass auf 100 Selbständige fielen in den östlichen Bezirken, z. B. im

Reg.-Bezirk S t r a l s u n d	(61)	44	Köslin	(40)	62
» » G u m b i n n e n	(47)	52	Bromberg	(42)	65
» » K ö n i g s b e r g	(61)	55	O p p e l n	(32)	66
» » Marienwerder	(43)	57	Potsdam	(50)	70
» » D a n z i g	(58)	59	Stettin	(56)	72
» » Liegnitz	(40)	61	Posen	(43)	76
» » Frankfurt	(46)	61	B r e s l a u	(47)	108,

dagegen in den westlichen Bezirken z. B. im

Reg.-Bezirk Trier	(34)	65	Arnsberg	(60)	108
» » Koblenz	(37)	72	Düsseldorf	(61)	115
» » Aachen	(49)	95	Köln	(48)	117 (!)
» » Münster	(58)	99	Erfurt	(52)	117 (!).

Es zeigt sich also im Osten zwar in den beiden s c h l e s i -

---

1) Abhängige zählte man auf 10000 Einwohner in den Jahren 1849 resp. 1895 einerseits im O s t e n z. B. in den Bezirken:

Königsberg	18,5 resp.	33,1	(34,4)	Danzig	15,8 resp.	31,5	(32,7)
Gumbinnen	15,3 »	32,9	(33,1)	Marienwerder	13,0 »	26,9	(27,2)
Stralsund	22,2 »	34,1	(34,7)	Bromberg	14,1 »	27,7	(28,0)
Köslin	16,5 »	35,1	(35,6)	Posen	15,9 »	27,9	(29,7)
Stettin	23,8 »	45,1	(55,5)	Liegnitz	18,4 »	34,1	(38,8)
Frankfurt	20,0 »	34,3	(35,0)	Breslau	19,5 »	51,9	(70,1)
Potsdam	23,7 »	35,2	(40,2)	Oppeln	8,4 »	21,6	(21,9)

(wobei die in Parenthese beigefügten Zahlen zugleich die in Kleider- und Wäschekonfektion Beschäftigten in sich schliessen); andererseits im W e s t e n z. B. in den Bezirken:

Aachen	19,4 resp.	28,7	(30,2)	Düsseldorf	33,7 resp.	34,4	(43,7)
Trier	14,6 »	16,7	(17,6)	Arnsberg	34,6 »	31,2	(32,5)
Köln	23,7 »	47,7	(53,4)	Münster	32,3 »	40,7	(41,4)
Koblenz	17,8 »	21,0	(21,9)	Erfurt	23,8 »	38,4	(57,7)

s c h e n Bezirken O p p e l n und B r e s l a u ein rascher Fortschritt
zu grossem Betriebe, im übrigen aber entweder (wie in den Bezirken Königsberg, Stralsund, Gumbinnen und Danzig) R ü c k -
s c h r i t t resp. S t a g n a t i o n, oder doch, wie in den anderen
Bezirken, nur eine langsame Steigerung der Art, dass der Bestand
von 1895 fast nirgends eine Steigerung von über 50 Prozent des
Bestands von 1849 zeigt, während im industriellen W e s t e n Steigerungen von 50 % die Regel bilden, aber auch solche von über
100 % vorkommen, so namentlich in den Bezirken K ö l n und E r -
f u r t, ähnlich auch im Düsseldorfer, was ja nach dem Gesagten leicht
zu erklären ist, zumal ausser im zuletzt genannten Bezirke die
Hausindustrie auf den hier in Rede stehenden Gebieten im Westen
w e n i g e r heimisch geworden ist.

Indessen muss auch in diesen Dingen bessere Erkenntnis vor
Allem von m o n o g r a p h i s c h e r Untersuchung erwartet werden,
zu der hier nicht der Raum ist. —

Wie besonders t r a u r i g sich aber in Folge aller hier erör-
terter und anderer Umstände, d. h. in Folge namentlich jener
gleichzeitigen Bedrohung durch die Maschine u n d durch den »Verlag« die Lage vieler Schneidermeister, Schneidergehilfen und
-arbeiter gestaltet hat, ist bekannt. Es sei in dieser Beziehung
nur auf so eingehende Schilderungen wie die von W i n t e r und
S t e i n a. a. O., namentlich aber auf die von M a y e r (Band IV
der Schriften des Vereins für Sozialpolitik p. 134 ff.) und von
B ü c h e r (Band IV ebendort p. 701 ff.) verwiesen.

S t e i n z. B. giebt für Frankfurt treffliche statistische Beweise
dafür, dass von allen Handwerkern dort gerade die S c h n e i d e r
und die S c h u h m a c h e r sich in besonders übler Lage befinden,
da z. B. nach B l e i c h e r (Statistische Beschreibung der Stadt
Frankfurt) von a l l e n dortigen Personen »mit eigenem Haus-
halt« nur etwa 40 % ein Einkommen von oder unter 900 Mark
hatten, dagegen von den Schneidern 60—61 % und von den Schuhmachern 63—64 %, (von anderen Gewerben, z. B. die Bäcker und
Konditoren 44 %, die Glaser 43 %, die Mechaniker 32 %, die
Friseure 26 %, die Metzger 20 % etc.). Und damit harmoniert ja
auch, dass nach derselben Quelle z. B. im Jahre 1885 in Frankfurt A r m e n u n t e r s t ü t z u n g e n empfingen »von allen erwerbsthätigen« Handwerkern die Schuhmacher und Schneider zu 8,5 resp.
7,6 %, dagegen z. B. die Maler nur zu 4,5 %, die Tapezierer und

172

Sattler zu 4,3 % u. s. w., k e i n Handwerk aber in grösserer Zahl
als jene zwei vorher genannten. Einen ähnlichen Nachweis hat übrigens Mayer a. a. O. (Band IV p. 134) auch bezüglich kleinstäd-
tischer Verhältnisse gegeben.

3. D i e a n d e r e n H a n d w e r k e u n d i h r e G l i e d e r u n g
in ö r t l i c h m e h r u n d w e n i g e r v e r s c h i e d e n s i c h
e n t w i c k e l n d e.

Gliederungen dieser Art, von deren Bedeutung und Tragweite
oben schon die Rede war (S. 132), können in verschiedener Weise
durchgeführt werden.

Das Nächstliegende wäre natürlich, dass man sich direkt an die
mehr oder minder grossen Gegensätze in jenen Ziffern hält, die
sich auf die Zahl der Handwerker im Verhältnis zur Grösse der
B e v ö l k e r u n g beziehen, wonach uns z. B. eine örtlich besonders
verschiedene Entwicklung bei den T ö p f e r n, G o l d - und S i l-
b e r arbeitern und P o s a m e n t i e r e n entgegentritt.

In l e t z t e r e m Gewerbe Beschäftigte waren z. B. 1895 in
manchen östlichen Provinzen ü b e r h a u p t n i c h t zu finden, während es ihrer andererseits z. B. im Aachener Bezirke 10, in dem
von Frankfurt a. d. O. 13, im Kölner 18, im Breslauer 34, in Berlin
141 und im Reg.-Bezirk Düsseldorf 329 (!) auf je 100000 Köpfe
gab. Und ähnlich bei den G o l d - u n d S i l b e r a r b e i t e r n,
deren man in demselben Jahre auf die gleiche Kopfzahl z. B. im
Gumbinnener und Oppelner Bezirke nur 3 bis 4, in jenen von Erfurt, Minden und Trier 11 bis 12 und in dem von Düsseldorf nur 27,
dagegen z. B. in Berlin 146 (!) zählte.

Indessen so wenig davon die Rede sein kann, dass die auf
diese Handwerke bezüglichen Zahlen v o r z u g s w e i s e d u r c h d i e
W o h l h a b e n h e i t der bezüglichen Gebiete bestimmt wären, so
ist doch andererseits dieser Faktor auch nicht ohne Einfluss gewesen. Und um zu erfahren, wie weit neben ihm, im Gegensatz zu
den früher erörterten Gewerben, noch a n d e r e Momente wirksam
gewesen, empfiehlt es sich, den auf den Umfang der einzelnen Gewerbe bezüglichen Ziffern s o l c h e Zahlen gegenüberzustellen, die
sich auf Bevölkerung und W o h l s t a n d zugleich beziehen, d. h.
also namentlich zu prüfen, wie weit z. B. eine Aneinanderreihung
der Bezirke nach ihrer Bevölkerungszahl und Wohlhabenheit auch
j e n e r Reihenfolge entspricht, die zu ihrer Basis die Versorgung

der einzelnen Gebiete mit Handwerkern der hier in Rede stehenden Gattungen hat.

Doch soll das der Kürze halber hier nur derart versucht werden, dass in beiderlei Beziehungen die Gesamtheit jener Bezirke (abgesehen von der eine besondere Stellung in diesen Dingen behauptenden Hauptstadt) in wenige grosse Klassen gebracht, und dann geprüft wird, wie weit Klassen dieser und jener Art sich einander decken:

Nach dem durchschnittlichen Einkommen der Bevölkerung kann man folgende etwa gleich grosse Kategorien von Bezirken unterscheiden [1]):

I. als wohlhabendste Gebiete: die Bezirke

1) Köln	mit	410 M.	6) Aachen	mit	310 M.
2) Düsseldorf	»	370 »	7) Merseburg	»	290 »
3) Magdeburg	»	360 »	8) Erfurt	»	290 »
4) Potsdam	»	350 »	9) Breslau	»	280 »
5) Arnsberg	»	330 »			

durchschnittlichen Einkommens, daneben

II. als zu einer mittleren Klasse gehörig: die Bezirke

10) Münster	mit	275 M.	14) Trier	mit	260 M.
11) Stettin	»	270 »	15) Liegnitz	»	255 »
12) Stralsund	»	270 »	16) Minden	»	250 »
13) Koblenz	»	265 »	17) Frankfurt	»	235 »

und endlich

III. als wenigst wohlhabende Klasse: die Bezirke

18) Danzig	mit	220 M.	22) Posen	mit	180 M.
19) Königsberg	»	200 »	23) Köslin	»	180 »
20) Oppeln	»	200 »	24) Marienwerder	»	165 »
21) Bromberg	»	185 »	25) Gumbinnen	»	160 »

Mit dieser Reihenfolge stimmt denn auch, wie leicht erklärlich, im wesentlichen jene andere überein, zu der man gelangt, wenn man alle Bezirke nach Massgabe ihrer Versorgung mit den bei Zunahme der Wohlhabenheit besonders gleichmässig fortschreitenden Gewerben (Abschnitt II) aneinander reiht und hienach ebenfalls drei grosse Klassen scheidet. Um hiebei nur

---

1) Vgl. oben Seite 17.

z. B. der Fleischer, Bäcker, Maler, Barbiere und Friseure zu gedenken, so waren mit Handwerkern dieser Art

I. besonders reichlich ausgestattet die Bezirke:

1) Köln (1)	mit 180	6) Breslau (9)	mit	128
2) Düsseldorf (2)	» 164	7) Arnsberg (5)	»	124
3) Aachen (6)	» 148	8) Koblenz (13)	»	124
4) Potsdam (4)	» 142	9) Liegnitz (15)	»	118[1])
5) Magdeburg (3)	» 134			

II. Als zur mittleren Klasse gehörig folgten dann die Bezirke:

10) Merseburg (7)	mit 115	14) Münster (10)	mit	108
11) Erfurt (8)	» 114	15) Frankfurt (17)	»	107
12) Stralsund (12)	» 111	16) Minden (16)	»	101
13) Stettin (11)	» 110	17) Trier (14)	»	88

und endlich:

III. in letzter Klasse: jene Bezirke, die mit Handwerkern dieser Art ganz besonders w e n i g versorgt waren, nemlich:

18) der Bezirk	Danzig (18)	mit 87
19) » »	Oppeln (20)	» 85
20) » »	Posen (22)	» 78
21) » »	Bromberg (21)	» 78
22) » »	Königsberg (19)	» 75
23) » »	Köslin (23)	» 62
24) » »	Marienwerder (24)	» 62
25) » »	Gumbinnen (25)	» 56

Ein kurzer Blick auf diese und jene Klassifizierung genügt,
um zu erkennen, dass die Uebereinstimmung zwischen beiden sehr
weit geht, dass z. B. zur d r i t t e n Kategorie o h n e A u s -
n a h m e alle jene Bezirke gehören, die auch zur Klasse der w e -
n i g s t w o h l h a b e n d e n gezählt werden mussten. Und selbst
die R e i h e n f o l g e hier und dort stellt sich, wie die in Parenthese beigefügten Zahlen erweisen, bei beiden Klassifizierungen als
zum grossen Teil übereinstimmend heraus. Ebenso aber erscheinen
auch die in der e r s t e n Klasse hier aufgeführten Bezirke, die
sich der reichlichsten Ausstattung mit Handwerkern jener Art er-

---

1) Die in Klammern hier beigefügten Zahlen beziehen sich auf die Rangordnung innerhalb der soeben versuchten Klassifizierung nach Massgabe des allgemeinen W o h l s t a n d s resp. Durchschnittseinkommens.

freuen, fast ganz (d. h. mit Ausnahme nur von Koblenz und Liegnitz) zugleich als solche, die nach ihrer Wohlhabenheit zur Klasse I
gehören, wonach sich denn auch die Klassen II hier und dort
im wesentlichen decken.

Eine Uebereinstimmung so weitgehender Art ergiebt sich nun
bei den in d i e s e m Abschnitt ins Auge zu fassenden Gewerben
von »örtlich verschiedener Entwicklung« natürlich n i c h t. Immerhin zeigt die N i c h t übereinstimmung v e r s c h i e d e n e G r a d e.
Und eben um dieser willen wird solche Gegenüberstellung ja hier
versucht. In ihnen muss der Einfluss a n d e r e r Momente als der
Wohlhabenheit besouders deutlich zu Tage treten.

Konstatiert sei hiebei zunächst, dass die in diesem Abschnitt
bereits zur Erörterung gezogenen M a u r e r, D a c h d e c k e r und
S c h n e i d e r (wie schon angedeutet wurde), eine gewisse M i t t e l -
s t e l l u n g einnehmen, sodass, wo g e r i n g e r e Abweichungen als
bei ihnen vorliegen, auf örtlich m e h r gebundene, d. h. von der
Wohlhabenheit der bez. Gebiete in höherem Grade abhängige Gewerbe zu schliessen ist, dagegen g r ö s s e r e Abweichungen auf
u n a b h ä n g i g vom Wohlstande des bez. Distrikts, sich örtlich
b e s o n d e r s v e r s c h i e d e n entwickelnde Gewerbe weisen.

Lassen wir hierüber zunächst nur einige Zahlen sprechen, so
standen bezüglich ihrer Ausstattung mit M a u r e r n und D a c h -
d e c k e r n obenan die Bezirke:

1) Merseburg	mit 141	6) Minden	mit 104			
2) Magdeburg	» 131	7) Düsseldorf	» 101	Erwerbsthätigen	auf je 10 000	Köpfe.
3) Potsdam	» 126	8) Münster	» 99			
4) Arnsberg	» 122	9) Oppeln	» 96			
5) Erfurts	» 108					

Von eben d i e s e n neun Bezirken (1—9) aber gehörten s e c h s,
nemlich die von Düsseldorf, Arnsberg, Magdeburg, Merseburg,
Erfurt, Potsdam zugleich zu der wohlhabendsten Klasse (I),
nur d r e i zu anderen. Und auf der entgegengesetzten Seite war
die Harmonie sogar noch grösser. Denn zu den am w e n i g s t e n
Maurer und Dachdecker beschäftigenden Bezirken[1]) gehörten:

---

1) Die Reihenfolge innerhalb der einen m i t t l e r e n Rang einnehmenden
Bezirke war die, dass den genannten Bezirken zunächst standen:

10) Koblenz	mit 96	12) Köln	mit 93
11) Frankfurt	• 95	13) Stettin	» 92

18) S t r a l s u n d	mit 84	22) Marienwerder	mit 58	
19) A a c h e n	» 67	23) Köslin	» 57	auf je 10 000 Köpfe.
20) Danzig	» 66	24) Königsberg	» 57	
21) Posen	» 61	25) Gumbinnen	» 49	

also abgesehen von Stralsund und Aachen durchweg solche, die auch in die Klasse der w e n i g s t wohlhabenden gehörten.

Aehnlich aber auch bei den S c h n e i d e r n.

Jenen $3 + 2 = 5$ Abweichungen standen hier allerdings a c h t gegenüber. Denn bei den Schneidern und Konfektionsarbeitern stellten sich die hier in Rede stehenden Zahlen so, dass im Jahre 1895 am r e i c h l i c h s t e n mit Erwerbsthätigen dieser Art versehen waren die Bezirke von

1) Breslau	mit 135	6) L i e g n i t z	mit 103
2) S t e t t i n	» 133	7) Köln	» 99
3) S t r a l s u n d	» 114	8) Potsdam	» 98
4) Magdeburg	» 112	9) M i n d e n	» 97[1]
5) Erfurt	» 107		

also v i e r nicht zur ersten Wohlstandsklasse gehörige Bezirke, — Stettin, Stralsund, Liegnitz, Minden — und am w e n i g s t e n die Bezirke von

18) Marienwerder	mit 75	22) A a c h e n	mit 62
19) Bromberg	» 71	23) Oppeln	» 55
20) Posen	» 69	24) K o b l e n z	» 53
21) A r n s b e r g	» 63	25) T r i e r	» 45[2]

also ebenfalls v i e r — Arnsberg, Aachen, Koblenz, Trier, — die nicht zu den wenigst wohlhabenden gehören.

Nehmen nun aber Schneider und Maurer mit diesen Zahlen, wie bemerkt, eine M i t t e l s t e l l u n g ein, so zeigten sich

---

und dann folgten

14) Liegnitz	mit 91	16) Breslau	mit 87
15) Trier	» 91	17) Bromberg	» 87.

1) Immer, wie bemerkt, abgesehen von Berlin (vgl. Tab. XVIII).

2) In der m i t t l e r e n Klasse rangierten die Bezirke derart, dass voranstanden unter

Nro. 10 Königsberg	mit 97	dann folgten:	
» 11 Gumbinnen	» 97	14) Danzig	mit 88
» 12 Köslin	» 93	15) Merseburg	» 85
» 13 Frankfurt	» 92	16) Münster	» 83
		17) Düsseldorf	» 82

I. **geringere** Abweichungen bei den **Tapezierern** und Polsterern, den ebenfalls zusammenzufassenden **Tischlern** und **Glasern**, aber auch bei den **Posamentieren**, den **Gold-** und **Silberarbeitern** und namentlich bei den in **Buchbinderei** und **Kartonnage** Beschäftigten, dagegen

II. **grössere** insbesondere bei den **Töpfern** und **Ofensetzern** den **Riemern** und **Sattlern** und den **Hut-** und **Handschuhmachern.**

Und eben in dieser Differenzierung tritt nun die mehr oder minder von der Lage örtlicher Wohlhabenheit sich **loslösende** Entwicklung der einzelnen Gewerbe deutlich zu Tage. Denn in Klasse I ergab sich z. B.

die grösste Zahl der in der **Buchbinderei** oder der Kartonnagefabrikation Beschäftigten[1]) (nach Tabelle XX) in den Bezirken von

1) Düsseldorf	mit 19		6) Magdeburg	mit 9	Erwerbsthätigen auf je 10 000 Köpfe.
2) Köln	» 12		7) Aachen	» 9	
3) Erfurt	» 11		8) Potsdam	» 8	
4) Breslau	» 10		9) Merseburg	» 7	
5) Minden	» 9				

also, mit nur **einer** Ausnahme (Minden), **durchweg** in den wohlhabendsten Bezirken. Und in der untersten Klasse zeigte sich sogar **ganz ausnahmslose** Uebereinstimmung mit der Klassifizierung nach der Wohlstandsgestaltung, da die wenigsten Buchbinder in jenem Jahre gezählt wurden in den Bezirken:

18) von Posen	mit 3		22) von Köslin	mit 2	Erwerbsthätigen auf je 10 000 Köpfe[2])
19) » Oppeln	» »		23) » Bromberg	» 2	
20) » Königsberg	» »		24) » Marienwerder	» 2	
21) » Danzig	» »		25) » Gumbinnen	» 2	

Schon etwas grössere Abweichungen treten bei den **Tischlern** und **Glasern** zu Tage (die aus den S. 68 berührten Gründen hier zusammengefasst werden müssen). Mit Handwerkern die-

---

1) Vgl. Bemerkungen im Anhang No. 11.

2) Mittlerer Ausstattung erfreuten sich die anderen Bezirke in nachstehender Reihenfolge:

1) Münster	mit	107	6) Liegnitz	mit	82		Tischlern und Glasern auf je 10000 Köpfe[1]).
2) Minden	»	101	7) Breslau	»	79		
3) Düsseldorf	»	94	8) Potsdam	»	79		
4) Köln	»	92	9) Erfurt	»	76		
5) Aachen	»	82					

also mit **drei Ausnahmen** (Münster, Minden, Liegnitz) solche Bezirke, die auch zur Klasse der wohlhabendsten gehören, während andererseits besonders **wenig** mit Tischlern und Glasern versorgt waren:

18) Danzig (18)	mit	54	22) Oppeln (20)	mit	41		auf je 10000 Köpfe[2]).
19) Köslin (23)	»	50	23) Gumbinnen (25)	»	40		
20) Königsberg (19)	»	47	24) Marienwerder (25)	»	38		
21) Bromberg (21)	»	42	25) Posen (22)	»	37		

also **ohne** Ausnahme wieder **alle** am mindesten wohlhabenden.

Und ähnlich stand es bei den Gold- und Silberarbeitern und den Posamentieren.

Am meisten **Posamentiere** hatten im Jahre 1895 nach Tabelle XXII, ausser Berlin

1) der Bezirk Düsseldorf mit		329	6) Erfurt	mit	16		auf je 100000 Köpfe.
2) » » Breslau	»	34	7) Magdeburg	»	16		
3) » » Arnsberg	»	31	8) Merseburg	»	14		
4) » » Potsdam	»	21	9) Frankfurt	»	13		
5) » » Köln	»	17					

also nur **ein** Bezirk (Frankfurt), der nicht auch zu den wohlhabendsten gehörte, und am wenigsten Posamentiere:

10) Münster	mit	7	14) Stettin	mit	6
11) Liegnitz	»	7	15) Frankfurt	»	4
12) Arnsberg	»	6	16) Stralsund	»	4
13) Koblenz	»	6	17) Trier	»	3.

1) Vgl. im Anhange Tabelle XXI und Bemerkungen hiezu unter Nr. 5 und 8 im Anhang, auch Tabelle III dort.

2) In die mittlere Klasse fielen:

10) der Bezirk Arnsberg mit 74			14) Frankfurt mit 63	
11) » » Magdeburg » 74			15) Merseburg » 62	
12) » » Stettin » 65			16) Koblenz » 62	
13) » » Stralsund » 63			17) Trier » 58.	

18) **S t r a l s u n d**	mit 2		22) Köslin	mit o			
19) **T r i e r**	» 1		23) Marienwerder	» o			
20) **M ü n s t e r**	» 1		24) Danzig	» o			
21) Königsberg	» 1		25) Gumbinnen	» o			

(rechts: auf je 100 000 Köpfe.)

also **d r e i** (Stralsund, Trier, Münster), die nicht zu den wenigst wohlhabenden gehören.

Endlich waren mit **G o l d -** und **S i l b e r a r b e i t e r n** nach Tabelle XXIII damals am meisten versorgt (von Berlin immer abgesehen):

1) der Kölner	Bez.	mit 32	6) der Magdeburger Bez. mit 25
2) » Breslauer	»	» 32	7) » Aachener	» » 21
3) » **L i e g n i t z e r** »	» 29	8) » von **M ü n s t e r** » » 19
4) » Potsdamer	»	» 28	9) » » **S t r a l s u n d** » » 18
5) » Düsseldorfer	» 27		

(rechts: auf je 100 000 Köpfe;)

also ebenfalls **d r e i** Bezirke (Liegnitz, Münster, Stralsund), die nicht zu den wohlhabendsten gehören, und am **w e n i g s t e n** die Bezirke:

18) Frankfurt	mit 8		22) Posen	mit 6
19) Bromberg	» 8		23) Marienwerder	» 6
20) Koblenz	» 7		24) Gumbinnen	» 4
21) Köslin	» 7		25) Oppeln	» 4;

also **z w e i** (Koblenz und Frankfurt), die nicht zu den wenigst wohlhabenden gehören[1]).

Schliesslich standen mit ebenfalls **f ü n f** Abweichungen den Maurern und Schneidern ganz nahe die **T a p e z i e r e r** und Polsterarbeiter. Denn diese waren am zahlreichsten in den Bezirken:

----

1) Eine **m i t t l e r e** Stellung nehmen ein bei den Gold- und Silberarbeitern die Bezirke:

10) Stettin	mit 17		14) Trier	mit 12
11) Merseburg	» 16		15) Minden	» 11
12) Danzig	» 16		16) Erfurt	» 11
13) Arnsberg	» 13		17) Königsberg	9

bei den Posamentieren die Bezirke:

10) Koblenz	mit 12		14) Bromberg	mit 4
11) Liegnitz	» 10		15) Minden	» 3
12) Aachen	» 7		16) Posen	» 3
13) Stettin	» 5		17) Oppeln	» 2

12 *

1) Köln[1])	mit (36) 117		6) Koblenz mit (15) 44			Erwerbsthätigen auf je 100 000 Köpfe.	
2) Potsdam	» (81) 71		7) Liegnitz » (4) 39				
3) Breslau	» (15) 65		8) Stettin » (9) 39				
4) Magdeburg	» (12) 60		9) Merseburg » (5) 39				
5) Düsseldorf	» (12) 48						

sodass hieher also d r e i Bezirke gehörten (Koblenz, Liegnitz und
Stettin), die nicht in die Kategorie der Wohlhabenden fielen, während in jener Beziehung am meisten z u r ü c k standen die Bezirke:

18) Posen	mit (4) 20		22) Oppeln	mit (4) 17	auf je 100000 (!) Köpfe [2]).
19) Trier	» (7) 19		23) Münster	» (3) 12	
20) Köslin	» (1) 19		24) Marienwerder	» (1) 9	
21) Bromberg	» (2) 18		25) Gumbinnen	» (0) 8	

sodass hier also wieder z w e i Bezirke (Trier und Münster) nicht
auch zur Klasse der wenigst wohlhabenden gehörten. —

Andererseits treten uns g r ö s s e r e , ja hie und da s e h r v i e l
grössere Gegensätze als bei den Maurern und Schneidern, wie
schon bemerkt,

(II.) bei den T ö p f e r n , den R i e m e r n und S a t t l e r n ,
und den H u t - und H a n d s c h u h m a c h e r n entgegen.

T ö p f e r , O f e n s e t z e r oder bei der Fabrikation von Thonwaren beschäftigte Personen waren nach Tabelle XXV im Jahre
1895 besonders reichlich vorhanden in den Bezirken:

1) Liegnitz	mit 307		6) Stettin	mit 102		Erwerbsthätigen auf je 100 000 Köpfe[3]).	
2) Potsdam	» 299		7) Magdeburg	» 101			
3) Frankfurt	» 181		8) Stralsund	» 94			
4) Trier	» 176		9) Köln	» 89			
5) Breslau	» 124						

Es gehörten dahin also von neun Bezirken bereits f ü n f , die
n i c h t zu den wohlhabendsten zählen (Liegnitz, Frankfurt, Trier,

---

1) Die in Parenthese beigefügten Zahlen beziehen sich auf das Jahr 1849.
2) Mittlere Stellungen (vgl. Tabelle XXIV) nehmen folgende Bezirke ein

10) Stralsund	mit (7) 32		14) Danzig	mit (7) 26
11) Minden	» (5) 31		15) Frankfurt	» (6) 25
12) Aachen	» (28) 30		16) Königsberg	» (5) 24
13) Erfurt	» (15) 27		17) Arnsberg	» (21) 21

3) Vgl. oben S. 32, 35 132, und 148.

Stettin, Stralsund); und andererseits gab es solcher Gewerbetreibenden besonders w e n i g in den Bezirken:

18) Oppeln	mit 56	22) A a c h e n	mit 21	
19) M i n d e n	» 43	23) D ü s s e l d o r f »	12	Erwerbsthätigen auf je 100 000 Köpfe,
20) K o b l e n z	» 28	24) M ü n s t e r	» 12	
21) E r f u r t	» 27	25) Arnsberg	» 11	

also in s i e b e n, die n i c h t zur Klasse der wenigst wohlhabenden, sondern zum Teil gerade zu den a l l e r r e i c h s t e n zu rechnen sind[1]). Besondere ö r t l i c h e Verhältnisse entscheiden da[2]).

Etwas anders stand es bei den R i e m e r n und S a t t l e r n. Denn relativ die m e i s t e n Angehörigen dieser Gewerbe hatten die Bezirke:

1) L i e g n i t z mit (100) 168	6) Köln	mit (80) 143		
2) Merseburg » (174) 160	7) S t r a l s u n d »	(104) 136	Erwerbsthätigen auf je 100 000 Köpfe,
3) Potsdam » (94) 158	8) Erfurt	» (104) 135	
4) Breslau » (113) 152	9) Düsseldorf »	(98) 134	
5) Magdeburg » (130) 151	(vgl. Tabelle XXIV)		

also z w e i, die nicht zu den wohlhabendsten gehörten (Liegnitz und Stralsund); — und die w e n i g s t e n die Bezirke[3]):

---

1) Eine m i t t l e r e Stelllung nehmen folgende Bezirke ein:

10) Danzig	mit 87	14) Bromberg	mit 71
11) Gumbinnen	» 83	15) Posen	» 70
12) Königsberg	» 81	16) Köslin	» 67
13) Merseburg	» 76	17) Marienwerder	» 67.

2) Bez. jener Bezirke Schlesiens und der Mark (Seite 180) sei bemerkt, dass nach spezieller Berechnung in Töpferei und Herstellung feiner Thonwaren auf je 1000 Köpfe beschäftigt waren

im Kreise Osthavelland:	sogar 79—80 Personen
» » Bunzlau:	» 55—56 »
» » Sagan:	16—17 »
» » Rothenburg (im Bezirke Liegnitz):	21—22 »

Vgl. Band III der Statistik des Deutschen Reichs; Neue Folge 1899 (die berufliche und soziale Gliederung des deutschen Volkes). S. 37 ff. und im Anhang S. 60 ff. und 384 ff.

3) Eine m i t t l e r e Stellung hatten in nachstehenden Reihen die Bezirke:

10) Frankfurt mit (71) 119	14) Stettin	mit (82) 101
11) Bromberg » (58) 111	15) Köslin	» (64) 101
12) Königsberg (85) 107	16) Posen	» (64) 101
13) Arnsberg (82) 106	17) Marienwerder » (62) 98

Die Zahlen in Klammern sind wieder die Relativzahlen für 1849, hier eingeschaltet zur Ergänzung der Tabelle XXIV und der Bemerkungen unter Nr. 10.

18) Danzig mit	97	22) Oppeln mit	82		
19) Gumbinnen	86	23) A a c h e n »	81		Erwerbsthäti-gen auf je 100000 Köpfe
20) M i n d e n	84	24) K o b l e n z »	61		
21) M ü n s t e r	87	25) T r i e r »	25		

also f ü n f, die nicht zu den wenigst wohlhabenden zu rechnen sind. Und noch grössere Disharmonien zwischen Wohlstand und Handwerkerzahl zeigen sich bei den H u t - und den H a n d schuh-machern.

Mit H u t m a c h e r n waren (immer abgesehen von Berlin) nach Tabelle XXVI am meisten versorgt die Bezirke:

1) F r a n k f u r t	mit 281	6) S t e t t i n	mit 20		
2) Potsdam	» 120	7) Köln	» 19		auf je 100 000 Köpfe.
3) Aachen	» 76	8) P o s e n	» 16		
4) L i e g n i t z	» 41	9) K o b l e n z	» 13		
5) Breslau	» 30				

also bereits f ü n f, die nicht zur Klasse der wohlhabendsten gehören; — und am wenigsten[1]):

18) M i n d e n	mit 5	22) Gumbinnen	mit 3		
19) M ü n s t e r	» 4	23) T r i e r	» 2		auf je 100 000 Köpfe;
20) S t r a l s u n d	» 4	24) Bromberg	» 2		
21) Köslin	» 4	25) Marienwerder	» 1		

also v i e r, die nicht zur unteren Wohlstandsklasse zu rechnen sind.

Noch grösser aber sind die Differenzen bei den H a n d s c h u h-m a c h e r n. Denn mit diesen waren nach Tabelle XXVII am reichlichsten ausgestattet:

1) Magdeburg	mit 176	6) S t r a l s u n d	mit 32		
2) Breslau	» 78	7) Merseburg	» 27		auf je 100 000 Köpfe.
3) L i e g n i t z	» 76	8) F r a n k f u r t	» 17		
4) Potsdam	» 45	9) K o b l e n z	» 13		
5) Oppeln	» 32				

---

1) In m i t t l e r e r Stellung befanden sich

Nro. 10: Arnsberg	mit 12	Nro. 14: Merseburg	mit 6
» 11: Magdeburg	» 10	» 15: Danzig	» 6
» 12: Oppeln	» 10	» 16: Königsberg	» 6
» 13: Erfurt	» 7	» 17: Düsseldorf	» 5

also f ü n f, die n i c h t zu den wohlhabendsten gehörten, und am wenigsten[1]):

18) A a c h e n	mit 2		22) T r i e r	mit 1		
19) D ü s s e l d o r f	» 2		23) M i n d e n	» 1		
20) M ü n s t e r	» 2		24) Gumbinnen	» 0		
21) Köslin	» 2		25) A r n s b e r g	» 0		

auf je 100 000 Köpfe.

d. h. s e c h s, die nicht der letzten Wohlstandsklasse angehörten.

Gehen wir nach alledem aber nunmehr daran, wenigstens bei einzelnen der hier in Rede stehenden Gewerbe zu prüfen, wie sich die F o l g e n j e n e r L o s l ö s u n g von der Basis örtlicher Wohl-standsentwickelung gestaltet haben, so sei, um den Gegensatz besser zu zeigen, zunächst erinnert, welche Folgen sich bei a n d e r e n Gewerben gerade aus ihrem Z u s a m m e n h a n g mit den Wohl-standsverhältnissen der bezüglichen Gebiete ergaben:

Gedenken wir in dieser Beziehung wieder nur der Bäcker, Flei-scher, Barbiere, Friseure und Uhrmacher, so stieg die Zahl der in diesen Gewerben überhaupt Erwerbsthätigen, wie wir sahen, auf je 100 000 Köpfe der Bevölkerung berechnet, zwischen 1849 und 1895

bei den Bäckern   von 269 auf 431 ; also wie von 100 zu 160

»   » Uhrmachern   »   26 »   50;   »   »   » 100 » 192

»   » Fleischern   » 171 » 334;   »   »   » 100 » 195

»   » Barbieren u. Friseuren »   55 » 116;   »   »   » 100 » 211

d. h. zusammen von 521 auf 931 oder wie von 100 zu 178. Aber auch innerhalb der einzelnen Bezirke bewegten sich bei d i e s e n Gewerben die Schwankungen in relativ engen Grenzen, indem z. B. bei den Bäckern und Konditoren kein Bezirk eine Steigerung um mehr als c. 120 % und bei den Fleischern keiner eine solche um mehr als 150—160 % zeigte (vgl. Tab. XIV u. XV)[2]).

---

1) Die Bezirke mittlerer Ausstattung folgten sich so :

10) Erfurt	mit 7		14) Danzig	mit 4
11) Stettin	» 7		15) Königsberg	» 3
12) Posen	» 5		16) Bromberg	» 3
13) Köln	» 4		17) Marienwerder	» 3

2) In den einzelnen Bezirken stieg nämlich zwischen 1849 und 1895 die Zahl der B ä c k e r und Konditoren (auf je 100 000 Bewohner berechnet) am m e i s t e n im Bezirk Gumbinnen von 94 auf 165 ; im Bezirk Potsdam von 277 auf 508; im Bezirk Frankfurt von 204 auf 385 ; im Bezirk Köslin von 124 auf

Ganz anders bei den hier zu betrachtenden Handwerken!
Schon im Durchschnitt des Staats ergaben sich von Gewerbe
zu Gewerbe zum Teil viel grössere Schwankungen. Denn wieder
auf je 100000 Köpfe der Bevölkerung berechnet, zählte man im
Durchschnitt von ganz Preussen (alten Umfangs) Erwerbsthätige
überhaupt:

	1849	1895	d. h. Fortschritt wie
1) bei den Gold- und Silberarbeitern	20	25	von 100 zu 125
2) » » Töpfern u. s. w.	77	102	» » » 132
3) » » Tischlern und Glasern¹)	503	725	» » » 144
4) » » Riemern und Sattlern	87	128	» » « 147
5) » » Schneidern u. Konfekt.-Arb.	652	1027	» » » 158
6) » » Handschuhmachern	15	27	» » » 180
7) » » Maurern und Dachdeckern	427	940	» » » 220
8) » » Buchbindern u. s. w.	41	93	» » » 227
9) » » Hutmachern	15	40	» » » 267
10) » » Posamentieren	14	46	» » » 329
11) » » Tapezieren	12	52	» » » 433
d. h. also im Grossen und Ganzen	1863	3207	» » » 172

Aber von Bezirk zu Bezirk waren die hier in Rede
stehenden Schwankungen denn doch ganz anderer Natur.
So z. B. bei der noch relativ stetig sich entwickelnden Buchbinderei und Kartonnagefabrikation der Art, dass jener (unter
Nr. 8 hier berechnete) durchschnittliche Fortschritt im Verhältnis von 100 zu 227 (Relativzahlen 41 und 93) sich daraus ergab, dass
z. B. im Danziger Bezirk statt jedes Fortschritts ein Rückgang
von 29 auf 23 (also im Verhältnis von 100 zu 79) zu verzeichnen
war, daneben im Königsberger (mit 26 % zu 26%) vollständige Stagnation und in vielen anderen nur sehr langsamer Fortschritt
(z. B. im Bezirk Marienwerder nur von 15 auf 18; in dem von
Köslin von 18 auf 22; im Stralsunder von 33 auf 34; im Merse-
burger von 69 auf 74 u. s. w.), dass dagegen ganz ausseror-
dentliche Steigerungen namentlich in einigen westlichen
Bezirken stattfanden.
Um das nach der erwähnten Tabelle XX (Anhang) nur in Kürze

228 und im Bezirk Breslau von 248 auf 447 — aber auf mehr als das Doppelte
nur in Liegnitz (von 238 auf 477) und in Minden (von 219 auf 485). Bei den
Fleischern zeigte die grösste Steigerung der Kösliner Bezirk mit den Zahlen 81 und 205 und der von Marienwerder mit 98 und 230.
1) Einschliesslich der Verfertiger grober Holzwaaren.

anzudeuten, so hielten sich noch u n t e r h a l b jener durchschnittlichen Steigerung (von 100 zu 227) P o t s d a m mit den Relativzahlen 64 und 82 (auf 100 000 Köpfe) und T r i e r mit 23 und 30,
beide also mit dem nicht grossen Fortschritt von 100 zu 130.
Demnächst folgte F r a n k f u r t mit den Relativzahlen 31 und 42
d. h. dem nicht viel grösseren Fortschritt wie von 100 zu 131, sodann:

Gumbinnen mit	13 und	18, d. h.	Fortschritt wie von	100 zu 138
Bromberg »	13 »	19, »	»	» »	100 » 146
Arnsberg »	43 »	64, »	»	» »	100 » 149

Und ausserdem blieben unterhalb jenes Durchschnitts auch
die Bezirke von

Oppeln mit	18 und	28, d. h.	Fortschritt wie von	100 zu 156
Münster »	46 »	72, »	»	» »	100 » 158
Posen »	18 »	29, »	»	» »	100 » 161
Liegnitz »	42 »	69, »	»	» »	164 » 164
Berlin »	227 »	448, »	»	» »	100 » 197
Köln »	56 »	116, »	»	» »	100 » 207

Daneben aber zeigten ü b e r durchschnittliche Fortschritte desselben Gewerbes zunächst die Bezirke B r e s l a u und M a g d e-
b u r g (mit 43 zu 99 resp. 38 zu 90, also wie von 100 zu 230 resp.
237), eine ganz b e s o n d e r s l e b h a f t e Entwickelung dagegen
v i e r Bezirke, der von

Düsseldorf mit	77 und 189; d. h.	Verhältnis von	100 zu 245
Erfurt »	42 » · 106; »	»	»	100 » 252
Minden »	30 » 91; »	»	»	100 » 303
Aachen »	22 » 89; »	»	»	100 » 405

sodass z. B. der zuletzt genannte A a c h e n e r Bezirk, der im Jahre
1849 mit 22 auf 100000 noch an besonders t i e f e r Stelle (neben
Posen, Köslin und Oppeln mit 18 und 19), ja tiefer noch als
Königsberg und Danzig (mit 26 und 29) gestanden hatte, nunmehr
in die Reihe der h ö c h s t s t e h e n d e n Bezirke eingerückt und wie
kein anderer im Steigen begriffen ist.

Alles das ist auch leicht zu erklären, wenn man nur erwägt,
wie es sich mit der ö r t l i c h e n Verteilung jenes Gewerbes der
Buchbinderei und Kartonnagefabrikation z. B. nach den bezügl. speziellen Feststellungen des kaiserlichen statistischen Amts verhält, und

erwägt, dass im Durchschnitt des ganzen Reiches jener Berufsgruppe (mit Einschluss der Dienenden und Angehörigen) nur 2,4
pro mille angehören, dagegen da, wo dieser Beruf vorzugsweise
vertreten ist (vgl. Bd. iii cit. S. 401. Anh.), z. B.

in der Stadt	Krefeld:	7,6
» » »	Berlin:	8,5
in den Städten	Aschersleben und Quedlinburg:	10,2
in der Stadt	Düren (Bezirk Aachen):	10,3
» » »	Barmen:	20,5
» » »	Brieg (Bezirk Breslau):	23,6 u. s. w.

Wir haben hier eben einen Fall vor uns, in dem der anscheinend stetige Fortschritt, den ein Gewerbe im Durchschnitt
des preussischen Staats gemacht hat, indem man auf 100 000 Einwohner in diesem Durchschnitt

1849: 41
1861: 56 in Buchbinderei und Karton-
1882: 79 nage Beschäftigte zählte,
1895: 93

noch keineswegs dazu berechtigt, dieses Gewerbe jenen anderen
gleich zu stellen, die mit dem Steigen des Wohlstandes wirklich er-
freulichen Aufschwung zeigten. Denn eben diese Durchschnittszahlen
waren nur das Resultat davon, dass in den bei Weitem meisten
Bezirken recht geringe Fortschritte oder sogar Stagnation, dagegen in einigen wenigen ganz besonders grosse Steigerungen zu
verzeichnen waren. Und gerade solche Wandelungen sind zum
grossen Theile die Folge einer über das hergebrachte Handwerk
sich erhebenden grossindustriellen Produktion, wie sich dies ja
auch in diesem Falle deutlich ergiebt, wenn man die Entwickelung des Verhältnisses zwischen Abhängigen und Selbständigen in den einzelnen Bezirken verfolgt.

Dann zeigt sich nämlich, dass allerdings da, wo das Buchbin-
dergewerbe wenig fortschritt, auch von Entwickelung zu eigent-
licher Grossindustrie kaum die Rede war, indem auf je 100 Selbständige nach Tabelle XX thätig waren z. B. im Bezirke

	1849	1861	1895
Königsberg	99	111	161	183
Gumbinnen	86	112	145	180

	1849	1861	1882	1895
Danzig	123	83	129	159
Marienwerder	76	113	120	170
Bromberg	77	118	233	184
Köslin	65	98	136	90
Stralsund	49	57	94	114,

dass dagegen ein ganz anderer Wandel auch dieses Verhältnisses in den Bezirken Platz griff, in denen sich jenes Gewerbe besonderen Aufschwungs erfreute, indem auf je 100 Selbständige als Abhängige in ihm beschäftigt waren z. B. im Bezirke:

	1849	1861[1])	1882	1895
Aachen	60 (60)	118 (104)	230	349
Minden	53 (53)	176 (170)	189	357
Magdeburg	70 (70)	93 (93)	226	359
Köln	99 (75)	243 (127)	198	393
Breslau	94 (73)	183 (162)	202	437
Düsseldorf	127 (88)	124 (89)	324	461
Berlin	197 (177)	296 (182)	546	662. --

Aehnlich, aber zum Teile noch übler scheint es nun in den a n d e r e n oben aufgeführten Gewerben zu stehen.

Der T ö p f e r und O f e n s e t z e r z. B. gab es nach Tabelle XXV (Anhang), auf je 10 000 Köpfe berechnet, im Durchschnitt des ganzen Staatsgebietes (alten Umfangs)

im Jahre 1822: 7,3

» » 1849: 7,7

» » 1895: 10,2,

so dass man zunächst auch da wohl versucht sein könnte, dieses Gewerbe zu den mit dem Fortschreiten des allgemeinen Wohlstandes sich gleichmässig entwickelnden zu zählen. Aber wie verschieden sich diese Entwickelung im Grunde von Gebiet zu Gebiet gestaltet hat, ergiebt ein kurzer Blick auf die bezüglichen Zahlen. Denn hienach fand zwischen 1849 und 1895 eine Steigerung der Relativzahlen überhaupt kaum in der H ä l f t e der hier unterschiedenen Bezirke statt, in den andern Rückgang oder Stagnation. Zurück ging es im W e s t e n z. B. im Bezirk

---

1) Die Zahlen für Buchbinder allein sind um für diese Bezirke die Bedeutung der Kartonnage zu zeigen, in Parenthese beigefügt. Vgl. Bemerkungen Nr. 11 (Anhang).

Düsseldorf von 3,0 auf 1,2; Verhältnis von 100 zu 40 (!)
Münster   » 2,3 » 1,2 ;   »   » 100 » 52
Erfurt   » 4,5 » 2,7 ;   »   » 100 » 60
Arnsberg   » 1,7 » 1,1 ;   »   » 100 » 65
Koblenz   » 4,0 » 2,8 ;   »   » 100 » 70
Aachen   » 2,9 » 2,1 ;   »   » 100 » 72 ;

und ähnlich auch im O s t e n , z. B. im Bezirk

Königsberg von 10,5 auf 8,1 ; Verhältnis von 100 zu 77
Marienwerder » 8,7 » 6,7 ;   »   » 100 » 77
Bromberg   » 8,4 » 7,1 ;   »   » 100 » 85
Gumbinnen   » 9,1 » 8,3 ;   »   » 100 » 91
Posen   » 7,4 » 7,0 ;   »   » 100 » 95 [1])

Daneben blieben etwa s t a t i o n ä r noch die Bezirke:

Köslin mit 6,4 und 6,7 ; Verhältnis von 100 zu 105
Köln   » 8,4 » 8,9 ;   »   » 100 » 106
Danzig » 8,1 » 8,7 ;   »   » 100 » 107
Berlin » 15,0 » 16,4 ;   »   » 100 » 109.

Einen erheblichen F o r t s c h r i t t hatten also von allen 26 Bezirken im Grunde nur 10 aufzuweisen, von denen sich aber v i e r :

Frankfurt mit den Relativzahlen 15,5 und 18,1
Oppeln   »   »   »   4,8 » 5,6
Magdeburg   »   »   »   8,4 » 10,1
Stettin   »   »   »   8,0 » 10,2

noch u n t e r dem Durchschnitt von 100 zu 132 hielten, sodass eine wirklich starke, zum Teil allerdings r e c h t starke Steigerung im Grunde nur s e c h s Bezirke zeigten:

Stralsund m. d. Relativzahlen 6,0 resp. 9,4 ; Verh. v. 100 zu 157
Trier   » »   »   10,8 » 17,6 ;   »   » 100 » 163
Breslau   » »   »   5,9 » 12,4 ;   »   » 100 » 210
Liegnitz » »   »   12,3 » 30,7 (!); »   » 100 » 250
Potsdam   » »   »   9,7 » 29,9 (!); »   » 100 » 308 (!)
Minden   » »   »   0,6 » 4,3 ;   »   » 100 » 717(!).

Das Endresultat war dann, dass der W e s t e n — abgesehen von den Bezirken Minden, Trier und Köln, z u r ü c k blieb, wäh-

---

1) Zu dieser Gruppe zählte im Westen übrigens noch Merseburg mit dem Sinken der bezüglichen Zahlen von 9,3 auf 7,6 ; also im Verhältnis von 100 zu 82.

rend namentlich im O s t e n einige Bezirke wie Liegnitz, Breslau, Stralsund rasch in die Höhe stiegen. Hatten die beiden letzteren z. B.
noch im Jahre 1849 mit 5,9 und 6,0 an n e u n t e r und z e h n t e r
Stelle gestanden, so waren sie bis 1895 mit 9,4 und 12,4 auf die
a c h t z e h n t e resp. e i n u n d z w a n z i g s t e (!) hinaufgerückt.
Und noch grössere Gegensätze zeigten sich bei den T a p e -
z i e r e r n , den P o s a m e n t i e r e n und den H u t - und H a n d -
s c h u h machern.

Im D u r c h s c h n i t t des ganzen Staates hatten auch diese
Gewerbe ganz erfreuliche Fortschritte zu verzeichnen. Denn wieder
auf 100 000 Köpfe berechnet, gab es in ganz Preussen (alten Umfanges)

	1849	1895	d. h. also mit einem Fort-schritt wie von 100 zu
Handschuhmacher:	1,5	2,7	180
Hutmacher:	1,5	4,0	267
Posamentierer:	1,4	4,6	329
Tapezierer:	1,2	5,2	433

Wie wenig aber solche Durchschnittszahlen die w i r k l i c h e
Entwickelung erkennen lassen, darüber belehren uns wieder die
auf die einzelnen Gebiete bezüglichen Zahlen (Tab. XXII ff.). Denn
hienach entsprach z. B. jenem Fortschritt von 100 zu 267, den die
Relativzahlen der H u t m a c h e r zeigten, die Mehrheit der einzelnen Bezirke so wenig, dass von 26 im Ganzen 21 u n t e r h a l b
jenes Durchschnittes blieben, und 16 sogar einen R ü c k g a n g zeigten, während von den ü b e r jenen Durchschnitt sich entwickelnden
5 (!) einige in der That ganz gewaltige Fortschritte zu verzeichnen
hatten, so

		1849	1895	also Fortschritt wie von 100 zu
Berlin	mit den Relativzahlen	4,6	14,2	309
Liegnitz » » »		1,3	4,1	315
Aachen » » »		1,9	7,6	400
Potsdam » » »		1,6	12,0	750 (!)
Frankfurt » » »		1,5	28,1	1873 (!)

— Zahlen, die um so auffälliger sind, wenn man beachtet, in welchem
Masse sich andererseits in vielen Bezirken jener R ü c k s c h r i t t
zeigte, so in

		1849		1895	also Rückgang wie von 100 zu
Marienwerder	mit	0,8	und	0,1	13 (!)
Bromberg	»	1,4	»	0,2	14 (!)
Münster	»	2,2	»	0,4	18
Trier	»	1,1	»	0,2	18
Stralsund	»	1,4	»	0,4	29
Gumbinnen	»	0,9	»	0,3	33
Düsseldorf	»	1,5	»	0,5	33
Merseburg	»	1,6	»	0,6	38 u. s. w.

Noch grösser aber gestalteten sich die Gegensätze bei den Posamentierern.

Der durchschnittliche Fortschritt der auf sie bezüglichen Relativzahlen war, wie gezeigt, der von 1,4 zu 4,6 (wie von 100 zu 329). Aber im Einzelnen standen über diesem Durchschnitt im Grunde nur 2 (!) Bezirke, nämlich

		(1849)		(1895)	d. h. Steigerung wie von 100 zu
Arnsberg	mit	0,5	resp.	3,1	620 (!)
und Düsseldorf	»	2,5	»	32,9	1316 (!)

Im übrigen zeigten einen Fortschritt überhaupt zwar noch die Bezirke:

		(1849)		(1895)	d. h. wie von 100 zu
Breslau	mit	1,9	resp.	3,4	179
Potsdam	»	1,3	»	2,2	169
Aachen	»	0,4	»	0,6	150
Frankfurt	»	0,9	»	1,3	144
Koblenz	»	0,9	»	1,2	133
Berlin	»	11,8	»	14,7	125
Köln	»	1,5	»	1,8	120 ;

dagegen die andern nicht nur Stagnation oder Rückschritt, sondern hie und da sogar ein völliges Absterben des bezüglichen Gewerbes. Die bezüglichen Relativzahlen gestalteten sich nämlich in den Bezirken:

		1849		1895
Gumbinnen	auf	0,2	und	0
Marienwerder	»	0,3	»	0
Köslin	»	0,3	»	0
Danzig	»	0,7	»	0

Und nur wenig besser stand es in den Bezirken:

				1849		1895	also Rückgang wie von 100 zu
Königsberg	mit	den	Relativzahlen	0,5	und	0,1	20
Stralsund	»	»	»	1,0	»	0,2	20
Oppeln	»	»	»	0,8	»	0,2	25
Münster	»	»	»	0,4	»	0,1	25
Posen	»	»	»	1,0	»	0,3	30
Merseburg	»	»	»	3,6	»	1,4	39
Trier	»	»	»	0,2	»	0,1	50
Stettin	»	»	»	0,8	»	0,5	63 u. s. w.

Indessen dürfen wir andererseits in unseren Folgerungen aus solchem Rückgang der Zahlen auch nicht zu weit gehen.

Denn erstens handelt es sich ja bei allen diesen Zahlen überhaupt nur um Angehörige einer besonderen Kategorie von Handwerken, jener nämlich, die hier als im wesentlichen unabhängig vom allgemeinen Wohlstand »örtlich verschieden« sich entwickelnd bezeichnet sind. Auch sind die hiebei in Betracht kommenden Gewerbe zum grossen Teile nur von recht geringem Umfang. Endlich und namentlich aber darf nicht ausser Auge gelassen werden, dass in diesen Dingen gewisse ausgleichende Vorgänge Platz greifen, welche anscheinenden Schädigungen wieder die Spitze bieten, insofern in den meisten Landesteilen der rückschreitenden Entwickelung der einen Gewerbe die fortschreitende anderer entspricht, wie das deutlich ersichtlich wird, wenn man die Zahlen für die Gesamtheit jener hier in Rede stehenden Gewerbe zusammenrechnet.

Fragen wir z. B. nur nach den Relativzahlen für die Gesamtheit solcher Gewerbe wie Töpfer, Ofensetzer, Tapezierer und Posamentierer, Gold- und Silberarbeiter, Buchbinder und Kartonnagefabrikarbeiter, Riemer und Sattler und Hut- und Handschuhmacher, so sehen wir, dass auf je 10000 Einwohner Erwerbsthätige aller dieser Gewerbe zusammen gezählt wurden:

in den Bezirken	1849	1895	also Ver-hältnis wie von 100 zu	in den Bezirken	1849	1895	also Ver-hältnis wie von 100 zu
Königsberg	25,7	25,7	100	Stettin	25,0	35,2	141
Gumbinnen	17,6	20,2	115	Köslin	16,6	22,2	134
Danzig	26,1	25,8	99	Stralsund	26,6	35,1	132
Marienwerder	18,7	20,2	108	Breslau	31,0	61,3	198
Posen	20,2	25,0	124	Oppeln	17,4	23,1	133
Bromberg	18,3	23,5	128	Liegnitz	32,5	73,9	227
Potsdam	32,9	72,4	220	Magdeburg	37,5	62,7	167
Frankfurt	31,8	68,6	216	Merseburg	43,1	41,0	95
Berlin	109,2	165,2	151	Erfurt	27,7	33,6	121

In den Bezirken	1849	1895	also Verhältnis wie von 100 zu
Münster	19,4	20,2	104
Minden	12,4	27,1	219
Arnsberg	23,4	26,9	115
Köln	33,5	53,8	161
Düsseldorf	29,6	74,6	252
Koblenz	18,2	24,3	134
Trier	20,8	29,8	143
Aachen	21,6	31,9	148
im Staat	28,2	51,4	182

Danach war also für die G e s a m t h e i t jener Gewerbe ein Rückgang überhaupt nur in z w e i Bezirken (Merseburg und Danzig) zu verzeichnen; daneben Stagnation allerdings noch im Königsberger, überall sonst aber ein F o r t s c h r i t t, wenn auch wechselnder Art. Denn dieser hatte sich langsam wieder im Osten und einigen industriell überhaupt zurückgebliebenen westlichen Gebieten Bahn gebrochen, z. B.

im Bezirk Münster	von 100 zu 104	im Bezirk Stralsund	von 100 zu 132
» » Marienwerder	» 100 » 108	» » Oppeln	» 100 » 133
» » Gumbinnen	» 100 » 115	» » Köslin	» 100 » 134
» » Arnsberg	» 100 » 115	» » Koblenz	» 100 » 134
» » Erfurt	» 100 » 121	» » Stettin	» 100 » 141
» » Posen	» 100 » 124	» » Trier	» 100 » 143
» » Bromberg	» 100 » 128		

dagegen stark in solchen industriell überhaupt sich besonders günstig entwickelnden Bezirken, wie in jenen von

		1849	1895	gleich 100 zu
Aachen	mit	21,6 und	31,9	148
Berlin	»	109,2 »	165,2	151
Köln	»	33,5 »	53,8	161
Magdeburg	»	37,5 »	62,7	167
Breslau	»	31,0 »	61,3	198
Frankfurt	»	31,8 »	68,6	216
Minden	»	12,4 »	27,1	219
Potsdam	»	32,9 »	72,4	220
Liegnitz	»	32,5 »	73,9	227
Düsseldorf	»	29,6 »	74,6	252.

Rechnen wir diesen Zahlen dann aber noch jene hinzu, die sich auf die ebenfalls hieher gehörigen, aber b e s o n d e r s u m - f a n g r e i c h e n Gewerbe der T i s c h l e r und G l a s e r beziehen, so kommen wir zu noch viel beruhigenderem Ergebnis. Denn einschliesslich dieser wurden an Handwerkern der in d i e s e m Abschnitt zu erörternden Art auf je 10 000 Köpfe gezählt

in den Bezirken	1849	1895	also Verhältnis wie von 100 zu	in den Bezirken	1849	1895	also Verhältnis wie von 100 zu
Königsberg	65,8	72,6	110	Stettin	95,2	100,4	105
Gumbinnen	44,6	60,4	135	Köslin	63,6	72,3	114
Danzig	61,7	80,5	130	Stralsund	82,4	98,0	119
Marienwerder	50,6	58,4	115				
Posen	47,5	61,6	130	Breslau	75,8	140,4	185
Bromberg	47,6	65,7	138	Oppeln	40,0	63,8	160
				Liegnitz	76,2	155,7	204
Potsdam	82,4	151,0	183	Magdeburg	103,0	136,4	132
Frankfurt	73,9	131,1	177	Merseburg	87,1	103,4	119
Berlin	231,0	321,0	139	Erfurt	85,1	109,2	128

in den Bezirken	1849	1895	also Verhältnis wie von 100 zu
Münster	93,9	127,7	136
Minden	66,2	128,5	194
A r n s b e r g	111,2	100,8	91
Köln	106,9	145,7	136
Düsseldorf	117,1	169,0	144
Koblenz	76,1	86,7	114
Trier	64,8	88,0	136
Aachen	86,0	114,2	133

Innerhalb d i e s e s Umkreises sich »örtlich verschieden entwickelnder« Gewerbe zeigt sich also ein Rückgang überhaupt nur
noch in e i n e m Bezirke: jenem A r n s b e r g e r, auf dessen eigen-
tümliche Stellung dem Kleingewerbe gegenüber oben schon verwiesen
ist (S. 38), überall sonst nur Fortschritt.

Dehnen wir jenen Kreis dann endlich aber noch weiter aus,
d. h. gedenken wirklich a l l e r jener »örtlich sich besonders verschieden entwickelnden« Gewerbe, wie sie oben (S. 172) gruppiert
worden sind, mit Einschluss auch der M a u r e r, D a c h d e c k e r
und S c h n e i d e r, so sehen wir jenen Ausgleich noch umfassender sich vollziehen. Der O s t e n bleibt hiebei noch weniger zurück. Und auch von jener Ausnahme, die dem A r n s b e r g e r
Bezirk nachzusagen war, ist nun nicht mehr die Rede.

Dass sich bei ihm die Zahlen nicht besonders günstig gestalten,
ist nach dem Bemerkten leicht zu erklären. Die auf ihn bezüglichen
Relativzahlen stellten sich für 1849 und 1895 auf 257,3 resp. 284,6
(wie 100 zu 110). Dann folgte der K o b l e n z e r Bezirk mit den
Ziffern 206,3 resp. 233,6 (wie 100 zu 113), dann der von:

					also Fortschritt wie von 100 zu
3) Trier	mit den Relativzahlen	184,7 resp.	222,4		120
4) Merseburg »	»	»	253,9 »	327,5	129
5) Aachen »	»	»	186,1 »	240,7	129
6) Erfurt »	»	»	231,1 »	301,4	130
7) Köln »	»	»	243,4 »	329,8	135
8) Düsseldorf »	»	»	249,3 »	338,6	136
9) Magdeburg »	»	»	269,9 »	376,0	139
10) Münster »	»	»	210,3 »	308,1	147,

— dagegen mit 50 oder mehr Prozent Zunahme einerseits einige
m i t t l e r e und w e s t l i c h e Bezirke, wie

					also Fortschritt wie von 100 zu
12) Stettin	mit den Relativzahlen	201,3 resp.	309,9		154
13) Berlin »	»	»	409,3 »	633,8	155
16) Stralsund »	»	»	179,5 »	295,3	165
19) Frankfurt »	»	»	179,4 »	317,5	177
20) Potsdam »	»	»	203,6 »	367,9	181
24) Minden »	»	»	160,7 »	316,4	197,

namentlich aber im O s t e n die Bezirke

							also Fortschritt wie von 100 zu
11) Köslin	mit den Zahlen	147,3	resp.	220,9			150
14) Königsberg	» » »	139,7	»	223,9			160
15) Posen	» » »	117,8	»	188,6			160
17) Marienwerder	» » »	112,6	»	191,1			170
18) Liegnitz	» » »	198,6	»	342,8			173
21) Breslau	» » »	184,2	»	337,9			183
22) Gumbinnen	» » »	108,8	»	205,6			189
23) Danzig	» » »	121,3	»	232,7			192
25) Bromberg	» » »	112,6	»	223,1			198
26) Oppeln	» » »	98,2	»	215,0			219

Erwägt man indessen

1) dass manche der hier zur Erörterung gezogenen Gewerbe wie z. B. jene nur aus statistisch-technischen Gründen mit den Riemern und Sattlern vereint betrachteten T a p e z i e r e r und P o l s t e r a r b e i t e r an sich schon jener a n d e r e n Klasse nahe stehen, die oben als Klasse der mit der Zunahme des allgemeinen Wohlstandes »relativ gleichmässig fortschreitenden« Handwerke charakterisiert ist[1]), erwägt ferner

2) dass eine örtlich völlig g l e i c h m ä s s i g e Entwicklung in diesen Dingen schon deshalb gar nicht e r w a r t e t werden kann, weil der mit der Verbesserung unserer Verkehrsmittel immer mächtiger auftretenden Tendenz der A r b e i t s t e i l u n g naturgemäss auch eine den bezüglichen ö r t l i c h e n V o r b e d i n g u n g e n s i c h a n p a s s e n d e Gestaltung am besten entspricht, und erwägt namentlich

3) dass in der G e s a m t h e i t auch der in diesem Abschnitt betrachteten Gewerbe wieder jene A u s g l e i c h u n g e n Platz gegriffen haben, durch welche die Lücken, welche in einzelnen Gebieten aus geringerer Entwicklung mancher Handwerke erstanden, auf dem Wege besonders lebhafter Steigerung a n d e r e r wieder ausgefüllt wurden,

so sieht man, wie ungerechtfertigt es wäre, um jener »ungleichmässigen« Entwicklung willen diese Gewerbe etwa der »bedrohten« Klasse gleichzustellen. In Wahrheit nehmen sie zwischen dieser

1) Im ganzen S t a a t (alten Umfangs) zählte man Erwerbsthätige dieser Art

13*

und den relativ »gleichmässig« fortschreitenden Gewerben eine M i t -
t e l s t e l l u n g ein, welche der modernen Ausgestaltung unserer
wirtschaftlichen Verhältnisse besonders entspricht. Und von welcher Bedeutung das nach dem grossen Umfang der hierzu gehörigen
Gewerbe ist, wird noch deutlicher erhellen, wenn wir die einzelnen
Kategorien, welchen die G e s a m t h e i t der hier zur Erörterung ge-
kommenen Gewerbe überwiesen wurde, trotz aller berührten Bedenken nunmehr vergleichend neben einander stellen.

auf je 100 000 Köpfe 1849: 12 und 1895: 52 Personen, aber in den einzelnen
Reg.-Bezirken (vergl. S. 17 u. Tabelle XXIV)

	1849	1895	Einkommen pro Kopf abgerundet	
			(1852—55)	(1894—96)
1) Gumbinnen	0	8	(125)	(160)
2) Marienwerder	1	9	(125)	(165)
3) Köslin	1	19	(110)	(180)
4) Posen	4	20	(120)	(180)
5) Bromberg	2	18	(125)	(185)
6) Oppeln	4	17	(115)	(200)
7) Königsberg	5	24	(125)	(200)
8) Danzig	7	26	(135)	(220)
9) Frankfurt	6	25	(130)	(235)
10) Minden	5	31	(130)	(250)
11) Liegnitz	4	39	(135)	(255)
12) Trier	7	19	(140)	(260)
13) Koblenz	15	44	(140)	(265)
14) Stralsund	7	32	(160)	(270)
15) Stettin	9	39	(160)	(270)
16) Münster	3	12	(145)	(275)
17) Breslau	15	65	(130)	(280)
18) Erfurt	15	27	(135)	(290)
19) Merseburg	5	37	(140)	(290)
20) Aachen	28	30	(135)	(310)
21) Arnsberg	20	21	(155)	(330)
22) Potsdam	8	70	(160)	(350)
23) Magdeburg	12	60	(170)	(360)
24) Düsseldorf	12	48	(165)	(370)
25) Köln	36	117	(135)	(410)

Sehen wir hiebei insbesondere von jenen Bezirken des Westens ab, die sich
wie z. B. Münster, Arnsberg, Trier durch relativ geringe Entwickelung gross-
städtischer Konzentration auszeichnen, so tritt die im Allgemeinen parallele Entwicklung jener Gewerbekategorie und des allgemeinen Wohlstands deutlich zu
Tage. Zur Ausgestaltung »örtlicher Exportindustrie« haben es neben Berlin (mit
1849: 121 und 1895: 271 auf 100 000 Köpfe) nur wenige Gebiete gebracht.

V. Schlussergebnisse.

Wie oben zu zeigen versucht ist, fielen auf die überhaupt der Betrachtung unterzogenen Handwerke, zu denen — um dies nochmals hervorzuheben — z. B. die T e x t i l - und die mit der Verarbeitung u n e d l e r M e t a l l e beschäftigten Gewerbe (wie die der Schmiede, Schlosser, Klempner etc.) n i c h t gehören, im ganzen Gebiete des preussischen Staates alten Umfangs

im Jahre 1849 : c. 660 000 und
» » 1895 : c. 1 515 100

Personen (vgl. S. 33). Und zählen wir letzteren Zahlen, um auch die Angaben für 1822 zum Vergleiche heranziehen zu können, noch die auf die D a c h d e c k e r und die Verfertiger g r o b e r H o l z-w a r e n bezüglichen Zahlen hinzu, so gelangen wir für

1849 zu c. 670 000 und
für 1895 » c. 1 546 500,

d. h. auf je 10 000 Köpfe der Bevölkerung berechnet,

für 1849 zu 411 und
» 1895 » 595 erwerbsthätigen Personen.

Von dieser grossen Zahl waren nun

I. als den besonders b e d r o h t e n Gewerben angehörig zu be-trachten

	im Jahre 1849		im Jahre 1895	
		auf je 10 000 Köpfe		auf je 10 000 Köpfe
1) Die Schuhmacher mit	136 610	83,9	192 472	74,1
2) » Stellmacher, Wag-ner etc. mit	25 438	15,6	43 377	16,7
3) » Böttcher »	21 305	13,1	19 932	7,7
4) » Gerber »	13 881	8,5	16 174	6,2
5) · Drechsler »	12 097	7,4	19 493	7,5
6) » Kürschner etc. mit	7 570	4,6	9 241	3,6
7) » Seiler »	6 753	4,1	5 636	2,2
d. h. zusammen (1 bis 7)	223 654	137,2	306 325	118,0

Nur ist schon bei diesen Zahlen zu beachten, dass einige derselben, wie bemerkt, die Lage der Dinge zu u n g ü n s t i g erscheinen lassen, da es mit den D r e c h s l e r n z. B. in mancher Beziehung ähnlich steht wie mit den erst in der folgenden Klasse aufzuführenden G l a s e r n, insofern sich auch ein grosser Teil der Drechslerarbeit, wie jeder weiss, heute in grossen Tischlereien und sogenannten Baugeschäften vollzieht.

Aus Gründen derselben Art erscheint es denn auch angezeigt, nicht zu I, sondern vielmehr zu b e s o n d e r e r Kategorie zwischen der ersten und der dritten Klasse

II. das Z i m m e r m a n n s - und das statistisch hievon für frühere Zeiten nicht ausreichend zu trennende S c h i f f s b a u gewerbe zu rechnen.

Denn von diesen Gewerben erscheint, wie darzulegen versucht ist, das der Zimmerer zwar in mancher Beziehung »bedrängt«, aber doch nicht in dem Masse, wie die oben gegebenen Ziffern es erscheinen lassen, wonach als in jenen Gewerben überhaupt thätig berechnet sind:

für das Jahr 1849: 49 198 und
» » » 1895: 87 776, d. h. auf je 10000 Köpfe berechnet:
» » » 1849: 30,2 und
» » » 1895: 33,8 Personen (vgl. Tabelle I. Anhang).

Gehen wir nun aber

III. zu jener Kategorie über, die oben als die der örtlich sich besonders v e r s c h i e d e n entwickelnden Gewerbe charakterisiert ist, so bleiben uns als diesem Kreise angehörig namentlich noch übrig

von g r ö s s e r e n Gewerben:	1 8 4 9	auf je 10 000 Köpfe	1 8 9 5	auf je 10 000 Köpfe
1) das der Schneider mit	106 177	65,2	266 851	102,7
2) » » Tischler , Verfertiger grober Holzwaren u. Glaser mit	82 512	50,6	189 156	72,8
3) das der Maurer u. Dachdecker »	69 771	42,8	244 571	94,0
4) » » Riemer, Sattler u. Tapezierer mit	16 159	9,9	46 791	18,0
5) das der Töpfer u. Ofensetzer mit	12 472	7,7	26 520	10,2
in Summe mit	287 091	176,2	773 889	297,7

	1849		1895	
und von kleineren Gewerben:		auf je 10 000 Köpfe		auf je 10 000 Köpfe
6) das der Buchbinder und Kartonnagefabrikanten mit	6 723	· 4,1	24 299	9,4
7) das der Gold- und Silberarbeiter mit	3 334	2,0	6 460	2,5
8) das der Hutmacher mit	2 414	1,5	10 376	4,0
9) » » Handschuhmacher mit	2 401	1,5	7 036	2,7
10) » » Posamentierer mit	2 339	1,4	11 971	4,6
in Summe mit	17 211	10,5	60 142	23,2
zusammen also (1—10)	304 302	186,7	834 031	320,9

Nur ist auch bez. dieser Kategorie wieder zu beachten, dass es bei manchen der dort genannten Gewerbe, wie z. B. dem (Seite 196) berührten der T a p e z i e r e r und P o l s t e r w a a r e n fabrikanten schon zweifelhaft ist, ob sie noch in diese Kategorie III gehören, da sie gewissermassen bereits den Uebergang zu der folgenden Klasse, d. h.

IV. zur Klasse der mit dem Fortschreiten des allgemeinen Wohlstands relativ besonders g l e i c h m ä s s i g sich entwickelnden Gewerbe bilden.

Zu letzteren sind hier namentlich gerechnet:

	1849		1895	
		auf je 10 000 Köpfe		auf je 10 000 Köpfe
1) die Bäcker und Konditoren mit	43 819	26,9	111 974	43,1
2) » Fleischer mit	27 769	17,1	86 549	33,3
3) » Barbiere und Friseure mit	9 068	5,6	29 992	11,5
4) » Anstreicher (Maler) u. Stukkateure	8 068	5,0	76 782	29,6
5) » Uhrmacher	4 156	2,6	13 076	5,0
in Summe mit	92 880	57,2	318 373	122,5

— sodass man also schliesslich zu folgender Gesamtaufstellung gelangt:

Von allen hier betrachteten Handwerken gehörten:

	1849		1895	
		auf je 10 000 Köpfe		auf je 10 000 Köpfe
I. zu den »besonders bedrängten«	223 654	137,2	306 325	118,0
II. zu den Zimmerern etc.	49 198	30,2	87 776	33,8
III. zu den »örtlich besonders verschieden sich entwickelnden«	304 302	186,7	834 031	320,9
IV. zu den örtlich mit dem Steigen des allgemeinen Wohlstands relativ gleichmässig fortschreitenden	92 880	57,2	318 373	122,5
	670 034	41,13	1 546 505	595,2

Und wollen wir die Lage etwa derselben Klassen noch bis 1822 zurückverfolgen, so haben wir freilich als in diesem Jahre nicht vollständig gezählt, auch für die späteren in A b z u g zu bringen:

in K l a s s e I: die D r e c h s l e r und K ü r s c h n e r mit

1849: 7,4 + 4,6 = 12,0) pro 10 000 Köpfe,
und 1895: 7,5 + 3,6 = 11,1)

in K l a s s e III: die P o s a m e n t i e r e r und B u c h b i n d e r mit

1849: 1,4 + 4,1 = 5,5) auf je 10 000 Köpfe, und
und 1895: 4,6 + 9,4 = 14,0)

in Klasse IV: die M a l e r, B a r b i e r e, F r i s e u r e und K o n d i t o r e n

1849: 5,0 + 5,6 + 2,6 = 13,2) auf je 10 000 Köpfe.
1849: 29,6 + 11,5 + 5,4 = 46,5)

z u s a m m e n also in allen Klassen:

1849: 30,7) auf je 10000 Köpfe.
und 1895: 71,6)

Auf dieser Basis aber ergeben sich uns nun wieder auf je 10 000 Köpfe berechnet (siehe Tabelle S. 201):

Soweit also die hier zusammengefassten Zahlen einen Schluss gestatten, stehen wir vor der bemerkenswerten Thatsache, dass

1) die jetzt b e d r ä n g t erscheinenden Gewerbe (I) sich bis zur Mitte des Jahrhunderts g ü n s t i g entwickelten, dann freilich der Art sanken, dass ihre relative Zahl noch unter die von 1822 fiel; dass aber im Uebrigen die Relativzahlen, wie zwischen 1822 und 1849, so auch später s t i e g e n, und zwar   2)

(zu Seite 200)	1882	1849	1895
I. in jenen jetzt »besonders bedrängt« erscheinenden Gewerben (der Schuhmacher, Stellmacher, Wagner, Gerber und Böttcher	ca. 112	ca. 125	ca. 107 Erwerbsthätige
II. im Zimmermanns- und Schiffsbaugegewerbe	ca. 25	ca. 30	ca. 34 »
III. in der Klasse der »örtlich sich besonders v e r s c h i e d e n entwickelnden« Gewerbe (der Schneider, Tischler, Glaser, Maurer, Dachdecker, Riemer, Sattler, Töpfer u. Ofensetzer, Gold- und Silberarbeiter, und Hut- und Handschuhmacher) und endlich	ca. 141	ca. 181	ca. 307 »
IV. in der Klasse der mit steigendem Wohlstand örtlich sich relativ »g l e i c h m ä s s i g entwickelnden« Gewerbe (der Bäcker, Fleischer und Uhrmacher)	ca. 42	ca. 44	ca. 76 »
Zusammen (I bis IV)	ca. 320	ca. 380	ca. 524 Erwerbsthätige.

2) beim Zimmermanns- und Schiffsbaugewerbe (II) wie von 100 zu 120 (1849) resp. 136 (1895);

3) bei den örtlich sich besonders v e r s c h i e d e n entwickelnden Gewerben (III) wie von 100 zu 128 (1849) resp. 218 (1895);

4) bei den relativ g l e i c h mässig fortschreitenden Gewerben (IV) wie von 100 zu 105 (1849) resp. 181 (1895), sodass sich schliesslich

5) für alle hier betrachteten Gewerbe z u s a m m e n bis 1895 ebenfalls eine an sich b e t r ä c h t l i c h e und gerade in der zweiten Hälfte des Jahrhunderts noch z u n e h m e n d e Steigerung ergab: in dem Verhältnis von 100 zu 119 (im Jahr 1849) resp. zu 164 (im Jahr 1895)[1]. Und noch deutlicher tritt uns dieser Entwicke-

1) Ja, zieht man, wie es nach dem Gesagten berechtigt sein möchte, nach Seite 196 auch jene T a p e z i e r e r und P o l s t e r a r b e i t e r noch zu Klasse IV, indem man ihre Zahl für das Jahr 1822 — was sicherlich nicht zu niedrig wäre, auf 1 Prozent, d. h. nur etwas niedriger als für 1849 annimmt, so gestalten sich die soeben mitgeteilten Zahlen noch erheblich günstiger. Wir hätten dann für dieselben Jahre 1822, 1849 und 1895 in der Klasse der örtlich sich v e r s c h i e d e n entwickelnden Gewerbe (III) nur einen Fortschritt von

140 zu 180 resp. 302,

d. h. wie 100 » 129 » 216.

Dagegen bei den mit dem Steigen des Wohlstands relativ g l e i c h m ä s s i g fortschreitenden Gewerben (IV) ein Steigen von

43 auf 45 resp. 81

d. h. wie von 100 » 105 » 188,

so dass sich diese beiden Klassen also noch erheblich näher ständen.

lungsgang entgegen, wenn wir statt des Fortschritts von 1822 bis
1895 jenen von 1849 bis 1895 dem von 1822—1849 gegenüberstellen.

Dann sehen wir nemlich, dass die Zahl der von 1822 ab überhaupt in Rechnung zu ziehenden Handwerker auf je 10 000 Bewohner berechnet, zwischen den zuletzt genannten Jahren
von 320 auf 380
also nur wie von 100 zu 119,
dagegen zwischen 1848 u. 1895 von 380 auf 524
d. h. also wie von 100 zu 138 stieg, und dass sich
von Klasse zu Klasse hiebei folgende Gegensätze ergaben:
Es stieg

I. die Zahl der den hier als bedrängt bezeichneten Gewerben
angehörigen Personen auf je 10 000 Köpfe, zwischen 1822 und
1849 noch von 112 auf 125 d. h. wie von 100 zu 112, um dann
zwischen 1849 und 1895 von 125 auf 107 d. h. wie von 100 zu 86
zu sinken.

Daneben stieg, wieder auf 10 000 Köpfe berechnet,

II. die Zahl der im Zimmerer- und Schiffsbaugewerbe Beschäftigten zwischen 1822 und 1849 von 25 auf 30; also
wie von 100 auf 120; dagegen zwischen 1849 und 1895 nur noch
von 30 auf 34; also nur wie von 100 auf 113.

Andererseits aber stieg

III. die Zahl der »örtlich sich besonders verschieden entwickelnden« Gewerbe zwischen 1822 und 1849 von 141 auf 181,
also wie von 100 zu 128; dagegen zwischen 1849 und 1895 von
181 auf 307, also wie von 100 zu 170 (!) und

IV. die Zahl der mit Zunahme des Wohlstands »sich relativ
gleichmässig entwickelnden« Gewerbe zwischen 1822 und 1849
von 42 auf 44, also nur wie von 100 zu 105, dagegen zwischen 1849
und 1895 von 44 auf 76, also wie von 100 zu 173 (!).

Allerdings handelt es sich ja in diesen beiden Perioden nicht
um gleich grosse Zeiträume, sondern das eine mal nur um 27, dagegen das andere mal um 46 Jahre. Aber auch wenn das in Rechnung gezogen wird, begegnen wir doch in der zweiten Periode
rascherer Steigerung als in der ersten. Denn z. B. jener Gesamt-
steigerung um 19 % in den Jahren 1822 bis 1849, welche für den
Durchschnitt aller Klassen (I bis IV) soeben konstatiert worden ist, hätte ja für 46 Jahre (von 1849 bis 1895) nur eine Zunahme

um c. 32 % entsprochen, während thatsächlich nach den mitgeteilten Zahlen eine solche um c. 38 % erfolgt ist. Und gar in den Hauptklassen III und IV wäre der zwischen 1822 und 1849 stattgehabten Steigerung um 29 % resp. 5 % für die folgende Periode (1849 bis 1895) nur eine Steigerung um c. 49 bis 50 % resp. 8—9 % parallel gegangen, während thatsächlich solche um 69 resp. 73 (!) % erfolgt sind. —

Nun hat man sich ja allerdings davor zu hüten, die Bedeutung dieser Zahlen zu überschätzen. Was sie geben, bezieht sich eben nur auf Durchschnittsverhältnisse, von denen die Gestaltungen im Einzelnen, wie wir sahen, wesentlich abweichen. Auch beruhen, wie ebenfalls wiederholt hervorgehoben ist, manche der hier gegebenen Zahlen nur auf Annahmen und Schätzungen, da die bezüglichen Objekte im Grunde nicht immer dieselben geblieben sind.

Dazu kommt dann jenes besonders eingehend erörterte Bedenken wegen zunehmender H a u s industrie. Und es kommt endlich und namentlich noch hinzu, dass überhaupt keineswegs der g a n z e Kreis dessen ins Auge gefasst werden konnte, was man herkömmlich heute als Handwerk bezeichnet, ja dieser Begriff an sich schon ein sehr unsicherer ist (vgl. Theil I).

Andererseits wird aber auch zugegeben werden müssen, dass z. B. jene aus der Verschiedenheit der Aufnahmeobjekte hervorgegangene Unsicherheit das hier gewonnene Resultat nicht gerade wesentlich beeinträchtigt.

Denn es ist ja zu zeigen versucht, dass jene zunehmende Bedeutung der Hausindustrie .nur bei sehr wenigen der hier betrachteten Gewerbe ins Gewicht fällt. Und es ist bezüglich jener U n - v o l l s t ä n d i g k e i t der Erfassung des Handwerks an sich auch darauf verwiesen, erstens dass die bezüglichen Lücken keine sehr grossen sind, und zweitens dass, wenn sie auszufüllen möglich wäre, und wenn insbesondere also die aus statistischen Gründen hier ausser Betracht gebliebenen M e t a l l v e r a r b e i t e n d e n Gewerbe, wie die der Schlosser, Klempner, Schmiede u. s. w. in die Betrachtung hineinzuziehen möglich gewesen wäre, das hier zu gebende Bild sich eher noch g ü n s t i g e r gestaltet hätte.

Soll also das Fazit aus Allem gezogen werden, so dürften die mitgeteilten Zahlen immerhin ergeben, dass die noch heute gar nicht selten gehörten Klagen und Befürchtungen bezüglich eines allgemeinen Rückgangs des Handwerksbetriebs für die hier betrach·

teten Gebiete wenigstens unberechtigt sind. —
Eine ganz andere Frage ist es freilich, wie sich die Dinge
i n n e r h a l b der hier in Rede stehenden Betriebe, d. h. insbesondere
bezüglich der Zahl der U n t e r n e h m e r gestaltet haben.
In dieser Hinsicht sind wir statistisch allerdings in besonders günstiger Lage. Denn in manchen Handwerken, wie in dem der K o n-
d i t o r e n, D r e c h s l e r, G l a s e r, K ü r s c h n e r, P o s a m e n-
t i e r e, B u c h b i n d e r, M a l e r, B a r b i e r e und F r i s e u r e
hat man ja, wie schon berührt ist, im Jahre 1822 die Zahl der
M e i s t e r gezählt, während die der Gesellen, Gehülfen und Lehrlinge festzustellen entbehrlich schien. Und schliessen wir hienach
auch d i e s e Gewerbe in die Betrachtung ein, so gelangen wir zu
folgendem von den bisherigen Zahlen abweichenden Ergebnis:

Selbständige zählte man im Jahre 1822 [1]):

I. in der Klasse der »bedrohten« Gewerbe:

		also auf 10 000 Köpfe	daneben Abhängige	auf 10 000 Köpfe
1) bei den Schuhmachern	56 724	49,4	27 976	24,3
2) » » Stellmachern	11 780	10,2	3 826	3,3
3) » » Böttchern	10 424	9,1	3 946	3,4
4) » » Gerbern	5 312	4,6	3 625	3,2
5) » » Drechslern	4 506	3,9	—	—
6) » » Seilern	2 963	2,6	1 557	1,3
7) » » Kürschnern	2 753	2,4	—	—
zusammen 1 bis 7	94 462	82,2	—	—
(ohne Drechsler und Kürschner)	(87 203)	(75,9)	(40 930)	(35,6)

II. bei den Zimmerleuten etc.: 10 200 d. h. 8,9 auf je 10 000 Köpfe;
daneben Abhängige 18 296; d. h. auf je 10 000 Köpfe 16,0, sodann

III. in der Klasse der örtlich »sich besonders verschieden entwickelnden« Gewerbe:

---

1) Ueberhaupt nicht gezählt sind 1822 z. B. die Barbiere. Von ihnen und
einigen untergeordneten Gewerben, deren oben nur in Vereinigung mit grösseren
gedacht ist, wird bei Vergleich der folgenden und der oben gegebenen Zahlen
abzusehen sein. Die Entwickelung des Verhältnisses zwischen der Zahl der
Meister und der Abhängigen ist — abgesehen von den Drechslern, Kürschnern
etc. — an der Hand der eingeklammerten Summenzahlen I—IV für 1822, 1849
und 1895; dagegen bei Miteinschluss der Drechsler, Kürschner etc. an der Hand
der n i c h t eingeklammerten Summen I—IV für 1849 und 1895 zu verfolgen.

	Meister	auf je 10 000 Köpfe	Abhängige	auf je 10 000 Köpfe
1) bei den Schneidern	49 298	42,8	18 939	16,5
2) » » Tischlern	18 720 ⎱	19,3	12 573	10,9
3) » » G l a s e r n	3 445 ⎰		—	—
4) » » Maurern und Dach- deckern	9 294	8,1	19 532	17,0
5) » » Riemern, Sattlern und Tapezierern	5 973	5,3	3 104	2,7
6) » » Töpfern und Ofen- setzern	4 886	4,3	3 468	3,0
7) » » Hutmachern	2 299	2,0	1 349	1,2
8) » » Handschuhmachern	1 343	1,2	597	0,5
9) » » B u c h b i n d e r n	1 307	1,1	—	—
10) » » Gold- und Silberar- beitern	1 227	1,1	918	0,8
11) » » P o s a m e n t i e r e r n	1 191	1,1	—	—
zusammen 1 bis 7	98 983	86,3	—	—
(ohne Glaser, Buchbinder, Posa- mentierer	(93 040)	(84,0)	(60 500)	(52,6)

und IV. bei den sich relativ gleichmässig entwickelnden Gewerben:

	Meister	auf 10 000 Köpfe	Abhängige	auf je 10 000 Köpfe
1) bei den Bäckern	19 651	17,1	6 853	6,0
2) » » K o n d i t o r e n	1 252	1,1	—	—
3) » » Fleischern	14 871	12,9	4 846	4,2
4) » » Uhrmachern	1 638	1,4	522	0,5
5) » » Malern etc.	1 347	1,2	—	—
zusammen	38 759	33,7	—	—
(ohne Konditoren und Maler)	(36 160)	(31,5)	(12 221)	(10,6)

Dagegen betrugen 1849 und 1895 die analogen Zahlen:
I. in den »bedrohten« Gewerben

	1849				1895			
	Meister	auf 10 000 Bewohner	Abhängige	auf 10 000 Bewohner	Meister	auf 10 000 Bewohner	Abhängige	auf 10 000 Bewohner
1) bei d.Schuhmachern	87 969	54,0	48 641	29,9	112 736	43,3	79,736	30,8
2) » » Stellmachern	18 284	11,2	7 154	4,4	17 529	6,7	25,848	9,9
3) » » Böttchern	14 904	9,1	6 401	3,9	8 569	3,3	11,363	4,4
4) » » Gerbern	5 748	3,5	8 133	5,0	2 649	1,0	13,525	5,2
5) » » Drechslern	6 758	4,1	5 339	3,3	5 919	2,3	13,574	5,2
6) » » Seilern	3 901	2,4	2 852	1,8	2 578	1,0	3,058	1,2
7) » » Kürschnern	4 447	2,7	3 123	1,9	4 580	1,8	4,661	1,8
zusammen 1 bis 7	142 011	87,1	81 643	50,1	154 560	59,4	151 765	58,5
(ohne Drechsler und Kürschner	(130 806)	(80,2)	(73 181)	(44,9)	(144 061)	(55,3)	(133 530)	(51,4)

II. bei den Zimmerleuten

10 191	6,3	39 007	24,0	11 558	4,4	76 218	29,3

III. in den »örtlich sich besonders verschieden entwickelnden«
Gewerben:

	1849				1895		
	Meister	auf je 10 000	Abhängige	auf je 10 000	Meister	auf je 10 000	Abhängige
1) bei den Schneidern	70 429	43,2	35 748	22,0	142 987	55,0	123 864
2) » » Tischlern und Glasern	51 994	31,9	30 518	18,7	59 836	23,0	129 320
3) » » Maurern und Dachdeckern	12 808	7,8	56 963	35,0	27 116	10,4	217 455
4) » » Riemern, Sattlern und Tapezierern	10 043	6,2	6 116	3,8	17 241	6,6	29 550
5) » » Töpfern	5 119	3,1	7 353	4,5	5 670	2,2	20 850
6) » » Hutmachern	1 475	0,9	939	0,6	1 309	0,5	9 067
7) » » Handschuhmachern	1 300	0,8	1 101	0,7	2 266	0,9	4 770
8) » » Buchbindern u.Kartonnagefabrikanten	3 290	2,0	3 433	2,1	5 204	2,0	19 095
9) » » Gold- und Silberarbeiter	1 689	1,0	1 645	1,0	2 009	0,8	4 451
10) » » Posamentierern	1 295	0,8	1 044	0,6	1 083	0,4	10 889
zusammen 1 bis 10 (ohne Buchbinder und Posamentierer)	159 442 (154 857)	97,8 (95,0)	144 860 (140 383)	89,0 (86,3)	264 720 (258 434)	101,8 (99,4)	569 311 (539 327)

und IV. in den relativ g l e i c h m ä s s i g fortschreitenden Gewerben

1) bei den Bäckern	24 391	15,0	15 266	9,4	35 112	13,5	63 196
2) » » K o n d i t o r e n	2 056	1,2	2 106	1,3	3 139	1,2	10 527
also zusammen	26 447	16,2	17 372	10,7	38 251	14,7	73 723
3) » » Fleischern	18 372	11,3	9 397	5,8	34 189	13,2	52 360
4) » » Uhrmachern	2 830	1,7	1 326	0,8	6 805	2,6	6 271
5) » » Malern u. Stukkateuren etc.	4 301	2,6	3 767	2,3	19 869	7,6	56 913
zusammen 1 bis 5 (ohne Konditoren und Maler)	51 950 (45 593)	31,8 (28,0)	31 862 (25 968)	19,6 (16,0)	99 114 (76 106)	38,1 (29,3)	189 267 (121 827)

Wir sehen also zwar die Zahl der A b h h ä n g i g e n sich in
a l l e n Klassen in b e i d e n Perioden steigern. So in Klasse I bei
den »besonders bedrohten« Gewerben (soweit wir die Zahlen für
1822, 1849 und 1895 mit einander vergleichen können):

von   40 930 oder 35,6 auf je 10 000 Köpfe im Jahre 1822
auf   73 181 »   44,9 »   » 10000   »   »   »   1849
und 133 530 »   51,4 »   » 10000   »   »   »   1895,

desgleichen in Klasse II, bei den eine Mittelstellung behauptenden
Z i m m e r e r n und S c h i f f b a u e r n:

von 18299 oder 16,0 auf je 10000 Köpfe im Jahre 1822
auf 39007 » 24,0 » » 10000 » » » 1849
und 76218 » 29,3 » » 10000 » » » 1895;

ganz besonders aber in Klasse III, bei den »örtlich sich besonders
verschieden entwickelnden« Gewerben:

von 60500 oder 52,6 auf je 10000 Köpfe im Jahre 1822
auf 140383 » 86,3 » » 10000 » » » 1849
und 539327 » 207,6 » » 10000 » » » 1895

und in der Klasse IV, bei den »örtlich mit Steigen des Wohlstands
sich relativ gleichmässig entfaltenden« Handwerken:

von 12221 oder 10,6 auf je 10000 Köpfe im Jahre 1822
auf 25968 » 16,0 » » 10000 » » » 1849
und 121827 » 46,9 » » 10000 » » » 1895,

sodass sich für die G e s a m t h e i t der Abhängigen ohne die
1822 nicht gezählten Drechsler, Kürschner etc. eine Steigerung

von 131949, oder 114,8 auf je 10000 Köpfe im Jahre 1822
auf 278539, » 171,2 » » 10000 » » » 1849
und 870902, » 335,2 » » 10000 » » » 1895 ergab.

Dagegen stellten sich die Aenderungen in der Zahl der S e l b -
s t ä n d i g e n in denselben Klassen allerdings viel u n g ü n s t i g e r heraus, der Art nämlich, dass die bezüglichen Zahlen betrugen m i t
E i n s c h l u s s der Drechsler und Kürschner in Klasse I, der Glaser,
Buchbinder und Posamentierer in Klasse III und der Konditoren
und Maler in Klasse IV (andererseits o h n e Einschluss dieser Gewerbe):

in Klasse I 1822: 94462 (87203) oder 82,2 (75,9) ⎱
           1849: 142011 (130806) » 87,1 (80,2) ⎬ auf je 10000
           1895: 154560 (144061) » 59,4 (55,3) ⎰ Köpfe.

sodann

     in Klasse II 1822: 10200 oder 8,9 ⎱ Selbständige
               1849: 10091 » 6,3 ⎬ auf je 10000
               1895: 11558 » 4,4 ⎰ Köpfe.

ferner

in Klasse III 1822: 98983 (93040) oder 86,3 (84,0) ⎱ Selbständige
            1849: 159442 (154857) » 97,8 (95,0) ⎬ auf je 10000
            1895: 264720 (258434) » 101,8 (99,4) ⎰ Köpfe,

endlich

in Klasse IV 1822: 38 759 (36 160) oder 33,7 (31,5) ⎫ Selbständige
          1849: 51 950 (45 593) » 31,8 (28,0) ⎬ auf je 10000
          1895: 99 114 (76 106) › 38,1 (29,3) ⎭ Köpfe.

und nach alledem in der G e s a m t h e i t der betrachteten Gewerbe (vgl. Bemerkungen im Anhang Nr. 21).

1822: 242 404 (226 603) oder 211,1 (200,3) ⎫ Selbständige
1849: 363 494 (341 347) » 222,8 (209,4) ⎬ auf je 10000
1895: 529 952 (490 159) › 203,7 (188,4) ⎭ Köpfe.

Einen geringen F o r t s c h r i t t, auch nach 1849 finden wir also bei
den M e i s t e r n und anderen »Selbständigen« noch in der Klasse
der »örtlich sich besonders verschieden entwickelnden« Gewerbe
(III) und — namentlich bei Einschluss auch der Konditoren und
Maler etc. auch in der Klasse jener, die »mit Zunahme des Wohlstandes relativ gleichmässig fortschreiten« (IV). Dagegen hat sich
in den beiden a n d e r e n Klassen, insbesondere seit 1849 ein so erheblicher Rückgang (zusammen von 93,3 auf 63,8) eingestellt, dass
jene Fortschritte (von zusammen 129,5 auf 139,9) durchaus davor
zurücktreten, und das Resultat also eine A b n a h m e ist. Aber
eine Abnahme doch nur für den Durchschnitt aller Gebiete und
aller Klassen — n i c h t für die e i n z e l n e n G e b i e t e, von denen
manche noch recht erfreuliche Fortschritte zeigen, auch n i c h t, wie
soeben gezeigt ist, für die einzelnen hier unterschiedenen K l a s s e n
als solche, und noch viel weniger natürlich für alle Klassen kleinge-
werblicher Thätigkeit überhaupt.

Denn neben den hier betrachteten Gewerben sind ja gerade
seit der ersten Hälfte des neunzehnten Jahrhunderts in unendlicher
Fülle n e u e und immer n e u e aufgetaucht, die — gleichgültig, ob
Gross- oder Kleingewerbe — hier schon deshalb nicht berücksichtigt
werden konnten, weil es sich hier nur um einen Vergleich der d a -
m a l s schon vorhandenen mit den jetzt bestehenden Gewerben handelt. Und danach wäre denn auch ein Schluss aus den hier nachge-
wiesenen Dingen auf einen Rückgang des M i t t e l s t a n d e s aus
vielen Gründen ganz verfehlt.

Wer solchen Schluss wagen möchte, würde übersehen, dass was
Scheidungen l e t z t e r e r Art betrifft, jene Abnahme der Zahl der
Unternehmer in den b e h a n d e l t e n Gewerben — um nur des Wich-
tigsten zu gedenken — ausgeglichen sein kann durch Zunahme der

Zahl der Unternehmer in manchen dem Handwerk im hier festgehaltenen Sinne n a h e stehenden aber aus mancherlei Gründen hier n i c h t e r ö r t e r t e n Gewerben, sodann auch ausgeglichen sein kann durch andere Gestaltung der Zahl der Unternehmer innerhalb der inzwischen zu besonderer Blüte gelangten T r a n s p o r t- und H a n d e l s g e w e r b e oder innerhalb des Kreises l a n d - und g a r t e n wirtschaftlicher Betriebe, und endlich auch m e h r als ausgeglichen sein kann durch die starke Zunahme der Zahl gutbesoldeter S t a a t s - und G e m e i n d e b e a m t e n sowie der Angehörigen f r e i e r Berufe, namentlich aber dadurch, dass an die Stelle »selbständiger« kleiner Meister, wie sie hier ins Auge gefasst sind, bei fortschreitender Konzentration der Betriebe, in immer grösserer Zahl technisch gebildete »Angestellte«, »Werkführer«, und sog. »Meister«, sowie auch gutbezahlte »Arbeiter« in den Betrieben von Aktiengesellschaften, Genossenschaften u. s. w. getreten sind.

Neben den »Selbständigen« im alten Sinne sind inzwischen eben in immer grösserer Zahl auch »Abhängige« zu dem heute sog. M i t t e l s t a n d hinaufgerückt und haben diesem in vielen Gebieten breiteren Boden gegeben. Ja, gerade für P r e u s s e n s hier behandelte Provinzen scheint Derartiges, auf Grund der dort erhobenen Klassen- und Einkommensteuer auch statistisch nachweisbar zu sein.

Doch ist das auszuführen hier nicht der Ort.

Anlagen.

(Tabellen und hiezu gehörige Bemerkungen Nr. 1—21.)

14*

Tab. I (vgl. Bemerkungen im Anhang). Es fielen [1849 und] 1895 Erwerbsthätige auf je 10 000 Einwohner:

Werte im Format: 1895 [1849]. Die Spaltennummerierung (1–11) entspricht dem Originalkopf. Die Tabelle ist im Original um 90° gedreht und sehr dicht gedruckt; die folgende Transkription gibt die bestmögliche Lesung wieder.

Bezirk	1 Bäcker und Konditoren	2 Fleischer	3 Maurer	4 Zimmerer	5 Anstreicher, Maler	6 Glaser	7 Töpfer	8 Tischler	9 Stellmacher, Wagner	10 Böttcher	11 Drechsler
Königsberg	25,1 [17,7]	29,3 [13,7]	54,1 [24,9]	25,6 [34,7]	12,9 [3,9]	3,8 [3,8]	8,1 [10,5]	49,0 [36,5]	18,4 [16,1]	7,3 [5,7]	4,1
Gumbinnen	16,4 [9,4]	26,5 [12,5]	47,2 [16,4]	22,1 [10,8]	6,6 [1,2]	3,1 [3,1]	8,3 [9,1]	36,6 [22,1]	16,0 [12,0]	6,2 [4,9]	2,2
Danzig	30,6 [13,2]	27,2 [11,4]	61,9 [23,3]	80,3 [23,3]	18,1 [7,2]	4,3 [4,3]	8,7 [8,1]	45,4 [31,8]	17,0 [10,3]	8,7 [5,5]	4,7
Marienwerder	21,4 [14,2]	28,0 [9,6]	52,3 [14,4]	25,0 [14,4]	9,5 [2,4]	3,4 [3,4]	6,7 [8,7]	32,3 [27,4]	23,4 [13,2]	6,6 [2,8]	1,2
Posen	28,2 [21,6]	28,9 [17,1]	55,5 [13,9]	24,2 [13,9]	10,5 [1,6]	2,9 [2,9]	7,0 [7,4]	33,2 [23,7]	22,6 [13,7]	6,4 [2,0]	1,7
Bromberg	25,6 [17,5]	28,3 [12,6]	79,0 [14,1]	27,9 [14,1]	13,6 [1,7]	2,7 [2,7]	7,1 [8,4]	36,8 [26,3]	22,6 [13,3]	5,8 [2,7]	1,9
Stadt Berlin	66,6 [43,5]	54,0 [25,6]	87,1 [22,9]	23,0 [26,8]	78,2 [26,8]	9,5 [9,5]	16,4 [15,0]	142,3 [111,1]	9,1 [10,5]	6,4 [23,3]	26,6
Potsdam	50,8 [27,7]	39,4 [16,1]	117,1 [45,7]	58,2 [5,3]	37,4 [5,3]	4,5 [4,5]	29,9 [9,7]	67,5 [41,9]	22,1 [17,6]	7,5 [5,4]	9,5
Frankfurt	38,5 [20,4]	37,3 [16,6]	84,9 [30,2]	40,4 [2,0]	17,9 [2,0]	3,8 [3,8]	18,1 [5,5]	55,8 [37,0]	19,8 [12,1]	7,8 [5,7]	6,4
Stettin	41,1 [28,0]	31,2 [12,6]	82,8 [38,2]	59,9 [5,6]	23,3 [5,6]	4,6 [4,6]	10,2 [8,0]	56,7 [48,0]	22,0 [14,1]	13,3 [6,7]	4,8
Köslin	22,8 [12,4]	20,3 [8,1]	44,6 [22,8]	22,1 [1,9]	9,4 [1,9]	8,3 [8,3]	6,7 [6,1]	45,4 [43,4]	25,2 [9,2]	6,6 [7,0]	4,4
Stralsund	42,6 [28,5]	36,0 [16,1]	74,4 [47,7]	52,1 [6,3]	15,7 [6,3]	6,5 [6,5]	9,4 [6,0]	55,5 [48,7]	19,8 [12,1]	15,8 [5,5]	2,6
Breslau	44,7 [24,8]	40,4 [23,2]	81,8 [34,0]	37,6 [2,9]	22,1 [2,9]	2,7 [2,7]	12,4 [5,9]	66,7 [41,6]	21,6 [16,8]	8,8 [4,7]	10,9
Oppeln	24,2 [19,0]	34,4 [18,5]	98,8 [16,6]	34,1 [1,2]	11,1 [1,2]	2,2 [2,2]	5,6 [4,8]	58,0 [19,8]	12,2 [10,8]	7,0 [1,7]	2,3
Liegnitz	47,8 [28,8]	37,8 [21,7]	81,8 [41,6]	21,8 [1,7]	17,2 [1,7]	2,1 [2,1]	30,7 [9,7]	77,1 [40,8]	22,8 [14,3]	8,8 [5,4]	10,5
Magdeburg	51,9 [38,8]	36,9 [18,6]	115,7 [52,6]	51,5 [3,9]	24,6 [3,9]	4,8 [4,8]	10,1 [8,4]	67,0 [57,8]	20,3 [20,3]	9,7 [9,4]	8,3
Merseburg	49,5 [30,1]	33,2 [23,5]	129,8 [58,9]	58,2 [1,6]	15,2 [1,6]	7,0 [7,0]	7,6 [9,3]	51,0 [36,4]	20,8 [18,5]	9,6 [6,5]	7,7
Erfurt	40,3 [29,4]	37,2 [27,9]	97,1 [39,2]	48,8 [6,4]	26,2 [6,4]	6,4 [6,4]	4,2 [4,3]	66,2 [47,2]	15,8 [28,1]	12,7 [8,6]	18,2
Münster	42,2 [24,8]	19,0 [11,7]	94,4 [32,5]	38,2 [3,3]	35,1 [3,3]	8,0 [8,0]	1,2 [2,3]	84,7 [40,2]	8,1 [11,7]	7,8 [12,9]	6,3
Minden	43,5 [21,9]	20,6 [11,8]	99,8 [16,8]	25,0 [2,3]	24,4 [2,3]	4,2 [4,2]	4,3 [0,6]	88,3 [44,8]	15,2 [16,3]	4,3 [9,3]	4,3
Arnsberg	48,0 [48,4]	24,5 [15,2]	114,2 [35,1]	21,1 [6,2]	38,8 [6,2]	3,6 [3,6]	1,1 [1,7]	72,0 [68,5]	11,0 [15,6]	5,7 [24,7]	5,5
Köln	65,6 [47,5]	41,4 [20,6]	83,7 [55,4]	17,5 [9,3]	62,7 [9,3]	4,0 [4,0]	8,9 [8,4]	88,8 [69,1]	14,6 [18,0]	10,0 [6,9]	7,9
Düsseldorf	53,0 [52,1]	34,4 [17,0]	91,2 [38,6]	13,1 [15,4]	56,6 [15,4]	6,2 [6,2]	1,2 [3,0]	59,6 [71,2]	6,0 [8,2]	6,4 [9,8]	9,7
Koblenz	43,2 [36,2]	30,2 [21,7]	87,2 [36,9]	21,1 [8,4]	38,2 [8,4]	4,6 [4,6]	2,8 [4,0]	50,0 [52,1]	14,3 [22,5]	11,5 [6,3]	6,7
Trier	27,7 [20,0]	20,7 [12,2]	84,2 [23,1]	16,1 [4,5]	31,3 [4,5]	4,6 [4,6]	17,6 [10,8]	39,3 [20,1]	13,4 [20,1]	4,5 [4,3]	2,6
Aachen	56,9 [42,4]	34,4 [17,8]	55,0 [17,5]	10,6 [11,1]	45,4 [11,1]	3,6 [3,6]	2,1 [2,9]	53,0 [53,0]	12,6 [20,6]	4,2 [3,9]	0,5
Alle Bezirke	49,1 [26,9]	33,3 [17,1]	86,3 [30,2]	33,8 [5,0]	29,6 [5,0]	4,2 [4,2]	10,2 [7,7]	65,8 [43,6]	16,7 [15,6]	7,7 [7,4]	7,5
Hohenzollern	27,9	16,7	67,4	33,2	12,0	6,8	6,8	42,2	18,2	11,8	9,0

Tab. I (Forts.).

Es fielen [1849 und] 1895 Erwerbsthätige auf 10 000 Einwohner:

Bezirk	12 Schneider	13 Schuh-macher	14 Kürsch-ner	15 Hut-macher	16 Hand-schuh-macher	17 Posa-men-tier	18 Seiler	19 Gerber	20 Sattler, Tape-zierer	21 Buch-binder	22 Uhr-macher	23 Gold- u. Silber-arbeiter	24 Barbiere und Friseure	25 Hand-werker (1—24)
Königsberg	[48,6] 95,6	[65,5] 65,6	[8,2] 3,7	[1,4] 0,6	[0,6] 0,3	[0,5] 0,1	[4,2] 5,3	[2,7] 3,4	[9,0] 13,1	[2,6] 2,6	[1,1] 8,3	[1,2] 0,9	[2,1] 6,3	[320,7] 417,6
Gumbinnen	[47,6] 96,7	[36,7] 42,9	[3,2] 2,6	[0,9] 0,3	[0,3] 0,06	[0,2] 0,01	[2,6]	[3,4] 3,4	[3,4] 9,4	[1,3] 1,8	[0,7] 3,0	[0,5] 0,4	[0,9] 3,9	[282,5] 356,4
Danzig	[43,3] 87,8	[50,6] 59,0	[2,8] 1,9	[1,2] 0,6	[1,6] 0,4	[0,7] 0,3	[3,9] 3,7	[1,2]	[9,5] 13,9	[2,9] 2,3	[1,3] 1,2	[2,2] 1,6	[4,5] 8,8	[313,4] 488,3
Marienwerder	[43,0] 74,9	[74,9] 66,5	[1,2] 0,8	[0,5] 0,1	[0,6] 0,3	0,04	[3,6] 2,9	[2,9] 1,1	[6,3] 10,7	[4,0] 3,4	[1,1] 3,4	[0,6] 0,6	[2,7] 6,4	[258,9] 373,1
Posen	[32,5] 68,8	[69,8] 73,8	[3,2] 4,1	[1,4] 0,3	[0,8] 0,3	[1,0] 0,6	[2,8] 3,5	[3,5] 2,0	[9,6] 12,8	[2,9] 2,9	[1,1] 3,2	[0,6] 0,5	[1,7] 7,9	[294,7] 380,6
Bromberg	[48,1] 70,9	[66,4] 69,8	[1,9] 1,9	[0,4] 0,3	0,3	[0,4]	[2,4] 0,4	[2,4] 3,6	[6,0] 12,8	[1,3] 1,9	[3,2]	[0,8]	[1,7] 7,2	[336,4] 414,4
Berlin	[144,9] 825,9	[130,4] 91,8	[13,9] 6,6	[14,2] 9,8	[4,5] 4,1	[11,8] 14,7	[3,0] 1,9	[9,8] 3,7	[28,1] 26,5	[22,7] 44,8	[8,8] 19,0	[14,6] 29,2	[29,6] 1153,6	[755,3]
Potsdam	[71,2] 97,5	[64,9] 84,0	[4,3] 2,5	[1,6] 1,2	[3,1] 1,7	[1,3] 2,2	[2,6] 2,0	[10,2] 6,5	[10,2] 22,8	[6,3] 6,3	[8,2]	[2,8] 4,9	[7,8] 14,6	[436,4] 690,2
Frankfurt	[64,0] 92,3	[92,3] 80,5	[2,6] 4,6	[28,1]		[0,9] 1,3	[3,4] 6,7	[7,5]	[8,5] 14,4	[3,2] 4,2	[2,0] 4,1	[0,7] 0,7	[3,9] 10,9	[382,0] 577,5
Stettin	[66,6] 132,8	[82,0] 61,9	[2,2] 4,0	[1,3] 2,0	[1,4] 0,7	[1,4] 4,7	[6,1] 4,7	[9,1] 3,8	[14,0]	[2,9] 6,2	[1,9] 4,7	[1,2] 1,7	[4,1] 11,4	[405,5] 592,1
Köslin	[37,5] 92,7	[71,1] 64,2	[1,8] 3,1	[0,6] 0,4	[0,3] 0,2	[0,3]	[1,6] 1,5	[6,5] 3,3	[6,6] 8,2	[3,3] 1,9	[3,4] 0,6	[2,8] 1,4	[7,8]	[311,5] 440,3
Stralsund	[35,6] 114,2	[101,5] 74,6	[2,3] 1,8	0,4	[0,8] 1,0	[1,0]	[3,4] 4,8	[3,7] 6,1	[4,4] 16,8	[3,3] 8,4	[2,0] 6,1	[2,7] 4,0	[3,5] 10,7	[382,0] 577,5
Breslau	[61,2] 134,8	[90,0] 98,8	[5,1] 5,8	[3,0] 4,1	[7,8] 7,8	[1,9] 8,4	[4,1] 7,8	[12,8] 7,8	[21,7] 20,7	[4,8] 9,9	[2,9] 11,4	[3,2] 5,0	[13,9]	[424,0] 670,1
Oppeln	[3,1] 55,3	[53,7] 51,7	[2,7] 3,1	[2,6] 4,1	[3,8] 7,5	[2,0] 1,0	[2,2] 2,0	[6,5] 2,0	[7,9]	[1,8] 3,3	[0,4]	[0,4] 2,1	[7,8]	[246,7] 427,2
Liegnitz	[64,6] 102,6	[86,5] 84,4	[1,3] 3,1	[1,6] 4,1		[1,2] 1,0	[4,9] 6,8	[10,4] 6,8	[20,4]	[4,2] 6,9	[2,7]	[2,9] 3,6	[3,6] 11,2	[430,9] 646,6
Magdeburg	[55,9] 111,9	[107,7] 88,1	[2,8] 3,4	[1,0] 3,0	[5,2] 17,5	[2,4] 1,6	[6,6] 8,9	[14,2] 8,9	[21,0] 16,2	[3,8] 9,0	[2,9] 9,4	[3,2] 5,0	[13,9] 18,3	[667,8] 684,0
Merseburg	[77,2] 85,2	[111,3] 102,8	[3,0] 2,8	[1,6]	[1,3] 2,7	[3,5] 1,4	[3,1] 4,9	[7,9] 4,2	[7,4]	[6,8] 7,4	[4,2] 5,2	[1,4] 2,9	[9,1] 14,6	[655,8] 644,9
Erfurt	[69,6] 107,1	[119,4] 115,0	[2,1] 3,5	[2,2] 0,7	[2,2] 2,7	[1,3] 1,6	[3,7] 10,5	[13,1] 10,5	[11,9]	[6,9] 10,6	[2,9] 3,8	[1,5] 1,1	[8,9] 13,6	[322,1] 645,0
Münster	[88,1] 71,3	[71,5] 60,2	[2,0] 1,8	[0,4] 0,2	[0,8] 0,2	[0,4] 0,1	[4,5] 4,2	[7,6] 4,2	[9,4]	[3,8] 4,1	[2,5] 5,7	[1,9] 6,5	[6,5] 6,5	[417,1] 321,9
Minden	[58,0] 97,1	[55,7] 57,6	[1,8] 1,8		[0,3] 0,02	[0,3] 0,3	[3,8] 4,7	[4,7] 4,7	[5,4] 5,4	[6,4] 7,4	[2,3] 3,7	[2,9] 2,5	[7,9] 8,2	[312,0] 552,7
Arnsberg	[72,6] 62,8	[96,9] 60,9	[2,9] 1,5			[0,5] 3,1	[4,6] 8,0	[10,1] 8,0	[25,9]	[4,3] 6,4	[3,8] 8,9	[1,3] 4,6	[4,5] 8,7	[316,8] 513,5
Köln	[78,9] 99,0	[100,4] 76,9	[2,7] 2,5	[1,7] 1,9	[1,2] 0,4	[1,5] 1,8	[5,6] 6,6	[11,6] 6,6	[25,9] 10,6	[7,7] 9,0	[3,5] 5,1	[3,9] 9,3	[5,2] 14,8	[660,0]
Düsseldorf	[88,9] 81,8	[87,6] 77,1	[2,1] 2,4	[0,5] 0,5	[0,3] 0,3	[2,5] 82,9	[3,1] 9,8	[18,2] 9,8	[18,2]	[18,9] 7,4	[3,4] 3,8	[1,4] 1,1	[11,8]	[610,7] 631,1
Koblenz	[66,8] 52,-	[93,2] 69,3	[2,7] 1,5	[0,3] 0,1	[0,1] 0,06	[0,3] 0,1	[3,0] 14,4	[6,4] 14,4	[5,2] 7,2	[6,4] 10,6	[3,4] 3,8	[6,3] 6,5	[8,5]	[466,1] 491,9
Trier	[57,7] 44,8	[82,2] 58,5	[1,3] 1,3	[0,1] 0,05	[0,1] 0,05	[0,2] 0,1	[2,2] 12,8	[5,2] 12,8	[11,4] 8,9	[2,3] 8,0	[1,6] 3,1	[1,2] 1,2	[6,6] 8,0	[385,1] 416,5
Aachen	[38,9] 62,2	[78,6] 84,8	[1,7] 1,3	[0,1] 0,2	[0,4] 0,2	[0,4] 0,4	[4,0] 15,6	[11,4] 15,6		[2,2] 8,9	[0,4] 4,2	[2,1] 1,0	[8,0]	[407,1] 310,1
Alle Bezirke	[63,2] 102,7	[83,9] 74,1	[1,9] 3,6	[1,9] 4,0	[1,5] 2,7	[1,4] 4,6	[4,1] 8,5	[9,9] 6,2	[18,0]	[4,1] 9,4	[2,6] 5,0	[2,0] 2,5	[5,5] 11,5	[405,9] 383,1
Hohenzollern	55,2	84,8	0,8	1,-	—	—	2,1	2,7	28,8	6,1	4,7	0,9	4,5	438,8

215

Tabelle II. Vgl. Bemerkungen hier im Anhang unter Nr. 21.

In den Handwerken (der Tabelle I) überhaupt zählte man Erwerbsthätige

Reg.-Bezirk	1849							1895						
	absolut	auf 10 000 Einw.	Selbstän-dige	auf 10 000 Einw.	Ab-hängige	auf 10 000 Einw.	auf 100 Selbst. Abhge.	absolut	auf 10 000 Einw.	Selbstän-dige	auf 10 000 Einw.	Ab-hängige	auf 10 000 Einw.	Auf 100 Selbst. Abhge.
Königsberg	27 181	220,7	13 828	163,2	13 353	157,6	96,6	49 587	417,6	22 152	186,6	27 435	231,1	123,8
Gumbinnen	14 274	232,5	7 813	127,2	6 461	105,2	82,7	28 311	356,4	13 499	170,0	14 812	186,5	109,7
Danzig	12 664	318,4	6 102	150,8	6 582	162,7	107,9	29 798	488,3	10 349	169,6	19 449	318,7	187,9
Marienwerder	16 076	258,9	9 303	157,8	6 273	101,0	64,0	32 050	373,1	14 091	164,1	17 959	209,1	127,5
Posen	26 442	294,4	16 558	184,5	9 884	110,1	59,7	45 013	398,4	18 176	160,9	26 837	237,5	147,7
Bromberg	11 847	260,6	7 266	159,8	4 581	100,8	63,0	26 597	414,4	9 898	153,6	16 799	260,8	164,7
Stadt Berlin	32 019	735,8	12 050	284,2	19 969	471,1	165,7	186 372	1153,6	50 768	314,3	135 604	839,4	267,1
Potsdam	36 877	436,4	17 766	210,6	19 111	225,2	107,6	119 735	690,3	34 700	210,6	79 035	479,7	227,8
Frankfurt	32 853	382,0	17 188	199,3	15 672	182,1	91,2	66 182	377,5	23 970	209,2	42 212	368,3	176,1
Stettin	22 788	405,5	11 231	199,8	11 562	205,7	102,9	46 578	592,1	17 511	222,6	29 067	369,5	166,0
Köslin	13 970	311,5	8 096	179,2	5 994	132,3	73,8	23 046	404,3	10 153	178,1	12 893	226,2	127,0
Stralsund	7 964	435,8	4 006	214,2	3 958	211,6	98,8	12 647	579,8	5 469	250,5	7 178	328,8	131,2
Breslau	49 806	424,0	25 532	217,4	24 276	206,7	95,1	109 113	670,1	36 326	223,1	72 787	447,0	200,4
Oppeln	23 827	246,7	14 745	153,2	9 082	93,5	61,0	71 102	427,3	24 923	149,8	46 179	277,5	185,3
Liegnitz	39 687	430,9	20 960	227,6	18 727	208,3	89,3	68 022	645,6	25 573	240,5	43 040	405,0	168,3
Magdeburg	39 220	567,3	19 017	275,1	20 203	292,2	106,2	77 410	684,0	27 602	243,9	49 808	440,1	180,5
Merseburg	41 248	555,4	20 581	277,1	20 667	278,3	100,4	72 914	644,9	24 901	220,2	48 013	424,7	192,8
Erfurt	18 132	532,1	9 498	273,5	8 634	248,6	90,9	28 541	646,9	10 451	235,3	18 090	409,7	174,1
Münster	17 601	417,1	11 679	276,7	5 922	140,4	50,7	30 513	521,9	12 217	208,9	18 000	312,9	149,8
Minden	14 454	312,0	9 232	193,3	5 222	112,7	56,6	31 033	582,7	11 789	202,2	19 261	380,5	184,4
Arnsberg	29 959	516,8	17 975	310,0	11 984	206,7	66,7	77 023	513,9	24 979	166,7	52 044	347,3	208,4
Köln	25 605	514,8	15 674	315,2	9 981	199,7	63,4	56 980	660,0	20 359	227,8	39 621	432,2	190,7
Düsseldorf	46 380	510,7	27 649	304,0	18 731	206,5	67,9	136 350	631,1	42 580	197,1	93 770	434,0	220,2
Koblenz	23 446	405,1	16 040	318,9	7 406	147,2	46,2	31 935	491,9	14 274	219,1	17 661	272,0	123,7
Trier	18 956	385,1	12 432	252,6	6 524	132,6	52,5	31 588	416,5	12 899	170,1	18 689	246,4	144,9
Aachen	16 754	407,1	10 945	265,0	5 809	141,2	53,3	29 905	510,1	12 457	212,5	17 448	297,6	140,1
Alle Bezirke	660 000	405,3	363 601	223,3	296 408	182,0	81,5	1 515 065	538,1	532 066	204,8	982 999	378,3	184,8

Tab. III. Glaser. Vgl. Bemerkungen Anhang Nr. 5 und 8.

Reg.-Bezirke	1849 Erwerbs-thätige	1849 auf 10 000 Einwohner	1861 Erwerbs-thätige	1861 auf 10 000 Einwohner	1875 Erwerbs-thätige	1875 auf 10 000 Einwohner	1882 Erwerbs-thätige	1882 auf 10 000 Einwohner	1895 Erwerbs-thätige	1895 auf 10 000 Einwohner
Königsberg	326	3,8	374	3,8	321	2,9	385	3,3	238	2,4
Gumbinnen	192	3,1	210	3,0	182	2,3	181	2,4	151	1,9
Danzig	172	4,3	164	3,4	160	3,1	187	3,3	174	2,9
Marienwerder	213	3,4	236	4,6	280	3,2	288	3,5	282	3,3
Posen	237	2,9	260	2,7	203	2,0	265	2,5	205	1,8
Bromberg	122	2,7	167	3,2	166	2,9	220	3,7	201	3,1
Stadt Berlin	401	9,5	565	10,2	570	5,9	861	7,4	1205	7,6
Potsdam	372	4,5	424	4,5	430	4,0	520	4,4	709	4,3
Frankfurt	324	3,8	348	3,6	374	3,5	391	3,6	358	2,9
Stettin	257	4,6	300	4,6	280	4,0	304	4,2	382	4,2
Köslin	146	3,3	160	3,0	163	2,9	149	2,6	140	2,5
Stralsund	103	5,5	105	5,1	89	4,3	98	4,6	102	4,7
Breslau	312	2,7	269	2,1	255	1,7	329	2,1	373	2,3
Oppeln	215	2,2	195	1,7	189	2,9	194	1,3	199	1,2
Liegnitz	186	2,1	283	2,4	161	1,6	188	1,8	196	1,9
Magdeburg	330	4,8	337	4,3	281	3,2	294	3,1	301	2,7
Merseburg	520	7,0	625	7,3	605	6,7	775	6,5	787	6,5
Erfurt	228	6,4	282	7,7	267	6,9	324	8,0	276	6,2
Münster	357	8,0	237	5,4	198	4,5	61	1,3	32	0,5
Minden	194	4,2	217	4,6	275	5,7	163	3,3	77	1,3
Arnsberg	209	3,6	193	2,8	133	1,4	46	0,4	34	0,2
Köln	194	4,0	198	3,5	213	3,3	139	2,0	208	2,3
Düsseldorf	563	6,2	614	5,5	309	2,1	132	0,8	184	0,6
Koblenz	225	4,5	208	3,9	191	3,3	183	3,0	179	2,8
Trier	226	4,6	250	4,6	116	1,9	86	1,3	119	2,6
Aachen	148	3,6	136	2,7	81	1,5	98	1,3	123	2,1
In den alten Provinzen	6789	4,2	7389	4,0	6490	3,1	6947	3,1	7188	2,7
Hohenzollern	—	—	88	13,6	81	12,2	60	9,0	45	6,8

Tab. IV. Seiler. Vgl. Bemerkungen im Anhang Nr. 16

Reg.-Bezirk	1822 auf je 10 000 Köpfe Selbständ.	Ab-häng.	1849 Er-werbs-thätige	auf 10 000 Einw.	Selb-stän-dige	auf 10 000 Einw.	Ab-häng-ige	auf 10 000 Einw.	Selbständ. Abhängige Auf 100	1895 Er-werbs-thätige	auf 10 000 Einw.	Selb-stän-dige	auf 10 000 Einw.	Ab-häng-ige	auf 10 000 Einw.	Selbständ. Abhängige Auf 100
Königsberg	2,8	2,1	356	4,2	176	2,1	180	2,1	102,8	332	3,0	185	1,6	167	1,4	90,3
Gumbinnen	1,3	0,9	161	2,6	76	1,2	85	1,4	111,8	136	2,0	81	1,0	75	0,9	92,6
Danzig	2,5	2,4	161	3,9	76	1,9	85	2,1	111,8	144	2,4	48	0,8	96	1,6	200,0
Marienwerder	1,6	0,8	175	2,8	95	1,5	79	1,3	82,3	140	1,6	69	0,8	71	0,8	102,9
Posen	2,3	0,5	220	2,8	167	1,9	88	0,9	49,7	154	1,4	89	0,8	65	0,6	73,0
Bromberg	1,3	0,3	107	2,4	60	1,3	47	1,0	78,3	70	1,1	32	0,5	38	0,6	113,8
Stadt Berlin	1,5	2,0	107	2,5	48	1,1	59	1,4	122,9	138	0,8	56	0,3	81	0,5	155,8
Potsdam	3,8	1,3	438	5,2	265	3,1	173	2,0	65,3	436	2,6	226	1,4	210	1,3	129,9
Frankfurt	3,4	1,6	462	3,4	256	2,4	166	1,9	56,1	294	2,6	179	1,6	115	1,0	64,2
Stettin	2,5	2,4	294	5,1	121	2,2	163	2,9	134,7	241	3,1	107	1,4	184	1,7	125,2
Köslin	1,8	0,7	97	1,8	65	1,4	32	0,7	49,2	93	1,6	56	1,0	97	0,6	66,1
Stralsund	3,2	2,4	103	2,5	55	1,9	48	2,6	87,3	96	4,4	40	1,8	56	2,6	140,0
Breslau	2,0	1,6	463	4,1	319	2,7	164	1,4	51,4	390	2,4	204	1,3	186	1,1	91,2
Oppeln	2,3	0,6	257	2,7	176	1,8	81	0,8	46,0	197	1,2	114	0,7	88	0,5	72,8
Liegnitz	3,5	1,3	454	4,9	314	3,4	140	1,5	44,6	305	2,9	168	1,6	137	1,3	81,6
Magdeburg	3,9	1,8	455	6,6	267	3,9	188	2,7	70,4	277	2,4	153	1,4	118	1,0	74,2
Merseburg	7,3	2,7	749	10,1	514	6,5	235	3,2	45,7	394	3,5	250	2,2	144	1,3	57,6
Erfurt	3,2	0,9	130	3,7	89	2,6	41	1,2	46,1	68	1,9	56	1,3	30	0,7	53,6
Münster	2,5	1,1	180	4,5	130	3,1	50	1,4	45,4	201	3,4	105	1,8	96	1,7	91,4
Minden	1,7	0,5	235	5,1	87	1,9	148	3,2	170,1	228	3,8	63	1,1	160	2,7	254,0
Arnsberg	1,7	1,1	267	4,6	134	2,3	133	2,3	99,3	141	0,9	61	0,4	80	0,5	131,1
Köln	1,0	1,8	279	5,6	50	1,0	229	4,6	438,0	543	6,1	84	0,3	519	5,8	2162,5
Düsseldorf	1,4	1,2	280	3,1	153	1,7	127	1,4	83,0	290	1,3	105	0,3	185	0,9	176,2
Koblenz	2,3	1,9	150	3,0	97	1,9	53	1,1	54,6	122	1,9	48	0,7	74	1,1	154,2
Trier	1,1	0,4	106	2,2	59	1,9	47	1,0	79,7	106	1,4	39	0,5	67	0,8	171,8
Aachen	0,2	0,3	18	0,4	11	0,3	7	0,2	63,6	32	0,9	18	0,3	34	0,6	129,9
Alle Bezirke	2,6	1,4	6753	4,1	3301	2,4	2252	1,8	73,1	5636	2,2	2578	1,0	3059	1,2	118,6
Hohenzollern	—	—	—	—	—	—	—	—	—	14	2,1	10	1,5	4,0	9,6	40,0

Tab. V und VI Böttcher.

Reg.-Bezirke	1822 Auf 10000 Köpfe – Selbständg.	1822 – Abhäng.	1849 Selbständige absolut	1849 Selbst. auf 10000	1849 Abhängige absolut	1849 Abh. auf 10000	1849 Auf 100 Selbst. Abhäng.	1861 Selbst. absolut	1861 Selbst. auf 10000	1861 Abh. absolut	1861 Abh. auf 10000	1861 Auf 100 Selbst. Abhäng.	1882 Selbst. absolut	1882 Selbst. auf 10000	1882 Abh. absolut	1882 Abh. auf 10000	1882 Auf 100 Selbst. Abhäng.	1895 Selbst. absolut	1895 Selbst. auf 10000	1895 Abh. absolut	1895 Abh. auf 10000	1895 Auf 100 Selbst. Abhäng.
Königsberg	9,2	3,6	394	7,0	337	4,7	66,8	642	6,5	418	4,3	65,1	551	4,8	455	3,9	82,6	417	3,5	449	3,8	107,7
Gumbinnen	5,7	1,8	268	4,6	132	2,5	23,7	341	4,9	196	2,8	57,3	336	4,3	246	3,2	73,2	297	3,7	192	2,4	64,6
Danzig	8,8	4,8	291	7,2	186	4,6	63,9	273	5,7	238	5,0	87,2	289	4,3	287	5,1	120,1	194	5,7	348	5,7	189,1
Marienwerder	6,8	1,9	371	6,0	144	2,3	38,8	397	5,6	181	2,5	45,6	313	3,8	266	3,2	91,4	276	3,2	291	3,4	105,4
Posen	6,0	1,8	339	6,0	280	3,1	51,9	553	5,7	367	3,8	66,4	512	4,8	465	4,3	90,8	307	2,7	306	2,7	74,3
Bromberg	6,2	1,9	250	5,5	95	2,1	38,0	250	4,8	149	2,9	59,6	183	3,1	176	3,0	96,2	225	3,5	225	3,5	132,0
Stadt Berlin	5,0	7,8	167	7,9	362	6,4	164,7	202	3,7	471	8,6	233,2	275	2,4	654	5,7	237,8	306	1,4	906	9,6	847,4
Potsdam	7,9	4,5	682	7,7	354	4,2	54,6	623	6,6	436	4,6	69,8	609	5,1	552	4,7	90,6	674	4,1	941	4,4	124,8
Frankfurt	8,4	3,4	707	8,2	374	4,4	52,9	725	7,5	449	4,6	61,9	629	5,8	544	5,0	86,5	441	3,8	441	3,8	97,4
Stettin	8,3	5,5	444	7,9	382	6,4	81,5	426	6,5	467	7,1	109,6	406	5,6	654	5,7	192,5	782	3,7	782	9,6	255,8
Köslin	6,5	2,8	276	6,2	135	4,2	48,9	318	6,1	171	3,3	53,8	256	4,5	191	4,0	74,0	196	3,4	179	3,8	91,3
Stralsund	6,5	4,1	120	8,2	81	4,3	67,5	129	6,1	100	4,7	77,5	161	7,1	172	8,1	118,9	162	7,4	184	8,4	113,6
Breslau	9,1	3,0	1013	7,9	418	3,7	40,8	1057	8,2	622	4,7	58,3	985	6,0	974	6,3	105,3	698	4,3	794	4,5	105,2
Oppeln	3,8	3,1	558	8,6	173	1,8	31,0	680	8,5	287	2,5	45,6	624	4,6	684	6,3	109,3	608	4,3	688	4,5	132,5
Liegnitz	0,9	3,0	973	10,6	341	3,7	35,0	904	10,4	440	4,7	45,2	763	7,5	443	4,3	58,1	585	3,6	585	3,6	69,3
Magdeburg	13,0	6,5	899	13,0	548	7,9	60,4	908	11,6	752	9,6	83,9	744	7,8	577	6,0	77,6	611	4,4	611	5,4	124,7
Merseburg	14,9	4,9	1006	13,0	969	5,0	36,7	1037	12,7	481	4,5	46,5	944	6,6	479	6,0	56,8	591	4,3	436	4,4	84,9
Erfurt	16,1	4,2	606	17,4	195	5,6	32,2	535	16,3	313	8,6	62,6	389	9,6	255	7,1	73,3	267	6,7	267	6,0	90,5
Münster	18,0	4,0	617	14,6	246	5,8	39,9	599	13,5	220	5,0	36,7	261	7,7	190	4,0	72,6	177	4,8	177	8,0	68,0
Minden	4,5	1,0	196	18,0	78	1,7	39,8	201	18,5	117	4,3	58,2	160	2,8	139	2,8	86,9	126	2,1	126	2,2	103,3
Arnsberg	6,3	2,1	360	17,4	161	2,8	41,3	366	16,3	214	3,0	55,4	311	2,8	411	3,7	132,2	661	1,4	651	6,0	314,3
Köln	11,7	5,2	748	15,0	376	5,5	47,9	647	11,4	310	5,5	47,9	357	5,1	429	6,1	120,2	207	2,3	685	7,7	380,9
Düsseldorf	11,3	5,4	1033	11,6	418	4,1	35,7	663	8,6	418	5,5	63,4	661	4,1	607	3,7	91,8	442	2,0	941	4,4	212,9
Koblenz	16,5	3,7	1090	21,8	204	4,1	18,6	977	18,4	272	5,1	27,8	603	10,0	328	8,6	86,7	246	4,4	460	7,1	160,8
Trier	9,6	1,8	666	13,6	122	2,5	18,3	736	14,7	191	3,1	23,9	261	2,0	181	2,0	51,0	162	2,1	181	2,2	111,7
Aachen	7,6	2,4	388	9,4	69	1,7	17,8	353	7,7	88	1,9	24,9	184	3,5	119	2,3	64,7	131	2,0	131	2,2	112,0
Alle Bezirke	9,2	3,5	14904	9,2	6401	3,9	42,9	15056	8,2	8777	4,6	55,6	11679	5,2	10703	4,8	91,6	8569	3,8	11869	4,4	132,6
Hohenzollern	5,7	2,4	167	9,2	275	3,9	42,9	133	29,7	43	6,6	28,1	89	13,4	30	4,5	33,7	32	7,0	32	4,9	69,5

Tab. VII. Gerber. (Bemerkungen Anhang Nr. 15).

Reg.-Bezirk	1822 Auf je 10 000 Einwohner		1849 Selbständige		1849 Abhängige		1849 Auf 100 Selbständige	1895 Selbständige		1895 Abhängige		1895 Auf 100 Selbständige
	Selbständige	Abhängige	absolut	auf 10 000 Einw.	absolut	auf 10 000 Einw.	Abhängige	absolut	auf 10 000 Einw.	absolut	auf 10 600 Einw.	Abhängige
Königsberg	4,6	3,7	246	2,9	207	2,4	84,1	111	0,9	212	1,8	191,0
Gumbinnen	5,7	3,8	235	4,3	229	4,7	98,0	94	1,2	173	2,2	184,0
Danzig	2,4	2,1	57	1,4	93	2,3	163,2	18	0,3	54	0,9	300,0
Marienwerder	3,5	1,5	116	1,9	65	1,0	56,0	32	0,4	64	0,7	200,0
Posen	2,8	1,3	173	1,9	149	1,6	87,7	43	0,4	99	0,9	230,2
Bromberg	2,3	1,3	40	1,1	38	0,8	77,6	10	0,2	119	1,8	1190,0
Stadt Berlin	5,7	9,6	104	2,5	586	13,8	562,5	104	0,6	1478	9,1	1421,2
Potsdam	3,8	3,3	242	3,3	385	4,0	158,4	135	0,8	778	4,7	576,3
Frankfurt	3,8	2,5	292	3,4	280	3,3	95,9	183	1,6	689	6,0	376,5
Stettin	3,4	2,2	140	2,5	125	2,2	89,3	44	0,6	77	1,0	175,0
Köslin	2,0	1,1	89	2,0	103	2,8	115,7	61	1,1	146	2,6	239,8
Stralsund	2,7	1,5	36	1,9	53	2,8	147,2	12	0,5	69	3,2	575,0
Breslau	4,7	2,7	356	3,0	501	4,3	140,7	177	1,1	760	4,7	429,4
Oppeln	5,0	1,7	246	2,5	287	3,0	116,7	54	0,3	274	1,6	507,4
Liegnitz	4,6	2,2	350	3,8	280	3,0	80,0	130	1,2	704	6,6	541,5
Magdeburg	5,1	4,3	295	4,3	694	10,0	235,3	93	0,8	909	8,0	977,4
Merseburg	6,8	2,6	359	4,8	421	5,7	117,3	133	1,2	420	3,7	315,8
Erfurt	7,2	4,7	168	4,7	296	8,4	179,8	69	1,6	396	9,0	573,9
Münster	2,1	1,4	107	2,5	212	5,0	198,1	63	1,2	177	3,0	280,3
Minden	3,2	2,2	97	2,1	179	3,9	184,5	40	0,7	232	4,0	580,0
Arnsberg	4,3	5,1	415	7,2	579	10,0	139,5	220	1,5	981	6,5	445,9
Köln	7,2	4,9	309	6,2	354	7,1	114,6	128	1,4	464	5,2	362,5
Düsseldorf	3,6	3,4	299	3,3	604	6,7	202,0	210	1,0	1909	8,8	909,0
Koblenz	8,1	6,2	351	7,0	385	7,7	109,7	183	2,8	752	11,6	410,9
Trier	7,6	3,4	310	6,3	495	10,1	159,7	163	2,2	810	10,7	496,9
Aachen	3,2	10,4	252	6,1	533	13,0	211,5	134	2,3	779	13,3	581,3
Alle Bezirke	4,6	3,2	5748	3,5	8133	5,0	141,5	2949	1,0	13 325	5,2	510,6
Hohenzollern	—	—	—	—	—	—	—	6	0,9	12	1,8	200,0

Tabelle VIII. Drechsler. (Bemerkungen Anhang Nr. 9).

Reg.-Bezirke	1822 Selbständige auf 10 000 Köpfe	1849 Selbständige absolut	auf 10 000	1849 Abhängige absolut	auf 10 000	Auf 100 Selbständige Abhängige	1861 Selbständige absolut	auf 10 000	1861 Abhängige absolut	auf 10 000	Auf 100 Selbständige Abhängige	1882 Selbständige absolut	auf 10 000	1882 Abhängige absolut	auf 10 000	Auf 100 Selbständige Abhängige	1895 Selbständige absolut	auf 10 000	1895 Abhängige absolut	auf 10 000	Auf 100 Selbständige Abhängige
Königsberg	4,3	296	3,5	184	2,2	62,2	274	2,8	150	1,5	54,7	226	2,2	178	1,5	69,5	206	1,7	276	2,3	134,0
Gumbinnen	4,4	193	3,2	108	1,7	32,6	172	2,3	77	1,1	44,8	133	2,0	81	1,0	51,3	118	1,5	80	0,7	50,0
Danzig	4,1	117	2,9	100	2,6	90,6	130	2,5	154	3,2	118,5	129	2,3	217	4,2	168,2	94	1,5	190	3,1	201,1
Marienwerder	2,9	136	2,2	40	0,6	29,4	126	1,8	31	0,4	24,2	80	1,1	39	0,5	48,8	65	0,8	96	0,4	55,4
Posen	1,2	120	1,3	55	0,6	46,7	100	1,0	69	0,7	69,0	100	0,9	87	0,6	69,0	84	0,7	113	1,0	134,5
Bromberg	3,3	98	2,2	25	0,6	25,6	101	1,9	37	0,7	36,6	66	1,1	70	1,1	66,1	50	0,7	70	1,1	140,0
Stadt Berlin	6,4	335	7,9	662	15,6	197,6	403	7,5	1188	21,7	290,5	757	6,5	2697	23,3	356,3	947	5,9	3349	20,7	353,6
Potsdam	4,9	300	3,7	146	1,7	47,2	257	3,0	172	1,8	59,9	291	2,3	355	3,2	182,3	422	2,6	1140	6,9	270,1
Frankfurt	3,2	290	3,5	187	2,9	35,6	252	2,6	195	2,0	77,4	255	2,3	291	2,2	92,2	208	2,1	403	4,3	307,1
Stettin	4,7	264	4,7	110	2,0	41,7	205	3,1	106	1,0	51,7	166	2,3	153	2,1	92,2	160	2,0	214	2,8	133,8
Köslin	3,4	219	4,9	96	2,1	43,8	156	2,2	76	1,5	48,7	127	2,3	196	3,4	154,8	87	1,5	162	2,8	186,2
Stralsund	4,3	74	4,0	29	1,6	39,2	63	1,3	27	1,3	42,9	50	2,3	23	1,1	46,0	32	1,5	34	1,1	75,0
Breslau	2,9	351	4,0	198	1,7	56,4	813	2,4	413	3,2	131,0	341	2,2	834	6,3	244,5	401	2,5	1378	8,5	343,6
Oppeln	0,4	127	1,3	36	0,4	28,3	117	1,1	40	0,4	41,9	183	1,0	100	0,7	72,5	145	0,9	220	1,3	151,7
Liegnitz	3,9	371	4,0	128	1,3	34,5	346	3,6	300	3,1	86,7	397	3,3	331	3,8	175,4	317	3,0	799	7,5	252,1
Magdeburg	3,5	379	3,5	273	3,9	72,0	374	4,8	397	7,1	106,1	281	2,9	824	6,3	214,9	274	2,2	642	5,7	270,1
Merseburg	3,6	320	4,3	161	2,2	50,3	327	3,9	314	6,2	137,2	288	2,6	288	2,9	109,7	227	2,0	642	5,7	282,3
Erfurt	3,4	218	6,3	82	2,4	37,6	217	2,9	332	1,7	162,2	190	4,7	291	7,3	154,7	198	4,5	896	8,7	194,9
Münster	8,2	411	9,7	139	3,2	32,4	396	9,0	159	3,6	40,2	288	6,0	165	3,5	53,3	198	8,4	328	7,0	87,4
Minden	7,9	353	7,8	66	1,4	18,2	319	0,8	121	2,6	37,9	130	2,4	94	1,7	70,0	98	2,7	155	2,7	166,7
Arnsberg	8,9	450	7,8	983	16,9	218,2	425	6,0	1301	18,5	306,1	388	3,5	297	2,7	76,5	831	2,1	306	3,4	138,3
Köln	2,1	229	4,6	112	2,3	48,9	209	3,7	273	4,5	130,6	174	2,5	179	4,2	170,7	179	2,0	528	5,9	295,0
Düsseldorf	5,6	509	5,6	1280	14,2	253,2	494	4,4	1782	15,5	350,6	689	4,3	807	5,0	117,1	745	3,4	1361	6,7	182,7
Koblenz	3,5	271	3,5	56	1,1	20,7	275	5,2	108	1,9	37,0	186	2,2	196	2,1	105,0	116	1,3	319	4,9	277,4
Trier	2,5	173	3,5	36	0,7	20,2	66	3,4	66	1,3	36,0	125	1,9	79	3,7	82,6	110	1,9	86	1,1	78,2
Aachen	1,9	118	2,9	42	1,0	35,6	235	2,5	255	1,1	172,8	129	2,5	196	3,7	151,2	113	1,9	207	3,5	183,2
Alle Bezirke	3,9	5389	4,1	5389	3,3	79,0	6408	3,3	8291	4,5	129,4	6038	2,7	9066	4,0	150,3	5919	2,2	13574	2,3	229,3
Hohenzollern	—	355	—	652	3,3	—	60	—	15	2,3	25,0	39	5,9	13	2,0	33,3	44	6,7	15	2,3	34,1

Tab. IX. Schuhmacher. (Bemerkungen Anhang Nr. 4.)

Reg.-Bezirk	1822 Auf je 10000 Selbständ.	1822 Auf je 10000 Abhäng.	1849 Selbst. absolut	1849 Selbst. auf 10000	1849 Abh. absolut	1849 Abh. auf 10000	1849 Auf 100 Selb. Abh.	1861 Selbst. absolut	1861 Selbst. auf 10000	1861 Abh. absolut	1861 Abh. auf 10000	1861 Auf 100 Selb. Abh.	1882 Selbst. absolut	1882 Selbst. auf 10000	1882 Abh. absolut	1882 Abh. auf 10000	1882 Auf 100 Selb. Abh.	1895 Selbst. absolut	1895 Selbst. auf 10000	1895 Abh. absolut	1895 Abh. auf 10000	1895 Auf 100 Selb. Abh.
Königsberg	51,1	24,9	3895	39,2	2226	26,3	66,9	3740	38,1	2559	26,0	68,4	4406	38,2	3298	28,7	74,9	4929	35,6	2934	20,0	55,4
Gumbinnen	39,4	16,2	1716	27,9	1834	22,7	81,2	1908	27,4	1607	23,1	84,4	2268	29,2	2184	27,5	94,8	3018	25,4	1892	17,5	60,0
Danzig	47,5	17,9	1675	41,4	1507	37,2	90,0	1788	37,5	1794	37,7	100,6	2198	39,2	1705	30,4	77,6	2296	37,1	1385	21,9	58,9
Marienwerder	45,6	17,5	2981	47,2	1442	23,2	49,2	2377	46,0	1782	24,5	32,9	3192	39,2	2790	33,5	85,5	2300	33,5	2406	28,0	72,7
Posen	45,1	19,1	4727	52,7	2135	24,0	45,6	4815	50,0	2786	28,9	57,9	5054	47,1	3949	36,8	78,1	5098	44,6	3298	28,2	64,7
Bromberg	45,2	18,4	1989	43,7	1080	22,7	51,8	2296	44,0	1204	23,1	52,4	2197	37,0	1883	30,9	83,4	2277	35,8	1575	24,4	69,2
Stadt Berlin	63,1	69,9	2635	68,0	2899	68,4	110,3	3115	54,9	4442	64,9	142,6	7276	62,9	6646	57,4	91,3	8290	51,3	6545	40,5	79,0
Potsdam	52,2	30,4	4429	52,4	2960	31,6	66,3	4678	49,3	3104	32,8	63,4	5446	53,9	4641	39,2	85,2	6354	53,8	4188	35,1	63,1
Frankfurt	55,6	28,7	4348	50,6	2576	30,0	59,2	4712	48,4	2361	30,4	62,8	5166	47,3	4325	41,4	87,6	5309	46,3	3510	30,6	66,1
Stettin	48,7	22,0	2756	49,0	1531	32,9	67,2	2945	45,0	2064	31,5	70,1	3255	44,7	2357	32,2	72,2	3255	41,4	1614	20,5	49,6
Köslin	49,2	22,0	2059	46,6	1049	24,5	52,6	2296	45,7	1810	40,8	54,7	2337	40,0	1651	32,3	70,2	2196	38,5	1464	24,6	66,7
Stralsund	63,4	41,1	1195	63,9	704	37,6	58,9	1230	58,4	769	36,5	62,5	1190	55,7	753	35,3	63,3	1091	50,0	533	24,6	49,3
Breslau	53,5	28,7	7109	61,3	4434	37,7	61,8	7821	60,8	5351	41,3	68,4	9104	58,9	8111	52,5	89,1	10028	55,4	7070	43,4	78,4
Oppeln	42,2	21,0	3965	41,3	1656	17,5	42,3	4948	42,6	2467	21,2	50,9	6643	58,9	5469	52,8	79,9	7154	43,0	4773	28,7	66,7
Liegnitz	43,9	19,9	5395	38,6	2573	27,9	47,7	6028	63,0	3088	32,3	51,2	6195	60,7	4285	41,5	68,4	5781	53,9	3242	30,5	56,6
Magdeburg	62,8	34,1	4688	67,8	2759	39,9	58,9	4878	62,6	3121	40,0	64,0	5794	60,6	4206	44,0	72,6	5457	49,2	3943	34,8	72,3
Merseburg	55,7	29,6	5254	70,7	3011	40,5	57,3	3657	63,0	3410	41,0	60,3	6482	65,9	5376	50,1	82,9	5683	54,1	5060	32,7	105,2
Erfurt	54,8	25,5	2430	70,0	1716	49,4	70,6	2445	67,0	1918	52,6	78,4	2728	67,5	2709	67,1	99,5	2891	54,1	2891	60,9	112,6
Münster	39,2	21,9	2006	47,5	1011	24,0	50,4	2019	45,6	1059	24,6	52,6	1886	40,0	1618	34,3	85,8	1906	32,6	1610	27,5	84,4
Minden	38,5	13,6	1877	40,3	701	15,1	37,3	1382	39,9	651	18,0	45,2	1949	38,9	1413	28,2	72,5	1989	34,1	1389	23,5	63,1
Arnsberg	61,2	26,9	3907	65,7	1808	31,2	47,3	3385	55,9	2289	31,8	56,9	4806	43,8	3851	36,0	82,2	5235	34,9	3905	25,4	72,7
Köln	49,2	21,6	3464	69,7	1527	30,7	44,1	3880	59,6	1999	30,7	59,1	4062	37,5	2724	35,5	67,1	4242	48,0	2580	29,9	60,1
Düsseldorf	43,1	30,1	5065	56,1	2865	31,6	56,3	5445	48,8	3287	29,2	60,0	7951	48,9	6452	39,7	81,1	8830	41,1	7758	35,9	87,3
Koblenz	33,9	21,3	3520	70,0	1166	23,2	33,1	3482	64,8	1495	27,8	43,6	3287	54,3	1932	32,3	59,4	3053	47,0	1447	22,3	47,4
Trier	43,1	14,3	3156	64,1	892	18,1	28,3	3811	60,8	1400	22,4	42,6	3156	48,7	1766	27,3	56,0	3058	40,3	1877	16,2	45,0
Aachen	27,5	23,9	2255	55,8	940	23,1	41,0	2025	55,7	1028	22,4	44,2	2354	56,4	2031	36,8	66,9	3000	52,2	1912	32,6	62,5
Summe	49,4	24,3	67969	54,0	48641	29,9	55,3	94291	51,2	59064	32,1	62,6	111187	49,6	88488	39,4	79,5	112736	43,4	79736	30,7	70,7
Hohenzollern	—	—	2628	—	2890	—	—	557	66,1	277	42,8	49,7	468	60,8	271	40,8	58,5	340	51,6	219	33,2	64,4

Tabelle X. Zimmerleute und Schiffszimmerer (vgl. Bemerkungen Anh. Nr. 7).

Reg.-Bezirk	1822 auf je 10000 Einwohner Selbständg.	1822 Abhäng.	1849 Selbständige	1849 auf 10 000 Einwohner	1849 Abhängige	1849 auf 10 000 Einwohner	1849 Auf 100 Selbständige Abhängige	1882 ohne Schiffszimmerer Selbständige	1882 auf 10 000 Einwohner	1882 Abhängige	1882 auf 10 000 Einwohner	1882 Auf 100 Selbständige Abhängige	1882 m. Schiffszimmr. Selbständige	1882 Abhängige	1882 Auf 100 Selbständige Abhängige	1895 ohne Schiffszimmerer Selbständige	1895 auf 10 000 Einwohner	1895 Abhängige	1895 auf 10 000 Einwohner	1895 Auf 100 Selbständige Abhängige	1895 m. Schiffszimmr. Selbständige	1895 Abhängige	1895 Auf 100 Selbständige Abhängige
Königsberg	6,6	11,5	847	4,1	1919	29,6	338,0	198	1,2	3051	18,9	2118,8	198	3297	1665,2	496	4,2	2950	20,2	483,7	514	3236	491,4
Gumbinnen	5,5	5,6	90	1,4	574	9,3	637,8	90	1,2	1872	17,7	1234,4	102	1888	1360,8	395	3,5	1318	16,6	332,9	425	1329	312,7
Danzig	6,6	10,6	249	3,9	995	24,6	625,8	174	8,1	2548	45,5	1464,4	196	4090	2051,0	337	5,4	2596	42,5	794,8	340	4535	1305,2
Marienw.	6,4	5,8	249	4,0	647	10,4	259,8	141	1,7	1380	22,4	1290,8	143	1593	1395,3	337	3,9	1790	20,8	531,2	340	1810	532,4
Posen	6,0	4,0	315	3,5	928	10,3	293,0	184	1,7	2035	19,4	1133,2	187	2138	1187,0	400	3,5	2397	20,3	574,8	408	2591	634,9
Bromberg	6,8	3,0	120	2,6	523	11,5	435,8	90	1,3	1291	20,7	1367,0	95	1354	1360,0	259	3,7	1235	23,7	638,1	245	2291	643,9
Berlin	2,6	40,5	111	2,6	859	20,3	773,9	305	2,6	8838	39,6	1276,1	313	3943	1259,7	816	3,5	4559	26,9	130,9	849	4372	130,6
Potsdam	4,5	30,8	227	2,9	9823	42,9	1325,7	396	2,8	8080	50,0	1764,1	459	6364	1430,1	765	4,7	3893	46,7	1373,1	918	8869	949,5
Frankfurt	4,9	24,4	211	2,3	2988	27,8	1181,8	228	2,4	9686	35,0	1715,7	430	4008	1560,8	239	3,9	3971	34,6	1001,0	472	4138	890,9
Stettin	5,0	21,2	170	3,0	1946	34,5	1144,7	154	2,1	2561	35,0	1663,0	212	9463	1629,8	384	4,2	3031	38,5	907,5	403	4308	1063,0
Köslin	6,4	8,7	94	2,1	303	20,2	961,7	105	1,8	1160	20,2	1104,8	103	1196	1097,2	250	4,4	968	17,3	385,0	258	1001	388,0
Stralsund	7,3	31,5	91	1,9	802	42,9	881,3	51	2,4	908	45,3	1882,2	76	1261	1653,0	114	3,2	844	38,7	740,7	140	956	712,9
Breslau	3,4	17,4	394	3,3	3614	30,8	941,1	244	1,6	5507	35,6	2256,0	259	5387	2165,1	556	3,4	5346	38,5	961,2	572	5535	971,2
Oppeln	3,2	5,2	253	2,7	1245	12,9	492,6	133	0,9	3804	26,5	2860,2	136	3853	2814,4	378	2,3	4770	29,7	1261,0	380	4789	1260,3
Liegnitz	3,3	16,3	185	2,0	3612	39,5	1968,6	296	2,3	3164	30,6	1368,1	239	5815	2181,2	455	4,3	4596	42,8	1000,0	460	4692	1000,4
Magdeburg	6,2	25,6	173	2,5	4077	50,1	2008,5	261	2,8	6387	52,0	2250,6	290	5288	1821,4	446	4,1	4996	41,6	1120,2	467	5383	1149,2
Merseburg	9,4	39,3	334	4,3	4088	34,4	1200,0	292	3,0	6687	67,0	2143,9	312	6689	2173,2	620	3,9	5815	31,4	894,6	655	5918	889,9
Erfurt	11,7	18,6	167	4,8	1193	34,4	714,4	164	4,1	3104	49,5	1821,4	164	3015	1815,8	312	7,1	1639	41,6	580,4	312	1844	590,8
Münster	29,6	16,5	1357	36,9	659	16,8	212,6	791	16,8	1682	35,7	212,0	802	2015	216,3	608	14,3	1389	29,4	163,4	610	848	130,6...
Minden	11,5	8,8	283	6,1	433	10,6	174,2	219	4,4	856	17,1	300,9	221	872	394,6	362	5,7	1070	18,4	295,6	364	1092	300,0
Arnsberg	27,9	19,4	1088	17,0	938	17,2	96,1	740	6,7	1913	17,4	258,5	741	1921	259,2	608	4,1	2556	17,1	420,4	610	2558	419,3
Köln	11,4	12,5	494	9,9	630	12,6	127,5	423	6,0	896	11,8	197,6	430	927	130,9	473	5,5	927	10,4	130,9	483	1063	224,2
Düsseldorf	21,9	17,1	1623	17,9	1212	13,4	74,7	633	4,0	1494	8,8	250,2	679	1690	304,6	541	2,5	2024	9,4	373,1	555	2266	407,2
Koblenz	14,3	8,7	614	12,2	746	13,5	74,7	638	6,2	1178	19,5	296,4	412	926	225,4	405	6,2	926	14,3	228,6	419	834	226,7
Trier	9,7	6,1	473	9,6	693	13,5	146,2	388	4,6	788	12,1	203,9	412	817	206,4	378	5,0	816	10,8	215,9	388	834	214,9
Aachen	9,5	10,4	414	10,1	305	7,4	73,7	253	4,3	359	6,8	141,9	253	361	255,3	346	4,2	376	6,4	123,8	247	376	132,3
Summo	8,9	15,9	10151	6,3	35007	24,0	382,8	7100	3,2	67534	25,8	951,2	7603	72467	953,1	11062	4,3	70175	27,0	638,2	11538	76218	659,4
Hohenzllrn.	—	—	111	—	859	—	—	113	—	171	—	151,3	—	—	—	75	11,4	144	21,8	192,0	—	—	—

Tabelle XI. Uhrmacher.

Reg.-Bezirk	1822 Auf je 100 000		1849 Selbständige		1849 Abhängige			1895 Selbständige		1895 Abhängige		
	Selbständige	Abhängige	absolut	auf 100 000	absolut	auf 100 000	auf 100 Selbständige Abhängige	absolut	auf 100 000	absolut	auf 100 000	auf 100 Selbständige Abhängige
Königsberg	9	2	64	8	32	4	50,0	213	18	181	15	85,0
Gumbinnen	7	2	28	5	12	2	42,9	115	14	120	13	104,3
Danzig	17	4	55	14	38	9	69,1	116	19	129	21	111,2
Marienwerder	8	3	53	9	20	3	37,7	164	19	128	15	78,0
Posen	6	2	70	8	25	3	35,7	186	16	180	16	96,8
Bromberg	6	5	35	8	14	3	40,0	121	19	106	16	87,6
Stadt Berlin	51	37	183	43	189	45	103,3	591	37	892	55	150,9
Potsdam	19	4	166	20	98	12	59,0	510	31	394	24	77,3
Frankfurt	12	4	181	15	41	5	31,3	301	26	173	15	57,5
Stettin	12	5	97	17	65	12	67,0	242	31	129	16	53,3
Köslin	9	4	56	12	28	6	50,0	144	25	95	17	66,0
Stralsund	23	10	42	22	22	12	52,4	84	33	49	22	58,3
Breslau	16	6	237	20	108	9	45,6	514	32	1038	82	200,3
Oppeln	7	2	90	9	24	2	26,7	236	18	253	15	85,5
Liegnitz	16	4	180	20	66	7	36,7	338	32	231	22	68,3
Magdeburg	16	6	139	20	76	11	54,7	353	31	235	21	66,6
Merseburg	11	3	142	19	67	9	47,2	318	28	161	14	50,6
Erfurt	12	4	50	14	30	9	60,0	115	26	52	12	45,2
Münster	18	7	138	33	47	12	34,1	211	36	122	21	57,8
Minden	15	3	73	17	28	6	35,4	121	21	92	16	76,0
Arnsberg	24	6	166	20	57	10	34,3	390	26	309	21	79,2
Köln	20	7	131	25	57	11	43,5	275	31	184	21	66,9
Düsseldorf	27	9	271	30	110	12	40,6	614	28	459	21	74,8
Koblenz	12	3	78	16	21	4	26,9	158	24	94	14	61,4
Trier	10	3	61	12	18	4	29,5	160	21	76	10	48,8
Aachen	13	2	88	21	33	8	37,5	160	27	87	13	54,4
Summa	14	5	2830	17	1326	8	46,9	6605	26	6271	24	92,2

Tab. XII. Barbiere und Friseure.

Reg.-Bezirk	1849						1895					
	Selbständige		Abhängige		Auf 100 Selbständige Abhängige		Selbständige		Abhängige		Auf 100 Selbständige Abhängige	
	absolut	auf 100 000	absolut	auf 100 000			absolut	auf 100 000	absolut	auf 100 000		
Königsberg	112	13	68	8	60,7		354	30	391	33	110,5	
Gumbinnen	38	6	20	3	52,6		119	15	192	24	161,3	
Danzig	102	25	80	20	78,4		288	39	301	40	126,5	
Marienwerder	62	9	31	5	50,0		185	22	278	32	150,3	
Posen	154	17	88	10	57,1		349	31	545	48	156,2	
Bromberg	46	10	30	7	65,2		184	29	278	43	151,1	
Stadt Berlin	446	105	494	117	110,8		2251	130	2538	157	112,7	
Potsdam	283	34	125	15	43,4		1251	76	1319	90	105,4	
Frankfurt	295	26	108	13	47,8		577	50	673	59	116,6	
Stettin	137	24	91	16	66,4		432	55	461	59	106,7	
Köslin	50	11	14	3	28,0		138	23	167	28	125,6	
Stralsund	32	18	22	12	42,3		108	45	185	63	125,9	
Breslau	386	29	247	21	73,5		970	60	1296	79	131,4	
Oppeln	127	13	80	8	63,0		491	80	814	49	165,8	
Liegnitz	218	24	110	12	50,5		557	32	632	59	113,5	
Magdeburg	611	88	331	48	54,2		1077	95	1016	90	94,3	
Merseburg	450	61	256	30	50,2		759	67	895	79	118,1	
Erfurt	230	66	78	22	33,9		313	71	286	65	91,4	
Münster	293	60	23	5	7,8		225	38	163	28	72,4	
Minden	106	28	28	6	26,4		160	27	158	27	98,8	
Arnsberg	235	41	29	5	12,3		631	42	670	45	106,2	
Köln	383	77	79	16	20,6		652	73	702	73	107,7	
Düsseldorf	910	100	128	14	14,1		1375	64	1167	54	84,9	
Koblenz	273	34	54	11	19,8		317	49	296	36	74,4	
Trier	120	24	25	5	20,8		266	35	234	31	88,0	
Aachen	424	103	30	7	7,1		275	47	195	33	70,9	
Summe	6429	30	2639	16	41,0		14258	55	15784	61	110,4	

Tab. XIII. Stubenmaler. Stukkateure etc. Bemerkungen im Anhang Nr. 16.

Reg.-Bezirk	1822 Selbständige auf je 10 000 Einw.	1849 Selbständige absolut	auf 10 000 Einw.	1849 Abhängige absolut	auf 10 000 Einw.	auf 100 Selbständige Abhängige	1895 Selbständige absolut	auf 10 000 Einw.	1895 Abhängige absolut	auf 10 000 Einw.	auf 100 Selbständige Abhängige
Königsberg	1,01	124	1,3	148	1,7	119,4	372	3,1	982	8,3	264,0
Gumbinnen	0,24	30	0,5	46	0,7	153,3	130	2,4	312	3,9	164,2
Danzig	2,30	129	3,2	162	4,0	125,6	251	4,1	740	12,1	294,8
Marienwerder	0,70	74	1,2	78	1,3	105,4	254	3,0	512	6,0	201,6
Posen	0,72	100	1,1	41	0,5	41,0	308	2,7	823	7,3	267,2
Bromberg	0,53	32	0,7	47	1,0	146,9	218	3,4	614	9,5	281,7
Stadt Berlin	3,48	475	11,2	659	15,5	138,7	1741	10,8	7318	45,2	420,3
Potsdam	1,28	174	2,1	282	3,3	162,1	1191	7,2	3919	23,8	329,1
Frankfurt	0,53	104	1,2	66	0,8	63,5	570	5,0	1258	11,0	220,7
Stettin	1,06	165	2,9	148	2,6	89,7	468	5,9	1239	15,8	264,7
Köslin	0,54	50	1,1	35	0,8	70,0	133	2,8	386	5,9	212,7
Stralsund	2,18	75	4,0	42	2,2	56,0	129	5,9	195	8,9	151,2
Breslau	0,97	147	1,3	189	1,6	128,6	641	3,9	2190	13,4	341,7
Oppeln	0,48	74	0,8	44	0,5	59,5	436	2,6	1288	7,6	290,8
Liegnitz	0,84	98	1,1	70	0,8	71,4	463	4,4	1199	11,3	256,2
Magdeburg	1,10	160	2,3	109	1,6	68,1	905	7,1	1389	14,0	196,5
Merseburg	0,48	68	1,0	53	0,7	77,9	473	4,2	1125	10,0	237,8
Erfurt	1,03	80	2,3	141	4,1	176,3	415	9,4	653	14,8	157,3
Münster	1,46	82	1,9	54	1,3	65,9	732	12,3	1304	22,3	180,6
Minden	1,67	55	1,2	46	1,0	83,6	477	8,2	872	15,0	182,8
Arnsberg	1,32	215	3,7	146	2,5	67,9	1600	10,7	4053	27,1	253,6
Köln	2,28	248	5,0	209	4,2	84,3	997	11,2	3733	41,8	374,1
Düsseldorf	3,03	856	9,4	539	5,9	63,0	3158	14,6	8509	39,4	269,4
Koblenz	2,48	277	3,3	144	2,0	52,0	949	14,6	1171	18,0	123,4
Trier	0,77	152	3,1	71	1,4	46,7	873	11,3	1420	18,7	162,7
Aachen	0,80	257	6,2	198	4,8	77,0	867	14,8	1741	23,7	200,8
Summe	1,17	4301	2,6	3767	2,3	87,6	18731	7,2	49073	18,9	262,0
Hohenzollern	—	—	—	—	—	—	30	4,6	46	7,0	153,3

Tab. XIV. Bäcker und Konditoren. Bemerkungen Anhang Nr. 1.

Reg.-Bez.	1822 Bäcker auf 10000 Einwohner Selbständg.	Abhäng.	1822 selbständg. Konditoren auf 10000 Einwohner Selbständ.	1849 Selbständige	auf 10000 Einwohner	Abhängige	auf 10000 Einwohner	Auf 100 Selbständige Abhängige	1861 Selbständige	auf 10000 Einwohner	Abhängige	auf 10000 Einwohner	Auf 100 Selbständige Abhängige	1882 Selbständige	auf 10000 Einwohner	Abhängige	auf 10000 Einwohner	Auf 100 Selbständige Abhängige	1895 Selbständige	auf 10000 Einwohner	Abhängige	auf 10000 Einwohner	Auf 100 Selbständige Abhängige
Königsberg	10,6	6,1	0,3	687	8,1	814	9,6	115,5	774	7,9	908	9,2	117,3	940	8,2	1745	15,1	186,6	944	8,0	2041	17,2	216,2
Gumbinnen	3,0	1,6	0,1	327	3,3	252	4,1	77,1	355	3,7	284	4,1	71,9	441	5,7	601	7,7	130,3	466	5,9	840	10,6	180,3
Danzig	10,5	5,4	0,5	823	8,0	453	11,2	140,3	379	11,5	455	9,6	120,1	463	7,2	1100	12,0	274,2	481	6,5	1389	22,8	288,8
Marienw.	9,8	2,6	0,6	501	8,1	380	6,1	75,9	309	7,1	480	6,7	94,3	528	6,5	974	12,0	184,5	560	6,5	1278	14,9	228,8
Posen	14,8	2,2	0,9	1189	13,3	453	8,4	68,1	1063	11,5	655	9,6	83,4	973	9,1	1388	14,8	162,7	1068	9,7	2001	18,5	190,4
Bromberg	13,0	3,8	0,3	496	10,7	311	6,8	64,0	465	8,9	413	9,2	88,8	445	7,5	765	12,9	171,9	508	7,9	1189	17,7	234,2
Berlin	11,4	25,7	5,0	454	8,1	1388	32,7	305,7	691	11,5	1926	35,2	95,2	1274	11,0	5760	14,8	452,1	1763	10,5	9000	53,7	513,4
Potsdam	14,1	6,9	0,9	1181	14,0	1138	13,7	96,1	1289	13,4	1496	15,8	117,9	1666	14,0	2017	24,6	176,1	2536	15,4	5855	33,4	230,1
Frankfurt	9,5	4,5	1,0	1004	11,7	748	8,7	74,5	1066	10,9	1057	11,0	99,2	1305	11,9	1988	17,3	144,7	1383	13,8	2825	24,6	173,6
Stettin	12,8	7,0	0,4	736	14,2	777	13,8	97,6	873	13,3	555	14,6	93,2	1094	11,9	1693	22,8	152,0	1252	12,4	2214	28,1	217,5
Köslin	7,3	3,4	0,1	303	6,8	255	5,7	84,2	387	7,4	357	6,4	87,1	422	7,4	694	11,1	150,2	462	8,1	841	14,7	181,5
Stralsund	11,7	8,8	0,9	250	13,0	253	13,5	90,4	255	13,5	308	14,6	108,1	333	15,6	528	24,7	158,6	330	13,8	509	27,4	181,5
Breslau	21,8	7,8	1,9	1721	14,6	1191	10,1	70,3	1673	13,1	1701	13,1	105,6	1601	10,8	3863	23,6	218,4	2008	10,6	5804	35,5	290,6
Oppeln	15,4	1,4	1,7	1249	12,5	591	6,1	47,3	1101	9,7	922	8,1	83,1	1198	8,4	1971	13,8	164,5	1765	10,4	3099	18,6	175,5
Liegnitz	25,0	3,0	1,7	1489	16,2	700	7,6	47,0	1494	15,0	1023	11,4	76,2	1311	14,8	2247	23,0	155,6	1944	17,3	3288	30,4	175,3
Magdeburg	19,2	7,8	0,7	1373	19,9	965	14,0	70,3	1449	13,3	1355	13,1	93,5	1838	14,8	2461	22,8	133,8	2008	13,3	3431	22,9	194,0
Merseburg	18,8	6,8	1,7	1432	19,3	800	10,8	55,9	1100	9,7	1017	12,2	92,4	1601	17,7	2224	22,6	138,6	2169	19,2	3431	33,6	182,3
Erfurt	19,7	7,6	1,0	661	19,0	360	10,4	54,4	679	13,6	418	11,4	61,6	632	15,7	764	18,9	120,9	701	16,9	1076	24,3	153,2
Münster	17,1	6,9	1,8	663	15,7	388	9,1	57,8	808	18,3	635	11,9	92,1	901	20,3	1094	23,6	121,3	965	16,5	1380	25,7	155,4
Minden	15,5	6,3	1,8	650	14,7	333	7,2	49,0	723	15,4	475	10,1	64,7	1069	16,4	1069	21,1	121,5	947	16,2	1881	32,3	198,6
Arnsberg	30,3	7,1	0,9	1653	23,0	835	14,4	49,6	2003	20,3	1316	11,4	63,8	2373	21,6	2247	18,9	120,9	2906	19,4	4294	28,7	147,8
Köln	25,3	7,7	1,8	1621	32,6	743	14,9	45,8	1712	30,2	1246	22,0	72,8	1888	25,0	2509	23,8	186,5	2178	24,4	3834	41,2	160,1
Düsseldorf	26,7	14,2	1,8	3007	33,8	1639	14,3	54,1	3498	31,3	2427	21,8	69,6	5167	28,3	5871	23,9	124,5	5167	23,3	7689	35,1	146,9
Koblenz	26,1	9,3	0,7	1314	26,1	507	10,1	38,6	1438	23,5	765	14,4	50,7	1438	22,8	617	24,6	102,7	1376	21,2	1764	27,0	127,5
Trier	12,5	5,9	0,6	714	14,6	270	3,5	37,6	847	13,1	428	7,9	49,4	847	13,1	617	9,3	72,8	982	21,0	1160	15,3	125,4
Aachen	24,9	8,5	1,5	1249	30,4	436	12,1	34,9	1318	28,7	673	14,7	51,1	1411	14,7	1495	28,3	105,2	1479	25,2	1856	31,7	125,4
alle Prov.	17,1	6,0	1,1	29447	16,2	17292	10,7	65,7	29436	13,4	29846	13,0	83,9	32017	14,3	50280	22,4	156,9	38251	14,7	73723	29,4	192,7

Tab. XV. Fleischer. Bemerkungen Anhang Nr. 2.

Reg.-Bezirk	1822 Auf je 10000 Einw. Selbständ.	1822 Abhäng.	1849 Selbständige	1849 Einw. auf 10000	1849 Abhängige	1849 Einw. auf 10000	1849 Auf 100 Selbst. Abh.	1861 Selbständige	1861 Einw. auf 10000	1861 Abhängige	1861 Einw. auf 10000	1861 Auf 100 Selbst. Abh.	1882 Selbständige	1882 Einw. auf 10000	1882 Abhängige	1882 Einw. auf 10000	1882 Auf 100 Selbst. Abh.	1895 Selbständige	1895 Einw. auf 10000	1895 Abhängige	1895 Einw. auf 10000	1895 Auf 100 Selbst. Abh.
Königsberg	8,2	4,4	639	7,4	528	6,3	83,9	923	9,4	794	6,1	85,0	1313	13,1	1461	12,7	90,6	1690	15,6	1848	13,7	113,4
Gumbinnen	6,4	4,5	440	7,2	325	3,3	73,9	642	9,2	459	6,3	68,4	1056	13,6	851	11,0	80,6	1058	13,1	1043	13,3	98,6
Danzig	6,9	3,7	246	6,1	216	5,3	87,8	290	6,1	287	6,0	99,0	519	9,3	740	13,2	142,6	660	16,4	1002	10,8	151,8
Marienwerder	7,4	1,6	417	6,7	189	5,0	46,3	546	7,7	366	5,1	67,0	829	10,2	765	9,4	92,3	897	12,6	1078	10,4	120,2
Posen	14,6	8,3	1068	11,9	465	5,2	43,6	1190	11,7	588	6,1	52,0	1435	13,4	1833	12,4	92,9	1441	16,2	1827	12,8	126,8
Bromberg	10,6	3,0	450	9,9	125	2,7	27,8	550	10,9	320	6,1	56,1	717	12,1	758	12,8	105,7	815	15,6	1008	12,7	127,7
Berlin	11,8	19,8	389	9,2	686	16,4	178,9	615	11,2	984	18,0	160,0	1322	13,2	8867	83,4	254,1	2185	40,5	6538	13,3	299,2
Potsdam	9,4	4,7	815	9,6	548	6,3	67,2	847	8,9	730	7,7	108,0	1385	13,4	2300	19,5	145,7	2237	25,0	4250	13,6	190,4
Frankfurt	11,7	5,0	936	10,9	490	5,7	52,4	1045	10,7	677	7,0	64,8	1501	13,7	1718	15,7	114,1	1777	21,8	2490	15,5	140,6
Stettin	6,5	3,5	398	7,1	308	5,5	77,4	536	8,2	455	6,9	84,9	867	11,9	1073	14,7	123,8	1028	18,1	1425	13,1	188,6
Köslin	5,6	1,5	217	4,8	146	3,3	67,3	284	5,4	172	3,3	60,0	443	7,7	463	8,1	104,9	509	11,6	660	8,9	129,7
Stralsund	9,7	4,5	165	8,8	136	7,3	82,4	220	10,4	165	7,9	75,5	294	13,8	321	15,0	103,2	357	19,7	429	16,4	120,2
Breslau	17,9	6,2	1696	14,4	1044	8,9	61,9	1861	14,4	1387	10,7	74,5	2143	13,9	3181	20,6	148,4	2350	26,0	4234	14,4	180,2
Oppeln	19,7	2,2	1288	13,3	498	8,2	62,0	1052	14,8	845	7,4	79,4	1974	13,8	2150	15,0	169,9	2284	20,0	3826	14,4	198,9
Liegnitz	19,8	5,2	1374	14,9	624	6,8	45,4	1462	15,5	881	8,7	56,1	1460	14,3	1795	17,6	122,2	1592	22,3	2428	13,6	152,5
Magdeburg	15,1	3,9	908	13,1	376	5,4	41,4	952	12,2	570	7,3	59,9	1363	14,2	1463	15,3	107,3	1712	21,8	2164	15,1	143,9
Merseburg	19,3	6,2	1194	16,1	554	7,0	46,4	1194	14,4	685	8,2	57,4	1337	13,6	1436	14,6	107,4	1580	21,0	2150	14,1	133,9
Erfurt	22,9	5,0	757	21,8	213	6,1	28,1	586	16,1	387	10,6	66,0	548	13,8	624	15,3	113,9	551	19,4	853	12,5	155,7
Münster	8,8	2,5	347	8,6	145	3,4	41,8	430	10,2	194	4,4	43,1	460	9,8	346	7,8	75,2	505	10,4	606	8,6	120,0
Minden	8,4	1,5	380	8,2	165	3,6	43,4	423	9,0	177	3,7	41,8	445	8,9	386	7,7	85,7	532	11,5	668	11,5	125,6
Arnsberg	12,3	2,8	632	10,9	253	4,4	40,0	788	11,1	371	5,3	46,8	1038	9,5	1101	10,0	106,1	1498	14,6	2188	10,0	146,1
Köln	13,0	4,8	720	14,5	302	6,1	41,9	801	14,1	447	7,9	55,8	1072	13,2	1262	17,9	117,7	1398	25,7	2800	15,6	164,5
Düsseldorf	12,8	4,1	1067	12,0	453	5,0	38,7	1359	12,2	674	6,0	49,6	2091	12,9	2510	15,4	120,0	2940	20,8	4486	14,6	152,6
Koblenz	18,8	3,6	822	16,3	209	5,3	32,7	996	12,7	245	5,6	31,5	894	14,8	813	13,4	90,9	945	15,9	1085	14,6	104,5
Trier	10,4	2,0	406	9,5	135	2,7	29,0	564	10,4	224	4,1	39,7	531	9,0	455	7,5	88,5	684	11,7	889	9,0	130,0
Aachen	11,1	8,3	541	13,1	198	4,7	35,7	660	14,4	278	6,1	42,1	767	14,6	606	11,6	79,0	910	18,9	1109	10,0	121,9
alte Provinzen	12,9	4,3	18772	11,3	9517	5,8	51,1	21381	11,6	13943	7,2	62,4	28462	12,7	33812	15,1	118,3	34180	20,2	53360	13,2	153,1

Tab. XVI. Maurer und (für 1822) Dachdecker. Bemerkungen Anhang Nr. 6.

Reg.-Bez.	1822 — Maurer und Dachdecker zus. auf 10 000 Einw.		1849 (Maurer)					1861 (Maurer)					1882 (Maurer)					1895 (Maurer)				
	Selbständ.	Abhängig.	Selbständige	auf 10 000 Einwohner	Abhängige	auf 10 000 Einwohner	Auf 100 Selbständige Abhängige	Selbständige	auf 10 000 Einwohner	Abhängige	auf 10 000 Einwohner	Auf 100 Selbständige Abhängige	Selbständige	auf 10 000 Einwohner	Abhängige	auf 10 000 Einwohner	Auf 100 Selbständige Abhängige	Selbständige	auf 10 000 Einwohner	Abhängige	auf 10 000 Einwohner	Auf 100 Selbständige Abhängige
Königsberg	4,1	7,6	318	3,8	1738	21,2	563,8	561	5,7	2038	29,8	528,8	220	1,9	5091	52,0	2723,2	880	6,9	5601	47,2	683,0
Gumbinnen	3,2	5,6	68	1,1	906	13,2	1376,5	207	3,0	1755	25,2	847,8	118	1,5	2742	36,3	2281,2	581	7,5	3156	36,7	632,2
Danzig	4,1	7,2	116	3,0	582	13,9	494,5	189	4,0	927	19,5	490,5	127	2,2	2887	50,6	2253,9	352	5,8	3426	56,1	973,3
Marienw.	4,1	6,5	187	3,0	941	15,2	503,2	344	4,8	1310	21,2	450,0	160	2,2	4057	40,8	2535,9	676	7,9	3818	44,5	564,8
Posen	3,8	3,9	181	2,0	1305	14,5	721,0	412	4,3	1506	15,7	365,0	218	2,0	4640	49,3	2068,6	547	4,8	5729	50,7	1047,3
Bromberg	5,6	5,2	91	2,0	640	14,1	703,3	252	4,8	787	15,1	312,3	193	2,2	3191	52,6	2440,6	472	7,3	4615	71,6	977,3
Stadt Berlin	2,7	36,7	140	3,8	3653	45,7	2090,5	235	5,4	8324	64,4	1202,7	218	3,6	10573	91,4	3541,6	830	2,8	13805	84,3	3014,4
Potsdam	2,9	24,7	184	2,2	2044	36,4	1208,2	404	4,3	6957	69,0	1499,3	557	3,0	9429	70,7	2040,3	902	6,4	16243	73,7	1782,5
Frankfurt	3,2	19,7	187	2,2	3255	37,6	1729,9	364	3,7	5355	64,0	1471,2	278	2,5	7362	72,1	2508,8	763	6,6	8990	72,4	1192,6
Stettin	2,8	21,1	106	1,9	1076	36,4	1605,0	289	2,1	2652	40,4	1109,6	187	2,6	5166	70,2	2762,6	509	6,5	6002	76,3	1170,2
Köslin	3,4	10,1	67	1,3	637	24,0	1600,6	100	2,1	1764	33,5	1609,2	119	2,1	2929	42,3	2040,3	422	7,4	2406	42,2	570,6
Stralsund	7,4	17,7	75	4,0	114	34,1	849,3	114	5,4	971	46,1	851,9	53	2,5	1327	62,6	2503,8	156	7,1	1475	67,8	948,1
Breslau	2,4	20,2	418	4,1	4896	41,7	1171,3	1048	8,1	7118	54,9	1109,6	313	3,6	10660	65,0	3405,6	760	6,5	12478	76,6	1641,8
Oppeln	2,3	7,8	381	3,9	1777	18,4	466,4	487	4,3	3511	46,7	1090,6	218	1,5	10746	75,0	4920,4	520	3,1	13049	90,6	2900,8
Liegnitz	3,4	17,4	189	2,1	4775	51,8	2536,5	429	4,4	6612	60,1	1543,1	218	2,1	8291	81,2	3800,2	542	3,1	8156	76,7	1504,8
Magdeburg	7,5	27,7	188	4,2	3966	70,4	2633,6	346	4,5	7046	90,8	2161,7	372	3,9	11017	135,2	2951,6	783	8,5	12810	108,8	1572,2
Merseburg	11,5	41,4	351	4,7	5754	77,5	1699,3	358	4,6	8344	100,3	2161,7	367	3,3	13826	134,6	3600,3	964	8,8	13597	120,3	1410,2
Erfurt	16,8	19,0	206	5,9	2184	62,3	1060,2	116	3,2	3369	89,6	2581,1	277	6,9	3589	81,2	1295,7	576	13,0	8713	84,0	644,6
Münster	11,2	6,0	72	1,8	866	18,3	1203,0	987	13,9	617	8,7	62,5	741	10,0	2182	29,5	294,5	980	16,9	4529	77,3	462,3
Minden	13,7	12,2	419	9,0	1302	25,9	310,0	905	19,2	1867	29,0	206,3	490	10,0	2022	36,3	412,7	902	16,5	4916	84,3	545,0
Arnberg	20,5	16,5	1078	18,5	1758	30,3	163,8	1483	20,4	2183	31,0	151,8	1421	13,0	7010	63,9	493,3	1464	9,8	15648	104,4	1068,9
Köln	14,9	50,0	701	14,1	2056	41,3	293,3	971	17,1	1619	28,5	166,7	848	12,0	4179	59,1	492,8	1091	12,2	6392	71,5	585,9
Düsseldorf	15,1	17,2	1397	15,2	1940	21,4	140,7	1372	12,3	2458	22,0	179,2	1498	8,9	8835	51,0	576,1	1489	6,9	12522	84,3	1223,3
Koblenz	30,2	13,2	1265	24,0	1650	33,0	137,7	1398	18,5	1997	36,5	142,8	879	14,5	4099	66,7	450,5	1178	18,1	4494	63,1	380,6
Trier	24,3	14,3	941	13,1	1819	27,0	193,3	879	9,9	2330	46,5	471,1	733	10,3	3727	67,2	508,5	864	11,4	3535	72,9	630,5
Aachen	10,2	17,2	538	13,0	734	19,1	171,1	539	12,2	1004	21,9	179,3	539	10,3	1783	38,0	331,3	568	9,7	2638	45,3	463,0
alle Provinz.	8,1	17,0	10470	6,4	34046	33,2	316,2	14425	64,5	81177	44,1	86,9	13484	67,1	134194	67,1	226,9	19455	25,6	204793	78,8	1630,0
Hohenz.Sigm.	—	—	—	—	—	—	—	—	—	—	—	—	—	—	—	—	—	—	—	275	41,7	162,7

Tabelle XVII. Maurer und Dachdecker zusammen (Bemerkungen Anhang Nr. 6).

Reg.-Bezirk	Auf 10 000 Einw. zählte man Selbständige + Gehülfen			Auf 10 000 Einw. zählte man Erwerbsthätige überhaupt			Verh. v. 1849 und 1895 = 100 zu:	Auf 100 Selbständige zählte man Abhängige		
	1822	1848	1895	1822	1849	1895		1822	1849	1895
Königsberg	4+8	4+21	9+48	12	25	57	228	163	544	552
Gumbinnen	3+6	1+15	8+41	9	16	49	285	176	1280	481
Danzig	4+7	3+14	8+58	11	17	66	404	178	162	711
Marienwerder	4+7	3+16	11+47	11	19	53	307	156	464	439
Posen	4+4	3+15	7+34	8	18	61	344	104	506	731
Bromberg	6+5	3+14	11+76	11	17	87	516	89	579	705
Potsdam	3+25	3+47	9+117	28	50	126	253	864	1546	1219
Frankfurt	3+20	3+39	10+85	23	42	95	229	619	1310	735
Stettin	3+21	3+37	10+82	24	40	92	222	774	144	821
Köslin	3+10	2+24	10+46	13	26	57	217	258	1245	444
Stralsund	8+17	5+34	12+72	25	39	84	218	238	800	535
Breslau	9+30	4+49	6+81	39	46	87	185	838	1065	1252
Oppeln	2+8	4+19	4+82	10	23	96	417	332	443	2287
Liegnitz	3+18	5+55	8+83	21	53	91	158	518	1980	1003
Magdeburg	8+27	4+77	11+119	35	81	131	162	365	1800	1043
Merseburg	12+41	7+88	12+128	53	90	141	158	351	1227	958
Erfurt	17+19	8+68	17+90	36	76	108	141	113	806	515
Münster	11+6	19+9	18+80	17	28	99	348	53	49	440
Minden	14+12	10+27	17+87	26	37	104	286	89	274	506
Arnsberg	21+18	21+32	13+103	39	54	122	223	89	152	861
Köln	15+60	18+45	16+77	65	63	93	148	336	248	479
Düsseldorf	15+17	19+24	11+90	32	43	101	233	114	117	844
Koblenz	30+13	29+34	22+72	43	64	96	150	44	127	307
Trier	25+14	24+38	15+76	39	62	91	146	59	161	501
Aachen	10+17	18+23	15+51	27	41	66	162	171	131	328
Berlin überhaupt	8+17 / 3+96	8+35 / 4+29	11+83 / 4+92	25 / 39	43 / 88	94 / 96	220 / 288	204 / 1384	441 / 769	769 / 2212
überhaupt	8+17	8+35	10+84	35	43	94	220	210	445	802

Tab. XVIII. Schneiderei mit Konfektion (Bemerkungen Anhang 3).

Reg.-Bezirk	1882				1895				
	Selbständige auf 100 000 Einwohner	Abhängige	auf 100 000 Einwohner	Auf 100 Selbstän-dige Abhängige	Selbständige auf 100 000 Einwohner	Abhängige	auf 100 000 Einwohner	Auf 100 Selbstän-dige Abhängige	
Königsberg	6496	35,9	3364	20,3	50,7	7387	62,2	4083	31,4	55,3
Gumbinnen	4153	33,5	2138	17,5	51,5	5632	63,6	3632	33,1	52,1
Danzig	3906	46,5	1310	23,9	51,4	3905	55,1	1993	32,7	59,2
Marienwerder	3876	41,5	1831	22,5	54,2	4404	47,7	2389	27,2	57,1
Posen	3753	35,0	2162	20,2	57,6	4414	39,1	3359	29,7	76,1
Bromberg	2166	36,5	1364	21,3	68,4	2763	42,9	1808	25,0	63,8
Stadt Berlin	16205	140,1	16017	146,2	104,4	21173	134,8	30086	191,8	142,1
Potsdam	9657	56,2	3325	29,7	53,0	9440	57,8	6627	40,2	70,2
Frankfurt	5566	50,9	3035	27,8	54,5	6563	57,3	4016	35,0	61,2
Stettin	4598	62,0	2438	33,4	53,9	6078	77,3	4865	55,5	71,8
Cöslin	2834	50,5	1605	27,9	55,5	3259	57,2	2855	35,6	62,2
Stralsund	1626	76,2	382	27,3	35,8	1796	79,5	758	34,7	43,7
Breslau	7491	48,5	6022	39,0	80,4	10545	64,8	11413	70,1	108,2
Oppeln	4432	31,1	2307	19,6	65,1	5664	35,4	3642	21,9	63,5
Liegnitz	5692	55,8	2788	27,3	49,0	6782	63,8	4119	38,8	60,7
Magdeburg	3849	61,1	3087	32,3	52,8	7910	69,9	4756	42,0	60,1
Merseburg	4382	44,4	2259	23,0	51,3	5819	51,5	3812	38,7	65,5
Erfurt	1894	46,7	1619	40,1	85,9	2182	49,4	2550	57,7	116,9
Münster	2181	46,3	1416	30,1	64,9	2436	41,7	2421	41,4	99,4
Minden	2257	45,1	1608	32,1	71,2	3072	52,7	2586	44,4	84,2
Arnsberg	3838	55,0	2750	25,2	71,9	4636	50,3	4877	32,5	107,5
Köln	2985	42,2	1884	26,7	63,1	4078	45,6	4768	53,4	116,9
Düsseldorf	6170	38,0	4092	25,2	66,3	8224	38,1	9447	43,7	114,9
Koblenz	1977	32,7	1005	16,6	50,8	1985	30,6	1494	21,9	71,7
Trier	1765	27,7	890	13,6	49,0	2053	27,1	1397	17,6	65,0
Aachen	1710	32,6	943	18,0	55,1	1873	31,9	1773	30,2	94,7
Summe	112610	50,2	73270	32,7	65,1	142987	65,0	123864	47,7	86,6
Hohenzollern	197	29,7	90	13,6	45,7	219	33,2	145	22,0	66,2

231

Tabelle XIX. Schneiderei ohne Konfektion (Bemerkungen Anh. Nr. 3).

Reg.-Bezirk	1822 Erwerbsthätige auf 10000 E. Meister	Geb.	Selbst.	1849 Selbständige	Abhängige	Einwohner auf 10 000	Auf 100 Selbst.-ständige Abhängige	1861 Selbständige	Abhängige	Einwohner auf 10 000	Einwohner auf 10 000	Auf 100 Selbst.-ständige Abhängige	1882 Selbständige	Abhängige	Einwohner auf 10 000	Einwohner auf 10 000	Auf 100 Selbst.-ständige Abhängige	1895 Selbständige	Abhängige	Einwohner auf 10 000	Einwohner auf 10 000	Auf 100 Selbst.-ständige Abhängige
Königsberg	41	12	48	2554	1566	30,1	61,3	3466	2412	55,3	24,5	69,6	6410	3295	55,6	29,1	50,5	7827	3929	61,7	33,1	53,6
Gumbinnen	44	10	44	1986	941	32,3	47,4	2758	1518	39,7	21,8	55,0	4190	2119	53,2	27,3	51,3	5089	2611	63,4	32,9	51,8
Danzig	35	19	48	1111	640	27,5	57,6	1196	883	25,1	18,6	73,8	2573	1276	45,9	22,8	49,6	3841	1923	54,7	31,5	57,6
Marienwerder	37	7	44	1863	806	29,0	49,4	2463	1207	34,5	16,9	49,0	5867	1819	41,4	22,3	54,0	4059	2311	47,4	26,9	56,8
Posen	90	9	39	3288	1423	36,6	43,3	3111	1635	32,3	17,0	52,6	3717	2137	34,7	19,9	57,6	4284	3151	37,9	27,9	73,6
Bromberg	37	12	49	1547	642	34,0	41,5	1709	932	32,7	19,0	53,0	2150	1253	36,2	21,1	58,3	2736	1784	42,5	27,7	65,2
Berlin	58	62	120	2890	3282	67,9	113,8	3830	5296	70,1	96,6	138,0	14351	8615	124,0	74,5	60,0	17495	17544	107,9	108,6	100,7
Potsdam	43	21	60	4017	2000	47,5	49,8	4908	2663	51,8	28,1	64,3	6588	3982	55,5	28,5	51,4	9105	5802	55,8	35,2	63,7
Frankfurt	51	16	67	3780	1721	43,9	45,5	4648	2236	47,8	23,6	60,2	5456	3072	49,0	27,2	54,5	6535	3935	57,0	34,3	60,2
Stettin	46	20	66	2408	1388	42,8	55,6	2956	1592	49,6	24,3	65,7	4296	2922	59,2	31,8	53,7	5711	3544	72,6	45,1	62,1
Köslin	55	10	66	1840	737	41,0	40,1	2275	1054	48,4	20,1	46,8	2872	1500	50,1	27,7	51,8	3226	2002	56,6	15,1	62,1
Stralsund	40	17	58	681	415	36,4	60,9	1032	597	50,0	28,3	57,8	1618	580	74,8	27,2	35,8	1721	744	78,8	34,1	43,2
Breslau	46	17	63	4595	2296	41,7	46,9	6173	3668	47,6	28,3	59,4	5781	5449	47,7	35,3	74,0	9500	8447	58,4	51,9	88,8
Oppeln	25	6	31	2637	818	26,7	31,6	3245	1254	28,5	11,0	38,6	4420	2776	30,8	19,4	62,8	5532	3588	38,2	21,6	64,9
Liegnitz	40	14	54	4251	1698	46,2	39,9	5748	2306	60,1	24,1	40,1	5622	2638	55,1	25,8	46,9	6564	3621	61,8	34,1	55,2
Magdeburg	60	20	80	3204	2087	56,5	29,5	5001	2406	64,1	30,8	48,1	2991	2991	60,4	31,8	51,7	7820	4481	69,1	39,6	57,3
Merseburg	55	18	72	3044	1791	53,1	16,6	4664	1641	55,1	22,1	49,0	4313	2214	43,9	32,5	51,3	5538	3620	50,8	32,0	63,0
Erfurt	41	13	54	1592	826	45,8	51,9	1788	963	49,0	26,5	54,1	1660	1105	41,2	27,4	66,6	2037	1608	46,1	38,4	83,4
Münster	47	22	69	2354	1364	55,8	57,9	2987	1819	67,5	41,1	60,9	2125	1355	45,1	28,8	63,8	2403	2377	41,1	40,7	98,9
Minden	43	15	58	1920	768	41,4	40,0	2445	1174	51,8	24,0	48,0	2156	1543	43,6	30,9	70,8	2751	2120	47,2	36,4	77,1
Arnsberg	53	27	80	3363	2007	58,0	59,7	3881	2544	55,2	36,2	65,6	3761	2631	54,3	24,0	70,0	4470	4665	29,8	31,2	104,3
Köln	33	19	52	2488	1181	50,0	47,5	3120	1664	55,1	41,1	53,2	2991	1679	40,9	23,8	58,1	3900	4261	43,7	47,7	109,0
Düsseldorf	43	24	77	5008	3058	55,2	61,0	6062	3771	54,3	33,8	62,3	5000	3047	36,3	22,4	61,8	7401	7430	34,3	34,4	100,4
Koblenz	40	12	53	2436	897	49,4	36,8	2640	1249	49,8	23,8	47,8	1913	954	31,6	13,8	49,9	1944	1366	23,9	21,0	70,3
Trier	33	18	46	2119	719	43,1	17,8	2816	1293	42,6	23,6	45,8	1785	863	27,6	13,3	48,3	2021	1270	29,6	16,7	62,3
Aachen	29	17	46	1622	800	33,4	19,4	2200	1063	48,0	23,2	48,3	1670	984	31,9	16,9	52,9	1883	1685	31,3	28,7	91,9
Summe	43	16	59	70423	33748	43,2	50,8	86530	49167	47,0	26,7	56,8	108916	62084	48,6	27,7	56,9	134461	99912	51,7	38,5	74,3
Hohenzollern	—	—	—	—	—	—	—	297	123	45,9	19,0	41,4	194	88	24,2	13,3	45,4	218	142	33,1	21,5	65,1

Tabelle XX. Buchbinderei und Kartonnagefabrikation. (Bemerkungen Anhang Nr. 11.)

Reg.-Bezirke	1822 Selbständige auf 10 000 Einwohner	1849 Selbständige	auf 10 000 Einwohner	Abhängige	auf 10 000 Einwohner	Auf 100 Selbständige Abhängige	1861 Selbständige	auf 10 000 Einwohner	Abhängige	auf 10 000 Einwohner	Auf 100 Selbständige Abhängige	1882 Selbständige	auf 10 000 Einwohner	Abhängige	auf 10 000 Einwohner	Auf 100 Selbständige Abhängige	1895 Selbständige	auf 10 000 Einwohner	Abhängige	auf 10 000 Einwohner	Auf 100 Selbständige Abhängige
Königsberg	0,7	110	1,3	109	1,3	99,1	117	1,2	130	1,3	111,1	126	1,1	203	1,3	161,1	108	0,6	198	1,7	183,3
Gumbinnen	0,5	44	0,7	38	0,6	86,4	51	0,7	57	0,8	118,8	67	0,9	97	1,3	144,8	51	0,5	92	1,2	180,4
Danzig	0,7	55	1,3	65	1,3	122,6	71	1,5	53	1,1	88,1	64	1,1	80	1,4	125,0	94	0,9	86	1,1	139,3
Marienwerder	0,4	33	0,5	88	0,6	75,5	62	0,4	62	0,9	112,7	77	0,8	77	1,7	120,3	56	0,7	55	1,2	160,4
Posen	0,6	106	1,2	56	0,6	52,8	100	1,1	84	1,1	77,1	113	1,1	148	1,4	131,0	102	0,9	225	2,0	220,6
Bromberg	0,7	31	0,7	35	0,6	76,5	49	0,9	38	1,1	118,4	42	0,7	96	1,7	233,3	43	0,7	79	1,2	183,7
Stadt Berlin	4,6	294	7,6	688	15,1	195,9	550	10,0	1027	29,7	255,8	868	7,5	4785	40,9	546,5	950	5,9	6230	89,9	662,1
Potsdam	1,0	165	2,0	360	4,4	223,6	163	1,7	182	1,9	111,7	224	1,9	402	3,4	179,5	307	1,9	1086	6,3	337,5
Frankfurt	1,0	155	1,9	116	1,3	74,8	160	1,6	103	1,1	63,1	167	1,5	219	2,0	131,1	160	1,4	319	2,8	194,4
Stettin	1,8	95	1,7	88	1,6	92,6	102	1,6	165	2,5	161,8	127	1,7	214	2,9	168,6	120	1,5	370	4,7	308,3
Köslin	0,7	51	1,1	33	0,7	64,7	58	1,1	57	1,1	98,3	73	1,3	99	1,7	135,6	67	1,2	60	1,1	89,6
Stralsund	1,3	41	2,2	20	1,1	48,8	47	2,2	27	1,3	57,4	35	1,6	33	1,5	94,3	35	1,6	40	1,8	114,3
Breslau	0,7	236	2,1	246	2,1	96,4	261	2,1	478	3,7	183,1	313	2,0	693	4,1	221,2	303	1,9	1324	8,0	437,0
Oppeln	0,2	120	1,2	33	0,5	44,2	143	1,3	351	3,1	245,5	159	1,6	242	2,4	152,0	165	1,0	302	1,8	180,0
Liegnitz	0,9	105	2,1	188	2,1	157,7	208	2,2	385	3,4	157,7	269	2,6	566	5,5	210,4	253	1,9	475	4,5	188,9
Magdeburg	1,4	154	2,2	107	1,6	147,3	167	2,1	155	2,0	92,8	202	2,0	457	4,8	226,2	221	2,0	794	7,0	359,3
Merseburg	1,7	205	2,2	302	4,1	135,5	220	2,6	430	5,3	195,5	242	2,7	390	4,0	148,9	252	2,9	590	5,2	234,1
Erfurt	1,7	83	2,4	63	1,8	76,8	95	2,6	68	1,9	70,8	119	2,7	226	5,6	189,9	138	3,2	329	7,4	238,4
Münster	1,2	108	2,6	63	2,0	76,9	136	2,8	94	2,1	74,6	141	3,0	155	3,3	109,9	128	2,3	290	5,0	225,6
Minden	1,5	90	1,9	48	1,1	53,3	102	2,2	179	3,8	175,5	108	2,1	195	3,8	180,6	116	2,3	414	7,1	356,9
Arnsberg	1,2	100	2,8	80	1,5	55,6	189	2,7	203	2,9	107,4	232	2,6	435	3,9	188,6	296	2,0	662	4,4	224,6
Köln	1,7	135	2,8	134	2,8	99,3	168	3,0	409	7,3	243,5	212	3,0	420	5,9	191,1	211	2,4	880	9,7	393,4
Düsseldorf	1,6	305	3,8	383	4,3	126,8	400	4,0	495	5,1	323,5	646	4,0	2060	12,9	323,5	780	3,4	3062	15,5	460,7
Koblenz	1,1	97	1,9	75	1,5	77,3	108	2,0	272	4,1	251,9	99	1,6	209	3,5	211,1	108	1,8	303	4,7	265,8
Trier	1,0	87	1,3	24	0,5	27,6	122	2,0	280	4,0	180,8	106	1,6	100	3,5	94,3	114	1,4	121	1,6	112,0
Aachen	0,8	38	1,4	35	0,8	60,3	82	1,8	97	2,1	118,3	115	2,2	265	5,1	230,4	116	1,6	405	6,9	349,1
alte Provinzen	1,1	3200	2,0	3433	2,1	104,3	3994	2,1	6396	3,5	163,0	4946	2,2	12756	5,7	258,3	5294	2,0	19065	7,3	360,9
Hohenzollern	—	—	—	—	—	—	17	2,6	11	1,7	64,7	20	3,0	15	2,3	75,0	25	3,8	15	2,3	60,0

Tab. XXI. Tischler (vgl. Bemerkungen im Anhang Nr. 5 und 8).

Reg.-Bez.	1822 Meister	1822 Gesellen	1822 zus.	1849 Selbständige	1849 Einw/10000	1849 Abhängige	1849 Einw/10000	1849 Auf 100 Selbst. abh.	1861 Selbständige	1861 Einw/10000	1861 Abhängige	1861 Einw/10000	1861 Auf 100 Selbst. abh.	1875 Selbst./10000	1875 Abh./10000	1875 Auf 100 Selbst. abh.	1882 Selbständige	1882 Einw/10000	1882 Abhängige	1882 Einw/10000	1882 Auf 100 Selbst. abh.	1895 Selbständige	1895 Einw/10000	1895 Abhängige	1895 Einw/10000	1895 Auf 100 Selbst. abh.
Königsberg	15,3	9,7	25,0	1885	18,7	1506	17,7	95,0	1955	19,9	2112	21,5	108,0	21,3	14,2	66,9	2404	20,9	2784	24,2	115,8	2031	17,1	2061	24,9	145,8
Gumbinnen	12,6	4,8	17,4	942	13,7	517	8,4	61,4	1136	16,3	1084	15,6	95,4	20,9	12,5	59,8	1418	18,3	1541	19,0	106,7	1297	16,3	1612	20,3	124,3
Danzig	18,3	9,0	23,3	652	16,1	600	15,0	39,4	724	13,2	914	19,2	162,2	16,1	16,2	100,8	822	14,7	1690	29,1	198,2	723	11,8	2047	33,5	283,1
Marienw.	12,3	5,3	17,7	1136	18,3	567	9,1	70,8	1345	18,9	775	10,9	57,6	16,9	11,1	53,4	1430	17,7	1276	15,7	89,7	1330	11,5	1447	16,8	108,8
Posen	8,4	8,8	12,2	1965	15,2	766	8,5	56,1	1404	14,6	1058	11,0	73,4	14,5	11,1	70,8	1444	13,5	1678	15,7	116,2	1450	12,8	2299	20,3	158,6
Bromberg	10,0	5,5	15,5	751	16,5	445	9,8	58,9	574	16,7	610	11,7	63,8	15,9	12,7	80,1	841	14,2	1000	16,9	118,9	798	12,4	1574	24,4	197,2
Berlin	36,1	58,1	94,3	1591	37,5	3118	73,6	196,0	1964	35,9	6194	112,0	312,3	27,3	90,1	303,0	3042	26,3	14936	129,3	491,7	3105	19,2	19884	123,1	640,4
Potsdam	18,2	15,2	33,3	2065	24,3	1484	17,6	72,2	2135	22,5	2060	21,8	96,5	23,5	24,4	103,6	2483	20,9	4147	35,0	167,0	2795	17,0	8329	56,6	207,9
Frankfurt	15,6	10,7	26,2	1977	23,0	1204	14,0	60,9	2316	23,8	1623	16,7	70,1	23,3	20,7	88,9	2352	21,5	3151	24,8	134,0	2118	18,3	4270	37,3	201,9
Stettin	18,0	14,9	32,9	1641	29,2	1055	18,8	64,3	1629	24,9	1313	20,0	80,6	24,2	18,4	76,1	1647	22,5	2001	22,6	127,0	1475	18,8	2968	38,0	202,6
Köslin	9,6	10,6	19,7	1302	22,9	644	14,4	49,5	1427	27,0	928	17,2	65,3	26,8	13,6	50,9	1272	22,2	1304	22,2	102,5	1380	17,7	1380	27,7	156,3
Stralsund	19,2	17,8	37,0	540	23,9	371	19,8	63,7	547	26,0	583	27,7	106,6	22,8	20,6	90,3	452	21,2	566	26,5	125,2	433	19,8	779	35,7	179,9
Breslau	15,9	11,0	26,6	2622	22,8	2270	19,3	86,5	2890	22,2	3615	27,9	125,5	28,2	39,7	132,4	3811	21,4	5754	37,2	173,8	2973	18,3	7887	48,4	265,3
Oppeln	8,9	3,8	12,7	1290	12,7	669	6,9	54,0	1444	14,4	1156	10,2	80,1	18,4	14,4	71,4	2209	15,4	2468	17,2	111,7	2209	15,4	4111	32,3	186,1
Liegnitz	17,1	8,7	23,8	2346	25,5	1409	15,3	60,1	2506	26,8	1978	20,7	77,1	24,7	16,1	67,7	2569	23,8	3079	39,0	135,4	2640	23,8	5558	—	210,5
Magdeburg	23,4	15,1	38,5	2400	34,7	1598	23,1	66,6	2488	31,9	1857	23,8	74,6	31,8	25,2	79,4	2634	29,6	3747	39,2	182,2	2612	23,1	4971	48,9	190,3
Merseburg	11,3	7,0	23,3	1711	20,0	990	13,0	57,9	1812	21,8	1263	15,2	69,7	20,8	16,0	76,6	1929	19,6	2831	28,8	146,8	1880	16,6	3887	43,0	206,8
Erfurt	19,3	11,9	31,2	1016	20,3	623	17,9	61,3	1007	27,6	926	25,4	92,0	32,0	21,3	66,7	1197	29,7	1448	35,9	121,0	1112	15,2	1812	41,0	162,9
Münster	11,7	8,5	30,2	1093	25,9	605	14,3	55,4	1309	29,6	1098	23,2	78,5	43,0	24,8	57,8	1775	37,1	1852	39,3	104,3	1926	32,9	3036	51,8	157,1
Minden	12,1	10,3	31,6	1496	32,8	573	12,6	38,3	1481	31,4	851	18,0	57,5	39,5	21,4	55,6	1646	32,9	2019	40,3	122,7	1815	31,1	3831	57,1	183,9
Arnsberg	24,1	13,3	37,4	2885	43,3	1346	23,2	31,8	2981	42,4	1864	26,3	62,5	30,7	27,0	88,0	3219	29,3	3810	34,7	118,4	3190	21,3	7589	50,6	237,2
Köln	21,1	14,5	35,6	2319	46,6	1071	21,5	46,2	2165	39,2	2362	41,6	109,1	41,3	27,9	67,5	2367	33,5	3664	51,8	154,8	2275	25,5	5564	63,4	249,0
Düsseldorf	13,1	19,5	37,6	3588	41,7	2677	29,5	70,8	4458	40,2	3166	28,4	70,6	38,5	30,0	78,0	4917	30,3	8124	50,0	165,2	5029	23,9	14353	67,3	285,1
Koblenz	20,2	9,8	30,0	1953	38,8	677	13,5	34,7	1895	35,8	900	17,0	47,5	38,1	14,2	37,3	2006	33,2	1644	27,2	82,0	1850	33,2	1980	30,5	107,0
Trier	14,5	3,6	20,1	1514	30,8	420	8,5	27,7	1657	30,4	826	19,2	49,8	31,0	11,8	38,1	1843	28,5	1297	20,4	70,4	1860	23,5	2455	32,0	130,4
Aachen	14,3	11,2	25,5	1417	34,4	763	18,5	31,8	1534	30,1	988	21,5	64,4	35,1	19,0	49,1	1737	33,1	2080	38,8	120,2	1549	24,3	2806	57,9	181,1
alte Prov.	16,3	11,0	27,3	42561	26,4	27082	17,2	63,1	47342	25,7	41974	22,8	88,7	27,1	23,3	85,8	53545	21,9	80849	36,0	151,0	51493	19,8	119961	45,9	231,8
Hohenzllrn.	—	—	—	—	—	—	—	—	291	45,0	157	24,3	54,0	49,8	13,4	26,9	208	31,3	111	16,7	53,4	144	21,8	134	20,3	93,1

Tab. XXII. Posamentierer.

Reg.-Bezirk	1849							1895						
	Erwerbs-thätige	auf 10 000 Einw.	Selb-ständige	auf 10 000 Einw.	Ab-hängige	auf 10 000 Einw.	Auf 100 Selbständ. Abhängige	Erwerbs-thätige	auf 10 000 Einw.	Selb-ständige	auf 10 000 Einw.	Ab-hängige	auf 10 000 Einw.	Auf 100 Selbständ. Abhängige
Königsberg	39	0,5	23	0,3	16	0,2	69,6	15	0,1	2	0,01	13	0,1	650,0
Gumbinnen	10	0,2	7	0,1	3	0,04	42,9	1	0,01	—	—	1	0,01	—
Danzig	27	0,7	18	0,4	9	0,2	50,0	3	0,04	2	0,02	1	0,01	50,0
Marienwerder	10	0,3	10	0,2	8	0,1	80,6	—	—	—	—	—	—	—
Posen	93	1,0	56	0,6	37	0,4	66,1	31	0,3	11	0,1	20	0,2	181,8
Bromberg	26	0,6	22	0,5	4	0,1	18,2	25	0,4	3	0,04	22	0,3	733,3
Stadt Berlin	502	11,3	210	5,0	292	6,9	139,0	2972	14,7	319	2,0	2653	12,7	643,6
Potsdam	110	1,3	70	0,5	40	0,5	57,1	359	2,2	55	0,2	304	1,8	552,7
Frankfurt	81	0,9	48	0,6	33	0,4	68,8	148	1,3	13	0,1	135	1,2	1088,5
Stettin	47	0,8	34	0,6	13	0,2	38,2	88	0,5	16	0,2	22	0,3	187,5
Köslin	13	0,3	12	0,3	1	0,02	8,3	4	0,01	3	—	1	0,01	33,3
Stralsund	19	1,0	12	0,6	7	0,4	36,8	1	—	—	—	1	0,04	33,3
Breslau	222	1,9	95	0,8	127	1,1	133,7	546	3,4	27	0,2	519	3,2	1922,2
Oppeln	82	0,8	46	0,5	36	0,4	78,3	57	0,3	19	0,1	18	0,1	94,7
Liegnitz	109	1,2	80	0,9	29	0,3	36,3	109	1,0	24	0,2	85	0,8	354,2
Magdeburg	108	2,4	97	1,4	71	1,0	73,2	178	1,6	33	0,3	145	1,3	439,4
Merseburg	273	3,6	145	1,9	128	1,7	88,3	154	1,4	26	0,2	128	1,1	492,3
Erfurt	64	1,8	35	1,0	29	0,8	82,9	70	1,6	11	0,3	59	1,3	536,4
Münster	18	0,4	13	0,3	5	0,1	38,5	7	0,1	—	—	7	0,1	—
Minden	16	0,3	12	0,3	5	0,1	33,3	18	0,3	7	0,1	11	0,1	157,1
Arnsberg	29	0,5	24	0,4	4	0,1	30,3	468	3,1	34	0,2	434	2,9	1276,5
Köln	75	1,5	43	0,9	32	0,6	74,4	157	1,8	28	0,3	129	1,4	460,7
Düsseldorf	220	2,5	131	1,4	98	1,1	74,8	7115	8,2	434	2,0	6681	8,0	1539,4
Koblenz	43	0,3	36	0,7	7	0,1	19,4	77	1,2	11	0,2	66	1,0	600,0
Trier	8	0,2	5	0,1	3	0,1	60,0	4	0,1	1	0,01	3	0,08	600,0
Aachen	18	0,4	11	0,3	7	0,2	63,6	34	0,6	3	0,1	31	0,5	1083,3
Staat	2299	1,4	1255	0,8	1044	0,6	80,6	11971	4,6	1082	0,4	10889	4,2	1006,4

Tabelle XXIII. Gold- und Silberarbeiter. Vgl. Bemerkungen Anhang Nr. 20.

Reg.-Bezirk	1849 Erwerbs-thätige	auf 10 000 Einw.	Selbstän-dige	auf 10 000 Einw.	Ab-hängige	auf 10 000 Einw.	auf 100 Selbst. Abhge.	1895 Erwerbs-thätige	auf 10 000 Einw.	Selbstän-dige	auf 10 000 Einw.	Ab-hängige	auf 10 000 Einw.	Auf 100 Selbst. Abhge.
Königsberg	102	1,2	34	0,4	68	0,8	200,0	107	0,9	39	0,3	68	0,6	174,4
Gumbinnen	31	0,5	13	0,2	18	0,3	183,5	30	0,4	10	0,1	20	0,3	200,0
Danzig	88	2,2	24	0,8	34	1,3	168,8	96	1,6	32	0,5	64	1,0	200,0
Marienwerder	37	0,6	19	0,4	18	0,3	94,7	52	0,6	18	0,2	34	0,4	188,9
Posen	50	0,6	30	0,8	20	0,2	66,7	71	0,6	26	0,2	45	0,4	173,1
Bromberg	13	0,3	9	0,2	4	0,1	44,4	54	0,8	21	0,3	33	0,5	157,1
Stadt Berlin	807	19,0	271	6,4	536	12,6	197,8	2361	14,6	524	3,2	1837	11,4	350,6
Potsdam	67	0,8	41	0,5	26	0,3	63,4	465	2,8	140	0,8	325	2,0	232,1
Frankfurt	64	0,7	41	0,5	23	0,3	56,1	95	0,8	59	0,5	36	0,3	61,0
Stettin	65	1,2	38	0,7	27	0,5	71,1	134	1,7	52	0,7	82	1,0	157,7
Köslin	27	0,6	18	0,4	9	0,2	50,0	42	0,7	22	0,4	20	0,4	90,9
Stralsund	50	2,7	31	1,7	19	1,0	61,3	39	1,8	23	1,1	16	0,7	69,6
Breslau	245	2,1	142	1,2	103	0,9	72,5	521	3,2	149	0,9	372	2,3	249,7
Oppeln	41	0,4	27	0,3	14	0,1	51,9	56	0,3	30	0,2	26	0,2	86,7
Liegnitz	134	1,5	84	0,9	50	0,5	59,5	311	2,9	84	0,8	227	2,1	270,2
Magdeburg	132	2,1	65	1,2	67	1,0	78,8	279	2,5	113	1,0	166	1,5	146,9
Merseburg	101	1,4	68	0,9	33	0,4	48,5	186	1,6	69	0,6	117	1,0	167,6
Erfurt	66	1,0	35	1,0	31	0,9	88,6	50	1,1	26	0,6	24	0,5	92,3
Münster	174	4,1	104	2,5	70	1,7	67,3	109	1,9	60	1,0	49	0,8	81,7
Minden	78	1,7	52	1,2	26	0,6	50,0	67	1,1	42	0,7	25	0,4	59,5
Arnsberg	227	3,9	72	1,2	155	2,7	215,3	198	1,8	62	0,4	136	0,9	219,4
Köln	175	3,5	104	2,1	71	1,4	68,3	292	3,3	101	1,1	191	2,1	189,1
Düsseldorf	309	3,4	197	2,2	112	1,2	56,9	582	2,7	193	0,9	389	1,8	201,6
Koblenz	89	1,8	62	1,2	27	0,5	43,5	46	0,7	34	0,5	12	0,2	35,3
Trier	57	1,2	29	0,6	28	0,6	96,6	94	1,2	34	0,4	60	0,8	176,5
Aachen	85	2,1	49	0,9	36	0,9	73,5	123	2,1	46	0,8	77	1,3	167,4
Summe	3334	2,0	1689	1,0	1645	1,0	97,4	6460	2,5	2009	0,8	4451	1,7	221,6
Hohenzollern	—	—	—	—	—	—	—	6	0,9	4	0,6	2	0,3	50,0

Tab. XXIV. Riemer-, Sattler- und Tapeziergewerbe (vgl. Bemerkungen Anhang Nr. 10).

Reg.-Bezirke	1849 Selbständige	auf 10000 Einwohner	Abhängige	auf 10000 Einwohner	Auf 100 Selbständige Abhängige	1861 Selbständige	auf 10000 Einwohner	Abhängige	auf 10000 Einwohner	1882 Selbständige	auf 10000 Einwohner	Abhängige	auf 10000 Einwohner	1895 (bloss Riemer und Sattler) Selbständige	auf 10000 Einwohner	Abhängige	auf 10000 Einwohner	1895 (bloss Tapezierer u. Polsterer) Selbständige	auf 10000 Einwohner	Abhängige	auf 10000 Einwohner
Königsberg	453	5,3	310	3,7	68,4	335	5,4	470	4,5	708	6,1	778	6,8	607	5,1	666	5,6	78	0,7	204	1,7
Gumbinnen	194	3,2	138	2,2	71,1	300	4,3	210	3,0	330	5,0	306	3,9	375	4,7	308	3,9	22	0,3	42	0,5
Danzig	196	4,8	194	4,8	99,0	235	4,9	207	4,4	279	5,0	344	6,1	253	4,1	340	5,6	55	0,9	103	1,7
Marienwerder	250	4,0	144	2,3	57,6	231	4,5	288	3,2	432	4,5	397	4,9	419	4,9	417	4,9	36	0,4	55	0,6
Posen	391	4,4	215	2,4	55,0	416	4,3	157	3,7	497	4,5	607	5,7	496	4,4	698	6,5	31	0,3	175	1,5
Bromberg	167	3,7	104	2,3	62,3	227	4,3	201	3,8	294	4,8	353	4,9	294	4,6	294	6,4	15	0,3	83	1,3
Stadt Berlin	528	12,9	667	16,7	127,5	600	12,8	1194	20,7	1851	16,0	4816	41,5	1061	6,6	6538	40,8	1158	7,2	3920	19,9
Potsdam	380	6,3	314	4,0	63,0	399	6,3	540	5,7	859	7,2	1116	9,4	917	6,6	1600	10,2	371	2,3	703	4,3
Frankfurt	489	5,1	288	3,4	65,0	328	5,4	449	4,6	662	6,1	683	6,1	588	5,1	776	6,8	96	0,8	190	1,7
Stettin	292	5,2	220	3,9	76,3	395	5,0	283	4,6	463	6,3	515	7,0	376	4,8	416	5,3	104	2,0	203	2,7
Köslin	197	4,4	94	2,1	47,7	241	4,6	167	3,2	300	5,2	266	4,5	263	4,6	316	5,3	32	0,6	73	1,3
Stralsund	114	6,1	98	5,3	86,0	126	6,0	137	6,5	162	7,9	176	8,5	131	6,0	165	7,6	41	1,9	29	1,3
Breslau	923	7,9	579	4,9	62,4	1011	7,8	856	6,6	1384	6,3	1982	9,0	957	6,5	1308	8,9	310	1,2	757	4,6
Oppeln	466	4,8	210	2,2	45,1	561	4,9	346	3,0	674	4,7	690	4,9	611	3,7	751	4,6	89	1,0	194	1,2
Liegnitz	616	6,7	207	3,7	34,9	672	7,0	565	6,0	968	6,5	1014	9,9	769	7,2	1021	9,6	268	1,3	268	2,9
Magdeburg	506	8,6	389	5,6	65,8	681	8,7	507	6,5	553	8,9	1021	10,7	774	7,8	996	8,3	247	2,3	428	3,7
Merseburg	336	12,6	394	5,3	42,1	388	11,3	401	5,9	1024	10,4	944	9,6	877	6,8	912	8,2	138	1,4	273	2,5
Erfurt	280	8,1	194	3,9	47,9	288	8,2	185	5,1	296	7,3	314	7,8	275	6,2	319	7,2	46	1,0	75	1,7
Münster	155	3,7	74	1,8	47,4	172	3,9	94	2,1	213	4,7	191	4,4	248	4,0	230	3,9	19	0,3	131	0,9
Minden	164	3,9	96	1,9	52,4	179	8,8	122	2,6	296	4,7	220	4,4	285	4,0	259	4,4	50	1,4	131	2,2
Arnsberg	432	7,5	207	3,6	47,9	471	6,7	209	2,9	575	5,2	774	7,1	615	4,1	975	6,5	74	0,5	238	1,6
Köln	376	7,6	201	4,0	53,5	437	7,7	323	5,7	571	8,1	1083	14,6	373	4,5	902	10,1	319	3,6	725	8,1
Düsseldorf	617	6,8	382	4,2	61,9	667	6,0	472	4,2	961	5,9	1351	8,9	962	4,5	1928	10,9	351	1,6	636	8,2
Koblenz	220	4,4	101	1,4	45,9	261	4,9	123	2,3	350	5,8	294	4,7	330	3,3	350	2,8	131	0,8	156	2,4
Trier	188	3,8	68	1,4	36,2	208	6,8	105	1,9	207	3,2	149	2,3	190	2,6	138	2,6	62	1,0	85	1,1
Aachen	322	7,4	147	3,6	45,7	310	6,8	163	3,6	207	3,2	263	5,0	224	3,8	222	3,8	60	0,8	130	2,0
Summe	10043	6,2	6116	3,8	60,9	11400	6,2	8976	4,5	13806	6,3	20630	9,2	13106	5,0	20060	8,9	4135	1,6	9089	3,61
Hohenzollern	—	—	—	—	—	128	19,8	21	4,9	86	18,0	80	12,1	—	—	30	—	—	—	—	0,52

Tabelle XXV. Töpfer und Ofenfabrikanten (vgl. Bemerkungen im Anhang Nr. 19).

Reg.-Bezirke	1849							1895						
	Erwerbsthätige	auf 10000 Einwohner	Selbständige	auf 10000 Einwohner	Abhängige	auf 10000 Einwohner	Abhängige auf 100 Selbständige	Erwerbsthätige	auf 10000 Einwohner	Selbständige	auf 10000 Einwohner	Abhängige	auf 10000 Einwohner	Abhängige auf 100 Selbständige
Königsberg	887	10,5	448	5,3	439	5,2	98,0	967	8,1	417	3,5	550	4,6	131,9
Gumbinnen	559	9,1	285	4,8	264	4,3	80,5	650	8,3	254	3,2	406	5,1	159,4
Danzig	395	8,1	143	3,5	188	4,5	128,0	530	8,7	153	2,5	377	6,2	246,4
Marienwerder	541	8,7	307	4,0	234	3,8	76,2	574	6,7	234	2,7	340	4,0	145,3
Posen	664	7,4	420	4,8	235	2,6	54,3	794	7,0	306	2,7	488	4,3	159,5
Bromberg	382	8,4	265	5,8	117	2,6	44,2	455	7,1	187	2,9	268	4,3	143,3
Stadt Berlin	635	15,0	84	2,0	551	13,0	636,7	2645	16,4	401	2,5	2244	13,9	559,6
Potsdam	610	9,7	305	3,6	510	6,0	166,7	4927	29,0	788	4,0	4144	25,2	529,2
Frankfurt	1337	15,5	413	4,8	924	10,7	223,7	2060	18,1	488	4,3	1592	13,9	326,2
Stettin	449	8,0	190	3,4	258	4,6	135,8	800	10,2	291	3,7	500	6,5	174,9
Köslin	267	6,4	132	3,4	135	3,0	88,4	383	6,7	145	2,5	238	4,2	164,1
Stralsund	112	6,0	58	2,1	54	2,9	98,1	206	9,4	96	3,9	120	5,5	135,5
Breslau	699	5,9	305	2,6	394	3,3	125,9	2014	12,4	357	2,3	1657	10,3	464,1
Oppeln	459	4,8	251	2,6	208	2,2	82,9	985	5,6	280	1,3	715	4,3	325,0
Liegnitz	1136	12,3	354	3,8	782	8,5	220,9	3286	30,7	433	4,1	2853	26,7	654,3
Magdeburg	579	8,4	177	2,6	402	5,8	227,1	1145	10,1	244	2,2	901	8,0	360,3
Merseburg	690	9,3	279	3,8	411	5,5	147,3	860	7,6	160	1,3	691	6,1	406,0
Erfurt	157	4,5	89	2,6	68	2,0	76,4	120	2,7	53	1,3	61	1,4	103,4
Münster	99	2,3	39	0,9	60	1,4	153,8	68	1,2	23	0,5	39	0,7	134,5
Minden	26	0,6	13	0,3	13	0,3	100,0	248	4,3	36	0,6	212	3,6	588,9
Arnsberg	101	1,7	38	0,7	63	1,1	165,8	163	1,1	32	0,2	131	0,9	404,4
Köln	417	8,4	125	2,5	292	5,9	233,6	792	8,9	100	1,1	692	7,7	692,0
Düsseldorf	269	3,0	123	1,4	146	1,6	118,7	251	1,2	74	0,3	177	0,8	239,2
Koblenz	204	4,0	116	2,3	88	1,7	75,9	183	2,8	76	1,2	107	1,6	140,8
Trier	533	10,8	81	1,6	452	9,2	558,0	1382	17,6	61	0,8	1271	16,8	2083,6
Aachen	119	2,9	39	0,9	80	1,9	205,1	123	2,1	35	0,6	88	1,3	251,4
Summe	13172	7,7	5119	3,1	7353	4,5	143,6	29520	10,2	5670	2,2	20850	8,0	357,7

Tabelle XXVI. Hutmacher. Vgl. Bemerkungen Anhang Nr. 13.

Reg.-Bezirke	1849							1895						
	Erwerbsthätige	auf 10 000 Einwohner	Selbständige	auf 10 000 Einwohner	Abhängige	auf 10 000 Einwohner	auf 100 Selbständige Abhängige	Erwerbsthätige	auf 10 000 Einwohner	Selbständige	auf 10 000 Einwohner	Abhängige	anf 10 000 Einwohner	auf 100 Selbständige Abhängige
Königsberg	115	1,4	54	0,6	61	0,7	113,0	73	0,6	28	0,2	45	0,4	160,7
Gumbinnen	56	0,9	40	0,7	16	0,3	40,0	25	0,3	17	0,2	8	0,1	47,1
Danzig	47	1,2	25	0,6	22	0,5	88,0	36	0,6	12	0,2	24	0,4	200,0
Marienwerder	43	0,8	32	0,6	11	0,2	34,4	12	0,1	6	0,1	6	0,1	100,0
Posen	159	1,3	101	1,1	58	0,6	57,4	186	1,6	41	0,4	145	1,3	353,7
Bromberg	63	1,4	43	0,9	20	0,4	46,5	13	0,2	6	0,1	7	0,1	116,7
Berlin	197	4,6	93	2,2	104	2,5	111,6	2289	14,2	366	2,3	1923	11,9	525,4
Potsdam	132	1,6	76	0,8	56	0,7	73,7	1983	12,0	132	0,8	1851	11,2	1402,8
Frankfurt	133	1,5	80	0,9	53	0,6	66,3	3218	28,1	81	0,7	3137	27,4	3872,8
Stettin	72	1,3	46	0,8	26	0,5	56,5	156	2,0	46	0,6	110	1,4	239,1
Köslin	27	0,6	21	0,5	6	0,1	28,6	20	0,4	10	0,2	10	0,2	100,0
Stralsund	26	1,4	18	1,0	8	0,5	44,4	8	0,4	7	0,3	1	0,04	14,3
Breslau	175	1,5	85	0,7	90	0,8	105,9	492	3,0	101	0,6	391	2,4	387,1
Oppeln	182	1,9	131	1,4	51	0,5	38,9	166	1,0	79	0,5	87	0,5	110,1
Liegnitz	123	1,3	95	1,0	28	0,3	29,5	430	4,1	63	0,6	367	3,5	581,9
Magdeburg	89	1,3	57	0,8	32	0,5	56,1	109	1,0	38	0,3	71	0,6	186,8
Merseburg	117	1,3	71	1,0	46	0,6	64,8	70	0,6	44	0,4	26	0,2	59,1
Erfurt	41	1,2	27	0,8	14	0,4	51,9	31	0,7	18	0,4	13	0,3	72,2
Münster	94	2,2	50	1,2	44	1,0	88,0	23	0,4	14	0,2	9	0,2	64,3
Minden	52	1,1	38	0,9	14	0,3	36,8	32	0,5	13	0,2	19	0,3	146,2
Arnsberg	67	1,2	50	0,9	17	0,3	34,0	180	1,2	27	0,2	153	1,0	566,7
Köln	85	1,7	42	0,8	43	0,9	102,4	174	1,9	49	0,5	125	1,4	255,1
Düsseldorf	138	1,7	85	0,9	53	0,6	62,4	99	0,5	49	0,2	50	0,2	102,0
Koblenz	45	0,9	37	0,7	8	0,2	21,6	87	1,3	19	0,3	68	1,0	357,9
Trier	53	1,1	32	0,7	21	0,4	65,6	15	0,2	10	0,1	5	0,1	50,0
Aachen	80	1,9	43	1,0	37	0,9	98,0	443	7,5	27	0,5	416	7,1	1540,7
Summe	2414	1,5	1475	0,9	939	0,6	63,7	10276	4,0	1300	0,5	9067	3,5	632,7
Hohenz.-Sign.	—	—	—	—	—	—	—	7	1,1	6	0,9	1	0,2	16,7

Tab. XXVII. Handschuhmacher. Vgl. Bemerkungen Anhang Nr. 14.

Reg.-Bezirke	1849 Erwerbsthätige	1849 auf 10 000 Einwohner	1849 Selbständige	1849 auf 10 000 Einwohner	1849 Abhängige	1849 auf 10 000 Einwohner	1849 auf 100 Selbständige Abhängige	1865 Erwerbsthätige	1865 auf 10 000 Einwohner	1865 Selbständige	1865 auf 10 000 Einwohner	1865 Abhängige	1865 auf 10 000 Einwohner	1865 auf 100 Selbständige Abhängige
Königsberg	50	0,6	34	0,4	16	0,2	47,1	30	0,1	15	0,1	15	0,1	100,0
Gumbinnen	18	0,3	13	0,2	5	0,1	38,5	5	0,06	3	0,03	2	0,02	66,7
Danzig	63	1,6	26	0,6	37	0,9	142,3	26	0,4	17	0,3	9	0,1	52,9
Marienwerder	35	0,6	16	0,3	19	0,3	118,8	28	0,3	21	0,2	7	0,1	33,3
Posen	73	0,8	39	0,4	34	0,4	87,2	52	0,5	29	0,3	23	0,2	79,3
Bromberg	16	0,4	7	0,2	9	0,2	128,6	17	0,3	12	0,2	5	0,1	41,7
Stadt Berlin	326	7,7	143	3,4	188	4,3	129,0	663	4,1	281	1,4	435	2,7	187,0
Potsdam	361	3,1	132	1,6	129	1,5	97,7	742	4,6	254	1,5	488	3,0	192,1
Frankfurt	114	1,3	68	0,8	46	0,5	67,6	194	1,7	70	0,6	124	1,1	177,1
Stettin	79	1,4	41	0,7	38	0,7	92,7	53	0,7	32	0,4	23	0,3	71,9
Cöslin	14	0,3	11	0,2	3	0,1	27,3	14	0,2	8	0,2	6	0,1	75,0
Stralsund	15	0,8	9	0,5	6	0,3	66,7	69	3,2	38	1,7	31	1,4	81,6
Breslau	306	2,6	152	1,3	154	1,3	101,3	1271	7,8	447	2,7	824	5,1	184,3
Oppeln	63	0,7	43	0,4	20	0,2	46,5	540	3,2	405	2,4	135	0,8	33,3
Liegnitz	148	1,6	108	1,2	40	0,4	37,0	804	7,6	162	1,5	642	6,0	396,3
Magdeburg	357	5,2	156	2,3	201	2,9	128,8	1988	17,6	388	3,0	1650	14,6	488,2
Merseburg	135	1,8	93	1,3	43	0,6	46,2	302	2,7	101	0,9	201	1,8	199,0
Erfurt	76	2,2	43	1,2	33	1,0	76,7	29	0,7	18	0,4	11	0,2	61,1
Münster	13	0,3	8	0,2	5	0,1	62,5	11	0,2	4	0,1	7	0,1	175,0
Minden	14	0,3	5	0,1	9	0,2	190,0	8	0,1	5	0,1	3	0,1	60,0
Arnsberg	46	0,8	32	0,6	14	0,2	43,8	4	0,02	2	0,01	2	0,01	100,0
Köln	60	1,2	38	0,8	22	0,4	57,9	93	0,4	11	0,1	28	0,3	254,5
Düsseldorf	45	0,9	33	0,6	12	0,1	36,4	49	0,3	15	0,1	34	0,3	226,7
Koblenz	43	0,9	32	0,6	11	0,2	34,4	88	1,3	23	0,4	60	0,9	260,9
Trier	7	0,1	4	0,1	3	0,1	75,0	4	0,05	2	0,02	2	0,02	100,0
Aachen	23	0,5	4	0,3	9	0,2	64,3	9	0,2	3	0,03	6	0,1	200,0
Summe	2901	1,5	1800	0,8	1101	0,7	84,7	7086	2,7	2266	0,9	4770	1,8	210,3

Tab. XXVIII, Kürschner und Mützenmacher und Tab. XXIX, Wagner, Stellmacher etc. (Bemerkungen 12 und 17).

Auf je 10000 Köpfe waren erwerbsthätig

Reg.-Bezirk	bei den Kürschnern etc.				bei den Wagnern, Stellmachern etc.			
	1849		1895		1849		1895	
	selbständig	abhängig	selbständig	abhängig	selbständig	abhängig	selbständig	abhängig
Königsberg	4,7	3,5	2,5	1,2	11,6	4,4	7,7	10,7
Gumbinnen	1,7	1,5	1,5	1,1	8,9	3,1	7,9	8,1
Danzig	2,3	2,5	1,4	0,9	7,4	3,0	6,4	10,6
Marienwerder	2,3	1,8	1,2	0,7	9,8	3,4	8,5	14,9
Posen	9,0	4,2	2,4	1,7	10,2	3,5	7,2	15,2
Bromberg	4,0	2,0	1,1	0,5	9,3	4,0	6,5	16,2
Stadt Berlin	2,7	3,9	5,0	8,9	9,1	7,4	1,8	7,7
Potsdam	2,8	2,0	1,4	1,1	11,5	6,0	7,3	14,6
Frankfurt	2,6	2,0	1,6	1,0	11,4	4,0	8,1	11,7
Stettin	1,9	2,0	1,4	0,7	10,1	5,6	7,9	14,2
Köslin	1,6	1,5	1,1	0,7	13,0	5,5	8,6	16,6
Stralsund	1,4	0,9	1,1	0,7	7,6	4,5	8,8	19,5
Breslau	3,0	2,7	2,4	2,6	11,1	5,2	7,4	14,2
Oppeln	3,5	1,7	1,6	1,1	8,7	2,1	5,3	7,0
Liegnitz	2,9	1,9	2,1	1,0	13,9	5,4	10,9	12,9
Magdeburg	1,9	1,4	1,6	1,2	13,5	6,9	8,6	11,7
Merseburg	3,3	2,6	2,9	5,1	14,4	6,9	8,7	12,2
Erfurt	2,0	1,6	1,2	0,9	11,9	4,9	8,6	7,1
Münster	1,3	0,5	1,3	0,8	8,4	3,3	4,1	4,0
Minden	1,1	0,7	1,0	0,8	13,4	2,8	8,3	6,9
Arnsberg	1,7	1,2	0,8	0,7	11,7	4,0	5,4	5,6
Köln	1,7	0,9	1,2	1,5	13,6	4,4	7,0	7,6
Düsseldorf	1,3	0,9	1,0	1,1	5,6	2,6	2,2	3,8
Koblenz	1,3	0,9	0,3	1,4	17,6	3,2	10,0	4,3
Trier	0,8	0,3	0,9	0,4	17,1	3,0	8,9	4,6
Aachen	1,0	0,7	0,8	0,5	15,4	5,1	7,9	4,7
im Staat alten Umfangs	2,7	1,9	8	1,8	11,2	4,4	6,7	9,9

Allgemeine Bemerkungen zu den auf die einzelnen Handwerke bezüglichen Zahlen.

I. Allgemeines.

Die Bevölkerungs- und Handwerkerzahlen sind entnommen für 1 8 4 9 den »Tabellen und amtlichen Nachrichten über den preussischen Staat f. d. Jahr 1849« (Th. I S. 276 u. Th. V u. VI), für 1 8 6 1 und 1 8 7 5 der »Preuss. Statistik« Bd. V, bezw. XXXX, für 1 8 8 2 und 1 8 9 5 der »Reichsstatistik, neue Folge«, Bd. 4, S. 221 ff., bezw. Bd. 104, S. 2 ff. Für letztere Jahre (1882 und 1895) sind auch die Bevölkerungszahlen der Berufszählung entnommen, obwohl sie von jenen der Volkszählung natürlich etwas abweichen. (Vgl. Anm. 1 S. 23). Daneben konnten für die Handwerker noch benützt werden für 1 8 2 2: handschriftliche Exzerpte aus den Akten des kgl. preussischen statistischen Bureaus (vgl. hiezu auch Mitteilungen des statistischen Bureaus, Bd. II. 1849, S. 1 ff.), für 1 8 3 4: Dieterici, Statistische Uebersicht 1838, S. 461 ff., für 1 8 3 7: Hoffmann, Bevölkerung des preussischen Staates 1839, S. 115 ff. und Weber, Staatswirthschaftliche Statistik 1840, S. 215 ff., für 1 8 4 3: Dieterici Statistische Tabellen 1845. Die Gewerbestatistik für 1895 war bei Beginn der Arbeit nicht veröffentlicht. Die fast ausschliessliche Bezugnahme auf die Berufsstatistik erklärt sich aber auch daraus, dass gerade sie eine Parallele mit den ebenfalls vorzugsweise »berufsstatistischen« Aufnahmen von 1849 gestattete. Vgl. oben die Einleitung und Statistik des deutschen Reichs N. F., Band 119 (1899): »Gewerbe und Handel im Deutschen Reiche« S. 17, wo der grosse Gegensatz zwischen der neuesten Berufs- und der Gewerbestatistik an einzelnen Beispielen gut dargelegt ist. Einem Vergleich der 1849er Zahlen mit der neuesten Gewerbestatistik hätten die grössten Bedenken

entgegengestanden. Nur ein Vergleich jener Zahlen mit den b e -
r u f s statistischen von 1895 konnte einige Aussicht auf Erfolg
haben. Das ist oben wiederholt zu zeigen versucht, auch dargelegt,
weshalb auf die Zahlen für 1875 hier immer nur wenig Bezug genommen werden konnte.

II. Besonderes.

Nr. 1. Bäcker- und Konditoreigewerbe. — Für
die Jahre 1849, 1861 und 1895 sind behufs leichteren Vergleichs
mit den Zahlen von 1882 die dort getrennten Ordnungen der Bäcker
und Konditoren, Kuchenbäcker etc. in der Tabelle vereinigt. Trotz-
dem unterliegen bezügliche Vergleiche manchen Bedenken, auf die
im Text verwiesen worden ist. Hier sei nur noch bemerkt, dass,
um die Gesamtzahl der Bäcker und Konditoren auch pro 1822
im Text gelegentlich mit der für 1849, 1862 etc. vergleichen zu
können, nichts anderes übrig blieb, als die Zahl der Konditorge -
hilfen für 1822 durch Schätzung zu ergänzen, was dort in der
Weise geschehen ist, dass für 1822 die Relativzahlen der Gehilfen
und der Unternehmer bei den Konditoren, ebenso wie es bei späteren Zählungen zutraf, etwa gleich gross angenommen sind. Es
mag das allerdings eine wenig sichere Schätzung sein. Für die
Gesamtrelativzahlen von Bäckern und Konditoren zusammen
fällt das aber kaum ins Gewicht.

Nr. 2. Fleischergewerbe. Die amtlichen Zahlen für
1875 bis 1895 umfassen auch »Fleischpökeleien«, während die Statistik für 1849 und 1861 in der Fabrikentabelle dafür besondere
Rubriken aufweist. Gleichwohl konnten die letzteren nicht zur Ergänzung benutzt werden, da die Fabrikentabelle für 1849 »Fleisch-
pökelanstalten« und »Käsefabriken«, diejenige für 1861 »Fleisch-
und Fischpökeleien« zusammenrechnet. Die betr. Differenzen sind
übrigens geringfügig.

Nr. 3. Schneidergewerbe. — Die Fabrikentabelle von
1849 zählt eine Kittelfabrik mit 48 Arbeitern im Reg.-Bezirk Köln
auf, welche Zahlen hier eingerechnet sind. Für 1875 sind der amtlichen Statistik Zahlenangaben nicht entnommen, dagegen für 1882
und 1895 bezüglich »Schneiderei« und »Konfektion« z w e i Tabellen
XVIII und XIX (letztere für die Schneiderei allein) aufgestellt.
Siehe Näheres über die Vergleichsfähigkeit in Anmerkung 1 zu

Seite 153. Die auf Corsettfabrikation bezüglichen Ziffern pro 1895 sind nicht mitgezählt.

Nr. 4. S c h u h m a c h e r g e w e r b e. — Die Fabrikentabelle von 1849 zählt 5 Schuhfabriken mit 148 Arbeitern im Reg.-Bezirk Erfurt auf, welche Zahlen eingerechnet sind. Weiteres im Text.

Nr. 5. T i s c h l e r g e w e r b e. — Die Fabrikentabelle von 1849 führt 2 Möbelfabriken mit 12 Arbeitern im Reg.-Bez. Breslau, die von 1861: »Fabriken für Möbel, Holzleisten und Holzschnitz-arbeiten« auf; die betr. Zahlen sind eingerechnet. Im übrigen um-fassen die hieher gehörigen Ordnungen der Statistik von 1849 bezw. 1861 m e h r als die der späteren Statistik, nämlich 1849 noch »Möbelpolierer und Maschinenbauer« (nicht im heutigen Sinn) und auch »Fournierschneider«, — 1861 noch »Möbelpolierer«, sowie in der Fabrikentabelle die »Fabriken für Holzschnitzwaren«. Seit 1875 wird wieder anders gezählt, so dass eine vollständige Ergänzung unserer Tabelle hinsichtlich der neueren Zahlen nicht möglich ist. Streng genommen sind in der Tabelle die absoluten Zahlen von 1849 bis 1861 im Vergleich zu jenen für 1882 und 1895 etwas zu gross. Im T e x t sind aus dort angeführten Gründen die Tischler vielfach mit den Verfertigern g r o b e r H o l z w a r e n und nament-lich auch mit den G l a s e r n zusammen betrachtet, vgl. hier No. 8.

Nr. 6. M a u r e r g e w e r b e. — Die 1849 und 1861 besonders rubrizierten »Flickarbeiter« sind hier als S e l b s t ä n d i g e gerech-net, (vgl. auch G. Schmoller, a. a. o. Seite 378).

Der D a c h d e c k e r musste im T e x t e schon deshalb gedacht werden, weil sie 1822 mit den Maurern zusammengezählt sind. Vgl. S. 134 Anm. 2. Daher auch die doppelte Tab. XVI u. XVII.

Nr. 7. Z i m m e r e r- (und Schiffbauer-) G e w e r b e. — Be-züglich der »Flickarbeiter« vgl. vorige Anmerkung. Da die Zahlen-angaben für dieses Gewerbe in der Statistik von 1849 auch »Schiffs-zimmerleute« einschliessen, so ist die in den späteren Aufnahmen abgesonderte Ordnung »Schiffsbau« (in Tabelle X) auch für die spä-teren Jahre mitberücksichtigt, derart, dass für 1882 und 1895 die bezl. Zahlen teils allein für die Zimmerleute gegeben, teils aber auch die Schiffszimmerer eingerechnet sind. Allerdings schliesst die Ordn. »Schiffsbau« seit 1875 auch »Fabrikation eiserner Schiffe« etc. ein, so dass also die Vergleichbarkeit der absol. Zahlen in keinem Falle eine genaue sein kann. Doch sind die für die R e l a t i v zahlen sich ergebenden Abweichungen gering. — Ueber die Bedenken

bez. der Vergleichsfähigkeit der verschiedenen Erhebungsresultate
vor Allem bei diesen Baugewerben siehe die Einleitung.

Nr. 8. G l a s e r g e w e r b e. — Die Statistik für 1849 zählt
»Glaser und Glasschleifer« in einer Ordnung; die spätere Statistik
hat letztere anderen Ordnungen zugeteilt, die hier nicht zu berücksichtigen waren. — Obwohl vollständige Vergleichbarkeit auch auf
diesem Wege nicht erzielt werden kann, ist es im T e x t vorgezogen, Glaser und Tischler z u s a m m e n zu betrachten.

Nr. 9. D r e c h s l e r g e w e r b e. — Aus den Handwerkertabellen von 1849 und 1861 sind für Tabelle VIII benützt: 1.
D r e c h s l e r aller Art in Horn, Holz, Bein, Metall, Bernstein etc. und
2. V e r f e r t i g e r f e i n e r H o l z - und S p i e l w a r e n a l l e r
A r t; aus der Fabrikentabelle von 1849 nur: F a b r i k e n f ü r
K n ö p f e aus Horn, Holz, Perlmutter, Metall etc., sowie die Angaben über die aufgeführten 36 Bernsteinwarenfabriken mit 58 Arbeitern im Reg.-Bez. Köslin, — aus der Fabrikentabelle für 1861
dreierlei: 1. Fabriken für Knöpfe aus Horn, Holz, Perlmutter,
(Papierteich) und Metall, 2. F. f. Spielwaren a. A. (Schachteln,
Kisten), 3. F. f. Bein und Waren daraus. — Die in (—) gesetzten
Fabrikationszweige gehören eigentlich nicht zu diesem Gewerbe
und sind daher auch von der späteren Statistik in andere Ordn.
gebracht. In die Statistik für 1875 wären auch die Angaben der
Ordn. Korkschneiderei zu übernehmen gewesen, weil die Vergleichs-
fähigkeit mit den späteren Statistiken, die Korkschneiderei und
Drechslerei in einer einzigen Ordn. behandeln, dies erheischt hätte.
Uebrigens ist die Zahl der Korkschneider noch 1875, da sie besonders gezählt sind, so gering, dass durch deren Hinzunahme für die
Jahre 1882 und 1895 der Vergleich mit 1849 und 1861, welche keine
entsprechenden Angaben enthalten, kaum beeinträchtigt wird. —
Aus der Statistik von 1895 sind drei Ordnungen: 1. D r e c h s-
l e r e i, 2. Verfertigung von S p i e l w a r e n aus Holz, Horn und
anderen Schnitzstoffen, 3. Verfertigung von s o n s t i g e n D r e h-
u n d S c h n i t z w a r e n, a u c h K o r k s c h n e i d e r e i — berücksichtigt. Zu beachten ist bei alledem aber auch, dass heute Drechs-
ler- wie Glaserarbeiten in sehr grossem Umfange in sog. T i s c h-
l e r - und grossen B a u geschäften besorgt werden.

Nr. 10. R i e m e r -, S a t t l e r- und T a p e z i e r g e w e r b e.
Die in mancher Beziehung zusammengehörigen »Riemer-, Sattler-
und T a p e z i e r a r b e i t e r« sind für die Jahre 1849, 1861 und

1882, trotz mancher im Text berührter Bedenken, in der Tabelle XXIV hier v e r e i n i g t. — Der Fabrikentabelle von 1861 wären noch die Zahlen der Ordnung »Fabriken für Lederwaren, Cartonnagen, Portefeuilles, Visitenkarten« zu entnehmen gewesen, welche jedoch als nur teilweise hieher gehörig zu betrachten wären. Deshalb ist die Aufnahme in der Tabelle unterblieben. (Vgl. unten No. 11). Hier sei bemerkt, dass mit Hinzunahme dieser Zahlen sich die Relativziffern der Tabelle für 1861 erhöht hätten:

	bei den Selbständigen	bei den Abhängigen
für die Stadt Berlin	auf 13,8,	auf 34,0.
für den Bezirk Potsdam	» 6,3,	» 6,1.
Frankfurt	» 5,4,	» 4,7.
Stettin	» 5,0,	» 5,2.
Breslau	» 7,8,	» 7,1.
Oppeln	» 5,1,	» 5,4.
Liegnitz	» 7,0,	» 6,8.
Merseburg	» 11,3,	» 9,2.
Arnsberg	» 6,8,	» 5,0.
Köln	» 7,8,	» 9,3.
Düsseldorf	» 6,1,	» 5,5.
Trier	» 4,0,	» 4,7.
Coblenz	» 5,0,	» 6,3.
Aachen	» 6,8,	» 3,9.
für den Staat überhaupt	» 6,3,	» 6,2.

Für 1895 sind in Tab. XXIV wie im Text Riemer und Sattler von den Tapezierern geschieden (vgl. Register).

Nr. 11. B u c h b i n d e r g e w e r b e und K a r t o n n a g e - f a b r i k a t i o n. — Aus der Fabrikentabelle von 1849 sind 1. die Zahlen für eine Pappwarenfabrik eingerechnet, auch 2. die Ordnung: »Fabriken für Cartonnage, Portefeuilles, Visitenkarten, bunt Papier, Goldleisten« etc., und 3. aus der Fabrikentabelle von 1861 die Zahlen der Ordnung: Fabriken für Lederwaren, Cartonnagen etc. zugezählt, obwohl die Zahlen der letzteren beiden Ordnungen (2. und 3.) nur zum Teil hieher gehören (vgl. Seite 187). Für 1895 sind die Zahlen für Buchbinderei und Cartonnage in den Reg.-Bezirken amtlich nicht getrennt, und deshalb auch für 1861 und 1882 in der Tabelle diese Zahlen vereint.

Nr. 12. K ü r s c h n e r - u n d M ü t z e n m a c h e r g e w e r b e. Aus der Fabrikentabelle 1849 sind 3 Pelzwarenfabriken mit 21 Arbeitern eingerechnet, (vgl. Tab. XXVIII).

Nr. 13. Hutmachergewerbe. — Die Seidenhutverfertiger sind in der Statistik von 1895 in der Ordnung Hutmacher gezählt, 1849 dagegen in der Fabrikentabelle mit »Blumen-, Strohhut-, Kordel-, Litzenfabrikation, Feinnäherei, Plüschstickerei« zusammengerechnet, so dass eine entsprechende Ergänzung der Handwerkertabelle nicht möglich ist. Uebrigens sind 1849 die »Filzschuh- und -pantoffelmacher« vielleicht mit den Schuhmachern gezählt, während sie 1895 in die Ordnung »Hutmacherei und Filzwarenverfertigung« eingerechnet sind. Die Strohhutfabrikation ist dagegen in beiden Zählungen in den betreffenden Ordnungen nicht einbegriffen. Jedenfalls dürften die absoluten Zahlen von 1849 hie und da für den Vergleich etwas zu niedrig sein.

Nr. 14. Handschuhmachergewerbe. — Die Klassifikation von 1849 und 1895 scheint übereinzustimmen. Im Jahr 1849 wurden die »Verfertiger gewebter Handschuhe« mit den Strumpf- wirkern gezählt (vgl. Schmoller a. a. o. S. 633), dagegen die »Verfertiger genähter Handschuhe, wenn auch aus gewebten oder gewirkten Stoffen, mit den Handschuh machern. Ebenso ist wohl im Jahre 1895 verfahren (cf. die Klassifikation der Reichsstatistik Bd. 102 N. F. S. 46*) und 55*).

Nr. 15. Gerbergewerbe. — Für 1849 stammen die Zahlen der Gerber zum grossen Teil aus der Fabrikentabelle. Hier sind zwar die grossen Gerbereien mit den Leder- und Lederwarenfabriken, in denen gefärbtes und lackiertes Leder hergestellt wird, zusammengezählt; aber »die Mehrzahl der hier angegebenen Lederfabriken sind wohl Gerbereien« (vgl. Tabellen und amtl. Nachrichten VI S. 1362). Daher ist auch in der Statistik von 1895 die Ordn. »Verfertigung von gefärbtem und lackiertem Leder« unberücksichtigt geblieben, nach deren Einrechnung in die Rubrik 1895 unserer Tabelle die rel. Abnahme der Zahl der Gerber gegenüber 1849 übrigens bestehen bleiben würde.

Nr. 16. Seiler- und Reepschlägergewerbe. — Aus der Fabrikentabelle 1849 ist die Ordn. »Seilerwarenfabriken« eingerechnet.

Nr. 17. Wagner-, Rad- und Stellmachergewerbe. — Die auf »Wagenbauanstalten« bezüglichen Zahlen der Statistik von 1895 sind unberücksichtigt geblieben, da dieselben auch die »Eisenbahnwerkstätten« und die »Fahrräderfabrikation«

einschliessen. Infolgedessen ist es vorgezogen, auch die »Wagen-
fabriken« der Fabrikentabelle für 1849 nicht in Betracht zu ziehen,
um wenigstens t h u n l i c h s t vergleichsfähige Gruppen zu erhalten.
Bedenken liegen auf der Hand.

Nr. 18. G e w e r b e d e r S t u b e n m a l e r , S t u c k a t e u r e
etc. — Die Handwerkertabelle 1849 enthält nur eine diesbezügl.
Ordnung: »Zimmer-, Schilder-, Rouleauxmaler; Anstreicher, Vergolder, Staffierer, Stuckateure, Goldleisten- und Goldrahmenmacher«;
aus der Statistik von 1895 mussten für den Vergleich mehrere
Ordnungen vereinigt werden, so vor Allem a) die S t u b e n -
m a l e r , Staffierer, Anstreicher, Tüncher, Stubenbohner« und b) die
»S t u c k a t e u r e«. Daneben ist im Text hie und da auch c) die
Ordn. »V e r e d e l u n g u n d V e r g o l d u n g v o n H o l z - u n d
S c h n i t z w a r e n (Spiegelrahmen etc.) herangezogen, welche allerdings mehr enthält, als 1849 unter dem Ausdruck »Vergolder, Gold-
leisten- und Goldrahmenmacher« gezählt ist. Hienach stehen sich,
was insbesondere die absoluten Zahlen anlangt, keine durchaus
vergleichsfähigen Gruppen gegenüber, mag man nun die grösseren
oder kleineren Ziffern ins Auge fassen. Die Wahrheit liegt z w i -
s c h e n den kleineren, vorzugsweise in der Tabelle, und den grösseren im Text mitgeteilten Zahlen. Und eben deshalb schien es
ratsam, auch der grösseren dort zu gedenken.

Nr. 19. T ö p f e r - (und Ofensetzer-) G e w e r b e. — Aus der
Fabrikentabelle 1849 ist die Ordn. »Fabrikation sonstiger (d. i.
ausser Porzellan) irdener Waren aller Art« hier eingerechnet. Aus
der Statistik von 1895 mussten drei Ordnungen vereinigt werden:
a) T ö p f e r e i (Verfertigung von gewöhnlichen Thonwaren),
b) O f e n s e t z e r (auch Töpfer und Ofensetzer), c) V e r f e r t i g u n g
von feinen Thonwaren, Steinzeug-Terralithwaren.

Nr. 20. G e w e r b e d e r G o l d - u n d S i l b e r a r b e i t e r. —
Für 1849 sind vereinigt aus der Handwerkertabelle die Ordn. »Gold-
und Silberarbeiter, auch Bijoutiers«, sowie »Gold- und Silberschlä-
ger«, und aus der Fabrikentabelle die Ordn. »Gold- und Silbermanu-
fakturen«, sowie die Angaben für 2 Gold- und Silber-Plattiranstalten
in Arnsberg; für 1895 aus der Reichsstatistik die Ordn. »Gold- und
Silberschmiede, Juweliere«, sowie »Sonst. Verarbeitung edler Metalle, Münzstätten«.

Nr. 21. Endlich ist bez. aller Gewerbe zu Tabelle II und auf
Seite 32 noch zu bemerken, dass sie zwar 1. die Barbiere und Fri-

seure (1849: 9 068 und 1895: 29 992) in sich schliessen, dagegen n i c h t

2. die Dachdecker (1849: 5 254 — 1895: 20 278) und

3. die Verfertiger grober Holzwaren (1849: 4 770 — 1895: 11 162)

während in dem S c h l u s s e r g e b n i s s e auf Seite 206 ff. letztere Zahlen miteingeschlossen sind, (die Zahlen für Dachdecker zu 2) bei den Maurern, und die zu 3) bei den Tischlern), dagegen n i c h t jene zu 1), weil Barbiere und Friseure im Jahre 1822 überhaupt nicht gezählt worden sind, und bei diesem S c h l u s s e r g e b- n i s die Zahlen pro 1849 und 1895 gerade mit jenen pro 1822 verglichen werden sollten.

Daher auch die anscheinende Dissonanz zwischen diesem Schlussergebnisse einerseits und den Zahlen in Tabelle II und auf Seite 32 anderseits — eine Dissonanz, die ihre Erledigung findet, wenn man, z. B. pro 1849, den an letzteren Orten berechneten 660 009 Erwerbsthätigen überhaupt hinzurechnet 5 255 Dachdecker und 4 770 Verfertiger grober Holzwaren, also 10 025 = 670 034, und abzieht die Zahl der Barbiere mit 9 068. Auf diese Weise erhält man jene 660 966, die sich ergeben, wenn man die selbständigen und abhängigen Erwerbsthätigen dieses Jahres nach Seite 206 ff. berechnet. Denn danach wurden damals, einschliesslich der Drechsler, Glaser, Kürschner, Buchbinder, Posamentierer, Konditoren und Maler gezählt

	Selbständige	Abhängige	also zusammen
in Klasse I	81,643	142,011	223,654
» » II	39,097	10,191	49,198
» » III	144,860	159,442	304,302
» » IV	31,862	51,950	83,812
in Summa:	297,372	363,594	660,966

An neuester Litteratur sind schliesslich zu S. 3 ff. und S. 240 noch nachzutragen:

1) R a u c h b e r g: Berufs- und Gewerbezählung im deutschen Reich 1901, 2) die Monographien über e i n z e l n e Gewerbe im Anhang der b a y r. Jahresberichte der Fabriken- und Gewerbe-Inspektoren, und 3) Die Produktion und Bedeutung s c h w e i z. Gewerbe (20. Jahresbericht des schweiz. Gewerbevereins St. Gallen 1900).

249

Register der Handwerker.
(Die Zahlen beziehen sich auf die Seiten.)

nstreicher: 32, 36, 52, 54, 67, 88, 111, 148, 171, 174, 199 f., 204 ff., 207 f., 213, 225, 247, 248.

Bäcker: 32, 35, 37, 38, 51, 52, 54, 55, 67, 87, 111, 112—121, 122, 125, 127, 130, 139, 147, 149, 171, 174, 183, 199, 201, 205 f., 213, 226, 242.
Barbiere: 9, 32, 36, 52, 54, 55, 67, 107—111, 148, 149, 171, 174, 183, 199 f., 204, 214, 224, 247 f.
Böttcher: 32, 35, 40, 46, 53, 55, 66, 67, 71—73, 77, 87, 88, 96, 97, 98, 101, 102, 149, 197, 201, 204 f., 213, 218.
Buchbinder und Kartonnage-fabriken: 32, 36, 52, 54, 67, 148, 177, 184—187, 191, 199 f., 204 ff., 207, 214, 232, 245, 248.

Dachdecker: 51, 62, 88, 133—151, 175, 194, 197 f., 201, 205 f., 228 f., 243, 248.
Drechsler: 32, 35, 40, 46, 47, 53, 54, 55, 66, 67, 76—81, 87, 88, 96, 97, 98, 99, 162, 197 f., 200, 204 f., 207, 213, 220, 244, 248.

Fleischer: 9, 32, 35, 37, 38, 51, 52, 54, 55, 67, 87, 112, 121—131, 139, 147, 149, 171, 174, 183 f., 199, 201, 205 f., 213, 227, 242.
Friseure s. Barbiere.

Gerber: 32, 35, 53, 67, 73—76, 88, 96 f., 101 f., 147, 149, 197, 201, 204 f., 214, 219, 246.
Glaser: 32, 35, 53, 66, 68 f., 148 f., 171, 177 f., 184, 193, 198, 201, 204 ff., 207, 213, 216, 243, 244, 248.
Gold- und Silberarbeiter: 32, 35, 52, 54, 67, 148, 172, 177 f., 179, 184, 191, 199, 201, 205 f., 214, 235, 247.

Handschuhmacher: 32, 36, 40, 52, 54, 67, 148, 177, 180, 182 f., 184, 189, 191, 199, 201, 205 f., 214, 239, 246.
Hausindustrie: 7, 8, 9, 10, 39, 43, 54, 63, 86, 96, 152, 159, 163 f., 166, 169, 171, 203.
Hutmacher: 32, 36, 40, 53, 67, 148, 177, 180, 182, 184, 189 f., 191, 199, 201, 205 f., 214, 238, 246.

Klempner: 10, 29, 32, 40, 44, 46, 60, 61, 78, 87, 162, 197, 203.
Konditoren: 32, 35, 51, 112—121, 147, 149, 171, 183, 199 f., 204 ff., 207 f., 213, 226, 242, 248.
Konfektionsarbeiter siehe Schneider.
Korbmacher: 10.
Kürschner: 32, 35, 53, 63, 66, 67, 88, 96, 97, 98, 99, 197, 200, 204 f., 207, 214, 240, 245, 248.

Maler s. Anstreicher.
Maurer: 9, 32, 35, 46, 48, 51, 52, 54, 62, 67, 88, 132, 133—151, 154, 175 f., 179 f., 184, 194, 198, 201, 205 f., 213, 228 f., 243, 248.
Metzger s. Fleischer.
Müller: 131.

Perückenmacher: 66.
Pfefferküchler s. Konditoren.
Posamentiere: 32, 36, 54, 63, 67, 148, 172, 177, 178 f., 184, 189, 190 f., 199 f., 204 ff., 207, 214, 234, 248.

Reepschläger s. Seiler.
Riemer u. Sattler: 32, 36, 52, 54, 55, 67, 148, 149, 162, 172, 177, 180, 181 f., 184, 191, 195, 198, 201, 205 f., 214, 236, 244 f.

Schlächter s. Fleischer.

250

www.ingramcontent.com/pod-product-compliance
Lightning Source LLC
Chambersburg PA
CBHW030355270326
41926CB00009B/1108